2015
세종도서 학술부문
선정

제2판

경제발전과 소득분배

황진영·이종하 공저

1950년대 청계천

도서출판 學林

제2판 머리말

본서가 출간된 지 꽤 오랜 세월이 흘렀다. 저자가 초판을 작성할 때의 상태나 느낌이 불현듯 스쳐 지나간다. 저자는 본서의 초판을 발간한 이후 많은 분들로부터 분에 넘치는 찬사와 격려를 받았다. 초판에는 상당한 오류와 부족한 부분이 많았음을 생각하면, 부끄럽기도 하고 고맙기도 하였다. 저자들은 그분들께 진심으로 감사의 마음을 전하며, 그분들의 격려와 조언에 용기를 내어 좀 더 정확하고 친절한 "경제발전과 소득분배" 2판 출간을 결심하였다. 특히 2판에는 이종하 교수께서 합류해 초판에서 다루지 못한 최신 자료와 연구결과들을 담을 수 있게 되었다.

제2판은 초판과 마찬가지로 11장으로 구성되어 있다. 그러나 2판에는 장마다 가능한 최근의 자료와 연구결과들로 기존의 내용을 대체하거나 혹은 첨가하였으며, 시의성을 가지는 내용을 담으려 노력하였다. 2판은 이상의 노력으로 초판보다 분량이 다소 증가하였지만, 저자들은 여전히 부족함과 무능력을 느낀다. 따라서 저자들은 여느 때와 마찬가지로 향후 지속적인 연구를 통해 보완과 수정 작업을 반복해야 한다는 의무감을 다시 되새긴다. 2판에 첨가한 내용을 간단히 요약하면, 다음과 같다.

- ○ 2장: 우리나라의 노동소득분배율 측정, 세계 소득불평등 데이터베이스 (World Income Inequality Database) 자료 제공
- ○ 3장: 쿠즈네츠 역U자 가설에 대한 이론적 배경 보충
- ○ 4장: 정부규모의 변동성과 경제성장 간의 관계 서술
- ○ 5장: 무역과 실업(고용) 간의 최근 연구결과 소개
- ○ 6장: 인적자본분포의 불평등 관련 자료 보충
- ○ 7장: 부패와 창업, 부패와 혁신의 내용 첨가
- ○ 8장: 〈읽을거리〉 2050 탄소중립 설명

○ 9장: 기존의 금융심화와 함께 금융접근성과 금융효율성을 고려한 금융발전지수 소개, 핀테크의 발전 언급

○ 10장: IMD 국가경쟁력지수 보충

○ 11장: 세계 주요국의 복지지출 현황을 소개한 새로운 절 추가

저자들이 본서를 완성하는 데에는 많은 분들의 도움이 있었기에 가능할 수 있었다. 저자들의 어머님과 가족, 형제, 친지들은 언제나처럼 든든한 버팀목이 되어 주었다. 특히 저자들에게는 아들만 둘, 셋인데, 준호, 동현, 건호, 윤호, 준호에게 특별한 고마움을 전한다. 본서의 출판을 허락해주신 도서출판 학림의 이원일 사장님께도 감사드린다.

2022년 봄의 절정을 느끼면서

저자 황진영, 이종하

머리말

이 시대의 기성세대는 20세기 후반과 21세기 전반을 모두 경험하면서 살아가고 있다. 단순히 시간의 벽을 넘어 20세기 후반과 21세기 전반은 생각·문화·의식·환경 등에서 너무나 많은 차이가 존재한다. 즉 우리는 정해진 시간의 흐름보다도 우리의 의식이 더 빨리 변천하고 있기 때문에 종종 혼란에 빠지곤 한다. 예를 들어 '참살이'(웰빙, well-being)나 '삶의 질'에 대한 논의가 시작된 지 얼마 되지 않은 것 같은 데 이미 진부하게 느껴진다. 그러나 참살이나 삶의 질의 개선은 결코 진부한 논의가 되어서는 안 되며, 끊임없이 갈구해야 할 우리들 삶의 목표이어야 한다.

그렇다면 우리는 어떻게 우리의 참살이를 개선시킬 수 있을까? 우리의 참살이는 맹목적인 경제성장만으로는 달성되지 않으며 소득의 형평성이 보장될 때 안정적인 시장경제를 유지하면서 가능해진다. 따라서 우리의 삶의 목적인 '행복(happiness)의 극대화'를 위해서는 안정적인 시장경제를 유지해야 하며, 이를 위해서는 성장의 효율성과 분배의 형평성의 적절한 균형이 무엇보다 중요하다. 이와 같은 맥락에서 경제발전과 소득분배는 중요한 연구 주제이다. 경제발전이나 소득분배에 관한 연구는 20세기 전반과 중반에 걸쳐 활발히 진행되다가 20세기 중후반 이후 우리의 관심에서 조금 떨어져 있었다. 그러나 최근 들어 경제발전이나 소득분배에 관한 연구의 관심은 시대적 상황을 반영해 다시 증대되고 있다. 경제발전은 소득재분배를 지향하는 경제성장(redistribution with economic growth)이 가능할 때 달성되고, 이러한 과정을 통해 안정적인 시장경제는 유지되고 우리의 삶은 풍부해진다.

본서는 경제발전이나 소득분배와 관련된 다양한 논의를 요약하고 소개함을 목적으로 한다. 즉 본서는 경제발전이나 소득분배와 관련된 지식을 확장시키려는 독자들에게 유용한 자료를 제공할 뿐만 아니라 관련 분야의 연구를 준비하는 대학원생 및 연구자들에게는 좋은 지침서가 되고자 한다. 구체적으로 본서는 독립적인 11장으로 구성되어 있으며, 독자들은 편의에 따라 재구성하거나 부분적으로 참고하면서 읽을 수 있다. 본서의 다양한 논의는 저자의 오랜 연구 분야이며, 본서를 저술하려는 가장 큰 동기부여는 저자가 지난 수년 간 연구한 내용을 정리하고 싶은 욕망에서 출발하였다. 그러나 저자의 능력부족으로 인하여 상당히 많은 부분이 미완성의 형태로 남아 있거나 누락된 채로 발간하게 되었다. 본서의 미흡한 부분은 독자 여러분의 친절한 조언과 저자의 지속적인 노력으로 보완할 것을 약속한다.

저자는 본서의 저술을 시작할 무렵 역경의 시간을 보내고 있었다. 그러나 언제나 그랬듯이 주위의 많은 사람들의 도움과 격려는 삶의 희망은 물론 본서를 저술할 수 있도록 용기를 주었다. 먼저 태산보다도 더 크고 높은 부모님의 은혜는 생각의 영역을 넘어 가늠하기 어려우며, 가족, 형제, 친지들은 언제나처럼 저자의 얘기를 들어주었다. 특히 저자의 막내아들인 동현은 어려움을 슬기롭게 극복하며 잘 성장하고 있는데, 이는 저자에게 표현하기 어려운 위로와 안락을 제공해 주고 있다. 또한 저자는 본서의 참고문헌에 실려 있는 논문들과 저서들에 대해 많은 지적인 부채를 안고 있다. 한남대학교 경제학과 선배 교수님들은 물론 경상대학의 여러 교수님들의 배려와 사랑으로 연구 환경을 제공해 주신 데 깊은 감사의 마음을 표하는 것은 너무나 당연하다. 또한 저자를 항상 긴장시키는 제자이자 동료인 이선호 박사, 임응순 박사, 그리고 교정 및 자료 정리를 도와준 한남대학교 대학원생인 김동근 군에게도 고마움을 전한다. 마지막으로 본서의 출판을 허락해주신 도서출판 학림의 이원일 사장님께도 감사드린다.

2014년 7월
오정골 연구실에서
저자 황진영

차　　례

chapter

01

1

경제발전과 소득분배의 만남

1. 경제발전의 의미

경제발전(economic development)은 2개의 단어, 즉 경제(economics)와 발전(development)이 하나로 합쳐져 생성된 단어이다. 먼저 '경제' 의 사전적 의미는 "인간의 생활에 필요한 재화나 서비스를 생산·분배·소비하는 모든 활동"이다. 또한 경제는 이상의 활동을 통해 이루어지는 사회적 관계를 의미하기도 한다.

모든 생산·분배·소비의 경제활동은 3개의 경제주체, 즉 가계(household), 기업(firm), 정부(government)에 의해 이루어진다. 가계는 소비의 주체, 기업은 생산의 주체, 그리고 정부는 분배의 주체로 주로 인식되며, 이들 경제주체들의 행위는 상호 밀접하게 연결되어 있다. 가계는 생산요소인 노동·자본·토지 등을 기업에 공급하고, 그 대가로 임금·이자·지대 등을 획득한다. 기업은 가계에서 공급받은 생산요소를 이용해 재화와 서비스를 생산하고, 이를 다시 시장을 통해 가계에 판매한다. 정부는 이상의 두 경제주체들로부터 세금을 거두고, 이 세금을 다시 가계와 기업에 재분배하거나 사회기반시설을 확충한다. 이처럼 재화와 서비스는 경제주체들의 행위로 생산되고, 생산된 재화와 서비스의 양을 바탕으로 한 국가의 경제수준이 결정된다.

한편 '발전' 의 사전적 의미는 "더 낫고 좋은 상태 혹은 더 높은 단계로 나아가는 현상"이다. 즉 발전은 연구자의 시각이나 가치판단의 기준에 따라 얼마든지 달라질 수 있는 주관적인 개념이다. 왜냐하면 모든 사람들이 더 낫고 좋은 상태에 대해 인정하는 일치된 의견은 존재하지 않기 때문이다. 본서에서는 발전을 순전히 경제적 관점에서 고려하는 의미로 파악하려 한다. 일반적으로 발전의 경제적 의미는 시대적 상황에 따라 변모되었다. 즉 과거에는 발전을 단순히 지속적 1인당 소득증가율의 달성(즉 생산량증가율이 인구증가율보다 더 빠른 속도로 이루어질 때 달성)으로 파악하였지만, 최근에는 1인당 소득증가율과 함께 경제복지 혹은 사회복지 등의 경제의 질적 진보를 포함한다.

경제와 발전의 합성어인 '경제발전' 의 사전적 의미는 "구조가 단순하고 소득수준이 낮은 국민경제가 현대 산업경제로 바뀌는 과정"으로 정의된다. 즉 경제발전은 국민들이 사용할 수 있는 재화와 서비스의 양적 부문만이 아닌 구조적 변화를 반영하는 질적 관점의 진보를 포괄한다. 따라서 경제발전은 국민생산의 증대를 뜻하는 좁은 의미의 경제성장(economic growth)과는 다소 상이한 개념이다. 일부 연구들에서는 경제발전을 경제개발과 동의어로 사용하기도 하지만, 경제개발이란 용어는 경제발전을 실현하기 위한 정책적 작용의 의미로 사용되기 때문에 경제발전과 경제개발 간에는 다소의 개념상 차이가 존재한다.

경제성장과 경제발전 간의 개념상 차이점을 자세히 살펴보면 다음과 같다. 비록 어떤 국가의 소득수준은 특정 시점에서 측정하지만, 그 국가의 경제는 정지된 것이 아니라 시간이 흐름에 따라 끊임없이 변동한다. 이때 경제성장은 "시간이 흘러감에 따라 경제활동 규모(구체적으로 국민소득 혹은 1인당 소득수준)가 증대되는, 즉 양적 확대 현상"을 일컫는다. 즉 경제성장은 국민이 저마다의 희망대로 사용할 수 있는 재화나 서비스의 총량이 증가한다는 의미이기 때문에 우리의 후생수준과 밀접하게 관련된다.

경제발전은 경제의 양적 확대인 경제성장은 물론 수요구조, 노동력분포, 산출의 구성 등 구조적(질적) 변화를 수반한다. 경제부문의 구조적 변화의 예로는 산업구조의 변화와 기술진보 등을 통해 경공업에서 중공업 비중 확대에 따른 노동력 이동, 국가 간 무역의 변화로 인한 수입의존도의 감소(혹은 증가), 투자재원의 외국 의존도 감소 등과 같은 자력 성장능력의 변화 등을 들 수 있다. 또한 경제발전은 사회부문의 구조적 변화를 수반하는데, 이는 소득분배의 불평등 완화, 정치적 권리의 평등 증대, 사회조직과 행동양식의 개선, 사회복지의 추구, 정치발전 등의 변화를 포함한다. 이상과 같은 변화를 통해 국가가 추구하는 궁극적인 목표는 국민의 생활수준 및 복지수준을 향상하는 데 있다. 그러므로 경제발전은 국가 전체의 재화와 서비스에 대한 양적 부분과 동반할 수 있는 삶의 질적 부분까지의 증대를 의미한다.

'경제발전'으로 표현되는 학문 분야는 경제가 정체로부터 성장으로 그리고 저소득으로부터 고소득 상태로 어떻게 전환되며, 절대빈곤의 문제를 어떻게 극복하는지에 대해 연구한다. 유명한 로스토우(Walt Whitman Rostow, 1916~2003) 교수의 저서 『경제성장의 제단계: 반공산당 선언』(The Stages of Economic Growth: A Non-Communist Manifesto, 1960)에서는 한 국가의 경제발전 단계를 ① 전통사회,

② 도약을 위한 선행조건 충족의 단계, ③ 도약단계, ④ 성숙단계 및 ⑤ 대중소비 단계와 같이 다섯 단계로 구분해 설명하였다.[1]

따라서 경제발전 이론은 원시적이고 가난한 경제가 상대적으로 복잡하고 번영한 경제로 발전해 나가는 방법을 다룬다. 즉 경제발전 이론은 많은 국가들, 특히 개발도상국이나 저개발 혹은 미개발 국가들에서 매우 중요한 의미를 지니며, 이와 관련된 맥락에서 경제발전의 문제들이 논의된다. 우리는 많은 개발도상국들이 1950년대와 1960년대 설정하였던 경제성장의 목표를 오늘날 달성하였지만, 대다수 국민들의 삶의 질은 크게 변화하지 않았다는 사실을 쉽게 발견할 수 있다. 그 이유는 경제발전이 갖는 주요 의미를 실행하지 못하였기 때문이다. 다시 말해 경제발전은 국민들에게 다양한 재화와 서비스를 더욱 많이 제공할 수 있는 경제성장은 물론 경제성장을 지속해서 가능하게 하는 기술진보와 그 기술진보를 가능하게 하는 정치적·사회적·제도적 구조의 조정을 기반으로 한다.

2. 소득분배의 의미

소득분배와 관련된 논의는 경제학에서 오랜 기간 연구된 주제들 중 하나이다. 본 절에는 소득분배와 관련된 가장 기초적인 의미, 유형 및 중요성에 대해 간단히 살펴본다.

2.1 형평성과 소득분배

경제학의 출발점은 무한한 인간의 욕망과 희소한 경제적 자원 간에 존재하는 여러 문제들의 인식과 해결방법을 모색하는 데 있다. 즉 물질에 대한 인간의 욕망은 시간과 장소를 가리지 않고 끝이 없지만, 무한한 욕구를 충족시켜 주는 경제적 자원은 한정되어 있으므로 사람들이 원하는 만큼의 재화와 서비스의 생산이나 소비는 불가능하다. 따라서 사람들은 희소한 자원을 효율적으로 사용하기 위해 선택(choice)의 문제에 직면한다.

1 로스토우의 경제발전 단계와 관련된 보다 상세한 내용은 제3장에서 제시된다.

그렇다면 경제학에서는 선택을 위해 어떤 기준을 사용할까? 경제학에서는 크게 효율성(efficiency)과 형평성(equity)을 선택의 기준으로 삼고 있다. 효율성은 "자원량이 주어져 있을 때 최대의 효과를 얻을 수 있도록 자원을 사용함으로써 '최소의 비용으로 최대의 효과'를 얻는 것"을 의미한다. 다시 말해 효율적 상태란 "더 나은 효과를 얻기 위해서는 반드시 더 큰 비용을 지불해야만 하는 경우로서 현재의 비용조건에서는 더 나은 효율적 상태가 존재하지 않는 상태"이다.

형평성의 사전적 의미는 "동등한 사람을 동등하게, 동등하지 않은 사람을 동등하지 않게 취급하는 것"이다. 이러한 형평성은 평등한 소득분배를 통해 달성된다. 이때 소득분배(income distribution)는 "경제활동 과정에서 분업을 통해 산출된 생산물이나 소득이 사회 구성원에게 분배되는 것"을 뜻한다. 다시 말해 소득분배가 일부 계층 혹은 집단에 집중될수록 형평성은 악화하고 소득분배의 불평등은 심화한다. 따라서 소득분배 과정은 형평성을 담보하기 위한 중요한 기능의 역할을 한다.[2] 많은 연구들에서는 '소득분배'와 '소득불평등'(income inequality)을 마치 동의어처럼 사용하는데, 그 이유는 소득분배를 통해 소득불평등이 결정되기 때문이다.

우리가 살아가고 있는 시장경제 체제는 효율성을 높이는 데에는 유용하지만, 형평성을 보장하지는 못한다. 즉 시장경제 체제가 소득이나 부가 많은 사람들을 위해 생산하고 이들에게 더 많은 재화와 서비스가 분배되는 방식으로 작동한다면, 효율성은 달성될 수 있겠지만 형평성에 따른 문제점이 발생한다. 다시 말해 형평성을 고려한 분배가 전제되지 않고 효율성만을 강조한다면, 즉 나이와 신체적 조건에 따라 소득격차가 크게 발생할 뿐 아니라 최소생계를 유지할 수 없는 빈곤층이 늘어난다면 안정적 시장경제 체제는 유지하기 어렵게 된다.

이러한 형평성의 악화로 인해 시장실패(market failure)가[3] 발생하는데, 이는 정부가 시장에 개입하는 근거가 된다. 예를 들어 시장에서 제공되는 재화나 서비스

2 소득분배의 기초 이론은 다음 장에서 다룬다.

3 시장실패(market failure)는 "시장을 통해 효율적인 자원배분과 공평한 소득분배가 실현되지 못하는 상황"을 의미하며, 이는 시장경제 체제에서 나타나는 여러 가지 한계점 혹은 문제점으로 인식된다. 시장실패의 원인으로는 불완전한 경쟁·정보의 비대칭성·공공재·외부효과·형평성 등을 들 수 있다. 시장실패에 관한 기초적 논의는 김의섭 외 5인(2016)을 참고할 수 있다.

의 가격이 소득이 낮은 계층(빈곤층)에게는 너무 비싸거나 혹은 공급량이 적어 사회적으로 문제가 된다면, 이를 보전해주기 위해 정부는 이전지출(transfer payment)을 빈곤층에게 지급한다. 이때 이전지출은 "아무런 대가 없이 정부가 빈곤층에게 구매력을 이전한 것으로 실업수당·의료보험금 등을 의미"한다. 그러므로 빈곤과 소득불평등을 완화하기 위한 소득재분배는 안정적 시장경제 체제를 유지하기 위해 요구되는 일종의 공공재(public goods)적 성격을 지니고 있으므로 소득불평등 완화를 위한 정부의 시장개입은 불가피하다.

그러나 정부가 어느 정도 시장에 개입해야 하는지는 논란의 여지가 있다. 왜냐하면 우리는 소득불평등을 완화하기 위한 소득재분배 정책을 결정하는 과정에서 '공평한 분배'에 대해 모든 사회 구성원들이 인정할 수 있는 사회적 합의 도출이 어렵다는 문제점에 직면하기 때문이다. 효율적인 자원배분의 논의에는 누구라도 인정할 수 있는 '파레토 효율성'(Pareto efficiency)이란[4] 뚜렷한 기준이 존재한다. 그러나 형평성에 대한 기준은 사람마다 다르게 제시되며, 우리는 모든 사람들이 인정할 수 있는 객관적이고도 합리적인 기준을 만들 수 없다는 근본적인 어려움에 봉착한다.

그러므로 경제학에서 소득분배 혹은 소득불평등과 관련된 연구는 크게 두 분야로 나누어진다. 첫 번째 연구 분야는 소득분배의 측정 및 형평성 기준의 설정과 관련된다. 많은 연구들에서는 특정 국가 혹은 사회의 소득분배에 따른 불평등 및 빈곤의 정도를 측정하는 방법을 개발하려 노력해 왔지만, 여전히 완전한 형태의(혹은 바람직한 속성을 모두 갖춘) 측정방법은 발견되지 않고 있다. 소득분배의 측정방법에 관한 간단한 소개는 제2장에서 다루어진다.

또한 사후적(ex-post) 의미인 '바람직한 분배' 상태에 대한 기준은 소득분배와 관련된 논의들 중에서 가장 어려운 연구 분야로 인식된다. 왜냐하면 최적의 분배 상태는 공정한 사회 속에서 구성원 상호관계를 지배하는 사회계약(social contract)의 조항과 관련된 기본적인 철학적 문제와 연결되기 때문이다.

예를 들어 사회계약 이론은 소득불평등 상태를 전 구성원이 받아들이고 준수

4 파레토 효율성(Pareto efficiency)이란 "사회 내의 어떤 사람의 후생을 감소시키지 않고서는 다른 어떤 사람의 후생을 증가시킬 수 없는 실현 가능한 배분상태"를 일컫는다.

해야 하는 어떤 절대적 표준으로 파악한다. 구체적으로 홉스(Thomas Hobbes, 1588~1679)나 로크(John Locke, 1632~1704)와 같은 자연 철학자들은 노동소득에 대한 도덕적 성역의 기반을 정립하려 노력하였다. 이후 벤담(Jeremy Bentham, 1748~1832)을 포함한 공리주의자(utilitarian)들은 소득분배와 관련된 문제점들을 해결하기 위한 가장 합리적 방법으로써 모든 구성원들이 느끼는 행복의 크기를 최대화할 것을 제시하였다. 한편 루소(Jean-Jacques Rousseau, 1717~1778)는 소득재분배의 필요성을 역설하였으며, 롤스(Jason Rawls, 1921~2002)는 '사회정의'(social justice)를 사회에서 허용될 수 있는 불평등 상태의 소득분배라고 정의하였다.

따라서 바람직한 소득분배의 기준은 주관적 가치관과 밀접하게 관련될 뿐만 아니라 시대에 따라 변모할 수 있으므로 보편적 해답을 찾기란 사실상 불가능하다. 현대의 경제학이 객관성·이론성·실증성에 집착하고 있다는 사실을 고려하면, 바람직한 소득분배 상태의 기준을 찾기란 더욱 어려워 보인다. 그러므로 본서에서는 이상과 같은 사후적 의미의 소득분배 (상태의) 기준에 관한 논의는 생략하고자 한다.

두 번째 연구 분야는 소득분배에 따른 소득불평등 정도와 여러 경제변수들 간의 관계를 파악하려는 노력과 관련된다. 특정 국가나 사회의 소득불평등은 직·간접적으로 총합적(aggregate) 경제성과에 영향을 미친다. 또한 소득불평등은 경제활동을 제약하는 원인일 뿐만 아니라 경제활동의 결과로 소득불평등이 심화되거나 완화되기도 한다. 이상의 연구내용은 사전적(ex-ante) 의미의 소득불평등이 어떻게 경제활동이나 경제성과와 관련되며, 변수들 상호 간 영향력의 크기를 파악하는 데 집중하고 있다.

사실상 본서에서 다루는 소득분배는 두 번째 연구 분야와 관련된다. 다시 말해 본서에서는 사전적 의미의 소득분배 혹은 소득불평등과 관련된 연구결과들을 중심으로 살펴본다. 특히 본서는 경제발전과 소득분배 간의 관계를 파악하려 노력하였던 연구결과들을 검토함으로써 소득불평등이 경제발전, 더 나아가 경제학에서 차지하는 역할의 중요성을 인식하는 기초를 제공하고자 한다. 따라서 독자들은 본서를 통해 여러 경제활동이 어떻게 경제선택의 기준인 형평성과 관련될 수 있는지에 대한 이해를 증진시킬 수 있을 것으로 기대된다.

2.2 소득불평등의 중요성

소득불평등이 심한 사회에서는 그렇지 않은 사회에 비해 더 많은 경제적·정치적·사회적 문제를 안고 있다. 예를 들어 소득불평등이 매우 극심해 극히 소수의 사람들만이 총생산량의 혜택을 받는 형태로 소득이나 부가 집중되고 대부분 사회 구성원들이 최저 생활수준에서 허덕인다면, 그 사회는 계층 간 위화감이 심화할 뿐만 아니라 시장경제 체제를 유지하기 어려워진다. 우리는 심각한 수준의 소득불평등으로 인해 국가가 붕괴되었던 역사적 경험을 쉽게 찾을 수 있다. 소득불평등이 일으키는 문제점을 경제적·사회적·정치적 관점에서 간단히 살펴보면 다음과 같다.

보충 내용

'평등'과 '형평' 간의 개념상 차이

평등과 형평 간에는 개념상 다소 차이가 있다. 평등(equality)은 "모든 사람이 능력이나 노력과 관계없이 똑같은 소득이나 재산을 갖는 것"을 의미한다. 그러나 형평(equity)은 "개인의 가치판단에 따라 다르게 정의될 수 있는 규범적 개념이지만, 통상적으로 평등한 기회"로 정의된다. 다시 말해 열심히 일한 사람과 그렇지 않은 사람 간에 구분 없이 소득이 주어지는 평등은 시장경제 체제에서는 실현 불가능할 뿐만 아니라 적합하지도 않다. 그러나 형평은 열심히 일한 사람에게 더 많이 보상하는 분배의 불평등을 인정하는 개념이다.

세계은행(World Bank)은 형평의 개념을 정의하기 위해 크게 두 가지의 기본원리를 제시한다. 첫째, 경제적·정치적·사회적 성공을 추구하는 모든 사람들에게 기회의 평등이 제공되어야 한다. 둘째, 평등한 기회가 보장된다고 할지라도 극단적 빈곤의 발생은 피해야 한다. 따라서 국가나 사회는 극단적으로 궁핍한 사회 구성원들의 생활보장을 위해 시장 개입이 요구된다.

경제적 관점에서 소득불평등의 심화는 다양한 경제변수들과 직·간접적으로 영향을 주고받는다. 예를 들어 소득불평등의 심화는 지속적 경제성장에 부정적 영향을 미친다. 비록 소득불평등이 경제성장에 도움을 줄 수 있다는 이론이 존재하지만, 이는 사회기반시설이나 경제시스템의 발전이 미미한 국가에서 생겨나는 일시적 현상으로 간주할 수 있다. 일반적으로 소득불평등의 심화는 대체로 정부의 생산적인 활동을 제약하며, 교육기회를 왜곡시키고, 사회 전체에 부패한 행위를 조장하며, 기술발전 및 무역개방도를 방해하는 등 경제에 악영향을 미친다고 알려져 있다.

소득이나 자산의 심한 편중은 사회적 관점에서 범죄나 폭동과 같은 물리적이고 파괴적인 행위의 원인이 된다. 사회-정치적 불안정성(socio-political unrest)은 법이나 정책 등에 불확실성(uncertainty)을 내재시켜 경제 내의 생산성을 저하시킨다. 왜냐하면 사회-정치적 불안정성으로 인해 생산에 사용되어야 할 시간과 자원이 사회적 불안정성을 제거하기 위해 사용되기 때문이다.

정치적인 관점에서 소득불평등의 심화는 이해집단 간의 갈등(conflicts of interests)을 일으키는 원인이 된다. 즉 부유한 사람들과 가난한 사람들 간에는 정책에 대한 선호가 상이하기 때문에 소득불평등의 심화는 집단 간 갈등과 충돌의 원인이 될 수 있다. 만약 소득불평등으로 인해 형성된 일부 계층의 정치적 조직(political organization)이 정책결정 과정에서 영향력을 행사함으로써 어떤 정책의 수혜자가 부유한 사람 혹은 가난한 사람들에게 국한된다면, 소득불평등은 정치적 제약(political constraint)으로 작용해 거시적 경제성과에도 영향을 미치게 된다.[5] 여기서 정치적 제약은 "정치적 의사결정 과정에서 나타나는 집단적 선택의 요구나 이해집단 간의 갈등 등을 포괄하는 제약"을 의미한다.

따라서 소득불평등이 심한 국가나 사회에서는 계층 간 위화감이 심화할 뿐만 아니라 다양한 경제적·사회적·정치적 제약조건으로 말미암아 안정적인 시장경제 체제를 유지하거나 소득이나 부를 지속해서 증가시키기 어려워진다. 그러므로 경제발전은 소득분배의 불평등수준과 밀접하게 관련된다.

2.3 분배의 유형

경제학 문헌에서는 소득이나 부의 분배를 논의할 때 대표적으로 '소득분배' 혹은 '소득불평등'의 단어를 종종 사용한다. 그러나 지금까지의 연구에서는 소득만을 고려한 것이 아니며 포괄적 의미의 소득분배 혹은 소득불평등의 문제를 다루고 있다. 다시 말해 소득 이외에도 부(자산)의 분배나 불평등이 존재하지만, 많은 연구들에서는 소득분배(혹은 소득불평등)가 모든 분배(혹은 불평등)를 대표하는

5 제6장에서는 교육투자의 사례를 들어 소득불평등이 어떻게 정치적 조직을 통해 자원배분의 왜곡과 관련될 수 있는지를 제시한다.

것처럼 사용하였다.

구체적으로 우리는 소득과 함께 '자산분배' 혹은 '자산불평등'을 고려할 수 있다. 자산분배를 논의할 때 고려되는 대상은 금융자산·부동산(토지) 등이다. 여기서 한 가지 주의할 사항은 소득분배와 자산분배 간에는 개념상 다소 차이가 존재한다는 점이다. 예를 들어 소득은 유량(flow)의 개념이지만, 자산은 저량(stock)의 개념이다. 또한 대부분 국가나 사회에서는 소득분배의 불평등에 비해 자산분배의 불평등이 훨씬 심각하게 나타난다.

몇 가지 소득불평등의 측정방법은 제2장에서 소개되지만, 대체로 지니계수의 형태로 나타낸 소득불평등이 가장 많이 사용되었다. 소득불평등의 측정은 소득이나 금융자산에 기초한 소득계층 간의 소득분배 상태를 반영한다. 다만 토지 소유의 불평등을 측정할 때에는 '토지의 시장가치'를 기준으로 작성한다. 그러나 토지 소유의 불평등을 이용해 국가 전체의 자산불평등을 측정할 때는 토지를 소유한 사람과 토지를 소유하지 못한 사람 간의 불평등을 간과한다는 문제점이 있다. 최근 들어 토지를 소유하지 못한 사람을 포함해 토지를 소유한 사람들 간의 불평등을 측정하는 방법의 개발이 진행되고 있다.[1]

그러므로 우리는 소득분배 혹은 소득불평등을 다양한 형태의 소득이나 자산의 분배 상태를 일컫는 용어로 이해할 수 있다. 기존의 경제학 문헌들과 마찬가지로, 본서에서도 소득불평등은 다른 형태의 불평등(특히 자산불평등)을 포함하는 것으로 간주한다. 즉 본서에서도 소득이나 자산의 불평등한 분배 상태를 총괄해서 '소득불평등'으로 종종 표현한다.

여기서 한 가지 유의할 사항은 소득불평등이 소득양극화(income polarization) 혹은 빈곤(poverty)과는 다른 측면에서 파악해야 하는 개념일 뿐만 아니라 각각 다른 측정방법과 지표를 사용하고 있다는 점이다. 소득불평등은 소득계층별 분배 상황이 평등하지 못한(즉 균등분포(uniform distribution)를 이루지 못한) 현상이며, 대표적인 측정방법으로는 10분위분배율·지니계수·앳킨슨 지수 등을 들 수 있다. 그러나 소득양극화는 중산층의 감소에 따라 소득 상위계층과 하위계층의 분포가 양

1 이러한 방법론의 예는 Erickson and Vollrath(2004)이 제시하였으며, 본서에서는 이상과 관련된 구체적 논의를 생략한다.

극단으로 이동하는 현상으로써 울프선(Wolfson) 지수·ER(Esteban and Ray) 지수 등으로 측정한다. 한편 빈곤은 소득불평등과 소득양극화의 결과로써 인간다운 생활을 영위하기에 충분한 소득을 얻지 못하는 상황을 가리키며, 대표적 측정방법은 1998년 노벨경제학상 수상자인 센(Amartya Kumar Sen, 1933~)이 개발한 센 지수(Sen index)이다.[2]

3. 경제발전과 소득분배의 만남

본서에서는 국가 간 소득분배의 불평등 정도가 종종 제시된다. 반드시 그렇지는 않지만, 서구의 산업화된 국가들의 소득분배가 개발도상국이나 저개발 혹은 미개발 국가들의 경우에 비해 대체로 평등하게 이루어지고 있다. 이는 한 국가의 경제가 성장하고 발전함으로써 소득분배의 불평등이 개선될 수 있음을 시사한다. 이미 언급한 바와 같이 경제발전은 양적 확대와 함께 질적 변화를 수반하므로 소득분배의 불평등과 밀접하게 관련된다.

특정 국가의 소득분배 현황을 이해하기 위해서는 먼저 가계(혹은 개인)가 갖는 소득의 원천을 살펴볼 필요가 있다. 가계의 소득은 크게 노동력을 기업에 공급함으로써 얻는 '임금', 일부 소득을 금융기관(대표적으로 은행)에 예금함으로써 생겨나는 '이자'(은행은 가계의 저축을 기업에 대출해 소득을 창출), 가계가 소유하고 있는 토지 및 건물들의 사용료인 '지대', 경영자가 기업을 경영함으로써 얻는 '이윤' 등으로 구분된다. 이와 같은 소득의 원천이나 그 크기는 가계마다 차이가 있게 마련이다. 왜냐하면 가계마다 소유한 소득의 원천이 다를 뿐만 아니라 그 원천을 얼마나 소유하느냐에 따라 소득의 크기가 결정되기 때문이다.[3] 모든 가계의 소득이 결정된 이후 가계의 소득이 어떻게 분배되었느냐에 따라 그 국가의 소득불평등 상태가 달라진다.

---

2 이미 언급하였듯이 소득불평등의 측정방법은 제2장에서 소개되며, 소득양극화 혹은 빈곤을 측정하는 방법에 대한 소개는 본서의 일관성을 위해 생략한다. 참고로 인도 출신인 아마르티아 쿠마 센은 불평등과 빈곤에 대한 연구업적으로 아시아인 최초로 노벨 경제학상을 받았다.

3 독자들은 이상의 내용을 쉽게 이해할 수 있을 것으로 여겨진다. 즉 가계(혹은 개인)마다 상이한 소득의 원천을 소유하므로 소득분배의 불평등이 발생한다. 그렇다면 가계마다 소득의 원천을 다르게 소유하는 이유는 무엇일까? 바꾸어 말하면, 어떤 국가나 사회에서 소득불평등이 발생하는 원인은 무엇일까? 이러한 물음들에 대한 개괄적 해답은 다음 장에서 제시되며, 그 구체적 내용은 본서의 여러 군데에 나타나 있다.

또한 국가경제는 정체된 것이 아니라 계속해서 성장하거나 퇴보하기도 한다. 예를 들어 특정 국가가 일정 기간 10% 경제성장을 달성하고, 모든 가계의 소득이 10%씩 증가한 경우를 가정한다. 이 경우 그 국가의 소득분배는 변동하지 않겠지만, 이는 현실적으로 불가능한 가정이다. 왜냐하면 이미 언급하였듯이 가계마다 보유하고 있는 소득의 원천이 상이하기 때문이다. 현실 경제에서는 경제성장 과정에서 새로이 생겨난 소득이 부유한 사람(소득의 원천을 상대적으로 많이 소유한 사람)들에게 상대적으로 많이 배분될 때 소득분배의 불평등은 심화하며, 반대로 가난한 사람들에게 상대적으로 많이 배분될 때 소득분배의 불평등은 개선된다.

경제성장으로 인해 새로이 생겨난 소득은 실질적으로 부유한 사람들에게 상대적으로 많이 배분된다. 다시 말해 소득의 원천을 많이 소유한 가계는 경제가 성장할수록 더 많은 소득을 획득한다. 따라서 높은 경제성장을 이룩한 국가의 정부는 시장에 개입해 가계의 소득을 재분배하는 역할을 담당하고, 이를 통해 소득분배의 불평등을 개선하려 노력한다. 즉 정부가 시장에 개입해 최소생계를 유지할 수 없는 빈곤층을 최소화함으로써 안정적인 시장경제 체제를 유지한다.

경제발전과 소득분배는 이상의 과정에서 상호 관련성이 증대된다. 즉 우리는 경제성장과 소득분배의 불평등이 심화되는 두 가지 현상이 동시에 나타날 때 그 경제는 양적 확대를 이룩하였으나 국민들의 삶의 질은 개선되었다고 평가하지 않는다. 따라서 경제발전은 소득재분배를 지향하는 경제성장(redistribution with economic growth)이 가능할 때 달성된다. 우리는 경제성장의 편익이 저성장 부문이나 저소득 계층에게 재분배될 때 지속적 경제발전을 기대할 수 있다. 따라서 오늘날 많은 국가들은 지속적 경제발전, 즉 안정적 경제성장과 소득재분배의 달성을 국가 경제의 가장 큰 목표로 설정하고 있다.

4. 본서의 목적 및 구성

4.1 본서의 목적

국가의 경제발전은 삶의 질과 밀접하게 관련되기 때문에 우리가 삶을 영위하는 한 추구해야 할 가장 큰 가치 중 하나이다. 또한 경제발전은 통상적으로 경제성장을 동반하며, 그 과실이 모든 사람들에게 골고루 분배될 때 지속적 발전이 가능해진다. 소득불평등의 완화는 시장경제 체제를 안정적으로 유지하면서 거시경제의 최종목표(예를 들어 지속적 경제성장·물가안정·완전고용의 실현·국제수지의 균형)를 달성하기 위한 전제조건으로 인식된다. 따라서 경제발전과 소득분배는 밀접하게 관련되며, 이들 상호 간에 관련된 논의를 검토한다는 사실은 중요한 의미를 지닌다. 그러나 기존의 문헌은 경제발전과 소득분배를 분리해 검토하거나 소득불평등과 경제성장 간의 관계에 집중하고 있으므로 경제발전과 소득불평등 간의 관계에 대한 포괄적 접근에는 다소 미흡한 측면이 존재한다.

본서에서는 이상의 문제의식에 기초해 경제발전과 소득분배의 상호 간에 관련된 다양한 논의들을 요약하고 소개함을 목적으로 한다. 또한 본서는 기초적 경제이론과 함께 최근의 연구결과들을 소개함으로써 경제발전이나 소득분배에 관심이 있는 학부생은 물론 대학원생들에게 유용한 자료를 제공하고자 한다. 다시 한번, 본서에서 사용하는 소득분배 혹은 소득불평등은 규범적(normative) 요소(사후적 의미)보다는 실증적(positive) 부분(사전적 의미)에 초점을 두고 있음을 밝혀둔다. 또한 본서에서는 균형 감각을 갖고 이론적 모형과 실증분석 결과를 가능한 범위 내에서 간단하게 소개한다.

따라서 본서를 올바르게 이해하기 위해서는 경제학의 기초 개념에 대한 이해와 함께 기초적 수학 및 통계학의 지식이 반드시 요구된다. 즉 학부 2, 3학년 수준에서 요구되는 미시경제학·거시경제학·경제수학 등과 같은 경제학의 기초 내용은 본서를 이해하기 위해 필수적이다. 본서는 학부 3, 4학년 단계에서 수강 가능한 「경제발전론」, 「소득분배론」 등의 강의에서 교재로 활용할 수 있으며, 「경제학 세미나」와 같이 특정 주제가 없는 강의에서 학생들에게 새로운 연구결과를 알리기 위한 교재로 적합할 수 있다. 또한 저자들은 본서를 통해 경제발전이나 소득분배와 관련된 연구를 준비하는 대학원생 혹은 연구자들에게 유용한 자료를 제공할 수 있을 것으로 기대한다.

4.2 본서의 구성

본서에서는 널리 알려진 기본적 경제이론은 물론 최근의 연구결과까지 모형의 단순화를 시도하였으며, 경제모형의 설정 및 결과를 가능한 서술적으로 표현하려 노력하였다. 특히 본서는 경제발전과 관련된 국가 간 혹은 지역 간 소득불평등에 초점을 두고 있다. 박스(box)로 나타낸 '보충내용' 혹은 '읽을거리'는 본서의 내용과 직접적 관련성은 다소 약하지만, 반드시 알고 있어야 본서의 이해를 증진할 수 있는 내용들이다. 본서의 주요 수요층으로는 경제학을 전공하는 학부 3, 4학년은 물론 경제발전 및 소득분배와 관련된 다양한 연구를 계획하는 대학원생을 대상으로 한다.

본서는 총 11장으로 구성되어 있다. 이와 같은 구성은 연속적인 내용으로 이루어진 것이 아니므로 편의에 따라 재구성하거나 부분적으로 참고하면서 읽어도 무방하다. 그러나 제2장과 제3장은 우선순위를 두고 읽기를 추천한다. 제2장에서는 불평등의 다양한 측정방법과 불평등의 일반적 원인 및 결과를 간략히 살펴본다. 제3장은 경제성장, 경제발전 및 소득분배 간의 관련성에 대한 다양한 이론적·실증적 논의를 제시한다.

제4장~제6장은 전통적인 경제발전과 소득분배의 논의에서 많이 언급되는 내용들로 구성되어 있다. 구체적으로 제4장~제6장은 각각 정부의 역할과 재정지출, 무역과 기술진보 및 교육투자가 어떻게 경제발전 혹은 소득분배와 관련되는지 살펴본다. 제7장과 제8장은 경제발전의 과정에서 반드시 생겨나는 부패 및 도시화와 환경오염을 검토하고, 이들 현상과 소득분배 간의 관계를 조명한다. 제9장은 금융발전과 금융위기와 관련된 내용을 소개하고, 제10장에서는 1990년대 이후 급격히 진행되고 있는 세계화가 경제발전이나 소득분배와 어떻게 관련되는지 제시한다. 제11장에서는 경제발전에 따른 사회복지의 논쟁을 살펴본다. 마지막으로 본서의 맨 뒷부분에는 본서를 작성하는 과정에서 인용한 참고문헌의 목록이 나타나 있다.

생각해 볼 문제

1. 경제발전, 경제성장 및 경제개발 간의 개념상 유사점과 차이점을 설명하라. 또한 경제발전이 어떻게 소득분배와 관련될 수 있는지 제시하라.

2. 소득불평등이 소득양극화나 빈곤과는 어떻게 다르다고 생각하는가? 또한 소득불평등과 자산불평등 간의 개념상 유사점과 차이점을 설명하라.

3. 경제성장이 반드시 평등한 소득분배를 보장하지 못하는 이유는 무엇일까? 경제발전이 평등한 소득분배를 전제하는 이유는 무엇일까?

4. 소득불평등이 중요한 쟁점이 될 수 있는 이유를 경제적·사회적·정치적 관점에서 설명하라. 또한 심한 소득불평등이 원인이 되어 생겨난 경제적·사회적·정치적 문제점에 대한 현실적이고 구체적인 예를 제시하라.

5. '평등'과 '형평'은 개념상 다소 차이가 존재하는데, 이를 설명하라. 여러분은 이상의 두 가지 개념 중에서 어떤 개념이 시장경제의 기본원칙과 부합한다고 생각하는가? 만약 완전히 평등한 사회가 존재한다면, 어떤 경제적·사회적 문제점이 생겨날 수 있는가?

chapter 02

1. 소득분배의 측정

2. 소득분배의 불평등 원인

3. 소득분배의 불평등 결과

4. 우리나라의 소득분배

5. 세계의 소득분배

2

기초 소득분배론

1. 소득분배의 측정

소득분배의 측정은 불평등 상태를 구체적으로 평가하고 국가 간·지역 간 비교를 위해 이루어졌지만, 바람직한 속성을 모두 갖춘 측정방법은 현재까지 발견되지 않고 있다. 본 절에서는 가장 폭넓게 활용되고 있는 소득분배의 몇 가지 측정방법을 소개한다.

1.1 기능별 소득분배와 계층별 소득분배

소득분배의 측정 기준은 크게 기능별 소득분배와 계층별 소득분배로 나누어진다. 먼저 기능별 소득분배(functional distribution of income)는 국민소득이 노동에 대한 임금, 자본에 대한 이자, 토지에 대한 지대, 기업가의 경영능력에 대한 이윤 등으로 나누어지는 몫이 얼마인지 보여주는 소득분배이다. 따라서 기능별 소득분배는 생산요소의 가격이 결정되는 원리를 이용해 접근하기 때문에 생산요소시장의 가격결정 이론으로 불리기도 한다.

계층별 소득분배(size distribution of income)는 소득의 원천이나 형태를 따지지 않고 오로지 소득의 크기만을 중시하는 소득분배이다. 이러한 계층별 소득분배는 통상적으로 사람들의 기본생활 단위가 되는 가계 단위로 파악한다. 본 절의 이하에서 소개하는 소득분배의 몇 가지 측정방법은 계층별 소득분배의 접근방법에 기초한다.

1.2 10분위 분배율

10분위 분배율(decile distribution ratio)은 “소득계층을 10%씩 10등분 한 이후 아래 식과 같이 소득이 가장 낮은 40%의 소득합계를 소득이 가장 높은 20%의 소득합계로 나눈 비율”을 일컫는다.

$$\text{10분위 분배율} = \frac{\text{최하위 40\% 소득계층의 총소득}}{\text{최상위 20\% 소득계층의 총소득}}$$

위 식에서 최하위 40% 소득계층의 총소득이 분자에 위치하므로, 10분위 분배율은 큰 값일수록 평등한 소득분배를 의미한다. 이상의 방법은 측정하기가 간편하고 하위계층과 상위계층의 소득분배 상태를 직접 비교할 수 있다는 장점이 있다. 10분위 분배율은 0과 2 사이의 값으로 나타난다(완전불평등=0; 완전평등=2).[1] 비록 통상적인 기준은 없지만, 대체로 10분위 분배율이 0.45 이상일 때 고평등 분배, 0.45 이하~0.35 이상일 때 저평등 분배, 그리고 0.35 이하일 때 불평등 분배로 분류한다.

1.3 로렌츠 곡선

로렌츠 곡선(Lorenz curve)은 미국의 경제학자 로렌츠(Max Otto Lorenz, 1876~1959)가 소득분배의 불평등 정도를 측정하기 위해 창안한 방법이다. 즉 로렌츠 곡선은 계층별 소득분배 자료를 사용해 인구누적비율과 소득누적비율 간의 대응관계를 나타낸다. 만약 어떤 경제의 인구누적비율과 소득누적비율이 [그림 2-1]과 같이 00'을 잇는 대각선 형태로 이루어진다면, 이는 10%의 인구가 10%의 소득을, 20%의 인구가 20%의 소득을, …… 등과 같이 인구누적비율과 소득누적비율이 같은 분배의 완전평등 상태를 의미한다. 이와는 반대로 경제의 전 소득을 오로지 한 명이 차지할 경우에는 로렌츠 곡선이 0T0'의 형태가 되며, 이는 완전불평등한 분배 상태를 나타낸다. 그러므로 로렌츠 곡선은 아래로 늘어지게 그려질수록 소득불평등이 심하다는 사실을 나타낸다.

로렌츠 곡선은 소득불평등 정도를 한눈에 알아볼 수 있다는 장점이 있다. 그러나 국가 간·지역 간 소득불평등을 비교한다면, 많은 곡선들이 서로 교차하게 되어 비교하기 힘들다는 단점도 있다(예를 들어 동일한 그래프 위에 몇십 개의 곡선을 그린다고 생각해 보라!). 또한 로렌츠 곡선은 어떤 국가나 사회가 다른 국가나 사회에 비해 평등한지 혹은 불평등한지에 관한 정보만을 제공할 뿐 어느 정도 더 평등한지(혹은 불평등한지)에 관한 정보를 제공하지 못한다는 단점을 지닌다.

1 10분위 분배율은 소득계층을 10%씩 10등분해서 구하므로, 완전히 평등한 사회에서는 모든 10% 소득계층의 총소득이 동일하다.

그림 2-1 로렌츠 곡선

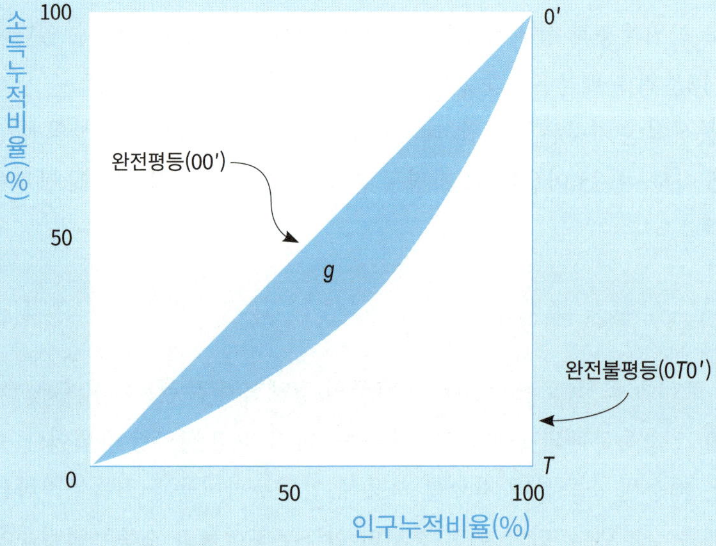

1.4 지니계수

지니계수(Gini coefficient)는[2] 로렌츠 곡선의 단점을 보완하기 위해 고안한 방법으로 로렌츠 곡선이 나타내는 바를 하나의 구체적인 숫자로 표시한다. 즉 지니계수는 [그림 2-1]을 이용해 다음과 같이 구할 수 있다.

$$\text{지니계수} = \frac{\text{불평등 면적}(g)}{\Delta OTO' \text{ 면적}}$$

따라서 지니계수는 0과 1 사이의 숫자로 표시되며 불평등의 정도가 심할수록 1에 가까워진다(완전불평등=1; 완전평등=0). 지니계수는 다양한 형태의 소득이나 부(자산)의 불평등을 측정하는 데 적용할 수 있으며, 국가 간·지역 간 비교가 용이하기 때문에 다른 측정방법에 비해 폭넓게 사용되고 있다. 그러나 지니계수는 전 소

2 지니계수는 이탈리아의 통계학자 사회학자 경제학자인 지니(Corrado Gini, 1884~1965)가 고안한 '지니의 법칙'에서 유래된 개념이다.

득계층의 소득분배 상태를 하나의 숫자로 표시하기 때문에 특정 소득계층 간의 소득분배 상태를 반영하지 못한다는 단점이 있다.

[표 2-1]은 유엔대학교 세계개발경제연구원(United Nations University-World Institute for Development Economics Research, UNU-WIDER)이 제공하는 세계 소득불평등 데이터베이스(World Income Inequality Database) 자료를 바탕으로 계산한 1960년대, 1970년대, 1980년대, 1990년대, 2000년대 및 2010년대의 지역별 평균 소득지니계수를 나타낸다. 일반적인 기준은 없지만, 대체로 소득지니계수가 0.5 이상이면 고불평등 분배, 0.5 이하~0.4 이상이면 중불평등 분배, 그리고 0.4 미만이면 저불평등 분배로 평가한다.

표 2-1 지역별 소득지니계수의 중위수

지 역	1960년대	1970년대	1980년대	1990년대	2000년대	2010년대
동유럽	0.2214	0.2163	0.2369	0.3017	0.3340	0.3297
남부아시아	0.3619	0.3429	0.3357	0.3326	0.3951	0.3809
OECD와 고소득	0.3874	0.3530	0.3264	0.3340	0.3451	0.3487
동아시아와 태평양 연안	0.3927	0.3755	0.3122	0.3547	0.3557	0.3634
중동과 북아프리카	0.4386	0.4236	0.3769	0.3815	0.3711	0.3619
사하라사막 남부 아프리카	0.5306	0.5164	0.4613	0.5124	0.4661	0.5049
라틴아메리카	0.4863	0.4781	0.4886	0.5075	0.5031	0.4640

자료: 유엔대학교 세계개발경제연구원(https://doi.org/10.35188/UNU-WIDER/WIID-310521)이 제공한 자료를 바탕으로 계산함.

[표 2-1]의 지역별 평균 소득지니계수는 몇 가지 특징을 제시한다. 사하라사막 남부 아프리카와 라틴아메리카 국가들의 소득불평등이 평균적으로 가장 심하며, 동유럽 국가들이 상대적으로 가장 평등하다. 1990년대 이전 동유럽 국가들은 '효율성'보다 '형평성'을 강조한 공산권 국가들이었기 때문에 상대적으로 낮은 수준의 소득불평등을 유지하였다. 그러나 1980년대 후반 이후 자유화와 개방화의 물결로 인해 동유럽 국가들의 소득불평등이 심화하고 있다. 동유럽 국가들의 평균 소득지니계수는 1970년대 0.2163에 불과하였지만, 2000년대 들어 0.3340으로 크게 상승하였다.

중동과 북아프리카 국가들의 평균 소득지니계수는 1960년대 이후 대체로 감소하는 추세이다. 또한 사하라사막 남부 아프리카 국가들의 평균 소득지니계수는 1960년대 0.5306에서 2000년대 0.4661로 다소 감소하였지만, 여전히 소득불평등이 심한 수준이다. 이러한 사실은 이 지역의 많은 국가들이 내란·저개발 등의 이유로 인해 대부분 구성원들이 가난한 계층으로 분류됨에 따라 소득지니계수로 나타낸 불평등 값이 개선된 것으로 추측된다. 그러나 남부 아시아, 경제협력개발기구(OECD)와 고소득 및 동아시아와 태평양 연안 국가들의 평균 소득지니계수는 시간의 흐름과는 관계없이 다소 안정적인(크게 변동하지 않는) 값을 나타낸다.

1.5 앳킨슨 지수

지금까지 제시한 소득분배의 불평등 측정방법은 사회후생함수를 명시적으로 고려하지 않은 반면, 앳킨슨 지수(Atkinson measure)는 사회후생함수를 먼저 찾은 다음 이를 반영해 불평등의 정도를 측정하는 방법이다.

즉 앳킨슨 지수는 균등분배대응소득(equally distributed equivalent level of income: Y_e)의 개념에 의존한다. 이때 균등분배대응소득은 "현재와 동일한 사회후생을 얻을 수 있는 완전히 평등한 소득분배 상태에서의 평균소득"을 의미한다. 예를 들어 어떤 국가의 평균소득이 3만 달러이며, 현재 우리가 인식하는 상태로 분배되어 사회후생함수 $\tilde{w}$를 달성한다고 가정한다. 만약 그 국가가 평균소득을 2만 달러씩 균등하게 분배함으로써 $\tilde{w}$의 사회후생을 달성한다면, 이러한 2만 달러가 균등분배대응소득이다. 따라서 균등분배대응소득은 현재의 소득불평등으로 인해 사회후생이 떨어지는 한 현실의 평균소득보다 작게 나타난다. 다시 말해 현실의 평균소득과 균등분배대응소득 간의 격차는 소득불평등이 사회후생을 감소시키는 정도가 심할수록 더욱 커지게 된다. 이상의 논의에 따라 앳킨슨 지수(A)는 다음과 같이 나타낼 수 있다.

$$A = 1 - \frac{Y_e}{\mu_Y}$$

만약 소득분배가 완전히 평등하게 이루어진다면, 균등분배대응소득(Y_e)과 현실의 평균소득(μ_Y) 간에는 아무런 차이가 생겨나지 않기 때문에 앳킨슨 지수는 0이 된다. 이와는 반대로, 완전히 불평등한 사회에서는 모든 사람들에게 균등하게 분배된 거의 0에 가까운 소득이 현재와 동일한 사회후생을 가져다준다. 이때 균등분배대응소득은 0에 가깝게 되며 앳킨슨 지수는 1이 된다. 그러므로 앳킨슨 지수는 0에서 1 사이의 숫자로 나타나며, 소득불평등이 심할수록 1에 가까워진다(완전불평등=1; 완전평등=0).

앳킨슨 지수는 균등분배대응소득을 어떻게 구할 수 있느냐에 의존하는데, 이를 구하기 위해서는 사회후생함수가 필요하다. 다시 말해 사회후생함수가 어떻게 형성되느냐에 따라 Y_e의 값이 달라진다. 이러한 사회후생함수의 내용이 앳킨슨 지수가 안고 있는 가장 큰 문제점으로 지적된다. 앳킨슨 지수는 몇 가지 가정조건을 부가해 다음과 같이 다시 나타낼 수 있다.[3]

$$A = 1 - \left[\sum_{i=1}^{m} \left(\frac{Y_i}{\mu_Y} \right)^{1-\varepsilon} f_i \right]^{\frac{1}{1-\varepsilon}}$$

여기서 Y_i는 i번째 소득계층에 속하는 사람들의 평균소득이며, f_i는 전체인구 대비 i번째 소득계층에 속하는 인구 비율을 나타낸다. 또한 ε은 매개변수로서 사람들이 소득불평등을 얼마나 싫어하느냐의 정도를 반영하는 지표이다. 따라서 사회후생함수의 성격은 ε의 값에 따라 달라진다. 즉 ε이 영(0)에 가까울수록 소득불평등에 관한 관심이 줄어들며, 무한대(∞)에 가까울수록 가난한 사람의 소득에 관한 관심이 증가한다. 그러므로 앳킨슨 지수는 ε의 값에 따라 상반된 결과가 도출된다는 한계점을 지닌다.

룩셈부르크 소득연구(Luxembourg Income Study)는 OECD 국가를 대상으로 앳킨슨 지수를 제공하는데, [표 2-2]에는 몇몇 국가들의 가용한 최근 연도의 값이 요약되어 있다. [표 2-2]에서 네덜란드·독일·스웨덴의 앳킨슨 지수에 비해 미국·영국·이탈리아의 앳킨슨 지수가 크게 나타나는데, 이는 후자의 국가들의 소득불평

3 이하에서는 앳킨슨 지수를 도출하기 위한 몇 가지 가정조건을 포함한 구체적 논의는 생략한다. 이 부분에 관심이 있는 독자는 Atkinson(1970)을 참고할 수 있다.

등이 전자의 경우에 비해 상대적으로 심하다는 사실을 의미한다. 또한 ε의 값이 0.5에서 1.0으로 증가함에 따라 자연적으로 앳킨슨 지수는 상승(소득불평등이 심화)하였다. 앳킨슨 지수로 나타낸 2016년의 우리나라 소득불평등은 2005년의 스웨덴이나 2018년의 네덜란드 혹은 독일에 비해 다소 높은 수준이지만, 2018년의 호주나 2019년의 미국과 비교해서는 다소 낮은 수준이다.

표 2-2 몇몇 OECD 국가의 앳킨슨 지수

국 가	연 도	앳킨슨 지수(ε =0.5)	앳킨슨 지수(ε =1.0)
네덜란드	2018	0.064	0.126
대한민국	2016	0.081	0.172
독 일	2018	0.077	0.146
미 국	2019	0.130	0.254
스웨덴	2005	0.049	0.096
스페인	2016	0.100	0.208
영 국	2018	0.083	0.162
이탈리아	2016	0.104	0.224
칠 레	2017	0.176	0.309
호 주	2018	0.094	0.183

자료: 룩셈부르크 소득연구(http://www.lisdatacenter.org).

2. 소득분배의 불평등 원인

소득분배의 상태는 항상 고정되거나 일정하지 않으며, 시간이 흐름에 따라 변동하게 된다. 이는 소득분배의 불평등이 외생적으로 주어진 값이 아니라 다른 변수에 의해 영향을 받는 내생적 변수라는 사실을 의미한다. 본 절에서는 소득분배의 불평등을 초래하는 일반적 원인들을 간략히 소개한다.

2.1 개인 능력의 차이

소득격차는 개인마다 타고난 능력이나 성격 등이 다르기 때문에 발생한다.

즉 운동에 적합한 신체적 조건을 타고난 사람, 성격적으로 긍정적이며 부지런한 사람, 성취욕이 높은 사람, 건강하게 태어난 사람 등이 그렇지 않은 사람들에 비해 많은 소득을 창출할 가능성이 크기 마련이다. 이와 같은 개인 능력의 차이는 소득 격차의 가장 근본적인 원인이다.

2.2 정부의 역할

보편적인 공공지출은 공공의 욕구를 충족하기 위한 재화나 서비스를 공급함으로써 소득재분배적 성향을 지니게 된다. 따라서 공공의 욕구에 대한 정부의 역할이[4] 증진될수록 소득불평등은 완화된다(Joumard et al., 2012; Meltzer and Richard, 1981). 또한 민주주의가 발전한 국가에서는 정책을 결정하는 과정에서 소수의 부유한 계층에 비해 다수의 가난한 집단에 더 큰 가중치를 부여하기 때문에 소득불평등을 완화하는 정책을 선호한다(Tavares and Wacziarg, 2001). 그러나 특정 계층 혹은 지역의 사람들에 의한 지대추구(rent-seeking)가 생겨나거나 선거나 정치적 압력 등의 정치적 과정에서 부패가 존재할 때는 재정지출이 소수의 사람들에게 편중될 수 있으므로 정부의 활동이 소득불평등을 심화시킬 수 있다(Alesina and Angeletos, 2005; Rodriguez, 2004). 왜냐하면 지대추구나 부패는 소수의 사람들이 독점적 지위를 확보하려는 경제행위이기 때문이다.

2.3 교육수준의 차이

교육과 훈련은 인간의 능력을 증진시키므로 교육과 훈련을 받은 사람들이 그렇지 못한 사람들에 비해 높은 소득을 획득할 가능성이 증가한다. 따라서 공교육에 지속해서 투자하는(다시 말해 교육투자에 대한 진입장벽이 낮은) 국가의 소득불평등은 그렇지 않은 국가의 경우에 비해 상대적으로 낮은 수준이다(Saint-Paul and Verdier, 1992; Zhang, 1996). 예를 들어 산업화된 국가들(industrial countries)에서는 소득불평등을 완화하려는 방안으로 전 국민을 대상으로 초등교육이나 중등교육

4 정부가 소득불평등 개선을 위해 사용하는 재정정책의 예로는 저소득층에 대한 이전지출의 증대와 조세의 누진성 강화 등을 들 수 있다.

은 물론 그 이상의 상급교육까지 의무교육을 시행하고 있다.[5]

보충 내용

경제지대 및 지대추구

경제지대(economic rent)는 "어떤 생산요소의 공급에 필요한 금액을 초과해 그 생산요소에 대해 실제로 지급한 금액"을 의미한다. 완전경쟁시장의 장기에는 기업의 자유로운 진입과 이탈로 말미암아 모든 산업에서 기업들의 이윤은 영(0)이 된다. 그러나 장기에 고정된 생산요소가 존재한다면, 새로운 기업의 진입이 자유롭게 이루어지지 않기 때문에 기존 기업은 초과이윤을 향유할 수 있다. 공급이 고정된 생산요소는 ① 토지·원유 등과 같이 자연적 이유로 그 공급이 제한되는 경우와 ② 의사나 변호사 등과 같이 면허가 있어야 경제행위를 할 수 있는 법률적 경우에 존재한다.

만약 어떤 기업이 그 산업에 진입할 때 고정된 생산요소로 말미암아 '허가증'이 요구된다면, 허가증의 가치는 진입억제로 인해 발생하는 초과이윤의 가치에 의해 결정된다. 따라서 허가증이 필요한 산업에 진입하려는 기업의 입장에서는 이 산업의 장기이윤은 영(0)이 된다. 왜냐하면 진입비용에 허가증의 구입비용이 포함되기 때문이다. 그러나 기존의 기업들은 장기적으로 공급이 고정된 허가증이라는 생산요소를 보유함으로써 이익을 얻게 되는데, 이를 경제지대라고 한다.

만약 어떤 이유에서든 경제지대가 존재한다면, 이미 허가증을 소유한 기득권자들은 경제지대를 계속 유지하려는 속성을 갖는다. 특히 법률적인 원인에 의해 고정된 생산요소를 소유한 사람들은 계속 경제지대를 추구하기 위해 허가증의 수를 제한하기를 희망한다. 즉 허가증을 소유한 기득권자들은 정책입안자들에게 허가증의 수를 제한해야 하는 타당성을 홍보하거나 로비(lobby) 등을 통해 알리려고 노력한다.

고정된 생산요소를 소유한 사람들은 정책입안자들에게 심지어 뇌물(bribe)을 공여하려 시도한다. 이때 뇌물의 크기는 새로운 기업의 진입을 막음으로써 얻을 수 있는 경제지대보다 조금 적은 금액까지 가능하다. 만약 ε이 아주 적은 금액이면, 뇌물로 공여할 수 있는 최대금액은 (경제지대-ε)만큼이 된다. 우리는 이러한 행위를 지대추구(rent-seeking) 혹은 지대추구행위(rent-seeking behavior)라고 부른다. 만약 비용이 지대추구에서 생긴다면, 이는 생산량의 증가와 무관하며 경제지대를 보존하기 위한 지출이라는 측면에서 사회적 낭비가 된다.

출처: 황진영(2016).

5 여기서 한 가지 유의할 사항은 사회 전체의 소득불평등이 교육투자의 결정에 영향을 미칠 수 있다는 점이다. 즉 교육투자는 소득불평등의 원인일 뿐만 아니라 그 결과로 나타날 수 있다. 이처럼 변수들이 서로서로 영향을 주고받을 때 경제학에서는 인과관계(causality)의 문제가 발생한다고 말한다. 본서에서 다루는 많은 변수들 간에는 대부분 인과관계의 문제가 존재한다.

2.4 기술진보

기술진보(technical progress)는 숙련 노동자와 비숙련 노동자 간의 임금격차를 심화시켜 소득불평등에 영향을 미친다. 왜냐하면 많은 교육과 훈련을 받은 숙련 노동자가 그렇지 않은 비숙련 노동자에 비해 새로운 기술진보를 습득하고 이용하는 데 있어서 상대적으로 유리하기 때문이다. 다시 말해 기술진보의 습득과 이용의 정도가 생산성 향상에 영향을 미쳐 숙련 노동자와 비숙련 노동자 간의 임금격차를 심화시킬 수 있다(Autor et al., 1998; Rodriguez, 1999). 또한 특정부문의 기술진보는 그 산업에 종사하는 노동자의 임금을 상대적으로 크게 증가시키는 산업부문별 임금격차의 원인이 된다. 예를 들어 정보통신·생명공학·환경 등과 같은 첨단부문의 기술진보는 이들 부문과 다른 산업부문 간 노동생산성의 격차를 유발해 이들 부문에 유리한 방향으로 생산성·이익률·고용수준 등에 영향을 미치게 된다.

2.5 무역개방도

무역개방도의 확대는 무역을 통해 이익을 많이 향유할 수 있는 산업에 종사하는 사람들과 그렇지 않은 사람들이 벌어들이는 소득에 차이가 생겨나게 하므로 소득불평등에 영향을 미친다. 만약 부유한(높은 임금수준의) 국가가 가난한(낮은 임금수준의) 국가와 무역을 한다면, 부유한 국가에서는 낮은 기술수준으로 생산 가능한 상품의 상대적 가격이 하락하게 된다. 왜냐하면 낮은 기술수준으로 생산 가능한 상품은 가난한 국가의 생산품을 수입해 대체할 수 있기 때문이다(Stolper and Samuelson, 1941). 따라서 무역은 수출입 가격으로 생겨나는 임금격차를 통해 소득불평등의 가능한 원인이 된다.

2.6 금융시장의 불완전성

모든 경제인이 금융시장의 불완전성(혹은 자본시장의 불완전성, credit market imperfection)으로 인해 동일한 조건으로 금융시장을 이용하기란 불가능하다. 즉 가난한 사람들은 부유한 사람들에 비해 금융기관을 상대적으로 이용하기 어려운 제약을 갖게 되는데, 이를 가난한 사람들이 직면하는 '금융제약'(financial constraint)이라 부른다. 예를 들어 부유한 사람들은 자신들이 소유한 자산이나 소득을 담보로 금융기관으로부터 비교적 쉽게 대출받을 수 있지만, 가난한 사람들은 그렇지 못하다. 만약 높은 생산성이 기대되는(혹은 수확체증이 기대되는) 투자에 다소의 설정비용(setup costs) 혹은 고정비용이 반드시 요구된다면, 가난한 사람들은 금융시장의 불완전성으로 인해 상대적인 투자의 제약을 갖게 된다(Galor and Zeira, 1993; Vachadze, 2018). 따라서 금융시장의 불완전성이 심할 뿐만 아니라 투자의 설정비용이 큰 국가나 사회에서의 소득불평등은 시간이 흐름에 따라 지속하거나 심화할 수 있다.

2.7 인플레이션

예상하지 못한 인플레이션은 부를 재분배하는 효과를 나타낸다. 구체적으로 예상하지 못한 인플레이션은 화폐가치가 고정된 자산을 가진 사람들에게 불리하도록, 그리고 실물자산을 가진 사람들에게 유리하도록 부를 재분배한다. 다시 말해 현금이나 은행저축의 형태로 자산을 가진 사람이나 채권자는 불리하게 되며, 부동산이나 귀금속과 같은 실물자산을 가진 사람이나 채무자는 그들에게 유리하도록 부를 재분배 받게 된다. 또한 예상하지 못한 인플레이션은 소득을 재분배하는 효과가 있는데, 인플레이션은 정액 소득자에게 불리한 형태로 소득재분배를 일으킨다. 일반적으로 임금은 물가에 비해 느리게 상승하기 때문에 화폐임금이 다소 오르더라도 실질임금은 낮아지므로 인플레이션은 근로자(정액 소득자)에서 기업가로 소득을 재분배하는 효과가 있다. 따라서 예상하지 못한 인플레이션의 발생이 정액 소득자나 금융자산을 보유한 가계에게는 손해를 입히지만, 국·공채의 공급자인 기업과 정부에게는 이득을 보게 한다.[6]

2.8 사회제도나 경제정책

국가나 사회 전체의 제도나 관습(혹은 인습)은 소득불평등의 원인이 된다. 예

6 특히 중앙은행이 화폐를 발권함으로써 정부가 얻는 수익을 '시뇨리지'(seigniorage) 혹은 '인플레이션 조세'(inflation tax)라고 한다.

를 들어 신분제도·남녀 성차별 등과 같은 제도나 관습(인습)이 존재한다면, 어떤 사람들은 능력과 관계없이 소득창출의 기회가 차단된다. 이러한 소득창출과 관련된 진입장벽은 소득불평등을 심화하는 원인이 된다. 또한 지연·학연·인종·학벌·나이 등에 대한 차별도 기회에 대한 진입장벽을 형성하므로 소득격차에 영향을 미칠 수 있다. 한편 새로운 경제정책이 어떤 계층에 유리하게 결정되느냐에 따라 기업가와 노동자, 도시와 농촌, 생산자와 소비자, 대기업과 중소기업 간에는 소득불평등이 심화 혹은 완화될 수 있다. 왜냐하면 사회제도나 경제정책의 결정에 따라 소득이 증가하는 계층과 소득이 감소하는 계층 혹은 소득이 상대적으로 많이 증가하는 계층과 상대적으로 적게 증가하는 계층 등과 같이 소득창출에 차이가 생겨나기 때문이다.

2.9 기회의 장벽

다양한 형태로 표현할 수 있는 유리한 기회의 장벽이 소득분배의 불평등을 결정하는 원인이 된다. 예를 들어 재벌의 자손은 유능한 기업가가 될 기회가 주어질 가능성이 크지만, 선천적으로 타고난 능력의 소유자도 기회가 주어지지 않으면 선천적인 능력을 발휘할 수 없게 된다. 또한 인간의 능력은 사회적 지위나 직종에 따라 차이가 생겨날 수 있으며, 이로 인해 소득불평등이 지속하거나 심화할 수 있다.

3. 소득분배의 불평등 결과

소득불평등의 원인이 다양하게 존재하듯이 소득불평등으로 인해 발생하는 경제적 결과도 다양한 형태로 나타난다. 본 절에서는 소득불평등으로 인해 생겨날 수 있는 거시경제적 성과를 중심으로 살펴본다.

3.1 경제성장

소득분배의 불평등이 경제성장에 미치는 영향에 관한 연구는 오랜 역사를 지니고 있다. 전통적 견해에 의하면, 소득불평등은 저축률을 상승시킬 수 있기 때문에 높은 경제성장을 유도하는 원인으로 작용한다. 즉 부유한 사람들의 한계저축성향(marginal propensity to consume)이 가난한 사람들의 경우에 비해 크기 때문에 소득불평등의 심화는 저축률을 증가시키며, 이는 다시 투자의 증대를 통한 높은 경제성장으로 이어진다. 그러나 정치경제학적 견해에 기초한 일련의 연구들에서는 소득불평등이 심화할 때 지대추구행위의 상승, 사회적 긴장 및 정치적 불안정성의 심화, 더 높은 수준의 소득재분배 정책의 요구 등으로 말미암아 인적·물적자본에 대한 투자가 감소해 낮은 수준의 경제성장으로 이어진다고 주장하였다(Alesina and Rodrik, 1994; Persson and Tabellini, 1994).

3.2 재정지출

소득불평등과 재정지출의 크기 및 구성 간의 관계에 대해서는 구성원 간의 정치적 영향력이 동등한지 아닌지에 따라 '중위투표자 이론'과 '지대추구행위 모형'로 크게 나뉘는 상반된 이론이 존재한다. 모든 구성원의 정치적 영향력이 동일하다고 가정하는 중위투표자 이론은 소득불평등이 누진적 조세로 더 높은 수준의 소득재분배 정책을 유도한다고 주장한다(Meltzer and Richard, 1981). 그러나 소수의 부유한 사람들은 낮은 수준의 재정지출을 선호할 뿐만 아니라 재정지출의 구성에서도 지대추구가 가능한 분야에 대한 재정지출을 선호한다(즉 지대추구행위 모형).[7] 다시 말해 부유한 사람들(혹은 계층)은 잘 조직된 이해집단을 만들어 자신들에게 유리한 정책수립을 위해 홍보나 로비를 할 것이며, 이로 인해 재정지출이 부유한 사람들(혹은 계층)에게 유리한 방향으로 결정되는 왜곡이 생겨난다(Hwang, 2005; Rodriguez, 2004).

3.3 교육투자

지속적인 공교육에 대한 투자가 소득불평등 완화에 도움이 된다는 사실은 널리 알려져 있다. 교육은 인간의 능력을 향상시키므로 교육을 받은 사람들은 그

---

7 바꾸어 말하면, 소수의 부유한 사람들은 교육·환경·사회보장 등과 같이 수혜자가 다수인 분야(즉 지대추구가 어려운 분야)에 대한 높은 수준의 재정지출을 반대한다(Mauro, 1998).

렇지 못한 사람들에 비해 높은 소득을 획득할 가능성이 증가한다. 이상의 논리와는 반대로, 소득불평등이 교육투자의 결정에 영향을 미치기도 한다. 예를 들어 소득불평등이 심한 국가에서는 엘리트(elite)교육과 일반교육 간의 이중체계(dual system)가 심화하므로 더 많은 자원을 교육비지출에 사용해야 한다(Easterly and Rebelo, 1993; Sylwester, 2000). 또한 부유한 사람들은 불완전한 금융시장이 존재에서 교육투자에 따른 비용이 크게 요구될수록 가난한 사람들에 비해 교육투자에 접근이 용이해진다. 이러한 경제 환경에서는 현재 세대의 소득불평등이 교육투자라는 전달경로를 통해 다음 세대의 소득불평등으로 이어지는, 즉 세대 간(intergenerational) 세습될 가능성이 존재한다.

3.4 기술진보

개발초기의 소득불평등은 시장수요에 영향을 미치며, 시장수요의 제약은 미래의 기술진보를 결정하는 중요한 요인이 된다(Lewis, 1980; Mani and Hwang, 2004). 왜냐하면 특정 국가가 수입하는 품목은 그 수입국의 소득수준과 함께 소득분배에 의해 영향을 받기 때문이다. 개발초기 대부분 경제인이 가난한 상태에 머물러 있는 두 국가(A 국가와 B 국가)를 상정하고, A 국가가 B 국가보다 소득불평등이 심하다고 가정한다. 이때 A 국가가 수입하는 대부분 품목은 천연자원이나 소모품이 될 가능성이 크다. 왜냐하면 소수의 부유한 사람들만이 공산품을 수요할 수 있으므로 공산품에 대한 시장수요가 극히 미미하게 나타나기 때문이다. 따라서 A 국가에서는 공산품의 생산기술과 같은 새로운 지식에 대한 학습효과(learning-by-doing effect)가 크게 형성되지 않는다. 그러나 소득분배가 상대적으로 평등한 B 국가에서는 공산품의 시장수요가 형성되므로 공산품을 많이 수입하게 된다. 따라서 개발초기에는 평등한 국가일수록 무역을 통한 학습효과가 크게 생겨나며, 이는 공산품을 생산할 수 있는 기술이나 산업의 발전을 유도한다.

3.5 무역개방도

초기의 소득불평등은 관세의 설정과 같은 무역정책은 물론 무역개방도에 영향을 미친다. 즉 소득불평등이 심한 국가는 평균 관세율을 상대적으로 높게 설정할 가능성이 크다. 또한 부유한 생산자들이 형성하는 이해집단의 활동이 잘 조직화한 국가일수록 보호무역주의를 지향하는 경향이 나타난다(Grossman and Helpman, 1994; Hwang, 2002a). 왜냐하면 잠재적으로 큰 이익을 누리는 소수의 집단(부유한 생산자)이 잠재적으로 적은 손실을 부담하는 다수의 경제인(가난한 소비자)에 비해 높은 관세율의 설정과 같은 보호무역을 지향하도록 홍보·로비 등을 수행할 동기가 훨씬 크게 작용하기 때문이다. 즉 소수의 부유한 생산자들은 외국으로부터 수입을 억제함으로써 자국시장에서 자신들이 생산한 상품의 경쟁력을 계속해서 유지하려 노력한다.

3.6 기타의 영향

이상에서는 실증적(positive) 관점에서 소득불평등으로 인한 거시경제적 성과를 검토하였다. 소득이나 자산의 심한 편중은 가난한 사람들에게 폭동과 같은 물리적 행위를 유발할 수 있다. 즉 소득불평등은 법이나 정책은 물론 경제체계의 불확실성을 증폭시키는 원인이 된다. 또한 소득불평등은 계층 간 위화감을 심화시켜 장기적으로 생산성 저하를 유발하기도 한다. 그러므로 소득불평등 완화는 시장경제 체계를 안정적으로 유지하면서 거시경제의 최종목표를 달성하기 위한 기본적인 전제조건이 된다.

4. 우리나라의 소득분배

최근 들어 우리나라에서는 계층 간 소득불평등 심화에 따른 위화감이 조성됨에 따라 소득분배에 관한 관심이 고조되고 있다. 본 절에서는 우리나라의 소득분배 현황과 추이를 검토하고, 소득분배 관련 자료를 간단히 살펴본다.

4.1 소득불평등의 현황과 추이

우리나라는 20세기 마지막 30~40여 년 동안 성장우선 정책으로 말미암아 소득분배에 대해선 큰 관심을 기울이지 않았다. 그러나 최근 들어 성장과 함께 분배(복지)의 중요성이 대두되면서 소득분배에 대한 관심이 증대되고 있다. 소득분배의 연구는 크게 (1) 소득불평등의 자료 수집과 측정방법을 개선하려는 노력과 (2) 소득불평등의 결정요인(원인)을 찾아 이를 개선하기 위한 정책을 모색하는 방향으로 진행되고 있다.[8]

이하에서는 1997~98년 금융위기(financial crisis) 이후 소득분배가 악화하였는지, 그리고 악화하였다면 그 원인이 무엇인지 파악하였던 몇몇 연구결과들을 소개한다. 유경준·김대일(2003)은 금융위기 이후 소득불평등이 악화하고 빈곤이 증가하였는데, 이러한 현상은 경제구조적 요인에 의해 생겨났다고 주장하였다. 즉 그들은 소득불평등 악화의 원인으로 1990년대 이후 개방화와 기술진보에 따른 학력별·기능별 임금격차, 금융위기 이후의 실직 및 무직자의 증가, 인구 고령화에 따른 노인 단독가구의 증가 등과 같은 구조적 요인을 제시하였다.

유사한 연구결과인 조성원(2005)은 1987~2004년의 분기별 소득 5분위배율 자료를 이용해 1997년 금융위기 이후 소득불평등이 상당히 악화하였으며, 2002년에는 그 정도가 조금 줄어들다가 2000년대 중반 이후 다시 악화하고 있다고 밝혔다. 또한 조성원(2005)은 1997년 이후 소득 5분위배율로 측정한 빈부격차의 확대는 경기순환적 요인뿐만 아니라 경제내의 구조적 요인에 의해 상당 부분 기인한다고 설명하였다.[9]

김낙년(2013)은 1990년대 중반 이후 우리나라 경제가 고도성장에서 저성장 단계로 접어들면서 소득격차가 확대되고 소득불평등이 심화하였다고 주장하였다. 즉 김낙년(2013)은 세계화 진전으로 인해 저임금 국가와의 교역이 확대되고 숙련 노동자 편향적인 기술진보로 인해 고용증가가 둔화함으로써 숙련 노동자

8 소득불평등이 경제에 미치는 영향, 즉 소득분배의 불평등 결과에 관한 연구는 대단히 제한적으로 이루어지고 있다.

9 이상의 내용과 관련된 1990년대 중반부터 2000년대 초반까지의 우리나라 소득불평등의 자료는 황진영(2008)에 제시되어 있다.

와 비숙련 노동자 간의 소득격차가 심화한 것으로 제시하였다. 구체적으로 그는 1980년대 이후 최고 세율이 계속 하락해 상위소득자가 직면한 한계세율이 크게 감소함으로써 상위소득자의 소득은 상대적으로 증가한 반면, 금융위기 이후 기업경영 시스템의 변화로 인해 성과주의 보수체계가 확산함으로써 하위소득자의 소득은 상대적으로 감소한 것으로 파악하였다.

최근 들어 김성아(2021)는 지난 10년간의 불평등 지표를 활용해 2010년대 시장소득 기준 불평등 지표가 악화되어 노동시장에서의 1차 분배에 문제가 있었다고 지적하였다. 또한 김성아(2021)는 COVID-19가 본격화된 2020년의 불평등 지표가 2019년 지표에 비해 악화된 것으로 관측하였으며, 이는 팬데믹(pandemic)으로 인해 상대적으로 큰 영향을 받는 재난 취약집단의 시장소득이 현저히 감소한 것에 기초한다고 추정하였다. 또한 자산불평등은 부동산·실물자산·금융자산·총자산 등 모든 자산 형태에서 소득불평등에 비해 높은 수준으로 나타났다.

표 2-3 우리나라의 10분위별 소득분배와 소득지니계수

	2011년	2013년	2015년	2017년	2019년	2020년
1분위(%)	1.1	1.1	1.0	0.9	0.9	0.9
2분위(%)	3.1	3.2	3.2	3.1	3.0	3.0
3분위(%)	4.6	4.8	4.8	4.8	4.7	4.7
4분위(%)	5.9	6.2	6.3	6.2	6.2	6.3
5분위(%)	7.3	7.6	7.7	7.6	7.7	7.7
6분위(%)	8.8	9.0	9.2	9.0	9.1	9.1
7분위(%)	10.5	10.7	10.9	10.7	10.8	10.7
8분위(%)	12.7	12.8	13.1	12.9	13.0	13.0
9분위(%)	16.1	15.9	16.4	16.4	16.4	16.2
10분위(%)	29.9	28.6	27.5	28.5	28.0	28.4
10분위 분배율	0.320	0.344	0.349	0.334	0.333	0.334
지니계수(시장소득)	0.418	0.401	0.396	0.406	0.404	0.405
지니계수(처분가능소득)	0.388	0.372	0.352	0.354	0.339	0.331

자료: 통계청 국가통계포털(http://www.kosis.nso.go.kr/).

최근의 우리나라 소득분배 자료는 [표 2-3]에 나타나 있다. [표 2-3]은 2011~20년의 우리나라 전체 가구를 대상으로 통계청이 측정한 10분위별 소득분배와 소득지니계수이다. 통계청이 2016년 이전까지는 가계동향조사를 활용해 공식 소득분배 지표를 공표하였다. 그러나 학계에서는 고소득층의 누락, 소득의 과소보고 등의 이유로 현실의 불평등을 과소 추정한다는 비판을 지속해서 제기하였다. 이러한 문제점을 완화하기 위해 통계청은 가계금융·복지조사와 행정통계를 이용해 소득조사를 보완하려 노력하였다. 즉 통계청은 2011년(소득 연도) 이후 기간을 대상으로 가계금융·복지조사와 행정통계로 보완해 산출한 소득분배 지표를 국가통계포털을 통해 제공하고 있다. 가계금융·복지조사는 기본적으로 자산 및 부채 조사에 초점을 두고 있지만, 소득을 함께 조사하므로 소득조사 마이크로데이터로도 활용될 수 있다. 행정통계로는 국세청, 보건복지부, 국민연금공단 등 12개 기관에서 제공하는 근로소득, 국민연금, 기초연금 등 30여 종이 활용된다.

2011년 이후 중간 소득계층의 소득합계가 다소 증가하는 추세이지만, 1분위와 2분위 소득계층의 소득합계는 다소 감소하고 있으며 9분위와 10분위 소득분배는 크게 변동하지 않았다(10분위만 소폭 하락). 10분위 분배율이 2011년 0.320에서 2020년 0.334로 조금 개선된 것으로 나타난다. 즉 [표 2-3]은 2020년 최상위 20%의 소득계층의 소득합계가 전체소득의 44.6%에 달하고, 최하위 40%의 소득계층의 소득합계가 전체소득의 14.9%에 불과하다는 사실을 제시한다.

시장소득 소득지니계수는 시계열적으로 큰 변화를 보이지 않았지만, 처분가능소득에 기초한 소득불평등은 매년 개선되고 있다. 예를 들어 처분가능소득에 기초한 소득지니계수가 2011년 0.388에서 2020년 0.331로 감소하였다. 또한 [표 2-3]은 시장소득과 처분가능소득에 기초한 소득지니계수의 차이가 2011년 0.030(=0.418-0.388)에서 계속 증가해 2020년 0.074(=0.405-0.331)로 상승하였음을 보여준다. 이처럼 시장소득과 처분가능소득에 기초한 소득지니계수의 차이가 벌어진다는(커진다는) 사실은 소득재분배 정책의 확대에 기인한다.

4.2 노동소득분배율

본 장 제1절에서 기능별 소득분배는 국민소득에서 임금·이자·지대·이윤 등의 몫이 얼마인지 보여주는 소득분배라고 설명하였다. 특히 노동자의 임금소득은 가계의 소득수준, 즉 계층별 소득분배를 결정하는 중요한 요소이다. 노동소득분배율은 "국민소득에서 노동자의 임금소득이 차지하는 비율(%)"을 의미하며, 이를 사용해 가계의 임금수준을 파악할 수 있다. 그러나 우리가 노동소득분배율을 엄밀하게 정의하고 정확히 측정하기란 현실적으로 불가능하다. 왜냐하면 국민계정 자료를 이용해 노동소득분배율을 계산할 때 자영업자의 소득을 어떻게 처리해야 하는지에 대한 문제점이 생겨나기 때문이다.

이하에서는 통계청이 제공하는 지역소득계정과 고용통계(경제활동인구조사) 자료를 이용해 우리나라의 노동소득분배율을 다음의 세 가지 기준으로 측정해 보았다. 첫째, 한국은행 기준은 자영업자의 소득을 모두 자본소득으로 간주한다. 즉 한국은행은 노동소득분배율을 "요소비용 국민소득(=피용자보수+영업잉여)에서 피용자보수가 차지하는 비율(%)"로 측정한다. 일반적으로 자영업자의 소득은 자본소득과 노동소득이 혼합되어 있으므로 한국은행 기준의 노동소득분배율은 노동소득을 과소추계 하고, 자본소득을 과대추계 하는 문제점이 있다.

둘째, OECD 기준은 자영업자의 노동소득과 임금근로자의 노동소득이 같다는 전제와 고정자본소모를 자본소득에 포함하는 넓은 의미의 국민소득 개념을 적용한다. 즉 OECD 기준 노동소득분배율은 "총부가가치에서 임금근로자 1인당 피용자보수에 취업자 수를 곱한 값이 차지하는 비율(%)"로 측정한다. 우리나라는 다른 국가들에 비해 자영업자의 비율이 과도하게 높으므로 OECD 기준을 그대로 반영한다면, 노동소득분배율이 과도하게 커질 가능성이 있다. 본서에서는 OECD 기준을 바탕으로 자영업자 중에서 '고용원이 없는 자영업자'만을 보정대상으로 설정해 노동소득분배율을 측정함으로써 과대추계 문제를 최소화하고자 한다.[10]

셋째, Gollin(2002)이 제안한 자영업자의 소득보정 방법으로 자영업자의 소득을 모두 노동소득으로 간주해 노동소득분배율을 측정한다('노동소득 기준'으로 명명). 즉 노동소득 기준은 "총부가가치에서 피용자보수와 가계 영업잉여의 합이 차

10 통계청 경제활동인구조사가 제공하는 취업자 수 통계는 크게 임금근로자와 비임금근로자로 구분된다. 자영업자는 비임금근로자에 포함되고, 자영업자는 다시 "고용원이 있는 자영업자"와 "고용원이 없는 자영업자"로 나뉜다.

지하는 비율(%)"로 산출한다. 이 기준의 노동소득분배율은 피용자보수와 자영업자 소득을 합해 노동소득을 산출하는데, 자영업자 소득에는 노동소득이 큰 비중을 차지하지만 자본소득도 포함되어 있으므로 노동소득이 실제보다 과대추계 되는 문제점이 있다.

[그림 2-2]는 2000~19년의 우리나라 노동소득분배율의 추이를 보여준다. 자영업자의 소득을 포함하지 않는 한국은행 기준의 노동소득분배율은 시계열적으로 개선되는 것처럼 나타나지만, 어떤 형태로든 자영업자의 소득을 노동소득에 포함한 OECD 기준과 노동소득 기준의 노동소득분배율은 대체로 감소하는 추세이다. 이처럼 노동소득분배율의 악화는 소득분배의 불평등을 심화시킬 뿐만 아니라 내수를 감소시켜 향후 경제성과나 생산성 등에도 부정적 영향을 미칠 수 있다.

그림 2-2 우리나라 노동소득분배율의 변화

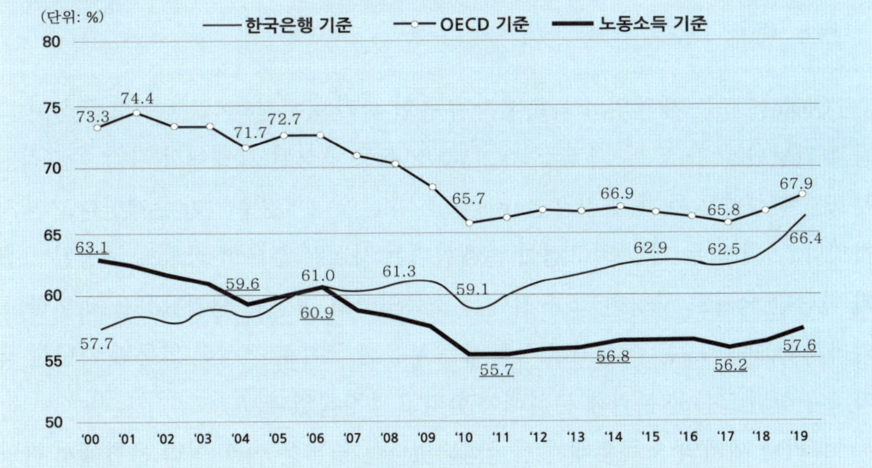

자료: 통계청 국가통계포털(http://www.kosis.nso.go.kr/) 자료를 이용해 계산함.

노동소득의 증가가 경제성장을 주도한다는 '임금주도성장'(wage-led growth) 모형을 간단히 소개하면 다음과 같다. 임금주도성장 모형은 '총수요 경로'와 '노동생산성 경로'를 통해 노동소득의 증가가 경제성장을 견인한다고 설명한다. 첫째, 총수요 경로는 노동소득의 증가로 인한 소득분배의 불평등 개선이 "소비 → 생산 → 투자 → 고용" 증가로 이어지는 경제의 선순환 구조를 유발해 경제성장을 견인한다고 설명한다. 둘째, 노동생산성 경로는 기업이 임금상승에 대응하는 과정에서 노동비용을 절감하고 효율성을 제고시키기 위해 노동절약적 기술진보를 촉진하는데, 이는 노동생산성을 향상시키거나 혹은 생산성이 높은 부문으로 자원 이동을 유발함으로써 높은 경제성장을 달성한다고 파악한다.[11]

5. 세계의 소득분배

세계 각국을 대상으로 세계의 소득불평등을 측정하려는 연구도 활발히 진행되어왔다. 본 절에서는 1970년대 이후 현재까지 세계의 소득분배 변화의 추이와 함께 1980년대 중반 이후 OECD 국가들의 소득불평등 변화의 형태를 간단히 검토한다.

5.1 세계의 소득분배 추이

Quah(1993)는 세계의 소득분배가 부유한 국가(혹은 산업화된 국가)로 구성된 그룹과 가난한 국가(혹은 저개발국이나 개발도상국)로 구성된 그룹에서 각각 독립적인 분포를 형성하는 두 개의 최고점(twin peaks, 혹은 두 개의 봉우리)이 존재한다고 제시하였다. 이처럼 두 개의 최고점이 존재한다는 사실은 부유한 국가로 구성된 그룹과 가난한 국가로 구성된 그룹 간에는 소득양극화 현상이 생겨났음을 의미한다. 따라서 Quah(1993)는 세계의 소득분배를 부유한 국가로 구성된 그룹과 가난한 국가로 구성된 그룹을 분리해 분석해야 한다고 주장하였다.

그러나 세계의 소득분배가 양극화되었다는 결론은 이후 여러 문헌에서 다양한 이유(논리)로 쉽게 반박되었다. 대표적 양극화 반박 논리는 이상의 주장이 국가단위로 분석하였다는 방법론의 한계에 기인한다고 지적한다. 국가를 분석단위로 사용하는 것은 경제성장 이론을 검증할 때 올바른 접근방법이다. 왜냐하면 성장

11 이종하·황진영(2019)은 노동소득분배율과 경제성과 간의 관계를 파악한 연구결과의 요약을 제공한다.

이론은 국가별 경제성장이 그들의 정책·제도·경제시스템 등과 같은 전반적 경제 수준에 의존한다고 예측하기 때문이다. 이러한 성장의 결정요인들은 국가에 따라 상이하게 결정되기 때문에 각국의 통계자료를 독립적 자료로 간주할 수 있다.

그러나 국민들의 후생수준을 고려할 때는 국가별 인구수가 대단히 상이하기 때문에 국가를 분석단위로 사용하는 것이 결코 유용하다고 판단하기 어렵다. 즉 국가를 분석단위로 사용한 연구는 "세계에는 얼마나 많은 사람들이 절대빈곤 수준에서 살아가는가?" "사람들 간의 소득불평등이 점진적으로 심화하고 있는가?" 등의 물음에 대한 답을 제공할 수 없다는 한계를 지닌다.

이상의 물음에 대한 답을 제공하기 위해 몇몇 연구에서는 인구수를 가중치로 부여한 소득분배(population-weighted distribution of income)를 사용하였다. 예를 들어 Schultz(1998)는 각 국가의 인구수를 가중치로 사용해 분석한 결과, 국가 간 소득수준의 이산 현상(divergence phenomenon)은 성립하지 않을 뿐만 아니라 가난한 국가에 거주하는 사람들의 소득이 부유한 국가에 거주하는 사람들의 소득보다 더 빠르게 성장하고 있음을 보였다(이른바 β-수렴 현상(β-convergence phenomenon)).[12]

Sala-i-Martin(2006)은 138개 국가를 대상으로 다양한 미시적·거시적 통계자료를 이용해 1970~2000년 동안 인구수를 가중치로 부여한 세계의 소득분배 변화를 파악하였다. 그는 세계의 빈곤율이 지난 몇십 년 동안 상당 수준 감소한 것으로 나타났지만. 아프리카 지역의 빈곤율은 큰 변화가 없는 것으로 관측하였다. 또한 그는 빈곤율과 함께 소득지니계수·앳킨슨 지수 등 다양한 측정방법을 사용해 세계의 소득분배 현황을 측정하였는데, 그중 소득지니계수의 변화는 [그림 2-3]과 같다.

[그림 2-3]은 세계의 소득불평등이 1970년 이후 크게 변동하지 않았다는 사실을 보여준다. 즉 1979년의 소득지니계수가 0.662로 가장 높은 수준을 기록한 이후 조금씩 감소하는 경향을 보이다가 2000년의 소득지니계수는 0.637로 나타났다.

---

12 또한 Schultz(1998)는 국가 간 소득불평등의 흩어짐이 감소하는, 이른바 σ-수렴 현상이 나타난다고 제시하였다. σ-수렴과 β-수렴의 정의 및 측정방법 등에 관한 상세한 논의는 황진영(2008)에 제시되어 있으며, 간단한 설명은 본서 제10장에도 나타나 있다.

그림 2-3 **세계의 소득지니계수 추이**(Sala-i-Martin, 2006)

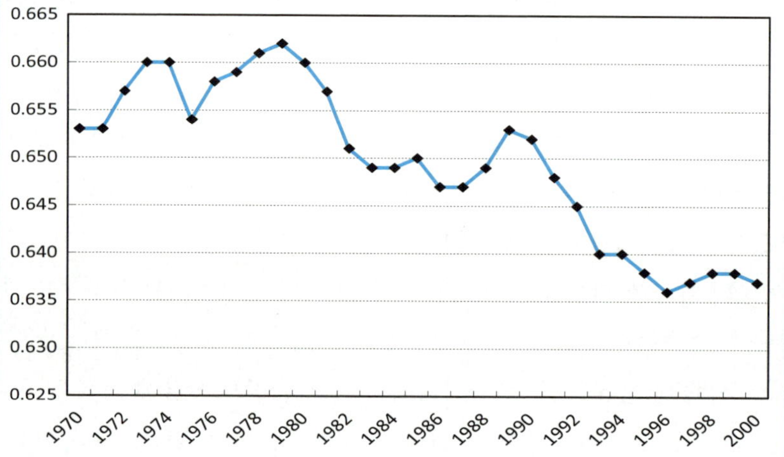

주: 세계의 소득지니계수는 138개 국가를 대상으로 인구수를 가중치로 부여해 계산함.
자료: Sala-i-Martin(2006)을 재구성함.

이는 1979년과 2000년의 두 시점 기준으로 소득지니계수가 약 3.94% 감소하였음을 의미한다.[13] 이러한 결과는 1990년대 인구가 많고 가난한 국가들(예를 들어 인도·중국 등)의 급속한 소득수준 향상에 기인한 것으로 추측된다. 그러나 우리는 [그림 2-3]을 통해 세계의(혹은 국가 간) 소득불평등이 특정 국가 내에서의 소득불평등에 비해 훨씬 심한 수준임을 알 수 있다.

Sala-i-Martin(2006)의 측정방법, 즉 국가별 인구수를 가중치로 사용한 세계의 소득분배는 자료와 표본의 한계성으로 인해 이후의 연구에서 비판받았다.[14] 최근 들어 Chancel et al.(2021)이 작성한 세계불평등보고서 2022(World Inequality Report 2022)에서는 국가 단위로 연금 및 실업보험이 적용된 세전 1인당 기준으로 측정한 소득 자료를 바탕으로 1820~2020년의 세계 소득지니계수를 측정해 발표하였

13 만약 1970년과 2000년의 두 시점을 비교하면, 1970년과 2000년의 소득지니계수가 각각 0.653과 0.637이므로 소득지니계수는 약 2.51% 감소하였다.

14 이 점은 제10장에서 다시 논의한다.

그림 2-4 세계의 소득지니계수 추이(Chancel et al., 2021)

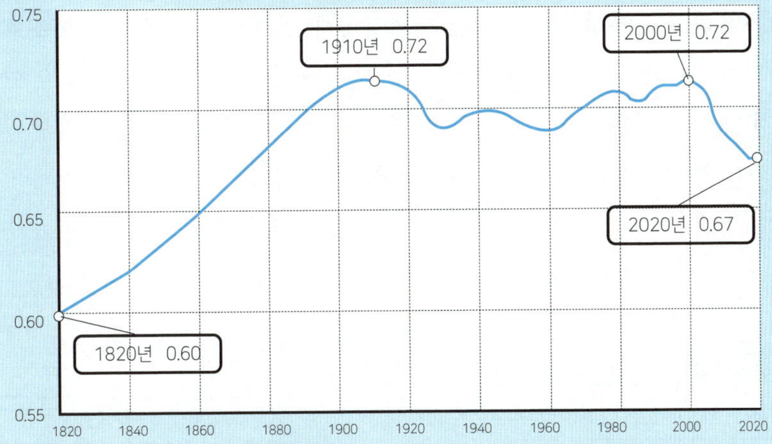

주: 국가 단위의 소득은 연금 및 실업보험이 적용된 세전 1인당 기준으로 측정함.
자료: Chancel et al.(2021)을 재구성함.

다.[15] [그림 2-4]는 그들이 작성한 세계의 소득지니계수 추이를 보여준다.

[그림 2-4]는 세계의 소득지니계수가 1820년 0.60에서 1910년 0.72로 증가하였으며, 이후 등락을 거듭하다 2000년 0.72를 기록한 이후 2020년 0.67로 감소하였음을 나타낸다. 1910년과 2000년 세계의 소득불평등이 정점에 도달한 이후 다소 감소하는 추세인데, 이는 오늘날의 상황이 1910년 이후의 경우와 유사할 수 있음을 암시한다. 그러나 1930년대 대공황시대에는 세계의 소득불평등이 다소 심화하였지만, 2008년 글로벌 금융위기 이후 세계의 소득불평등이 완화하였다는 사실은 매우 놀라운 결과이다.[16] [그림 2-3]과 [그림 2-4]는 세계의 소득지니계수가 오랜 기간 0.65~0.72에서 조정되어 왔으며, 자료나 표본의 선택이나 추정방법에 따라 상이한 결과가 나타날 수 있음을 시사한다.

15 Sala-i-Martin(2006)과 Chancel et al.(2021)이 사용한 자료와 표본에는 차이가 있음을 밝혀둔다.

16 Chancel et al.(2021)은 2000년 이후의 소득불평등 하락세가 앞으로도 계속될지는 아직 판단하기 이르다고 제시하였다.

5.2 OECD 국가들의 소득불평등 변화

비록 국가에 따라 다소 차이는 있지만, 1980년대 이후 OECD 국가들의 시장소득에 기초한 소득불평등은 대체로 심화하였다. 그러나 소득재분배 정책과 같은 정부의 역할이 증대되면서 지출(혹은 처분가능소득)에 근거한 소득불평등은 크게 변동하지 않았다. 예를 들어 Forster and d' Ercole(2005)은 1980년대 중반 이후 많은 유럽 국가들의 시장소득 소득지니계수가 증가하였다고 분석한 반면, Atkinson(2003)은 많은 유럽 국가들의 처분가능소득에 기초한 소득불평등에는 미미한 수준의 변화가 나타났다고 파악하였다.

표 2-4 1990년대 OECD 국가들의 소득지니계수 변화

국 가	기 간	소득지니계수의 변화
네덜란드	1990~1997	전반적 변화가 없음
노르웨이	1990~1997	불확실한 형태(3개의 정점)
독 일	1990~2001	완만한 상승
미 국	1993~2001	완만한 상승
스웨덴	1990~1999	지니계수 선택에 따라 상이한 변화
영 국	1990~2000	전반적 변화의 형태를 찾기 힘듦
이탈리아	1990~2000	1990~1993: 급격한 상승, 1993~2000: 안정적
캐나다	1990~1999	완만한 상승
핀란드	1993~2000	불확실한 형태(5개의 정점)

출처: Atkinson(2003).

Atkinson(2003)이 제시한 몇몇 OECD 국가들의 1990~2000년의 소득지니계수 변화는 [표 2-4]에 요약되어 있다. 구체적으로 독일·미국·캐나다의 소득지니계수는 1990년대 동안 완만한 상승을 기록하였으며, 이탈리아의 소득지니계수는 1990~93년에 급격한 상승을 보이다가 이후 안정적으로 나타났다. 그러나 네덜란드·노르웨이·영국·핀란드의 소득지니계수에는 뚜렷한 형태(패턴)의 변화가 감지되지 않았다. 스웨덴에서는 시장에서 형성된 소득불평등이 1990년 이후 심화하였지만, 측정방법이 상이한 몇몇 다른 처분가능소득에 기초한 소득불평등은 안정적인 형태를 보이는 것으로 나타났다. 즉 스웨덴의 소득지니계수는 어떤 방법에 기초해 측정하느냐에 따라 다소 상이한 결과가 관측되었다.

표 2-5 OECD 국가들의 소득불평등 변화(1980년대 중반~최근)

소득불평등 변화 정도	1980년대 중반 ~1990년대 중반	1990년대 중반 ~2000년대 중반	1980년대 중반 ~2000년대 중반	2007~2019년
크게 심화	뉴질랜드, 멕시코, 영국, 이탈리아, 체코*, 튀르키예, 포르투갈*	독일, 캐나다, 핀란드	뉴질랜드, 핀란드	대한민국, 룩셈부르크, 체코
약간 심화	네덜란드, 노르웨이, 독일, 룩셈부르크, 미국, 벨기에, 스웨덴, 일본, 핀란드, 헝가리*	노르웨이, 덴마크, 미국, 스웨덴, 오스트리아**, 일본	노르웨이, 독일, 미국, 스웨덴, 이탈리아, 일본, 캐나다, 포르투갈	덴마크, 미국, 스웨덴, 스페인, 슬로베니아, 이탈리아, 헝가리
변화 없음	그리스, 덴마크, 아일랜드, 오스트리아, 캐나다	뉴질랜드, 룩셈부르크, 벨기에**, 스위스***, 스페인**, 이탈리아, 체코**, 포르투갈**, 프랑스, 헝가리, 호주	그리스, 네덜란드, 덴마크, 룩셈부르크, 멕시코, 벨기에, 스페인, 아일랜드, 영국, 오스트리아, 체코, 튀르키예, 프랑스, 헝가리	뉴질랜드, 노르웨이, 덴마크, 리투아니아, 스위스, 스페인, 에스토니아, 영국, 오스트리아, 일본, 핀란드, 프랑스,
약간 완화	-	그리스, 네덜란드, 아일랜드**, 영국	스페인, 아일랜드, 프랑스	그리스, 네덜란드, 벨기에, 슬로바키아, 아일랜드, 오스트리아, 이스라엘, 칠레, 캐나다, 튀르키예, 호주
크게 완화	스페인, 프랑스	멕시코, 튀르키예	-	독일, 라트비아, 멕시코, 아이슬란드, 에스토니아, 포르투갈, 폴란드

주: ① '크게 심화/완화'는 지니계수가 2.5%포인트 초과 변화; '약간 심화/완화'는 지니계수가 1~2.5%포인트 변화; '변화 없음'은 지니계수 변화가 1%포인트 미만 변화를 의미함. ② *는 1990년부터 1990년대 중반까지의 변화 자료임; **는 1990년 중반부터 2000년까지의 변화 자료임; ***는 2000년부터 2005년까지의 변화 자료임.

출처: 1980년대 중반~2000년대 중반은 OECD(2008)를 바탕으로 정리한 정희선(2011)을 각색해 인용함; 2007~2019년은 OECD 소득분배데이터베이스(income distribution database)를 활용함.

최근 자료를 포함한 기간별 OECD 국가의 소득불평등 변화는 [표 2-5]에 나타나 있으며, 몇 가지 특징적인 사실은 다음과 같다. 첫째, 1980년대 중반~1990년대 중반까지는 다른 기간에 비해 많은 OECD 국가들의 소득지니계수가 증가하였는데, 이는 제10장에서 논의할 세계화 진행과 무관하지 않을 것으로 추측된다. 그러나 1990년대 중반~2000년대 중반까지의 소득불평등은 많은 국가에서 크게 변동하지 않았다.

둘째, 1980년대 중반~2000년대 중반 기간에는 뉴질랜드와 핀란드의 소득불평등이 상대적으로 크게 심화(2.5%포인트 이상)한 반면, 나머지 대부분 OECD 국가들의 소득불평등은 크게 변동하지 않았다(약간 심화, 변화 없음 및 약간 완화). 이는 OECD 국가들의 소득불평등이 장기간의 관점에서는 상대적으로 크게 변동하지 않았음을 반영한다. 그러나 동기간 동안 멕시코·튀르키예 등의 비유럽 OECD 국가들의 소득지니계수의 변동폭은 다소 크게 관측되었다. 즉 멕시코·튀르키예의 소득불평등은 1980년대 중반 ~ 1990년대 중반에는 크게 심화한 반면, 1990년대 중반 ~ 2000년대 중반에는 크게 완화하였다.

셋째, 2007~2019년의 소득불평등 변화는 OECD 소득분배데이터베이스(income distribution database)의 소득지니계수에 기초해 작성한 것인데, 대한민국·룩셈부르크·체코의 소득불평등만이 크게 심화하였다(각각 3.3%, 2.8%, 2.9% 포인트씩 증가). 그러나 2019년 이들 국가들의 소득지니계수는 전체 OECD 국가들의 평균값(0.319)에 비해 낮은 수준인 0.256(체코)·0.277(룩셈부르크)·0.312(대한민국)이다. 따라서 동기간 대부분 OECD 국가들의 소득불평등 변화는 크지 않은 것으로 분석된다.

그러므로 1990년대 이후 최근까지 대부분 OECD 국가들에서는 기술진보, 세계경제의 글로벌화, 가족구조의 변화(예를 들어 1인 가구의 증가) 등과 같이 (소득에 근거한) 소득불평등 심화 유인이 생겨날수록[17] 정부가 적극적으로 소득재분배적 재정지출을 증가시켜 안정적인 수준의 (지출에 근거한) 소득불평등을 유지하려 노력하고 있다. 많은 산업화된 국가들에서는 경제발전이 일정 수준에 도달한 이후 경제성장률이 크게 변동하지 않는 것처럼 소득불평등 역시 일정 수준에 도달한 이후에는 크게 변동하지 않고 안정적인 상태를 나타낸다.

---

17 소득불평등의 다양한 원인은 본장 제2절에서 개괄적으로 검토하였으며, 상세한 내용은 본서의 이후 많은 부분에서 제시된다.

읽을거리

"소득불평등의 명분과 실제"

세상에는 많은 사람들이 경제적 고통을 겪고 있다. 예를 들어 아이들에게 제대로 된 아침 식사를 차려줄 형편이 안 되는 가정이 있으며, 병들어도 치료받을 돈이 없어 힘들어하는 사람들도 있다. 이처럼 기본적 생존에 어려움을 겪는 사람들이 실제로 존재하기 때문에 이들에게 도움을 주려는 소득재분배 정책의 요구는 당위성을 갖게 된다. 그러나 일부 사람들은 우리가 통상적으로 생각하는 소득불평등과 국민의 행복 간의 관계 혹은 소득재분배 정책에 대해 다른 의견을 제시한다.

즉 일부 사람들은 가난한 사람들의 부가된 소득의 한계효용이 부유한 사람들의 경우보다 더 크기 때문에 소득재분배가 행복을 상승시킨다고 가정하는 것은 피상적인 생각일 수 있다고 주장한다. 왜냐하면 부가된 소득을 받은 사람은 부가소득에 익숙해지고, 그만큼 기대도 점점 높아지기 때문이다. 다시 말해 가난한 사람들이 느끼는 행복의 상승은 소득재분배가 증가할수록 점차 줄어들게 된다. 이는 저소득층이 혜택을 받았던 1950~60년대의 전반적인 경제성장이 저소득층에게 행복의 증가를 가져다주지 못한 이유 중 하나이다. 더욱이 일련의 연구에서는 돈을 빼앗긴 집단이 느끼는 불행이 같은 금액을 나누어 받는 집단이 가지는 부가된 행복보다 훨씬 크다는 사실을 발견하였다.

한편 많은 사람들은 직장을 잃을 때 자신이 불행하다고 크게 느낀다. 소득분배를 좀 더 평등하게 만드는, 즉 소득재분배 정책은 실직과는 거의 관계가 없을 뿐만 아니라 실직이 행복에 미치는 부정적 영향을 제거해주지도 못한다. 따라서 해결해야 할 문제(즉 실업)를 보다 직접적으로 겨냥하는 정부의 조치들이 단순한 소득재분배 정책에 비해 훨씬 나은 처방일 수 있다.

소득불평등 완화의 필요성을 비판하는 또 다른 주장은 소득불평등이 저소득층 사람들에게 질투심을 유발한다는 내용과 관련된다. 정부가 질투를 없애주어야 할 문제라고 인정한다 할지라도 어느 정도의 소득재분배가 이루어진 후에도 사람들 간 소득이나 부의 격차는 여전히 남아 있으므로 소득이 낮은 사람들이 여전히 질투를 느낄 여지는 충분하다. 정부가 소득재분배 정책을 사용해 소득격차를 줄일 수는 있지만, 소득격차가 작을 때보다 클 때 질투심이 크게 생겨나는지는 절대 단언할 수 없다. 우리가 일상의 경험을 통해 대다수의 질투는 친구나 이웃이 자기보다 나은 생활양식을 누리고 재산이 많은 것을 확인함으로써 생기는 것이지 빌 게이츠(Bill Gates)나 도널드 트럼프(Donald Trump)와 같은 갑부들의 엄청나게 큰 부를 보면서 생기는 것은 아니다. 또한 국민들의 소득격차가 적은 국가에서 행복의 평균수준이 높을 것으로 생각하기 쉽지만, 그런 현상이 반드시 나타나는 것 같지는 않다.

출처: Bok(2010)을 참고함.

생각해 볼 문제

1. 경제정책이 구성원들의 소득불평등에 어떤 영향을 미치는지 구체적인 사례를 찾아 설명하라. 또한 이상의 정책으로 인해 어떤 사람(혹은 계층)이 이익과 손해를 입게 되는지 제시하라. 마지막으로 여러분은 국가의 정책으로 야기되는 이익과 손해의 소득재분배 현상을 줄이기 위해서는 국가의 경제정책이 어떤 방향 혹은 형태로 나아가야 바람직하다고 생각하는가?

2. 소득분배가 완전히 평등한 국가나 사회에서는 열심히 일한 사람과 게으른 사람의 구분 없이 모든 구성원에게 동일한 소득이 주어진다. 이처럼 완전평등 사회나 국가가 경제적으로 혹은 사회적으로 바람직하다고 볼 수 있는가? 일반적으로 경제적 효율성을 제고시키기 위해서는 생산성이 높은 사람에게 상대적으로 높은 소득이 보장되어야 한다. 만약 국가나 사회가 지나치게 효율성만을 강조할 때는 비자발적 실업이나 노약자·신체장애인 등에게 소득이 아주 낮게 주어지거나 혹은 주어지지 않을 수 있는데, 이러한 소득분배가 바람직하다고 볼 수 있는가? '평등한 기회'의 개념과 연관 지어 주의 깊게 설명하라.

3. 소득분배의 측정 및 평가와 관련된 다음의 물음에 답하라.
   (1) 특정 국가나 지역의 소득불평등 혹은 자산불평등을 측정하기 위해 어떤 방법들이 사용되며, 이 방법들의 장· 단점을 설명하라.
   (2) 소득지니계수와 자산지니계수 간에는 어떤 개념적 차이가 존재하는가?
   (3) 다음은 어떤 국가의 2022년 소득에 대한 5분위배율(소득계층을 20%씩 5등분 한 것)이며, 이를 바탕으로 소득재분배 정책 이전과 이후의 소득 10분위 분배율을 계산하라. 또한 이 국가의 소득재분배 정책이 소득불평등에 미친 영향을 평가하라.

소득계층	소득점유율(%)	
	소득재분배 정책 이전	소득재분배 정책 이후
최상위 20%	40	48
2번째 20%	26	20
3번째 20%	17	17
4번째 20%	11	12
최하위 20%	6	3

4. 1990년대 이후 중국경제는 지역별·산업별·학력별 등의 다양한 형태로 소득불평등이 급격히 심화하고 있는데, 이러한 현상이 발생한 이유를 설명하라. 또한 개발도상국들 중에서 소득불평등이 심화하는 국가와 그렇지 않은 국가가 상존하는데, 이상의 현상은 어떤 요인의 차이에 의해 생겨난다고 생각하는가? 많은 남미국가들의 소득불평등이 매우 심한 상태에 머물러 있는 특별한 이유가 있는지 설명하라.

5. 21세기 이후 세계의 소득분배는 어떤 방향으로 움직이고 있는가? 우리가 세계 각국을 대상으로 세계의 소득불평등을 측정할 때는 어떤 문제점들에 직면하는지 제시하라. 2000년 이후 많은 유럽국가들에서는 지출(혹은 처분가능소득)을 기준으로 측정한 소득불평등의 변화는 크지 않았으며, 시간의 흐름에 안정적으로 나타난 이유는 무엇일까? 마지막으로 [그림 2-4]에서와 같이 세계의 소득지니계수가 2000년 0.72로 정점을 기록한 이후 2020년 0.67로 감소하였는데, 이러한 감소의 원인이 무엇이며 앞으로도 감소 추세가 이어질 것으로 예상할 수 있을까?

chapter

03

1. 경제성장과 발전단계

2. 소득수준과 소득분배

3. 쿠즈네츠의 역U자 가설

4. 소득분배와 경제성장

3

경제성장, 경제발전 및 소득분배

1. 경제성장과 발전단계

경제학자들은 경제발전의 단계 혹은 과정을 구분해 단계별 구조적 특징을 제시하려 노력해 왔다. 본 절에서는 사회주의 이론의 근간을 마련한 마르크스가 제시한 경제발전 단계와, 자본주의 효율성을 신뢰하였던 로스토우가 제시한 경제발전 단계를 살펴본다.

1.1 마르크스의 경제발전 단계

마르크스(Karl Heinrich Marx, 1818~1883)는 사회의 진화가 물리적 생산력과 생산양식을 구성하는 여러 가지 요소들의 변화로 이루어진다고 생각하였다. 즉 마르크스는 경제발전 단계를 생산력과 생산관계의 변화로 파악하였으며, 구체적으로 ① 원시공산제(primitive communism) → ② 고대 노예제(slavery) → ③ 중세 봉건제(feudalism) → ④ 근대 자본주의(capitalism) → ⑤ 공산주의(communism)의 5단계로 구분하였다.

먼저 원시공산제는 기본적 생산수단인 토지를 사회가 소유하는 형태의 원시적 체제를 일컫는다. 원시공산제 사회는 생산수단에 대한 사적 소유가 발달하지 않았으며, 소유의 주체는 원시적인 혈연공동체이고 개개인은 공동체의 구성원으로 머무를 때만 공동체의 소유지를 이용할 수 있었다. 따라서 원시공산제 사회에서는 공동생산과 평등분배가 공동체의 기초를 이루고 있었다. 한편 원시공산제 사회가 발전하면서 생산력의 향상, 사회적 분업의 발생, 규칙적 교환 및 동산의 사적 소유가 증대하였다. 그 결과 사회는 모권사회로부터 부권사회로 이행하게 되었으며, 각각의 가부장적 대가족에 의해 개별적으로 영위되는 농업공동체로 발전하였다.

고대 노예제는 원시공산제 사회가 붕괴하면서 생겨난 최초의 계급사회이며, 봉건제로 발전하는 중간단계이다. 다시 말해 원시공산제 사회가 발전하면서 생산력이 향상되고 사유재산이 생겨나면서 원시공산제는 붕괴하고, 사유재산에 바탕을 둔 인류 최초의 계급사회인 고대 노예제가 생겨났다. 고대 노예제는 노예제

생산양식을 바탕으로 성립된 사회이며, 매우 다양한 생산체계를 포함하였다. 예를 들어 노예제 생산양식이 생겨나면서 도시가 형성되고 노예나 농민으로부터 잉여 농산물을 착취하는 지주계급이 나타나기 시작하였다.

중세 봉건제는 7~8세기경부터 영주-종사 간에 충성과 헌신의 서약을 계약으로 맺은 제도이다. 봉건제를 성립시킨 경제적 기반은 토지이며, 그것을 중심으로 성립된 제도가 '장원제'이다. 즉 왕이나 영주는 자신의 토지를 지키고 이방 영주의 토지를 빼앗기 위해 종사들이 필요하였으며, 종사들의 노력에 대한 대가로 토지를 주었다. 14세기에 이르러 유럽의 경제상황은 전역을 휩쓸었던 흑사병으로 인해 심각하게 위축되었으며, 이로 인해 특권층의 폭압적인 횡포가 성행함에 따라 장원제의 기반이 흔들리게 되었다. 더욱이 당시 경제적 기반이 위축된 왕과 귀족은 민중들의 봉기에 실제 대항할 힘조차 갖지 못하였다. 이후 도시의 부흥과 상업을 통한 중간계층이 발흥하면서 중세 봉건제는 서서히 해체의 길로 접어들었다.

자본주의는 산업혁명 이후 성립된 근대 산업사회의 경제구조를 의미한다. 즉 자본주의는 자본가가 생산수단인 자본을 소유하고 노동자를 고용해 시장에서 이루어지는 가격의 조정기능을 통해 이윤극대화를 목적으로 상품을 판매하는 경제체계를 일컫는다. 따라서 자본주의의 주요 특징으로는 사유재산제도의 인정, 자유경쟁주의 혹은 경제활동의 자유, 영리주의, 교환경제 혹은 시장경제 등을 들 수 있다.

마지막으로 공산주의 사상은 사유재산제도로부터 발생하는 사회적 타락과 도덕적 부정을 타파하고 정의로운 사회구현이라는 기치 아래 생겨났다. 즉 공산주의 사상은 자본주의 사회를 근본적이고도 전면적으로 비판하면서 등장하였다. 공산주의는 사유재산제도의 부정과 공유재산제도의 실현으로 빈부의 격차를 없애려는 사상에 기초한 사회체제를 의미한다.

마르크스는 역사의 진화를 믿었으며, 자본주의를 역사의 진화과정에서 거쳐야 하는 필수단계로 이해하였다. 또한 마르크스는 역사적 진화가 생산양식의 변화에 의해 이루어진다고 주장하였다. 구체적으로 그는 생산에 영향을 미칠 수 있는 요소들은 다양하지만, 기술이 생산의 기본을 바꿀 수 있는 매우 중요한 요소라고 생각하였다. 따라서 생산기술이나 생산방식이 바뀜에 따라 새로운 사회계층이 생겨나고, 이렇게 생겨난 새로운 사회계층은 기존계층과 끊임없이 충돌하게 된다. 마르크스는 이상의 과정을 통해 역사적으로 진화하고 경제발전이 단계별로 이행한다고 믿었었다.

1.2 로스토우의 경제발전 단계

로스토우(Walt Whitman Rostow, 1916~2003)는 마르크스의 경제발전 단계의 대안으로 근대 이후의 경제 흐름을 일반화한 5단계의 경제발전 단계를 제시하였다. 구체적으로 로스토우는 동서양을 막론하고 모든 사회는 ① 전통사회(traditional society) → ② 도약을 위한 선행조건 충족의 단계(preconditions for take-off) → ③ 도약단계(take-off) → ④ 성숙단계(the drive to maturity) → ⑤ 대중소비단계(mass consumption)를 거친다고 주장하였다.

먼저 전통사회는 구조적으로 제한된 생산함수에 머물러 있는 사회를 말한다. 전통사회에서는 대부분 자원이 농업부문에 투입되어 농업이 선도 부문을 이룰 뿐만 아니라 사회구조가 계층적이고 가족 및 씨족 연고가 커다란 역할을 담당한다. 또한 전통사회는 토지를 소유하거나 지배하는 계층이 정치권력을 장악하는 구조로 이루어진다.

도약을 위한 선행조건 충족의 단계는 전통사회가 성장을 위한 준비 단계로써 과도기적 과정에 있을 때 나타난다. 이 단계의 국가에서는 정치적으로 중앙집권적 국민국가가 확립되며, 경제적으로 기업가가 출현해 투자활동과 상업활동이 크게 확대된다. 또한 이 단계의 사람들은 시간이 흐름에 따라 경제가 발전할 뿐만 아니라 경제적 진보가 가능하다고 생각한다. 이상의 사항들은 도약단계로 이행하기 위한 필수조건이 된다.

로스토우는 도약단계가 경제발전의 이론과 정책에서 매우 중요한 의의를 지닌다고 인식하였다. 도약단계는 문자 그대로 비행기가 활주로를 주행한 후 도약하듯 급격한 경제성장이 이루어지는 전환기를 일컫는다. 즉 도약단계에서는 공업화가 빠른 속도로 진행되며, "국민총생산(GNP) 대비 투자 비율"이 5~10% 수준으로 높아지고 제조업부문의 급격한 성장에 따라 경제발전이 촉진된다. 따라서 경제가 이 단계에 들어서면 경제적·정치적·사회적 구조가 급격히 변화하고 지속적 경제성장이 유지된다.

경제가 성숙단계에 도달하면, 공업화가 빠르게 진행되고 새로운 산업과 기술이 개발과 실용화를 통해 현실에 도입된다. 즉 이 단계의 경제에서는 산업생산성이 크게 향상되어 세상의 모든 것을 생산하지는 않지만 생산하고자 하는 것은 무엇이든 생산할 수 있는 기술적 능력 및 기업 능력을 갖추게 된다.

마지막으로 대중소비단계에서는 선도산업이 내구소비재 및 서비스부문으로 이행되고, 증대된 자원을 사회후생과 사회보장을 위해 사용한다. 이 단계의 국가에서는 새로운 기술의 개발이나 경제성장이 더 이상 최상의 목표가 되지 않으며, 사회복지와 경제안정을 증대시키기 위해 사회적 자원을 활용한다.

이상과 같은 로스토우의 경제발전 단계는 경제사적 관점과 경제이론적 관점을 종합하였다는 점에서 높이 평가되고 있다. 그러나 이상의 논의는 18세기 서구의 후진국과 20세기 초중반의 후진국(대체로 식민지적 전통사회)을 동일하게 취급하였다는 한계점이 있다. 다시 말해 로스토우의 경제발전 단계는 후진국의 경제발전이 어느 시점에 시작되며 어떤 경로와 속도로 이루어지느냐에 따라 상당히 상이한 결과가 나타날 수 있다는 사실을 간과하였다. 또한 로스토우의 경제발전 단계는 각 단계의 이행과정에 대해 충분한 설명을 제시하지 못하였다는 비판을 받고 있다. 따라서 로스토우의 경제발전 단계에 기초할 때 대중소비단계 이후에는 과연 어떤 단계가 도래할지 예언하는 것은 매우 어려운 일이다.[1]

보충 내용

균형성장론과 불균형성장론

경제성장 이론에서는 경제의 각 부문이 균형적으로 성장하는 것이 효과적인지 혹은 특정 부문이 우선적으로 성장하는 것이 효율적인지에 관한 논의가 있다. 우리는 전자를 '균형성장'이라 하고, 후자를 '불균형성장'이라 한다.

균형성장(balanced growth)은 "어떤 국가가 동원할 수 있는 자원을 여러 산업에 동시

1 로스토우의 경제발전 단계의 평가와 관련된 내용은 Meier(1984)를 참고해 작성하였다.

에 투자해 각 산업이 균등하게 발전하도록 유도하는 개발전략"이다. 로젠슈타인로당(Paul Narcyz Rosenstein-Rodan, 1902~1985), 넉시(Ragnar Nurkse, 1907~1959) 등이 균형성장론을 주장하였다. 즉 그들은 저개발국들이 경험하는 빈곤의 원인으로 자본 부족을 지적하였으며, 빈곤의 악순환에서 벗어나기 위해서는 가능한 상호보완적인 광범위한 산업들을 동시에 개발해야 한다고 제시하였다. 즉 균형성장은 시장규모가 작을 때 산업 간 시설의 과부족이 생겨나기 마련이며, 이러한 낭비는 경제의 각 부문을 골고루 성장시킴으로써 줄일 수 있을 뿐만 아니라 더 나아가 각 부문 간의 상호수요(reciprocal demand)를 창출해 경제발전을 이룬다는 이론이다.

이상의 논리와는 달리 스트리튼(Paul Streeten, 1917~2019), 허쉬만(Albert Otto Hirschman, 1915~2012) 등은 불균형성장(unbalanced growth), 즉 "특정 산업의 발전이 다른 산업의 발전을 유발하는 연관효과가 크고 국내 자원을 많이 이용할 수 있는 선도산업을 선정해 집중 투자함으로써 경제성장을 유도하자는 개발전략"을 제시하였다. 불균형성장론은 저개발국이 부족한 자원을 광범위한 산업에 동시에 투자한다는 것은 비효율적이며 현실적이지도 못하다고 전제한다. 즉 불균형성장론은 수요와 공급의 불일치가 경제성장의 촉진제가 된다는 사실에 기초한다.

비록 이상의 주장이 외형상 상반되는 것처럼 보이지만, 현실적으로는 그렇지 않다. 많은 경제학자들은 어떤 국가라도 장기적으로 균형성장의 경로로 나아가야 한다는 데 동일한 견해를 가지고 있다. 다만 균형성장론은 수요측면을 중요하게 생각한 반면, 불균형성장론은 투자효율에 따른 우선순위에 중점을 두고 있다. 따라서 이상의 견해차는 단기적 성장을 위한 전략상의 차이이며, 장기적 균형에 귀결한다는 사실에는 일치한다고 볼 수 있다.

2. 소득수준과 소득분배

앞 절에서는 경제발전 단계를 살펴보았는데, 일반적으로 경제발전은 소득수준의 향상과 동시에 이루어진다. 이로 인해 경제학에서는 시간이 흐름에 따라 소득수준이 증가하는 현상을 경제성장 혹은 경제발전으로 표현한다. 그렇다면 소득수준과 소득불평등 간에는 어떤 관계가 형성되는가? 우리는 소득수준과 소득분배 간의 관계를 규명함으로써 경제성장을 통한 과실이 국민들에게 어느 정도 골고루 배분되는지 파악할 수 있다. 왜냐하면 소득불평등은 경제활동으로 생겨난 총소득의 분배상황을 나타내기 때문이다.

소득수준과 소득불평등 간의 관련성은 다음의 몇 가지 의문들을 제기한다. 많은 개발도상국들은 불균형성장(unbalanced growth) 전략을 채택하므로 다소의 소득집중(즉 소득불평등의 심화)이 소득수준 향상에 기여하는가? 다시 말해 소득수준과 소득불평등 간에는 양(+)의 관계를 형성하는가? 혹은 소득수준이 향상될수록 소득불평등 완화에 대한 국민들의 욕구가 증진되어 소득수준과 소득불평등 간에는 음(-)의 관계를 성립하는가? 만약 이상의 상반된 논리가 모두 맞다면, 어느 정도의 소득수준에서 소득불평등이 가장 심하게 나타날 것인가?

본 절에서는 이상의 의문에 대한 해답을 찾기 위해 국가 간 통계자료에 기초해 소득수준과 소득불평등 간의 관계를 살펴보고자 한다. 그러나 국가 간 통계자료를 이용해 소득수준과 소득불평등 간의 관련성을 정확히 분석하는 데에는 다소 한계점이 존재한다. 왜냐하면 경제학자들이 경제 분석에서 사용하는 많은 통계자료들 중에서 정확도에 대한 신뢰도가 떨어지는 자료들 중 하나가 소득불평등과 관련된 지표, 특히 소득지니계수이기 때문이다. 그런데도 여러 국제기구에서는 국가별 소득지니계수를 작성·발표하고 있는데, 이는 소득불평등의 변화를 파악하는 데 도움을 줄 뿐만 아니라 국가 간 소득분배 상황을 비교할 수 있다는 측면에서 의미를 지닌다.

경제학자들은 경제협력개발기구(OECD), 세계은행(World Bank), Chancel et al.(2021), Deininger and Squire(1996) 등이 제공하는 국가 간 소득분배의 통계자료를 상대적으로 크게 신뢰한다. Deininger and Squire(1996)가 제공한 1947~94년의 108개 국가별 소득지니계수는 다소 예전 자료이지만, 소득분배 관련 연구에서는 2000년대 중후반까지 폭넓게 활용되었다. Deininger and Squire(1996)가 제공한 자료에는 산업화된 국가와 개발도상국의 측정방법에 다소 차이가 있다. 대부분 산업화된 국가들의 소득지니계수는 직접세 및 사회보장 이전지출 '후' 소득에 근거해 측정된 반면, 대부분 개발도상국들의 소득지니계수는 직접세 및 사회보장 이전지출 '전' 소득에 근거해 작성되었다. 그러나 개발도상국에서는 양자의 측정 차이가 그다지 크지 않은 것으로 알려져 있다.

또한 어떤 국가들의 소득지니계수는 지출(혹은 처분가능소득) 기준으로 측정되었으며, 어떤 국가들의 경우는 시장소득 기준으로 작성되었다. 이 밖에도 일부 국가들의 소득지니계수는 전국을 대상으로 하지 않고 도시지역의 가계만을 대상으로 만들어졌다. 따라서 Deininger and Squire(1996)가 제공한 소득지니계수는 경제학자들에 의해 많은 신뢰를 받았음에도 불구하고, 국가 간 비교분석을 위한 완전한 소득불평등 지표의 역할을 못하였다.

표 3-1 몇몇 국가들의 1인당 GDP와 소득지니계수

국 가	1인당 GDP ($, 1990년)	소득 지니계수	측정연도	1인당 GDP ($, 2015년)	소득 지니계수	측정연도
노르웨이	19,527	0.333	1991	60,369	0.275	2015
대한민국	8,880	0.336	1988	37,902	0.314	2016
미 국	23,447	0.379	1991	56,863	0.412	2015
스웨덴	18,284	0.324	1992	49,103	0.292	2015
아르헨티나	7,721	0.476	1990	20,308	0.420	2016
우간다	746	0.335	1989	2,129	0.428	2016
일 본	20,183	0.350	1990	40,899	0.329	2013
중 국	1,394	0.257	1984	12,898	0.386	2015
		0.378	1992			
칠 레	4,981	0.565	1994	22,699	0.444	2015
헝가리	9,447	0.279	1993	26,807	0.304	2015

자료: 1990년경의 소득지니계수는 Deininger and Squire(1996); 2015년의 1인당 GDP와 2015년경의 소득지니계수는 세계은행(http://www.worldbank.org/).

[표 3-1]은 국가 간 소득수준과 소득분배 간의 관계를 개략적으로 살펴보기 위해 소득수준과 함께 Deininger and Squire(1996)와 세계은행이 각각 제공한 1990년경과 2015년경의 소득지니계수를 나타낸다. 이때 국가별 소득수준은 세계은행이 발표한 1인당 GDP로 나타내며, 이는 1990년과 2015년의 구매력으로 추정한 실질 1인당 국내총생산(US $)이다. 우리는 [표 3-1]을 통해 다음의 몇 가지 사실을 알 수 있다. 첫째, 아르헨티나·칠레와 같은 남미 국가들의 1인당 GDP는 전체국가

의 중간 정도의 수준이지만,[2] 이들 국가의 소득불평등은 상대적으로 심한 것으로 관측된다. 이러한 관측은 다소의(중간 정도의) 소득수준이 형성된 국가에서 소득불평등이 심하게 나타날 가능성을 제시한다.

둘째, 우간다와 같은 저개발국의 1989년 소득지니계수가 0.335로 비교적 낮은 수준의 소득불평등을 나타내며, 이는 1991년의 노르웨이(0.333)·1992년의 스웨덴(0.324)·1990년의 일본(0.350) 등의 소득수준이 높은 국가들과 유사한 수준이다. 비록 2015년 우간다의 소득지니계수가 0.428로 다소 크게 증가하였지만, 1989년과 2015년의 소득지니계수는 측정 시점과 기관이 상이하기 때문에 이상의 두 가지 소득지니계수를 직접 비교하기에는 한계가 있다. 또한 우간다의 소득불평등 심화는 미개발국에서 저개발 혹은 개발도상국으로 진행됨에 따라 나타난 현상일 수 있다. 따라서 국가별 소득지니계수는 그 측정 기관이나 방법 등에 따라 상당한 차이가 생겨날 수 있으며, 해당 국가의 소득수준이 상승함에 따라 크게 변동할 수 있다.

셋째, 1988년과 2016년의 우리나라 소득지니계수는 0.336과 0.314인데, 이는 일본(1990년 0.350; 2013년 0.329) 혹은 스웨덴(1992년 0.324; 2015년 0.292) 등의 국가의 경우와 비슷한 수준이다. 이러한 관측은 우리나라의 소득불평등이 다른 국가와 비교해 심각한 수준이 아닐 수 있음을 제시한다. 그러나 소득지수계수는 모든 소득계층의 소득상태를 반영하지 않았으며, 사회 구성원들이 소득불평등을 어느 정도 싫어하는지를 반영하지 못한다는 한계를 지닌다. 우리나라는 구성원의 동질성이[3] 강해 소득분배에 관한 관심이 클 뿐만 아니라 2000년대 이후 소득불평등보다 자산불평등이 크게 심화하고 있으므로 소득불평등은 물론이거니와 자산불평등 완화를 위한 사회복지의 필요성과 중요성이 점증하고 있다.

넷째, 중국은 개방화(즉 자본주의적 시장경제 도입) 이후 소득불평등이 상당히 심화하였다. 즉 중국의 소득지니계수는 1984년 0.257에서 1992년 0.378로 크게 증가하였으며, 세계은행에서는 2005년과 2015년에 각각 0.415와 0.386으로 발표하

---

2 세계은행이 제공하는 1990년(161개 국가 대상)과 2015년(195개 국가 대상)의 실질 1인당 GDP 평균값은 각각 약 6,387달러와 약 19,791달러이다.

3 국가별 구성원의 동질성 정도가 어떻게 경제성과에 영향을 미치는지에 관한 연구결과는 황진영(2016)에 요약되어 있다.

였다. 또한 예전 공산국가였던 헝가리의 1993년과 2015년 소득지니계수는 각각 0.279와 0.304인데, 이는 유사한 소득수준의 다른 자본주의 국가들에 비해 다소 낮은 수치이다. 그러나 헝가리의 소득불평등 역시 시장경제 도입 이후 지속해서 심화되고 있다.

마지막으로, 소득수준이 높은 국가 간에도 소득불평등에 차이가 존재한다. [표 3-1]에서 2015년 노르웨이와 스웨덴의 소득지니계수는 각각 0.275와 0.292이지만, 미국의 소득지니계수는 0.412이다. 즉 미국의 소득불평등이 노르웨이와 스웨덴의 경우에 비해 상당히 심한 수준이다. 이는 복지국가를 추구하는 정부의 역할, 즉 재정정책의 철학적 배경이 다르다는 사실에 기인한다. 미국은 시장 중심적 복지국가를 추구함으로써 여전히 효율성이 강조되고 소득재분배 기능은 상대적으로 미약하게 나타난다. 그러나 노르웨이와 스웨덴은 전 국민을 대상으로 한 사회 중심적 복지국가를 추구하므로 정부가 소득재분배에 적극적으로 개입한다.[4] 그러므로 국가별 소득분배의 불평등은 소득수준뿐만 아니라 경제체제나 제도 등 다양한 요인들에 의해 영향을 받는다.[5]

이제 다양한 국가 간 자료를 이용해 소득수준과 소득불평등 간의 관계를 직접적으로 살펴보고자 한다. [그림 3-1]은 세계은행이 제공한 134개 국가의 1인당 GDP와 소득지니계수 간의 산포도(scatter plot)이다. 이때 1인당 GDP는 2015년 구매력으로 추정한 실질 1인당 국내총생산의 값(US $)이며, 소득지니계수는 2011~16년 중에서 가용한 자료를 이용하였다(즉 2개 이상의 연도가 가용한 국가는 2015년 혹은 2015년에 가장 가까운 연도를 선택하였다).

표본을 구성하는 134개 국가들의 평균 1인당 GDP와 소득지니계수는 약 17,531달러와 0.380이다. 따라서 [그림 3-1]은 국가 간 소득수준에 상응하는 소득불평등이 다양하게 분포되어 있음을 보여준다. 예를 들어 1인당 GDP와 소득지니계수가 평균값 이상인 국가들은 평균적으로(상대적으로) 소득수준에 비해 소득불평등이 심하다는 사실을 의미하며, 이런 부류에는 대체로 남미의 개발도상국들

4 재정정책의 철학적 배경에 관한 기초적 내용은 제11장에 나타나 있다.

5 세계은행·국제연합(United Nations) 등의 국제기구는 소득지니계수와 함께 여러 형태의 자산분배의 불평등과 관련된 국가별·시계열별 통계자료를 제공하고 있지만, 대부분 자료들은 정확도와 관련된 신뢰성에 있어 상당한 의심을 받고 있다.

이 속한다. 또한 1인당 GDP와 소득지니계수가 평균값 이하인 국가들은 평균적으로(상대적으로) 소득수준에 비해 소득불평등이 심하지 않으며, 대체로 아프리카나 아시아의 저개발 혹은 미개발 국가들을 예로 들 수 있다. 저개발 혹은 미개발 국가에서는 대다수 국민들이 가난한 상태에 머물러 있으므로 소득지니계수가 작게 나타난다.

그림 3-1 1인당 GDP와 소득지니계수 간의 산포도

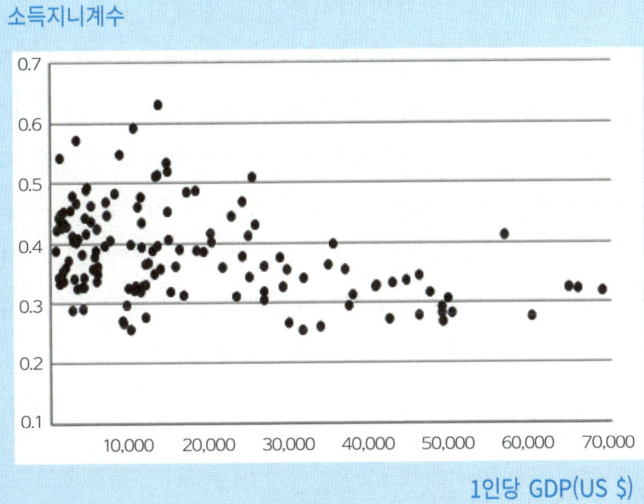

자료: 세계은행(http://www.worldbank.org/).

소득수준이 높은 국가들의 소득지니계수는 대체로 작은 반면, 소득수준이 낮은 국가들의 소득지니계수는 대체로 크게 나타난다(물론 반드시 그렇지는 않다.). 또한 분명하지는 않지만, [그림 3-1]은 소득수준이 증가할수록 소득불평등이 대체로 심화하다가 어느 정도의 소득수준을 넘어서게 되면 소득불평등이 다소 완화하는 것처럼 보인다. 즉 전체국가의 평균 1인당 GDP(17,531달러)를 중심으로 왼쪽(오른쪽)에 위치한 국가들로 구성된 표본에서는 소득수준과 소득불평등 간에 양(음)의 관계가 대체로 성립한다. 이러한 소득수준과 소득불평등 간의 비선형적 관계는 유명한 쿠즈네츠의 '역U자 가설'로 알려져 있는데, 이는 다음 절에서 상세히 살펴본다.

3. 쿠즈네츠의 역U자 가설

쿠즈네츠의 역U자 가설은 소득수준(혹은 경제발전)과 소득분배 간의 관계를 규명한 가장 전통적 접근이다. 본 절에서는 쿠즈네츠의 역U자 가설의 의미와 함께 이상의 가설이 가능한 이론적 배경 및 가설을 검증한 실증분석 결과를 살펴본다.

3.1 '역U자 가설'이란?

1971년 노벨 경제학상 수상자인 러시아 출신 경제학자 쿠즈네츠(Simon Smith Kuznets, 1901~1985)는 국가 간 통계자료를 이용해 소득수준과 소득분배 간의 관계를 파악하기 위한 최초의 실증연구를 시도하였다. 이 분석은 쿠즈네츠의 역U자 가설로 널리 알려져 있는데, 이는 "경제개발이 진행되는 초기단계(혹은 농경사회)에서는 소득불평등이 점점 심화하다가 경제발전이 성숙단계(혹은 산업화된 사회)에 접어들면서 소득불평등이 완화되는 현상"을 일컫는다. 쿠즈네츠의 역U자 가설은 현재의 많은 산업화된 국가들이 19세기 산업화가 진행될 당시 소득불평등이 심화하였다가 20세기 중반에 이르러 소득불평등이 완화된 통계자료의 관측에 기초한다.

표 3-2 1950년경 상대적 소득불평등

국 가	연 도	전체소득 대비 비율(%)		상대적 소득불평등 (B/A)
		최하위 60%(A)	최상위 20%(B)	
인 도	1949~50	28	55	1.96
실 론	1950	30	50	1.67
푸에르토리코	1948	24	56	2.33
미 국	1950	34	44	1.29
영 국	1947	36	45	1.25

주: 실론(Ceylon)은 현재의 스리랑카공화국으로 1972년에 국명을 개칭하였음.
출처: Kuznets(1955).

[표 3-2]는 Kuznets(1955)가 제시한 것으로 1950년경 몇몇 국가의 상대적 소득불평등의 정도를 나타낸다. 이때 상대적 소득불평등은 "전체소득에서 최상위 20% 소득계층의 소득합계가 차지하는 비율(B)과 최하위 60% 소득계층의 소득합계가 차지하는 비율(A)의 상대적 비중(B/A)"으로 측정하였다. 구체적으로 20세기 중반에 경제발전의 성숙단계에 이미 접어든 미국과 영국의 상대적 소득불평등이 발전단계에 머물러 있는 인도, 실론(현재의 스리랑카) 및 푸에르토리코의 경우에 비해 낮은 수준이다.

따라서 쿠즈네츠의 가설은 [그림 3-2]와 같이 역U자 형태로 그려지는데, 이를 '쿠즈네츠 곡선'이라 부른다. 개발초기 경제가 발전함에 따라 소득불평등이 심화하는 이유는 대부분 개발도상국들이 자본축적의 부족으로 인해 불균형성장전략에 따라 경제개발을 추진하기 때문이다. 그러나 경제가 성숙단계에 접어든 대부분 국가들에서는 최저임금제도·실업수당·의료보험 등과 같은 사회보장제도에 관심을 기울이게 되며, 사회보장제도는 소득불평등을 완화하는 기능을 수행한다.

그림 3-2 쿠즈네츠 곡선

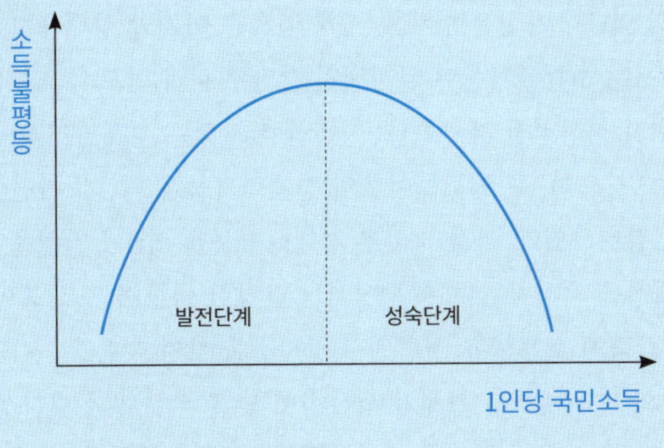

그러므로 소득불평등이 심한 국가들은 미개발이나 저개발 국가들이 아니라 개발이 진행 중인 국가들이다. 동일 시점에서 지역별로 구분하자면, 남미 국가들

의 소득불평등이 상대적으로 가장 심한 수준이다. 이러한 사실은 [표 3-1]을 통해서도 개략적으로 파악할 수 있다. 여기서 한 가지 기억해야 할 사항은 역U자 가설이 국가 간 통계자료뿐만 아니라 특정 국가의 경제발전 단계(발전단계→성숙단계)에서도 적용된다는 점이다. 즉 소득불평등이 저개발국(미개발국)에서 개발도상국으로 발전할 때는 심화되다가 산업화된 국가로 나아감에 따라 완화된다.

쿠즈네츠의 역U자 가설이 성립하기 위해서는 농경사회(전통적 부문)에서 산업화된 사회(현대적 부문)로 전환될 때 이중경제(dual economy)의 형태로 두 사회(혹은 부문)가 동시에 존재해야 한다. 다음의 간단한 모형은 쿠즈네츠 곡선이 어떻게 형성되는지를 보여준다. 1인당 소득이 농경사회와 산업화된 사회에서 각각 w_a와 w_i로 균등하게(uniformly) 분포되고, q는 산업화된 사회에 고용된 노동력 비율로 가정한다. 이때 소득불평등을 측정하기 위한 소득의 분산은 $q(1-q)(w_i-w_a)^2$이다. 따라서 쿠즈네츠 곡선은 $q = 1/2$에서 소득불평등 수준이 극대가 되는 역U자 형태의 함수가 된다.[6] 즉 소득불평등은 경제가 어느 정도 발전해서 노동력이 농경사회와 산업화된 사회에 동일한 비율로 고용될 때 가장 심하게 나타난다.

3.2 '역U자 가설'의 이론적 배경

쿠즈네츠의 역U자 가설은 현재의 저개발 혹은 미개발 상태에서 경제성장을 달성하기 위해서는 소득불평등이 일시적일 뿐만 아니라 반드시 요구되는 비용인지에 대한 정책적 시사점을 제공한다. 이러한 시사점은 경제발전 연구에 엄청난 반향을 불러일으켰으며, 쿠즈네츠 이후의 경제학자들은 역U자 가설이 실증적으로 성립하는지 검토하였다. 아울러 일부 경제학자들은 역U자 가설을 뒷받침하기 위한 이론적 배경을 제시하였다. 이하에서는 다양한 이론적 논의 중에서 몇 가지 연구결과들을 간략히 소개하고, 실증연구 결과들을 살펴본다.

첫째, 일련의 연구에서는 경제가 생산성이 낮은 부문에서 생산성이 높은 부문으로 이동하는 데 따른 노동력의 재분배를 강조한다. 예를 들어 발전단계의 경

6 극대값은 최적화 조건을 이용해 계산한다. 즉 소득의 분산을 S라고 하면, S에 대한 q의 미분값 $\frac{\partial S}{\partial q} = (1-q)(w_i - w_a)^2 - q(w_i - w_a)^2$이 영(0)이 될 때 S는 극대값을 갖게 된다. 따라서 $(1-q) - q = 0$이 되므로 $q = 1/2$일 때 S는 극대값을 갖는다.

제에서는 생산성이 높은 부문에 고용되는 노동력의 수가 상대적으로 작고 그들의 소득수준이 높으므로 소득불평등이 심화할 수 있지만, 경제가 성숙단계로 나아감에 따라 그 부문에 종사하는 노동력의 수가 증가해 소득불평등은 점차 완화된다. 따라서 소득불평등은 노동력의 재분배로 인해 경제발전의 초기와 산업화를 이룩한 성숙단계에서 상대적으로 낮은 수준이다.

둘째, 노동공급이 임금의 급격한 상승 없이 무한 탄력적으로 이루어지며, 이를 바탕으로 자본축적과 성장이 가능한 경제를 상정한다. 이 경제에서는 청소년층 인구와 같은 잠재실업이[7] 노동력에 흡수될 때 경험이나 지식이 부족한 이들은 전체 노동자들의 평균임금보다 낮은 수준의 급여를 받게 되므로 소득불평등이 자연히 심화될 수 있다. 그러나 경제가 발전하고 기술 프리미엄이 상승할수록 노동자들은 인적자본 투자에 더 적극적일 것이며, 이로 인해 소득수준이 어느 정도의 임계값을 넘어서면 소득불평등은 자연히 완화된다. 여기서 한 가지 지적할 사항은 인적자본을 축적하는 데에는 보편적으로 오랜 시간이 요구되며, 국가마다 그 소요시간 및 인적자본 축적의 정도는 상이하게 나타난다는 점이다. 어떤 국가의 인적자본 축적의 정도는 그 국가의 사회적·제도적·전통적 요인들은 물론 산업구조·금융시장의 발전 등 다양한 경제적 요인들에 의존한다.

셋째, 경제가 발전단계에서 성숙단계로 나아감에 따라 기술진보의 중요성이 강조되며, 기술진보는 소득격차(혹은 임금격차)를 심화시키는 원인이 된다. 왜냐하면 기술진보는 기술 혹은 자본을 소유한 사람들에게 보수 증가(increasing return)를 발생시키기 때문이다. 다시 말해 기술진보가 발생할수록 높은 수준의 기술과 자본을 소유한 사람들이 낮은 수준의 기술과 노동을 소유한 사람들에 비해 새로운 기술의 습득과 활용이 용이하기 때문에 더 큰 소득을 창출할 가능성이 증가한다. 따라서 기술진보는 소득불평등을 심화시키는 원인으로 작용하며, 쿠즈네츠 곡선의 상승 부분(발전단계)이 나타나는 가능한 이유가 된다.[8]

---

7 잠재실업(disguised unemployment)은 "이중경제에서 생겨나는 과잉노동력으로 인해 노동의 한계생산성이 영(0)이거나 영에 가까울 정도로 노동력이 풍부한 농경사회 혹은 전통적 부문의 유휴노동력"을 의미한다.

8 소득수준의 향상이 기술진보를 위해 요구될 뿐만 아니라 기술진보는 경제성장을 위한 중요한 요소(전제조건)가 된다. 기술진보와 관련된 다양한 논의는 제5장을 위해 남겨둔다.

보충 내용

노동자의 국가 간 이주

경제성장과 관련된 역사적 사실을 살펴보면, 우리는 몇 가지 흥미로운 사실을 발견할 수 있다. 그중 하나는 비숙련 노동자뿐만 아니라 숙련 노동자가 가난한 국가(혹은 지역)에서 부유한 국가(혹은 지역)로 이주하려는 경향이 오랜 기간 나타나고 있다는 사실을 들 수 있다. 비숙련 노동자가 가난한 국가에서 부유한 국가로 이주하는 이유는 더 높은 수준의 임금을 받기 위해서이다. 오늘날 중국 혹은 동남아 국가들의 노동자들이 우리나라로 이주하려는 '코리언 드림'이 이상의 사실을 반영한다.

그러나 숙련 노동자의 이주 현상에 대한 이유는 좀 더 많은 생각을 요구한다. 일반적으로 숙련 노동자의 수는 부유한 국가(성숙단계의 국가)에 비해 가난한 국가(발전단계의 국가)에서 상대적으로 희소하므로 가난한 국가의 숙련 노동자는 자국에서 높은 한계생산성에 따른 높은 수준의 임금을 받을 수 있다. 그런데도 가난한 국가의 숙련 노동자가 부유한 국가로 이주하려는 이유는 노동(특히 숙련 노동)이 물적자본과 보완적 관계를 유지할 뿐만 아니라 소비자의 후생을 증가시킬 수 있는 사회 전반의 기반시설이 부유한 국가에서 잘 정비되어 있기 때문이다. 다시 말해 가난한 국가의 숙련 노동자는 상대적으로 경제적·사회적·문화적 기반수준이 높은 부유한 국가로 이주해 생산과 소비의 후생 증가를 도모한다.

넷째, 많은 연구결과들은 물적자본과 인적자본(혹은 숙련 노동자)이 보완적 관계를 형성한다고 제시한다. 일반적으로 경제가 발전함에 따라 물적자본의 축적이 증가하고, 이는 다시 숙련 노동자의 임금을 상승시켜 소득분배의 불평등이 심화하게 된다. 왜냐하면 숙련 노동자의 생산성은 물적자본의 축적이 증가할수록 두 요소 간의 보완적 관계로 인해 향상되기 때문이다. 따라서 경제가 발전단계에 있을 때(바꾸어 말하면, 물적자본의 축적이 증대될 때) 소득불평등은 자연히 심화하기 마련이다.

다섯째, 무역의 발전은 어떤 산업의 요소에 대한 보수를 다른 산업의 경우에 비해 상대적으로 많이 증가시킨다. 즉 세계 상품시장에서의 가격 변동은 국내 노동자의 임금수준과 소득불평등에 영향을 미칠 수 있다. 예를 들어 부유한(높은 임금수준의) 국가가 가난한(낮은 임금수준의) 국가와 무역을 한다고 가정한다. 이때 부유한 국가에서는 낮은 기술수준으로 생산 가능한 상품의 상대적 가격은 하락하며, 이 상품의 생산과정에서 사용된 생산요소에 대한 수익은 감소하게 된다. 그러므로 발전단계의 국가에서는 무역의 확대가 소득불평등을 심화시키는 원인이 된다.

여섯째, 경제가 성숙단계로 나아갈 때 정치적 발전이 동반되는 경향이 나타난다. 이러한 현상은 "한 국가의 경제적 번영이 민주주의의 발전을 요구한다."라는 유명한 '립셋 가설'(Lipset's hypothesis, 1959)로 요약된다. 또한 소득수준이 향상되고 정치적으로 발전한 국가에서는 소득불평등을 완화하기 위한 소득재분배에 대한 압력이 증가한다. 즉 경제가 성숙단계에 접어들수록 최저임금제도·사회보장제도·실업보험·노동조합의 영향력 향상 등으로 인한 소득재분배의 증대로 소득불평등이 완화되어진다. 이상의 내용은 쿠즈네츠 곡선의 하락하는 부분(성숙단계)이 생겨날 수 있는 근거를 제공한다.

마지막으로, 성숙단계의 경제에서는 자본의 한계생산성이 감소하므로 제도적 요인에서 생산성 향상을 도모한다.[9] 제도적 요인으로는 거버넌스의 효율성 증대, 정치적 불안정성과 위험의 감소, 경제행위의 투명성 강화 등을 들 수 있다. 이러한 사항들은 시장경제의 자율성을 강화하고 공정한 게임의 기반을 구축함으로써 소득불평등 완화에 기여한다. [표 3-3]은 쿠즈네츠의 역U자 가설의 이론적 배경의 요약을 제공한다.

표 3-3 '역U자 가설'의 이론적 배경

구 분	이론적 배경
발전단계	○ 산업부문 간 노동력의 재분배 ○ 무한 탄력적 노동공급 ○ 기술진보 ○ 인적자본과 물적자본 간의 보완적 관계 ○ 무역의 발전
성숙단계	○ 소득재분배적 재정지출(복지지출의 증가) ○ 민주주의의 발전 ○ 거버넌스, 정치적 안정성 및 투명성 강화(지대추구행위 감소)

9 성숙단계의 경제에서는 지속적 경제성장을 위해 제도와 제도변화의 중요함을 강조한다. 노스(Douglass North, 1920~2015)는 각 국가의 경제성장 차이를 제도적 요인으로 설명하였는데, 이 분야에 대한 공헌으로 1993년 노벨 경제학상을 수상하였다.

3.3 실증적 연구결과

국가 간 횡단면 자료를 이용해 쿠즈네츠의 역U자 가설을 검증한 초창기 연구로는 Ahluwalia(1976)를 들 수 있다. Ahluwalia(1976)는 60개 국가 간 자료를 이용해 소득불평등이 1인당 국민총생산(GNP)의 대수(logarithm)(log(GNP))와 그 제곱값(log(GNP)^2)과 어떤 관계를 형성하는지, 즉 소득불평등과 GNP 간에는 역U자 형태의 관계가 성립하는지 검토하였다.

Ahluwalia(1976)는 최소제곱법(least squares method)을[10] 사용해 전체소득 대비 최상위 20% 소득계층의 소득합계 비율에 대해 1인당 GNP의 대수와 그 제곱값의 추정계수들이 각각 통계적으로 유의한 양(+)과 음(-)의 값으로 추정하였다. 이러한 결과는 소득수준이 증가할수록 최상위 20% 소득계층의 소득합계가 상대적으로 많이 증가하지만(즉 소득불평등이 심화하지만), 소득수준이 임계값을 넘어서면 두 변수 간에는 음(-)의 관계가 형성(즉 소득불평등이 완화)될 수 있음을 의미한다.

마찬가지로 전체소득 대비 중간 40% 소득계층의 소득합계와 최하위 20% 소득계층의 소득합계 비율에 대해서는 1인당 GNP의 대수와 그 제곱값의 추정계수들이 통계적으로 유의한 음(-)과 양(+)의 값으로 관측되었다. 이는 소득수준이 향상됨에 따라 전체소득 대비 중간 40% 혹은 최하위 20% 소득계층의 소득합계 비율이 감소하다가(즉 소득불평등이 심화하다가), 소득수준이 임계값을 넘어서면 그들 계층의 소득합계 비율이 증가한다는(즉 소득불평등이 완화한다는) 것을 나타낸다. Ahluwalia(1976)는 이상의 국가 간 통계자료를 이용한 실증분석 결과를 통해 쿠즈네츠의 역U자 가설이 성립한다고 역설하였다.

그러나 Ahluwalia(1976)의 실증분석 결과는 이후 많은 경제학자들로부터 통계자료의 한계, 모형 설정의 자의성, 추정방법의 왜곡 등 여러 가지 이유로 비판을 받았다. 즉 Ahluwalia(1976)는 국가별 소득불평등을 전체소득 대비 최상위 20%, 중간 40% 및 최하위 20% 소득계층의 소득합계 비율로 한정해 반영하였으며, 1인당 GNP 이외에 많은 변수들이 소득불평등 결정에 영향을 미칠 수 있음에도 불구하고 다른 설명변수들을 추정모형에 통제하지 않았다. 또한 Ahluwalia(1976)는 국가

---

10 최소제곱법(method of least squares)은 측정값으로부터 오차의 제곱 합이 최소가 되도록 회귀선(regression line)을 추정하는 방법이다.

간 분석에서 반드시 고려해야 할 국가별 경제적 상황이나 특징 등을 고려하지 못하였다는 한계를 지닌다.[11]

이후 쿠즈네츠 역U자 가설의 검증은 현재까지 엄청난 양의 연구가 진행되었으며, 대표적 실증연구 결과로는 Banerjee and Duflo(2003), Barro(2000), Deininger and Squire(1998) 등을 들 수 있다. Deininger and Squire(1998)는 초기의 자산분배 불평등을 파악하기 위해 1960년경의 토지지니계수를[12] 측정해 실증분석에 사용하였는데, 그 결과 쿠즈네츠의 역U자 가설은 엄격한 의미에서 성립하지 않을 수 있다고 추정하였다. Barro(2000)는 일련의 국가 간 시계열 자료, 즉 패널자료를[13] 이용해 소득불평등과 투자 혹은 소득불평등과 경제성장 간에는 일률적이고 분명한 관계는 존재하지 않는다고 관측하였다.

그러나 Banerjee and Duflo(2003) 모형은[14] 소득불평등이 소득수준의 함수로 설정하는 대신 소득불평등의 변동이 경제성장률에 미치는 영향을 추정방법의 개선(비모수적 접근법(non-parametric methods)을[15] 사용)을 통해 파악하였다. 그들은 다양한 추정결과를 도출하였으며, 대표적으로 어떤 방향으로든 소득불평등의 순변동은 다음 기간의 경제성장 감소와 관련되는 역U자 형태의 관련성을 제시하였다. 소득불평등과 경제성장 간의 관련성을 실증 분석한 결과는 다음 절에서 다시 살펴본다.

4. 소득분배와 경제성장

앞 절에서는 경제발전(소득수준)이 소득불평등에 미치는 정태적·동태적 영향

11 쿠즈네츠의 역U자 가설이 성립하는지에 대한 1960~80년대 실증적 연구결과는 Meier(1984)에 잘 요약되어 있다.

12 토지는 자산을 구성하는 중요한 항목이기 때문에 토지지니계수는 자산분배의 불평등을 나타내는 대리변수로 종종 사용된다. 이때 국가별 토지지니계수는 '토지의 시장가치'를 기준으로 작성한다.

13 패널자료(panel data)는 "횡단면(cross-section)과 함께 시계열(time series)이 동시에 제공되는 자료"를 의미한다. 예를 들어 국가 간 패널자료는 다양한 국가들의 여러 연도(혹은 기간)로 구성된 자료를 일컫는다.

14 바네르지(Abhijit Vinayak Banerjee, 1961~)와 뒤플로(Esther Duflo, 1972~)는 지구촌의 빈곤을 줄이기 위한 실험적 접근과 연구에 대한 공로로 2019년에 노벨 경제학상을 공동 수상하였다.

15 비모수적 접근법은 모수(parameter)에 대한 가정을 전제하지 않고 모집단의 형태와는 관계없이 주어진 통계자료에서 직접 확률을 계산해 검정하는 분석 방법이다.

을 살펴보았다. 본 절에서는 앞 절의 논리와는 반대로 초기의 소득불평등이 경제성장 혹은 경제발전에 미치는 영향을 검토함으로써 소득불평등과 경제발전 간에는 상호 영향을 주고받을 수 있음을 제시한다.

4.1 전통적 이론

효율적 자원배분은 경제성장을 촉진하는 데 유용하지만, 경제주체들 간의 분배와 관련된 형평성을 보장하지는 못한다. 마찬가지로 경제운영이 분배의 형평성에 치우치다 보면 효율적 자원배분의 달성은 실패할 수 있다. 따라서 정책입안자가 소득불평등의 개선과 높은 경제성장의 달성이라는 두 가지 목표를 동시에 달성하기란 절대 쉽지 않은 과제이다(사실상 불가능하다). 지금까지의 이론적·실증적 연구결과는 소득불평등과 경제성장 간의 직접적 관계를 규명하려 노력하였을 뿐만 아니라 두 변수를 연결하는 다양한 전달경로(메커니즘)를 파악하려는 분석에 집중하였다. [그림 3-3]은 소득불평등과 경제성장을 연결하는 다양한 전달경로에 대한 요약이다.

신고전학파(neoclassical school)와 신케인스학파(neo-Keynesian) 성장모형과 같은 전통적 이론에서는 소득불평등과 경제성장을 연결하는 전달경로로 저축률을 사용하였다. 만약 폐쇄경제(closed economy)를 가정하면, 높은 수준의 소득불평등은 저축률을 증가시켜 투자와 경제성장을 촉진하는 역할을 담당한다. 왜냐하면 부유한 사람의 한계저축성향이 가난한 사람의 한계저축성향보다 크기 때문에 소득불평등이 심화할수록 저축을 통한 자본축적이 증가하기 때문이다. 그러므로 전통적 이론에서는 높은 경제성장을 달성하기 위해 개발초기의 소득불평등은 일시적일 뿐만 아니라 반드시 요구되는 비용으로 인식하고 있다.

소득불평등이 경제성장에 양(+)에 영향을 미친다는 견해는 투자에 따른 다소의 설정비용(setup costs)이 필요하거나,[16] 제9장에서 구체적으로 살펴볼 불완전한

16 투자에 일정한 설정비용이 요구되는 이유는 투자에는 불가분성(indivisibility)이 존재하기 때문이다.

그림 3-3 소득불평등과 경제성장 간의 전달경로에 대한 요약

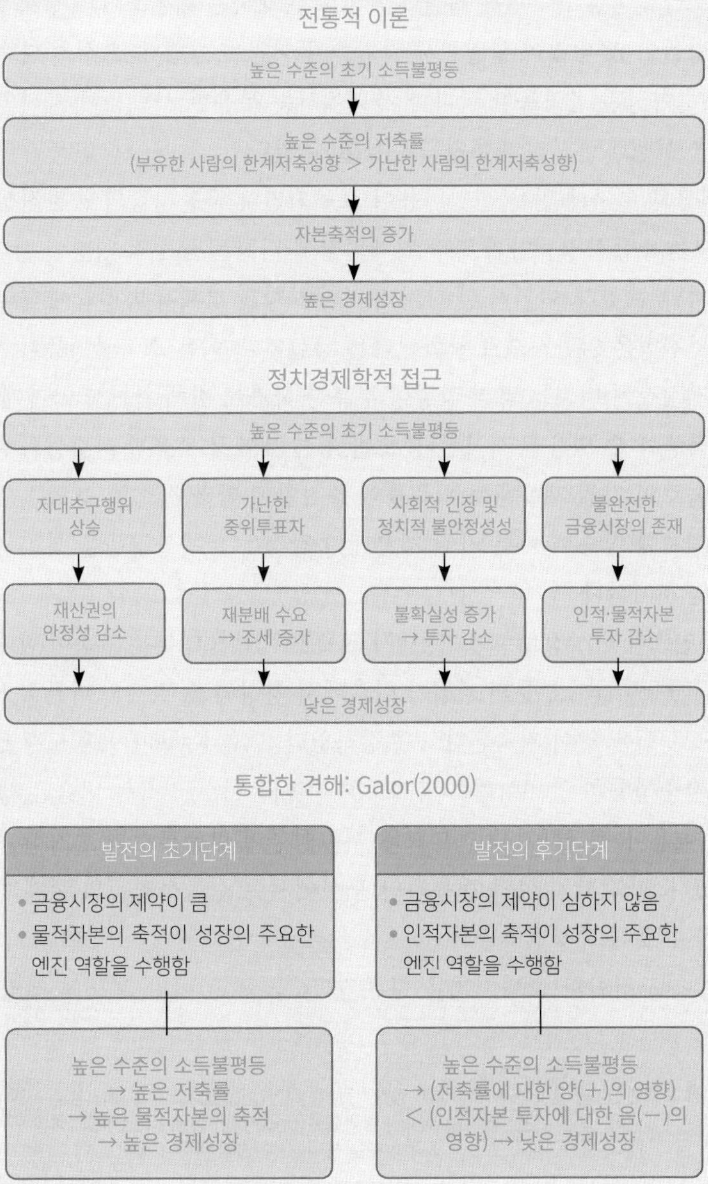

출처: Iradian(2005)의 요약을 각색함.

금융시장(혹은 불완전한 자본시장, credit market imperfection)이[17] 존재할 때 더욱 크게 나타난다. 소득분배는 비교적 평등하게 이루어지지만 투자의 설정비용이 높고 불완전한 금융시장으로 인해 대출에 제약이 존재하는 개발초기의 경제에서는 부유한 사람들이 많지 않아 활발한 투자가 이루어지기 어렵다. 오히려 다수의 부유한 계층이 형성된 불평등한 국가나 사회에서는 부유한 사람들이 자신의 소득이나 자산을 이용해 생산적인 투자를 수행할 수 있다.

그러므로 투자에 많은 설정비용이 요구되거나 금융시장의 불완전성이 심한 국가에서는 소득불평등이 투자나 경제성장에 미치는 긍정적 영향이 상대적으로 크게 생겨날 수 있다. 여기서 한 가지 유의할 사항은 경제가 발전함에 따라 금융시장의 불완전성은 일반적으로 완화된다는 사실이다. 이는 소득불평등이 저축률을 통해 경제성장에 미치는 양의 영향이 부유한 국가에 비해 가난한 국가에서 더 중요하게 작용할 수 있음을 시사한다. 또한 경제 내에서 부유한 사람들로부터 가난한 사람들로의 자원 재분배는 저축률이 증가함에 따라 감소할 것으로 예상된다. 이러한 저축률 상승에 따른 자원 재분배의 감소는 소득불평등을 심화시켜 투자의 증대를 초래한다.

신케인스학파 성장모형에 기초한 Lewis(1954)는[18] 대부분 저축이 현대적 산업(modern and industrial)부문의 기업가 이윤에서 형성되고, 경제의 다른 부문에서는 상대적으로 적은 양이 저축된다고 주장하였다. 또한 Kaldor(1957) 모형에서는 노동자의 저축성향은 영(0)이며, 국민소득에서 이윤이 차지하는 비율은 생산량 대비 투자 비율이 증가하거나 자본가의 저축성향이 감소할수록 증가하는 것으로 파악하였다. 따라서 이상의 전통적인 모형에서는 소득불평등의 존재가 투자를 증가시킬 수 있다고 상정하였다.

한편 신고전학파 소비이론은 부존량(endowment)이나 제도적 제약과 관련

---

17 금융시장의 불완전성은 정보의 비대칭성과 법률기관(legal institutions)의 한계성 등을 포함하는 상당히 포괄적인 개념이다. 그러나 본서에서는 투자의 불확실성(uncertainty)에 따른 대출과정의 한계성에만 국한한다. 금융시장의 불완전성과 관련된 보다 상세한 논의는 제9장에 나타나 있다.

18 루이스(William Arthur Lewis, 1915~1991)는 세인트루시아(Saint Lucia) 출신으로 개발도상국의 빈곤과 경제 문제를 경제적·정치적·사회적·심리적 등 다양한 측면에서 분석한 공헌으로 1979년 노벨 경제학상을 수상하였다.

된 소비자의 이질성을 이용해 소득분배와 총저축 간의 관계를 설명하였다. 예를 들어 Kotlikoff and Summers(1981)는 생애주기가설(life-cycle hypothesis)에[19] 유산(bequests)을 포함하였는데, 유산은 사치재이므로 부유한 소비자나 국가에서 높은 저축률을 기록할 수 있다고 제시하였다.

4.2 정치경제학적 접근

정치경제학적 접근은 전통적 이론과는 반대로 높은 수준의 소득불평등이 경제성장에 음(-)의 영향을 미칠 수 있다고 주장한다. 다시 말해 일련의 연구결과들은 높은 수준의 초기 소득불평등은 장기적인 경제성장을 방해하는 장애물로 작용하며, 이를 설명하기 위해 다음의 네 가지 전달경로를 강조하였다.

첫째, 높은 수준의 소득불평등은 지대추구행위를 자극해 재산권의 안정성을 침해함으로써 장기적 경제성장에 음(-)의 영향을 미친다. 예를 들어 Rodriguez(2004)는 이론적 모형을 이용해 지대추구는 소득불평등의 증가함수가 될 수 있다고 역설하였다. 구체적으로 Rodriguez(2004)는 가난한 사람들과 부유한 사람들이 정치적 조직(political organization)을 형성하는 데 차이가 생겨나도록 고정비용을 가정해 정치적 활동에 따른 보수 증가(increasing returns)가 발생할 수 있다고 제시하였다. 즉 부유한 사람들만이 정치적 조직을 형성하기 위해 요구되는 고정비용을 충당할 수 있으며, 그들만이 정책결정에 영향력을 행사할 수 있는 경제에서는 소득불평등이 심화할수록 부유한 사람들로 구성된 정치적 조직의 활동이 활발히 이루어진다.

이상의 조건에서는 소득불평등이 심화할수록 부유한 사람들에게 더 많은 공공자원의 몫이 할당된다. 예를 들어 고등교육을 수요하기 위해서는 상당 수준의 비용(회계비용+기회비용)이 요구되는 국가에서는 소수의 부유한 사람들만이 고등교육을 수요할 수 있으며, 그들은 그들이 희망하는 고등교육 관련 정책수립을 위

19 생애주기가설은 앤도(Albert K. Ando, 1929~2002)와 모딜리아니(Franco Modigliani, 1918~2003) 등에 의해 제창된 소비이론으로써 사람들이 대체로 남은 평생을 고려해 현재소비를 결정한다는 이론이다. 특히 모딜리아니는 가계저축과 금융시장 분석과 관련된 공헌으로 1985년 노벨 경제학상을 수상하였다.

해 정치적 영향력을 행사한다.[20] 부유한 사람들은 지대추구를 위해 정책입안자들에게 심지어 뇌물공여를 포함한 홍보나 로비(lobby)를 수행한다. 따라서 소득불평등이 자원배분과 관련된 부패를 야기할 수 있으며, 이때 소득불평등은 정치적 과정을 통해 경제성장에 음(-)의 영향을 가속화시킨다. 왜냐하면 뇌물은 생산량수준과는 무관한 사회적 낭비이며, 뇌물수수 등의 부패는 일반적으로 경제성장에 음(-)의 영향을 미친다고 알려져 있기 때문이다.[21]

둘째, 모든 구성원의 소득수준에 대한 (산술) 평균값이 중위수(median)를 초과하는 경제를 가정한다. 이는 현실 경제에서 나타나는 보편적인 현상이며, 과반수를 초과하는 사람들이 평균 미만의 소득을 획득한다는 것을 의미한다. 또한 정책결정이 구성원들의 다수투표(majority voting)로 이루어진다고 가정하면, 부유한 사람들로부터 가난한 사람들로 소득이 재분배되는 정책이 선호되는 경향이 나타난다. 여기서 소득재분배 정책은 이전지출뿐만 아니라 공공지출(예를 들어 교육·의료 지출 등)과 규제정책(regulatory policy) 등을 포함한다. Alesina and Rodrik(1994)과 Persson and Tabellini(1994)는 소득불평등(전체소득의 "중위소득 대비 평균소득 비율"로 측정)의 심화가 정치적 과정(예를 들어 선거나 정치적 압력 등)을 통해 더 많은 소득재분배 정책을 유도한다고 제시하였다.

일반적으로 소득재분배 정책은 자원배분을 왜곡시킨다고 알려져 있다. 예를 들어 이전지출이 조세수입과 연계된 경우에는 이전지출을 증가시키기 위해서 반드시 조세수입을 늘려야 하며, 이는 노동의욕을 저하시킬 수 있다. 또한 더 많은 재화가 소득재분배를 위해 사용될수록 투자는 줄어들기 마련이다. 왜냐하면 투자로 전환될 수 있는 자원이 소득재분배를 위해 사용되기 때문이다. 따라서 소득불평등이 심한 국가나 사회에서는 정치적 과정을 통해 더 많은 소득재분배 정책을 실시하게 되므로 현재의 소득불평등은 미래의 투자나 경제성장에 부정적 영향을 미치게 된다.

셋째, 소득불평등의 심화는 사회적 긴장과 정치적 불안정성을 증폭시킨다. 소득이나 부의 심한 편중은 가난한 사람들에게 범죄나 폭동과 같은 물리적이고

---

20 교육투자와 소득분배 간의 관계에 대한 상세한 논의는 제6장을 위해 남겨둔다.

21 부패가 경제성장에 미치는 영향을 분석한 연구결과의 요약은 제7장에서 제시된다.

파괴적인 행위를 야기하는 원인이 될 수 있다. 이처럼 심한 소득불평등은 법이나 정책에 불확실성을 내재시키기 때문에 안정적 경제체계를 유지하기 위해서는 반드시 제거되어야 한다. 그런데 사회-정치적 불안정성(socio-political unrest)을 제거하기 위해서는 생산에 사용되어야 할 시간과 자원의 배분이 요구된다. 따라서 높은 수준의 소득불평등은 경제내의 생산성을 저하시켜 경제성장을 감소시키는 역할을 한다.

우리는 이상의 논의에서 한 가지 유의할 사항이 있다. 사회-정치적 불안정성을 감소시키기 위한 소득재분배 정책(즉 일련의 사회보장제도)은 ① 범죄나 폭동과 같은 파괴적인 행위를 줄일 수 있는 반면, ② 가난한 사람들의 근로의욕을 저하시킬 수 있다(이른바 복지의존성). Barro(2000)는 경제성장에 미치는 ①의 긍정적 영향이 ②의 부정적 영향을 초과하는 경우에만 소득재분배 정책이 경제성장에 양(+)의 영향을 미칠 수 있다고 설명하였다. 따라서 사회의 불안정성이 심한 국가에서는 소득재분배 정책이 경제성장에 양의 영향을 미칠 가능성이 크게 작용한다.

넷째, 많은 국가들에서는 소득불평등의 심화가 불완전한 금융시장의 존재와 함께 생겨난다. 가난한 사람들은 금융시장의 불완전성이 심할수록 인적자본과 물적자본을 축적하는 데 상당한 제약에 직면한다. 왜냐하면 정보의 비대칭성(asymmetric information)과 투자에 내재된 불확실성으로 인해 대출과정에 한계가 존재한다면, 소득이나 자산이 없거나 적은 사람들은 소득이나 자산이 많은 사람들에 비해 은행 대출이 훨씬 어려울 수 있기 때문이다.

가난한 사람들이 아무리 좋은 능력과 조건을 갖춘다 할지라도 금융시장의 불완전성이 심할수록 은행 대출을 통한 투자의 기회(교육투자의 기회 포함)를 획득하기가 상대적으로 어려워진다. 설령 가난한 사람들이 금융기관으로부터 대출을 받을 수 있다고 할지라도 상대적으로 높은 이자율의 부담을 감수해야만 한다. 만약 부유한 사람들로부터 가난한 사람들로 소득재분배가 어떤 왜곡도 창출하지 않는다고 가정하면, 그러한 소득재분배는 투자의 평균 생산성(average productivity)을 향상시킨다. 따라서 소득불평등의 심화와 불완전한 금융시장의 존재는 효과적인 투자를 감소시켜 경제성장에 부정적 영향을 미친다.

4.3 통합한 견해

Galor(2000)는 높은 수준의 소득불평등이 경제성장에 미치는 영향에 대한 전통적 이론과 정치경제학적 접근 간의 상반된 결과를 통합하였다. 구체적으로 Galor(2000)는 경제발전을 초기단계와 후기단계와 같이 발전단계별로 분리해 설명하였다. 전통적 이론은 낮은 소득수준의 경제발전 초기단계를 설명하는 데 적합하다. 즉 경제발전의 초기단계에는 물적자본이 희소하므로 이를 축적하기 위해서는 높은 수준의 저축률이 요구된다. 또한 경제발전의 초기단계에는 금융시장의 불완전성에 따른 제약이 상당히 크기 때문에 높은 수준의 초기 소득불평등이 저축률 상승을 통한 급속한 성장을 유도할 수 있다.

경제발전의 후기단계에는 자본과 기술의 보완성으로 말미암아 인적자본에 대한 보수가 증가할 뿐만 아니라 인적자본의 축적이 성장의 중요한 엔진 역할을 담당한다. 또한 후기단계에는 임금수준이 상승하기 때문에 금융시장의 불완전성으로 인한 투자의 제약이 상대적으로 약하게 작용한다. 높은 수준의 소득불평등이 인적자본 축적에 음(-)의 영향을 미치게 될 때는 소득불평등과 경제성장 간의 양(+)의 관계가 점차 감소하게 된다. 따라서 소득불평등의 심화는 인적자본 투자에 음의 영향을 미치고 저축률에 양의 영향을 미친다. 만약 전자의 영향이 후자의 영향을 능가하면, 높은 수준의 소득불평등은 지속적 경제성장을 유지하는 데 걸림돌이 된다.[22]

4.4 실증연구 결과

지금까지 살펴본 바와 같이, 경제발전의 초기단계에는 소득불평등이 저축률과 경제성장에 긍정적 영향을 미칠 수 있다. 즉 소득불평등이 심한 국가나 사회에서는 소수의 사람들만이 전체소득의 많은 부분을 소유하게 되므로 그들에 의해 상대적으로 높은 수준의 저축률 달성이 가능해진다. 그러나 소득이 구성원에게 고르게 분배되는 평등한 국가나 사회에서는 모든 사람들의 소득이 자신들의 생계를 위해 사용되기 때문에 상대적으로 낮은 저축률수준에 머물러 있게 된다. 이

22 바꾸어 말하면, 후기단계에는 소득불평등 완화가 경제성장을 위해 요구된다.

상의 주장은 쿠즈네츠 곡선의 발전단계에 대한 이론적 배경이다.

Cook(1995), Forbes(2000), Smith(2001) 등은 국가 간 통계자료를 이용해 소득불평등의 심화가 저축률을 증대시켜 경제성장을 자극할 수 있다는 실증적 연구결과를 발표하였다. Cook(1995)은 개발도상국만으로 구성된 작은 수의 표본을 사용한 반면, Forbes(2000)는 개발도상국과 산업화된 국가로 구성된 표본을 사용해 소득불평등이 경제성장에 양(+)의 영향을 미친다는 추정결과를 제시하였다. 또한 Smith(2001)는 소득불평등이 민간저축률에 양(+)의 영향을 미치는 것으로 관측하였으며, 이상의 두 변수를 연결하는 전달경로로 불완전한 금융시장을 사용하였다.

그러나 Schmidt-Hebbel and Servén(2000), Edwards(1996) 등은 소득불평등과 저축률 간에는 뚜렷한 양(+)의 관련성이 성립하지 않는다고 주장하였다. 이처럼 연구자에 따라 실증분석 결과가 상이한 이유는 표본의 선택, 추정방법 및 저축률과 소득불평등을 반영하는 변수 선택의 차이에 기인한다. 국가별 소득불평등을 나타내는 변수들은 모두 한계점을 지니고 있으며, 특히 소득지니계수는 이미 제2장에서 언급한 바와 같이 자료의 정확도와 측정의 일관성 등과 관련된 신뢰성에서 상당한 의구심이 제기되고 있다.

이상의 논의와는 달리 1990년대 들어 정치경제학적 접근에 관한 관심이 고조되면서, 이미 소개한 Alesina and Rodrik(1994)과 Persson and Tabellini(1994)는 심한 초기의 소득불평등이 향후 장기적 경제성장에 걸림돌이 된다고 주장하였다. 소득불평등이 심한 국가에서는 다수를 형성하고 있는 가난한 사람들이 정부로부터 더 많은 혜택을 받기 위해 선거나 정치적 압력 등의 정치적 과정을 통해 소득재분배 정책을 선호하는 것으로 나타난다. 이러한 소득재분배 정책은 소비성 지출(예를 들어 최종소비지출·이전지출 등)의 증가를 유도하고 새로운 투자를 억제함으로써 미래의 성장 잠재력을 감소시키는 요인으로 작용한다. 이상의 정치경제학적 접근은 개발도상국보다 산업화된 국가, 즉 쿠즈네츠 곡선의 성숙단계에 대한 설명으로 더욱 설득력이 가진다.

Alesina and Rodrik(1994)은 정치경제학적 접근에 기초한 이상의 논의, 즉 현재의 소득불평등과 미래의 경제성장 간의 음(-)의 관련성을 실증적으로 검토하기 위해 자료가 가용한 41개 국가를 대상으로 초기의(1960년경) 소득지니계수와 토지지니계수(자산불평등의 대리변수)가 경제성장률(1960~85년 연평균 성장률)에 미치는 영향을 추정하였다. 그 결과, 초기의 토지지니계수 추정계수가 통계적으로 매우 유의한 음(-)의 값으로 관측되었다. 이는 초기의 심한 자산불평등이 향후 경제성장에 음(-)의 영향을 미친다는 이론을 뒷받침한다. 한편 초기의 소득지니계수는 향후 경제성장에 음(-)의 영향을 미치는 것으로 추정되었지만, 그 추정계수의 통계적 유의성은 다소 낮은 수준이었다.

이상의 결과는 초기의 불평등을 측정하기 위해서는 자산의 사용이 소득의 경우보다 우월할 수 있음을 시사한다.[23] 즉 토지의 보유는 '저량'이며 소득의 창출은 '유량'이기 때문에 외생변수로서 토지의 보유가 소득의 창출보다 더 적합할 수 있다. 또한 우리는 국가 간 토지지니계수의 흩어짐(분산)이 소득지니계수의 경우에 비해 크기 때문에 토지지니계수를 사용한 추정결과가 더욱 유의하게 관측된 것으로 추측할 수 있다.[24]

Deininger and Squire(1998)의 실증분석 결과에서도 초기의 자산불평등(1960년경의 토지지니계수를 사용)과[25] 장기적인 경제성장 간에는 음(-)의 관계가 존재하는 것으로 나타났다. 그들은 실증분석 결과를 바탕으로 빈곤의 해소와 함께 장기적이고 지속적 경제성장을 동시에 달성하기 위해서는 총투자를 증가시키고 가난한 사람들이 자산을 쉽게 획득할 수 있는 경제시스템을 구축해야 한다고 주장하였다.

Barro(2000)는 Deininger and Squire(1996)가 제공한 소득지니계수를 이용해 소득불평등이 경제성장에 미치는 영향은 분명한(혹은 일률적) 형태로 나타나지 않는다고 결론지었다. 다만 그는 개발도상국들 중에서 1985년 미국달러 기준 1인당

---

23 이는 Alesina and Rodrik(1994)의 이론적 주장이 옳다는 전제에 기초한다.

24 1950~60년대 국가별 토지지니계수의 자료는 Taylor and Hudson(1972)에 수록되어 있으며, 이후 국가별 토지지니계수는 Deininger and Squire(1998), 국제연합 식량농업기구(Food and Agriculture Organization: FAO) 등에서 측정해 발표하였다.

25 Alesina and Rodrik(1994)과 Deininger and Squire(1998)가 사용한 1960년경의 토지지니계수는 다소 상이하다는 사실을 밝혀둔다. 즉 Alesina and Rodrik(1994)은 Taylor and Hudson(1972)이 제공한 자료를 사용한 반면, Deininger and Squire(1998)는 자신들이 측정한 토지지니계수와 다른 연구기관(예를 들어 FAO)에서 제공한 값들의 평균값을 사용하였다.

GDP가 2,000달러 이하인 국가에서는 소득불평등이 경제성장을 방해하지만, 1인당 GDP가 2,000달러 이상인 국가에서는 소득불평등이 경제성장에 긍정적 영향을 미칠 수 있다고 제시하였다.

결론적으로 소득불평등이 경제성장에 미치는 영향은 국가별 경제적·정치적·사회적·문화적 요인들에 영향을 받게 되므로 보편적이고 일률적 해답을 찾기란 결코 쉬운 일이 아니다. 그런데도 일련의 연구들(Banerjee and Duflo, 2003; Desbordes and Verardi, 2012; Iradian, 2005)에서는 다양한 자료들과 추정방법의 개선 등을 통해 소득불평등의 변동이 경제성장에 역U자 형태의 영향, 즉 쿠즈네츠의 역U자 가설이 성립한다는 실증분석 결과를 제시함으로써 이상의 논의를 종합하였다. 그러나 Desbordes and Verardi(2012)는 인과관계의 내생성(endogeneity)을 고려할 때는 이상의 역U자 형태가 성립하지 않을 수 있다고 주장하였는데, 이는 향후 더 많은 연구의 필요성을 제기한다.

현재의 경제학자들은 소득불평등이 경제성장에 미치는 직접적인 영향보다는 다양한 전달경로를 통한 간접적 영향을 규명하려 노력하고 있다. 많은 산업화된 국가들의 소득불평등은 시간이 흘러도 크게 변동하지 않는데, 이러한 현상에 대한 가능한 이유를 찾으려는 연구도 활발히 진행 중이다. 오늘날 쿠즈네츠 곡선의 논의는 계량경제학이 발전함에 따라 훨씬 다양하고 정밀해지고 있으며, 환경·금융·관광 등 다양한 분야에 응용해 적용되고 있다.

생각해 볼 문제

1. 마르크스의 경제발전 단계와 로스토우의 경제발전 단계가 갖는 경제학적 의의와 함께 내재된 문제점들을 제시하라.

2. 경제적으로 어려운 대학생들이 학자금 대출제도를 이용하고 있다. 여러분은 학자금 대출제도가 향후 소득불평등과 인적자본의 축적에 어떤 영향을 미칠 수 있다고 생각하는가? 또한 여러분은 자금운영에 어려움을 겪고 있는 중소기업을 돕기 위한 금융이나 세제상의 혜택이 향후 소득불평등과 물적자본의 축적에 어떤 영향을 미칠 것으로 예상하는가? 대학생을 위한 학자금 대출제도와 중소기업을 위한 금융이나 세제상의 혜택이 필요한 이유를 제시하고, 이러한 제도들로 인해 어떤 사회적 부작용이 생겨날 수 있는지 논의하라.

3. 쿠즈네츠의 역U자 가설과 관련된 다음의 물음에 답하라.

   (1) 쿠즈네츠의 역U자 가설을 소개하고, 이 가설이 의미하는 정책적 시사점을 제시하라.

   (2) 경제의 발전단계에서 나타나는 소득수준과 소득불평등 간의 관계에 대한 이론적 근거를 간단히 서술하라.

   (3) 경제의 성숙단계에서 나타나는 소득수준과 소득불평등 간의 관계에 대한 이론적 근거를 간단히 서술하라.

   (4) 이상의 가설이 갖는 한계점은 무엇인가?

4. 현재의 소득불평등이 향후의 경제성장에 영향을 미치는 이유를 전통적 이론과 정치경제학적 접근을 분리해 설명하라. 특히 소득불평등이 경제성장에 미치는 영향은 본서에서 설명하는 요인들 이외에도 다양한 경제적·정치적·사회적·문화적·환경적 요인들에 의해 영향을 받기 마련인데, 그 구체적인 예를 찾아 논의하라.

5. 소득불평등과 경제성장 간에 존재하는 인과관계의 문제를 줄이기 위해서는 두 변수를 연결하는 전달경로를 파악할 때 가능해진다. 그렇다면 소득불평등과 경제성장을 연결하는 전달경로로 어떤 변수들을 고려할 수 있는지 제시하라.

4

정부와 정치의 선택

1. 정부의 역할과 정치 체제
2. 경제발전과 정부의 성장
3. 재정지출과 소득분배
4. 소득재분배적 재정지출
5. 선거제도와 소득불평등

1. 정부의 역할과 정치 체제

정부의 역할은 역사적 상황, 경제규모 및 정치 체제에 따라 변모해 왔다. 또한 정치 체제의 선택은 경제적 선택 기준(즉 효율성과 형평성)에 따라 결정되기 때문에 소득분배와 밀접하게 관련된다. 본 절에서는 자본주의 역사와 정부의 역할, 정치 체제의 선택과 소득불평등 및 민주주의 발전과 정부의 크기 간의 관계를 차례로 살펴본다.

1.1 자본주의 역사와 정부의 역할

비록 정부의 역할은 경제적·사회적·정치적 요인들에 의해 역사적으로 조정되어 왔지만, 정부는 시장실패를 보완하고 효율적 자원배분을 위해 시장에 지속해서 개입해 왔다. 정부가 시장에 개입하는 정도는 자본주의 역사와 관련된다. 예를 들어 19세기 자본주의가 본격적으로 시작된 시대에는 그 이전의 중상주의에 대한 반발과 스미스(Adam Smith, 1723~1790)의 영향으로 정부는 시장경제가 정상적으로 작동할 수 있도록 환경을 정비하는 '작은 정부'(small government)를 추구하였다. 왜냐하면 당시의 경제학자들은 재화와 서비스의 시장가격이 수요와 공급의 변화에 따라 신축적으로 조정될 뿐만 아니라 노동의 가격인 임금이 유연하게 움직이기 때문에 경제는 항상 청산되는, 즉 완전고용이 달성된다고 생각하였기 때문이다.

그런데 자본주의 경제가 19세기 초반의 '자유경쟁 자본주의' 단계에서 19세기 후반의 '독점자본주의' 단계로 전환됨에 따라 스미스의 낙관론을 형성하는 데 전제가 되었던 완전경쟁의 조건이 소멸하였다. 독점자본은 규모의 경제를 이용해 시장에서 설정되는 가격수준을 받아들이지 않았다. 오히려 독점기업은 극대의 이윤을 확보할 수 있는 수준으로 공급량을 조정해 독점가격을 설정하였다. 따라서 독점자본은 독점가격을 이용해 사회 전체적으로 형성된 가치 중에서 자신이 기여한 것보다 더 많은 가치를 획득하였다. 또한 독점자본은 그들로 인해 생겨나는 사회 전체적인 불이익을 일반 소비자들에게 전가함으로써 시장은 효율적

자원배분의 기능을 더 이상 담당할 수 없게 되었다

독점자본이 절정기를 누렸던 1920년대 말부터 전 세계적 경제 '대공황'(great depression)이 발생하였으며, 이로 인해 경제학자들은 경제를 더 이상 시장의 자율적인 조절기능에 맡겨서는 곤란하다고 생각하기 시작하였다. 이 당시 대두된 케인스(John Maynard Keynes, 1883~1946)학파의 경제학자들은 시장의 불완전성으로 인해 가격은 항상 경직성을 갖기 때문에 시장이 수요와 공급의 불일치에 따른 불균형을 스스로 해소할 수 없다고 생각하였다. 특히 그들은 임금이 현실적으로 하락하는 데는 많은 제약이 존재하기 때문에[1] 실업은 시장에서 자동으로 해결되지 않으며, 정부가 적극적인 총수요관리정책을 사용해 총수요를 증가시켜 해결해야 한다고 믿었다(이른바 유효수요이론). 그러므로 케인스학파의 경제학자들은 시장실패에 따른 경제문제를 해결하기 위해서는 강력하면서도 적극적인 '큰 정부'(big government)가 필요하다고 주장하였다.

케인스학파 경제학자들의 주장은 1970년대에 경험한 두 차례 석유파동(oil shock)으로 인해 그 유효성이 상실되었다. 왜냐하면 공급충격에 따른 경기침체가 발생할 때는 총수요확대정책이 총생산을 크게 증가시키지 못하면서 높은 인플레이션만(즉 스태그플레이션, stagflation)을 초래하기 때문이다. 따라서 1970년대 이후 정부의 역할에 대한 경제학자들의 견해는 크게 양분되었다. 즉 1970~80년대에는 고전학파의 영향을 받아 '작은 정부'를 지향해야 한다고 주장하는 일련의 경제학자들과 케인스학파의 주장을 계승해 큰 정부를 유지해야 한다고 주장하는 일련의 경제학자들 간의 심한 논쟁이 이어졌다. 그러나 양쪽 모두의 주장에는 비현실적 내용들이 포함되어 있으므로 어느 한쪽의 주장이 일방적으로 옳다고 받아들이기에는 어려움이 있다.[2]

그러므로 현재의 경제학자들은 큰 정부 혹은 작은 정부에 관한 논의 자체에는 큰 의미를 부여하지 않는다. 왜냐하면 정부의 역할이 구성원의 사회후생함수를 극대화하는 데 있으므로 오늘날 많은 국가에서는 정부의 크기를 경제여건이

1 케인스학파의 경제학자들은 노동조합의 영향·최저임금제·효율성 임금·불완전 경쟁 등의 다양한 이유들로 인해 임금의 하방경직성이 존재한다고 역설하였다.

2 이상의 내용은 거시경제학에서 심도 있게 다루어진다.

나 상황 혹은 경제부문에 따라 조정하기 때문이다. 예를 들어 경제가 호황기에는 작은 정부의 많은 장점을 누리지만, 불황기에는 큰 정부의 역할을 강조한다.

1.2 정치 체제의 선택에 따른 소득분배

경제적 선택의 중요한 기준은 효율성(efficiency)과 형평성(equity)이다. 자본주의 경제는 자원배분의 효율성을 중시하는 반면, 사회주의 국가는 사회 구성원 간의 형평성에 더 큰 가치를 부여한다. 그러나 어떤 경제체제를 선택하든 이 지구상의 모든 국가는 정치적 형태로서 민주주의를 지향한다. 우리는 민주주의를 "국가의 주권이 국민에 있으며 국민을 위한 정치를 행하는 제도"라고 정의할 수 있다. 따라서 민주주의는 사회정의(social justice)의 전제조건으로 인식된다.

그러나 현실적으로 모든 국가의 민주주의가 상당한 수준으로 발전하였다고 볼 수 없는 것도 사실이다. 우리는 다양한 대중 매체를 통해 독재 혹은 권위주의 정부가 여전히 많은 국가들을 통치하고 있다는 사실을 쉽게 접할 수 있다. Barro(1997)는 1960년부터 1970년대 중반까지 세계 모든 국가들의 평균 민주주의 발전이 지속해서 개선되어 1970년대 중반에 이르러 가장 높은 수준의 민주주의 발전을 이룩하였지만, 이후에는 민주주의의 정도가 오히려 악화하는 현상이 나타났다고 제시하였다. 이러한 사실은 1960~70년대 초반까지 많은 아시아·아프리카·남미 국가들이 정치적으로 독립해 민주주의가 발전하다가, 이후 1인 혹은 1당 독재체제로 전환되었다는 사실에 기인한다.

민주주의 발전 정도 혹은 현실의 정치 체제는 소득분배의 불평등과 밀접하게 관련된다. 소득불평등의 정도는 정치 체제에 의해 영향을 받는 사회적 선택의 결과로 나타난다. 일반적으로 집단적 의사결정(collective decision-making) 과정은 독재국가에서 민주주의 국가로 발전함에 따라 상대적으로 다수의 가난한 집단(혹은 계층)의 선호에 더 큰 가중치를 부여한다. 이미 제2장에서 살펴본 바와 같이, 현실 세계의 소득분배는 상대적으로 소수의 부유한 집단과 다수의 가난한 집단으로 이루어져 있다. 민주주의가 발달한 국가에서는 다수의 가난한 집단이 정책결정에 더 큰 영향력을 행사하기 때문에 소득불평등을 완화하는 정책이 선호된다.

한편 독재국가에서는 독재자가 더 많은 개인적 재산을 확보하기 위해 부유한 사람들로부터 뇌물을 공여 받으려 한다. 또한 독재자는 부유한 사람들에게 뇌물의 대가를 지불하기 위해 그들에게 유리한 정책을 결정하고 시행한다. 예를 들어 독재자는 자본소유(대체로 부유한 사람들이 소유)에 대한 세율을 낮게 설정하고, 노동소유(가난한 사람들을 포함한 대부분 사람들이 소유)에 대해선 세율을 상대적으로 높게 설정하려는 경향이 있다. 이처럼 소득이 높은 집단에 세율을 상대적으로 낮게 설정한다면, 빈부의 격차는 자연히 심화하기 마련이다. 구체적으로 Ades and Glaeser(1995)는 소득분배별 집단에 대한 세율의 차이가 독재국가에서 크게 생겨날 수 있다고 지적하였다.

소득지니계수와 민주주의 발전 지수 간의 국가 간 자료를 살펴보면, 두 변수 간에는 어느 정도(예상과는 달리 상당히 크지는 않음) 음(-)의 상관관계를 형성하는 것으로 나타난다.[3] 비록 우리가 민주주의 발전을 정확히 측정하기란 불가능하지만, 가장 보편적으로 사용되는 국가별 민주주의 발전 지수는 프리덤 하우스(Freedom House)에서[4] 제공하는 '정치적 권리'(political rights)와 '시민의 자유'(civil liberties)에 대한 주관적 국가 간 분류이다. 따라서 소득불평등과 민주주의 발전 간에는 이론적·실증적 관점에서 음(-)의 관계가 형성된다.

여기서 한 가지 유의할 사항은 민주주의 발전이 소득불평등과 직접적으로 관련될 뿐만 아니라 여러 전달경로를 통해 간접적으로 영향을 주고받을 수 있다는 사실이다. 즉 민주주의 발전은 경제성장·정치적 안정·인적자본의 축적·무역개방도 등의 전달경로를 통해 간접적으로 구성원 간의 소득불평등에 영향을 미칠 수 있다. 또한 소득불평등은 경제성장·정부지출·정치적 안정·인적자본 및 물적자본의 축적 등의 전달경로를 통해 민주주의 발전을 결정할 수 있다[5]. 한편 소득분배

3 상관계수는 표본에 따라 차이는 있지만, 대체로 -0.3~-0.5 사이의 값으로 관측된다.

4 프리덤 하우스는 세계 모든 국가의 경제적·정치적 자유(freedom)의 신장을 목적으로 조직된 비영리단체이다. 이 기관에서는 1972~73년부터 매년 포괄적인 설문조사(survey)에 근거해 두 측정치, 즉 '정치적 권리'와 '시민의 자유'의 정도를 1~7 사이의 숫자(숫자가 클수록 덜 자유로움을 의미)로 만들어 발표하고 있다. 이상의 두 지수 간의 상관계수는 매우 크며, 많은 연구들에서는 두 지수의 평균값 혹은 각 지수를 민주주의 발전의 대리변수로 널리 사용하고 있다. 정치적 권리와 시민의 자유에 대한 국가 간 자료는 프리덤 하우스의 웹사이트에서 다운로드 받을 수 있다(http://www.freedomhouse.org).

5 민주주의 발전과 거시경제 변수들 간의 이론적 관련성은 황진영(2016)에 요약되어 있다.

의 불평등은 민주주의 발전과 거시경제 변수들을 연결하는 전달경로로 사용되기도 한다. 예를 들어 Tavares and Wacziarg(2001)는 민주주의 발전이 경제성장에 미치는 영향을 추정하였는데, 이때 두 변수 간의 전달경로 중 하나로 소득불평등을 사용하였다.

1.3 민주주의 발전과 정부의 크기

민주주의가 발전한 국가에서는 대다수 국민들의 의견을 반영해 경제정책을 수립하므로 다양한 범위의 정부의 역할이 요구된다. 왜냐하면 상대적으로 다수를 형성하는 가난한 경제인들은 높은 세율을 통한 소득재분배 정책과 같은 폭넓은 정부의 간섭을 희망하기 때문이다.

이상의 논리와는 반대로, 민주주의가 발달한 국가의 재정지출 크기가 민주주의가 덜 발전한(혹은 독재가 심한) 국가의 경우에 비해 상대적으로 작을 수 있다는 이론도 존재한다. 즉 민주주의가 발전한 국가에서는 내부통제 시스템이나 제도의 투명성 등의 방법을 통해 소수에 의해 오용(abuse)될 수 있는 재정지출을 줄이거나 막을 수 있으므로 독재가 심한 국가에 비해 그 크기가 작을 수 있다. 또한 독재국가에서는 경제에 대한 독재자의 지배력을 극대화하기 위해 정부활동의 영역을 증가시키려는 경향이 나타나므로 독재가 심한 국가의 재정지출 크기가 상대적으로 클 가능성이 존재한다.

따라서 민주주의 발전의 정도와 정부의 크기 간의 관계에 대한 이론적 논의의 결과는 불분명하다. 실증자료를 살펴보면, 이상의 두 변수 간에는 어느 정도 양(+)의 밀접도를 나타낸다(황진영, 2016). 그러나 이상의 두 변수 간의 직접적 관계를 검토한 실증분석 결과는 많이 존재하지 않는다. 다만 제3장에서 살펴본 Alesina and Rodrik(1994)과 Persson and Tabellini(1994)는 민주주의가 발전한 국가일수록 상대적으로 다수인 가난한 사람들의 의견을 정책결정 과정에서 존중하므로 다양한 형태의 소득재분배 정책을 실행하며, 이를 위해 큰 정부규모를 지향할 수 있다고 지적하였다. 그러므로 특정 국가의 정부의 크기는 그 국가가 당면한 경제적·정치적 상황, 사회적 여건, 추구하는 정책목표, 국민들의 재정수요에 대한 욕구의 강도

등 다양한 요인들에 의해 결정된다.

[표 4-1]은 몇몇 국가들을 대상으로 2020년 일반정부(중앙정부+지방정부)의 규모(즉 "GDP 대비 일반정부 지출 비율(%)")를 나타낸다. 이 자료는 국제통화기금(International Monetary Fund)이 제공한다. 구체적으로 네덜란드·영국·이탈리아·프랑스 등과 같이 민주주의가 대체로 발전하고 산업화된 유럽 국가들의 일반정부 지출(정부규모)은 GDP 대비 40% 이상을 기록하는데, 이는 다른 지역의 국가들에 비해 상대적으로 높은 수준이다. 이처럼 산업화된 유럽 국가들의 높은 수준의 일반정부 지출은 심화한 소득불평등을 완화하기 위한 사회보장제도의 확대와 밀접하게 관련된다.[6]

표 4-1 GDP 대비 일반정부(중앙+지방) 지출 비율(2020년, 단위 %)

국 가	정부규모	국 가	정부규모
네덜란드	45.36	영 국	49.11
대한민국	25.19	우간다	20.97
레소토	56.74	이탈리아	57.29
미 국	45.45	캐나다	52.83
브라질	42.73	태 국	25.30
싱가포르	26.46	튀니지	37.42
아르헨티나	42.09	프랑스	61.78

자료: 국제통화기금(https://www.imf.org/data).

미국(45.45%)과 캐나다(52.83%)의 정부규모도 상당이 높은 수준이다. 비록 미국과 캐나다는 시장의 역동성을 강조해 국가의 개입을 최소화하는 형태의 복지정책을 추구하고 있지만, 세계화에 따른 경쟁의 심화와 경기침체 등의 상황에 적절히 대응하기 위해 정부규모를 꾸준히 증가시겼다. 우리나라의 정부규모(25.19%)는 싱가포르(26.46%)와 태국(25.30%)의 경우와 유사한 수준이며, 21세기에 들어서는 지속해서 증가하고 있다.

6 특히 프랑스의 정부규모는 GDP 대비 61.78%에 달하는데, 이는 경기침체, 인구구조의 변화, 복지의존성 등 다양한 이유에 기인하다.

남미 국가인 브라질과 아르헨티나의 정부규모는 40% 이상이며, 이는 경기침체로 인해 국가부채의 증가로 충당되고 있다. 또한 레소토와 같은 제3세계 저개발 국가의 정부규모는 GDP 대비 56.74%이며, 튀니지의 경우도 다소 높은 37.42%를 기록하고 있다. 이처럼 저개발 국가들에서 높은 수준의 정부규모는 서구의 산업화된 국가들과는 달리 비효율적인 재정지출이나 독재자 혹은 권위주의 정부가 자신들의 지배력을 강화하기 위한 영역의 확대와 관련될 것으로 추측된다. 아프리카의 저개발 국가인 우간다의 정부규모는 20.97%에 불과하다. 따라서 저개발 국가들의 정부규모는 그 국가의 상황에 따라 상당히 다양하게 나타난다.

보충내용

재정지출의 기초내용

재정지출은 "중앙정부, 지방정부 및 공공단체가 그 직능을 수행하기 위해 요구되는 지출"을 의미한다. 재정지출은 '의무지출'과 '재량지출'의 두 가지 방식으로 구분된다. 의무지출은 법률에 따라 지출의무가 발생하고, 법령에 따라 지출근거와 요건 및 지출규모가 결정되는 법정지출과 이자지출을 말한다. 또한 재량지출은 정부가 정책적 의지나 재량행위의 내용에 따라 대상과 규모를 다소 조정할 수 있으며, 매년 입법조치가 필요한 유동적인 지출을 의미한다.

이와 같은 재정지출을 담당하는 정부는 그 성격에 따라 몇 개의 부문으로 나누어진다. 즉 일반정부는 중앙정부와 지방정부로 구분되며, 국가마다 중앙정부와 지방정부 간의 역할에는 차이가 존재한다. 공공부문(public sector)은 일반정부와 비금융기업을 합한 것을 일컫는다.

여기서 한 가지 유념해야 할 사항은 재정지출과 정부지출 간에는 개념상 다소 차이가 있다는 점이다. 정부지출은 "어떤 한 해에 생산된 최종재에 대해 지출한 것"만을 의미하지만, 재정지출은 "그 대상에 상관없이 정부가 지출한 모든 것"을 포함한다. 예를 들어 정부가 지급한 이전지출(transfer payment)이 재정지출에는 포함되지만, 정부지출에는 포함되지 않는다.

[표 4-1]의 자료에 근거할 때 우리는 재정지출 증대를 통한 정부규모의 확대가 반드시 사회복지의 증진으로 연결되는 것은 아니라는 사실을 인식할 수 있다. 왜냐하면 관료주의의 비효율성, 정부실패(government failure) 등의 이유로 인해 정부의 역할 증대가 사회후생의 감소로 이어질 가능성이 존재하기 때문이다. 여기

서 정부실패는 "시장실패를 교정하기 위한 정부의 시장개입이 시장실패를 해결하지 않고 오히려 자원배분의 비효율성과 소득 및 부의 불평등을 더욱 심화시키는 현상"을 의미한다. 또한 대부분 국가들에서는 정부규모 확대의 많은 부분을 정부채무의 증가로 충당하고 있다. 정부채무의 증가는 부채의 부담을 현재 세대가 미래 세대에게 이전시키고 재정건전성을 악화시키므로 결코 바람직하지 않다.[7]

2. 경제발전과 정부의 성장

본 절에서는 경제발전과 정부규모 간의 관계를 조명한 바그너 법칙을 설명하고, 이후의 경제학자들이 바그너 법칙을 설명하기 위해 언급한 전달경로를 소개한다. 또한 본 절에서는 정부의 크기와 경제성장 간의 관계에 관한 선행연구 결과들을 간단히 언급한다.

2.1 바그너 법칙

경제발전과 정부의 성장 간의 관계를 규명한 이론 중에서 가장 널리 알려진 것은 '바그너(Adolf Wagner, 1835~1917) 법칙'이다. 바그너 법칙(Wagner's law, 1883)은 "국가 활동이 국민경제 및 문화의 진보와 더불어 확대되는 현상"으로 요약할 수 있으며, 이로 인해 '국가지출 증대의 법칙'으로 불리기도 한다. 바그너 법칙은 통계자료에 기초해 형성되었으며, 구체적으로 다음과 같이 표현할 수 있다.

첫째, 시간이 $t_0, t_1, \cdots\cdots, t_n$으로 흐름에 따라 공공지출의 규모($G$)는 절대적으로 증가한다. 즉 $t_0, t_1, \cdots\cdots, t_n$ 시점의 정부지출 규모를 각각 $G(t_0), G(t_1), \cdots\cdots, G(t_n)$으로 나타내면, 시계열적으로 $G(t_0) < G(t_1) < \cdots\cdots < G(t_n)$이 성립한다.

둘째, 시간이 흐름에 따라 민간부문의 지출증가율에 비해 공공부문의 지출증가율이 크게 나타난다. 이로 인해 국민총생산(GNP) 대비 공공지출의 비율은 시간이 흐름에 따라 증가한다.

바그너 법칙은 통계자료에 근거한 직관에 기초하며, 방법론상 어떤 설득력

7 국가채무는 "정부가 직접적인 상환의무를 부담하는 확정채무"를 의미한다. 우리나라의 국가채무는 2000년 GDP 대비 17.1%에서 2021년 GDP 대비 47.3%로 크게 증가하였는데(자료: 통계청), 이는 정부규모의 확대에 따른 결과이다.

있는 설명을 제공하지 못한다는 약점이 있다. 다만 바그너는 공공지출 증가의 결정요인으로 법과 공권력 유지에 필요한 국민들의 새로운 욕구를 제시하였다. 구체적으로 바그너 법칙은 경찰·군대·외교·서비스 등과 관련된 국내 및 국제적인 경쟁의 심화로 인해 복잡한 교류와 법률관계가 생겨나고, 이는 공공지출의 확대를 유발하는 국가 활동의 증대를 가져온다고 설명한다.

공공지출이 증가할 수 있는 또 다른 요인으로는 경제가 발전함에 따라 산업화·인구증가·도시화 등으로 사회가 발전하고 복잡해지면서 복지증진과 함께 공평한 분배와 관련된 국민들의 욕구 증진을 들 수 있다. 즉 사회가 진보함에 따라 교육·건강·사회보장 등과 관련된 공공지출이 증가하게 되는데, 이는 국가경비의 팽창을 초래한다. 이처럼 바그너 법칙은 교육·건강·사회보장과 관련된 공공지출이 양(+)의 소득탄력성을 갖는다는 것을 나타낸다.

여기서 한 가지 유의할 사항은 바그너 법칙이 케인스학파 경제학자들의 주장과는 반대의 인과관계를 형성한다는 사실이다. 바그너 법칙은 경제발전이 정부의 성장을 유도한다고 주장하는 반면, 케인스학파 경제학자들은 경제성장 혹은 경제발전의 전제조건으로 정부의 공공지출 확대를 제시하였다. 즉 케인스학파 경제학자들은 공공지출의 증대(정부의 확장적 재정정책)가 고용, 생산 및 소득의 증가에 기여하고, 특히 개발도상국이나 저개발국에서 공공지출의 확대는 수요를[8] 창출할 뿐만 아니라 국가 전체의 자원을 효율적으로 이용할 수 있는 요인이 된다고 지적하였다.

바그너 이후 많은 경제학자들은 바그너 법칙이 현실에서 강건하게 적용되는지 파악하기 위한 실증분석을 시도하였다. 2000년대 이전 우리나라 자료를 이용한 실증분석 결과를 살펴보면, 바그너 법칙이 부분적으로 적용된다는 주장도 있었지만 광범위하게 잘 적용되지 않는다는 것이 일반적 견해이었다.[9] 그러나 2000년대 중반 이후 우리나라의 공공지출 규모는 급격히 증가하였기 때문에 2000년 이후의 자료를 포함해 바그너 법칙이 유효한지는 재검토할 필요성이 있다. 예를 들어 최종수·조성일(2016)은 1970~2014년의 자료를 이용해 바그너 법칙이 성립

8 엄밀한 의미에서 케인스가 언급한 수요는 유효수요(effective demand), 즉 구매력이 뒷받침되는 수요이다.
9 바그너 법칙을 검증하였던 2000년대 이전의 연구결과에 대한 소개는 이순배(2002)를 참고할 수 있다.

할 수 있다는 추정결과를 제시하였다. 이하에서는 바그너 법칙에 내재된 현실적인 문제점을 살펴본다.

2.2 바그너 법칙의 전달경로

이미 언급하였듯이 바그너 법칙은 정부의 크기가 어떤 과정을 통해 증가할 수 있는지에 대한 방법론을 제시하지 못한다는 한계를 지닌다. 이하에서는 정부의 크기가 시간이 흐름에 따라 증가할 수 있는 방법론을 설명한 연구결과들을 소개한다.

Peacock and Wiseman(1967)은 바그너가 국가 활동의 장기적인 추세만을 제시할 뿐 공공지출의 전달과정을 도외시하였다고 지적하였다. 그들은 정부의 성장을 설명할 수 있는 전달과정을 밝히기 위해 대부분 국민들이 공공지출의 증대를 선호하지만 세금의 인상을 싫어한다는 기본전제를 설정하였으며, 이러한 공공지출과 세금에 대한 전제를 평상시와 혼란기에 다르게 적용하였다. 즉 그들은 국민들이 평상시에는 세금인상을 반대하지만, 전쟁이나 경제공황과 같은 대규모 사회적 혼란기에는 갑작스러운 세금인상을 통한 정부지출의 증가를 용인하려 한다고 생각하였다. 이상의 전제에 기초해, 그들은 사회적 혼란의 종말과 더불어 종래의 낮은 과세수준으로 환원하려는 동기는 성립하지 않기 때문에 정부의 크기는 시간이 흐름에 따라 증가한다고 주장하였다.

Peacock and Wiseman(1967)은 이상의 현상을 '전위효과'(displacement effect)라고 명명하였는데, 이는 사회적 혼란기에 접어들면 정부지출이 상향조정으로 바뀌고(displaced), 공공지출이 민간지출을 대신한다(displaced)는 의미에서 붙여진 명칭이다. 따라서 그들은 전쟁과 같은 특별한 경우나 경제변동에 따른 경기후퇴가 생겨나기 때문에 바그너 법칙이 성립할 수 있다고 역설하였다.

한편 Brown and Jackson(1990)은 바그너 법칙이 성립할 수 있는 이유를 중위투표자의 선택을 이용해 설명하였다. 만약 중위투표자가 가지는 공공서비스에 대한 수요의 소득탄력성이 매우 크다(즉 중위투표자는 정부지출의 증대를 선호)고 가정하면, 정부규모는 경제가 발전하고 소득이 증가함에 따라 자연적으로 증가한다. 왜냐하면 집단의사결정 과정에서 가장 선호되는 방법은 과반수제(즉 중위투표자 이론)이며,[10] 과반수제에서는 중위투표자의 선호에 의해 정책이 결정되기 때문이다. 따라서 그들은 중위투표자가 공공서비스에 대한 수요의 소득탄력성이 매우 큰 양(+)의 값을 가질 때 바그너 법칙이 성립할 수 있다고 주장하였다.

이상의 두 가지 논의에는 접근방법에 명확한 차이가 있으며 좋은 대조를 이룬다. Brown and Jackson(1990)은 중위투표자의 효용극대화 과정에서 정부규모가 결정된다는 미시적 접근법을 사용해 바그너 법칙을 설명한 반면, Peacock and Wiseman(1967)은 전쟁이나 경제변동 등을 전제한 거시적 접근법을 사용해 바그너 법칙이 성립할 수 있다고 제시하였다.

이상의 설명 이외에도 Baumol(1967)은 정부규모의 확대가 공공부문의 생산성과 연관될 수 있다고 주장하였다. 즉 그는 공공부문의 성장이 그 부문의 생산성이 상대적으로 낮다는 사실에 기인한다고 제시하였다. 일반적으로 공공부문은 노동집약적 성격을 지니기 때문에 공공부문의 생산성 향상은 제조업이나 서비스업과 같은 다른 부문의 경우에 비해 상대적으로 더디게 이루어진다. 즉 상대적으로 낮은 공공부문의 생산성은 경비를 팽창시키기 때문에 자연히 정부의 크기는 계속해서 증가할 수밖에 없다. 경제학에서는 이상과 같은 현상을 '보몰의 병'(Baumol disease)으로 명명한다.

또한 머스그레이브(Richard Musgrave, 1910~2007)는 정부지출 증대의 주요 원인들을 경제발전과 재정수요 확대의 관점에서 설명하였다. 즉 머스그레이브는 국가지출 팽창을 국가의 ① 사회적 욕구를 증가시키기 위한 사회적 활동의 증대, ② 행정적·보호적 활동의 증대 및 ③ 가치 욕구를 충족시키는 복지 기능의 증대에 기초한다고 파악하였다.

2.3 정부의 크기와 경제성장

바그너 법칙의 논리와는 반대로, 정부의 크기가 경제성장에 미치는 영향을 파악하려는 노력이 보편적으로 이루어졌다. 전통적 케인스학파의 경제학에서는

10 중위투표자 이론은 다음 절에서 자세히 설명한다.

정부규모를 확장시켜 경기후퇴를 막을 수 있다고 역설한다. 이미 언급한 바와 같이 케인스학파 경제학자들은 개발도상국이나 저개발국들에서 정부지출의 증가가 수요를 창출하므로 승수효과(multiplier effect)를 통해 총고용, 총생산 및 국민소득을 향상시킨다고 주장하였다.[11]

또한 케인스학파 이후 일련의 경제학자들은 정부의 크기와 경제성장 간에는 양(+)의 관계가 형성되므로 계속적 정부규모의 확대를 강조한다. 그들은 정부규모의 확대가 사적 재산권에 대한 '보험함수'(insurance function)를 제공할 수 있다고 생각한다. 또한 그들은 공공지출이 사적투자를 자극할 수 있으므로 정부규모의 확대는 높은 경제성장을 유도한다고 믿는다. 정부규모의 확대는 다양한 공공재를 제공하며, 이는 민간의 투자 환경을 개선하는 역할을 담당한다.

그러나 신고전학파 경제학에서는 구축효과(crowding-out effect), 시차(time-lag) 등의 논리를 이용해 정부규모 확대에 따른 경제적 유효성을 낮게 평가한다. 신고전학파 경제학자들은 정부규모 확대가 자원배분의 왜곡이나 경제적 비효율성과 종종 관련된다고 지적한다. 예를 들어 정부의 크기를 확대하기 위해서는 조세수입을 증가시켜야 하는데, 과세의 증가는 경제의 비효율성이나 자원배분의 왜곡 등과 관련된다. 또한 정부규모의 확대는 정부지출에 대한 수익 감소(decreasing return)를 발생시키고, 민간투자를 구축하는 효과를 유발한다. 특히 신고전학파 경제학자들은 정부의 개입 자체가 경제에 충격을 발생시킬 수 있으므로 정부의 역할을 제한할 것을 강조한다.

만약 정부가 공공재의 성격을 지닌 사회간접자본을 확충한다고 가정하면, 이는 분명히 총생산함수에 외부효과를 창출한다. 또한 연구·개발(R&D)에 대한 정부의 보조금이나 특허권 등은 기술혁신을 촉진시켜 경제성장에 도움을 줄 수 있다. 그러나 정부가 소득세율을 상승시켜 정부소비지출을 증가시키면, 민간투자활동에 대한 유인을 감소시키므로 경제성장에 부정적 영향을 미친다. 이처럼 정부가 수행하는 다양한 활동은 그 특성에 따라 기술진보와 경제성장에 미치는 영향이 양(+) 혹은 음(-)의 방향 모두 가능하다. 그러므로 이론적 관점에서 정부규모

---

11 본서에서는 '정부의 크기', '정부규모' 및 '정부지출의 크기'를 호환해 사용한다. 즉 정부의 크기가 큰 국가는 정부규모(정부지출의 크기)가 크다고 간주한다.

확대가 경제성장에 미치는 유효성을 한쪽 방향으로 결론 내리기에는 논쟁의 여지가 있다.

Barro(1990)는 이상의 상반된 논의를 종합하였다. 그는 한 국가의 정부의 크기(즉 "국민소득(Y) 대비 정부지출(G)의 비율", 즉 $\tau = G/Y$)와 경제성장률(γ) 간의 관계가 [그림 4-1]과 같이 역U자 형태로 나타난다고 제시하였다. 즉 정부의 크기가 아주 작은 상태에서 정부의 크기가 증가하면, 자본의 한계생산성이 민간투자 활동의 감소분보다 크게 작용해 경제성장률이 증가한다. 그러나 정부의 크기가 정점(τ^*)을 지나고 나면, 정부규모를 증가시키기 위한 조세의 증가로 생겨나는 경제적 왜곡(예를 들어 민간투자 활동의 감소)이 자본의 한계생산성보다 크게 작용해 경제성장률이 감소하게 된다.

이상의 논의에서는 정부의 크기가 경제성장에 미치는 직접적 영향(혹은 관련성)을 파악하였다. 그러나 일련의 연구에서는 정부규모가 부패나 무역개방도와 같은 전달경로를 통해 경제성장에 미치는 간접적 영향을 파악하려 노력하였다. 먼저 정부규모의 증가가 부패에 미치는 영향에 대해서는 상반된 주장이 존재한다. 즉 정부규모가 커지면 각종 인·허가와 관련된 공무원들의 재량권이 많아지게 되며, 이는 공무원들에게 더 많은 금전적 유인을 갖게 하므로 부패를 심화시키는

그림 4-1 정부의 크기와 경제성장률

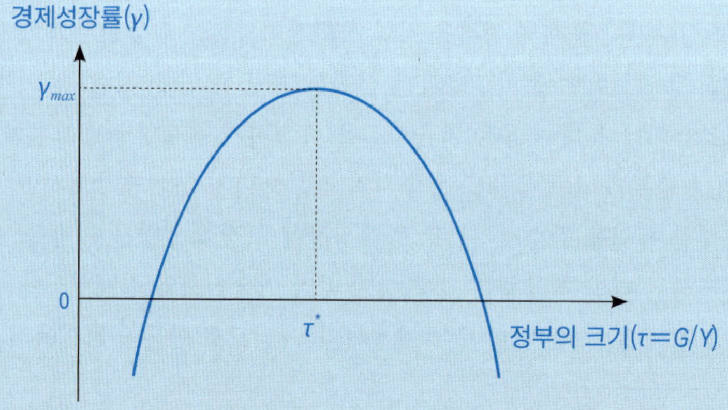

원인이 된다. 그러나 정부규모의 증가가 공무원들의 내부통제 시스템 정비 및 제도의 투명성 보장 등을 위해 이루어진다면, 정부규모의 증가는 부패를 줄일 수 있다. 따라서 정부의 크기와 부패 간의 관계는 해당 국가의 경제적·사회적 기반수준, 법률체계, 제도의 효율성 등에 의존한다.

Alesina and Angeletos(2005)는 동태모형을 사용해 높은 수준의 정부 간섭과 부패 간에는 '자기 강화적인'(self-sustaining) 기능이 있다고 제시하였다. 구체적으로 그들은 큰 정부일수록 부패의 가능성이 증가하고, 부패로 인한 소득불평등의 심화 혹은 부정부패를 완화하려는 방법, 즉 누진소득세의 적용·과도한 규제·대규모의 정부사업 등이 더 많은 부패나 지대추구의 영역을 창출할 수 있다고 설명하였다. 이상의 결과는 과도한 정부규모와 부패 간에는 악순환이 생겨날 수 있음을 의미한다.

정부규모와 부패 간의 관계에 관한 실증연구로는 황진영(2006b)을 들 수 있다. 황진영(2006b)은 국가 간 통계자료를 이용해 정부의 크기와 부패 간에는 음(-)의 관련성이 성립할 수 있음을 보였으며, 그 가능한 이유로 다음의 두 가지 설명을 제공하였다. 첫째, 부패한 국가에서는 조세포탈이나 조세행정의 유연성과 같은 비효율적인 조세정책으로 인해 조세수입이 감소하고,[12] 이는 정부지출을 제약한다. 둘째, 부패한 국가에서는 사회보장 및 후생과 같은 소득재분배 성향의 재정지출이 상대적으로 낮은 수준에 머물러 있으므로 높은 수준의 정부규모가 요구되지 않는다.

한편 Rodrik(1998)은 국가 간 통계자료를 이용해 정부의 크기와 무역개방도 간에는 양(+)의 관계가 형성될 수 있다고 제시하였다. 높은 수준의 무역개방도가 지속적 경제성장을 달성하는 데 기여할 수 있다는 사실은 널리 알려져 있다. 만약 그의 발견이 사실이라면, 정부의 크기는 무역개방도와 결합해서 간접적으로 경제성장에 영향을 미치게 된다. 그는 이상의 통계적 관측에 대한 이론적 배경을 다음과 같이 설명하였다. 무역개방도가 큰 국가는 세계시장에서 발생하는 급격한 변동에 따른 위험에 상대적으로 더 크게 노출되기 마련이다. 따라서 무역개방도가

12 부패와 조세수입 간의 관련성은 다양한 연구에서 검토되었다(예를 들어 Hindrinks et al., 1999; Hwang, 2002b; Tanzi, 1998).

큰 국가에서는 정부규모를 확대함으로써 이상의 연결고리를 끊거나 혹은 그 강도를 줄이려 한다. 즉 정부는 고용이나 경제의 다른 부문 생산품의 구입 등을 통해 다른 어떤 활동에 비해 상대적으로 '안전'(safe) 부문의 역할을 담당한다. Rodrik(1998)은 외부 충격에 심각한 영향을 받는 국가에서는 정부가 경제의 가용자원 중에서 많은 부분을 사용함으로써 외부 충격의 위험을 줄일 수 있다고 판단하였다.

보충 내용

정부규모의 변동성과 경제성장

세계의 많은 국가들이 급격한 경기변동으로 인한 경기침체를 경험하면서 1990년대 중반 이후 일련의 경제학자들은 경기변동 혹은 경제의 변동성(volatility)이 경제성장에 미치는 영향을 파악하려 노력하였다. 이 분야의 초창기 연구는 경제전체의 변동성에서 시작해 이후 특정 부문들의 변동성에 관한 연구로 확장되었다. 특히 2000년대 초중반 이후 정부규모(정부지출)의 변동성이 경제성장에 미치는 영향을 분석한 연구결과들이 발표되고 있다.

전통적 관점에서 정부규모의 확대는 경제안정화를 목적으로 이루어지므로 경제 내의 불확실성(uncertainty)을 줄여 경제성장에 긍정적 영향을 미친다. 또한 일부 경제학자들은 정부규모의 변동성을 규제(즉 정부지출의 변동성을 낮게 유지)하면, 경제가 예상하지 못한 충격에 대해 조정과정 지연된다고 주장하였다. 즉 그들은 정부규모의 변동성이 작을수록 경제성장의 촉진과 경기변동의 완화에 부정적 영향을 미칠 수 있다고 생각하였다.

그러나 실증분석 결과는 정부규모의 변동성이 장기적 경제성장에 대체로 미미한 영향 혹은 부정적 영향을 미치는 것으로 관측하였다. 예를 들어 Furceri(2007)는 1970~2000년의 99개 국가 간 패널자료를 이용해 경기변동에 대응해 정부지출이 1% 변동할 때 장기적인 경제성장이 0.73%포인트만큼 감소한다고 추정하였다. 이후 연구방향은 더욱 구체화되었으며, 일부 연구들에서는 정부수입 및 정부지출의 구성 항목 중에서 장기적 경제성장을 방해하는 항목을 도출하려 노력하고 있다.

그러나 이상의 연구결과들은 정부규모의 크기와 변동성 간에는 상호관련성이 있을 뿐만 아니라 정부규모의 변동성은 경기변동에 대응해 반응하기 때문에 정부규모의 변동성과 경기변동(경제의 변동성) 간에도 관련될 수 있다는 사실을 간과하고 있다. 황진영·이선호(2015)는 국가별 특성을 고려한 실증분석을 통해 정부지출의 변동성이 직접적으로뿐만 아니라 경기변동을 통해 간접적으로 경제성장에 음(-)의 영향을 미치는 것으로 추정하였다. 정부규모의 변동성이 경제성장과 경기변동에 미치는 영향에 대한 논의는 여전히 진행 중이다.

실증연구에서는 국가별 정부규모를 나타내기 위해 다양한 변수들, 즉 "GDP 대비 총 정부지출 비율", "총 사적소비지출 대비 총 정부지출 비율", "GDP 대비 정부소비지출 비율", "GDP 대비 정부의 비생산지출 비율", "GDP 대비 순 투자지출 비율" 등을 사용하였다. 상당수 연구들은 이상의 자료를 이용해 정부의 크기가 경제성장에 미치는 직접적 영향을 파악하려 노력하였지만, 일관성 있는 결과를 제시하는 데는 실패하였다. 즉 정부의 크기와 경제성장 간의 실증분석 결과는 추정방법·표본의 선택·정부규모 변수의 선택 등에 따라 다소 상이하게 관측되어 논쟁의 여지가 남아있다.

또한 실증분석 결과가 일관되게 관측되지 않는다는 사실은 정부의 크기와 경제성장 간에는 비선형적 관계가 존재할 가능성을 시사한다. 예를 들어 정부규모와 경제성장 간의 관련성이 역U자 모양의 '래퍼곡선'(Laffer curve)의 형태로 나타날 수 있다.[13] 작은 정부에서 정부규모의 확대는 재산권을 보호하고 공공재를 공급하는 기능을 수행해 경제성장에 도움이 될 수 있다. 그러나 정부규모의 과도한 확대는 사적투자를 구축하는 비효율적 투자를 유발하며 경제에 손상을 끼치는 조세와 부채를 증가시키는 요인이 된다. 만약 정부규모와 경제성장 간의 관계가 역U자 형태로 나타난다면,[14] 가장 높은 수준의 경제성장을 유도할 수 있는 최적의 정부규모(정부지출의 크기)가 존재한다. 그러나 최적의 정부규모를 찾는 일은 이론상 가능할 뿐 경제 내의 불확실성이 존재하는 한 현실적으로 불가능하며 그 의미도 크지 않다.

3. 재정지출과 소득분배

공공의 욕구를 충족하기 위한 재화나 서비스의 공급은 소득재분배적 성격을 지니기 때문에 소득불평등과 밀접하게 관련된다. 본 절에서는 재정지출 크기의 결정과 관련된 중위투표자 이론을 간단히 소개하고, 재정지출과 소득불평등 간의 관계에 관한 이론적·실증적 연구결과들을 살펴본다.

---

13 이는 [그림 4-1]을 통해서도 확인할 수 있다.

14 이러한 정부규모와 경제성장 간의 역U자 영향은 '아메이 곡선'(Armey curve)으로 알려져 있다.

3.1 중위투표자 이론

정치적 균형(political equilibrium)은 "집단의사결정 과정에서 어떤 의제에 대한 합의나 의결을 이끌어낼 때 달성"된다. 또한 과반수제는 집단의사결정 과정에서 가장 보편적으로 사용되는 방법이며, 이는 모든 의사 결정자들이 동등한 의결권을 행사한다고 전제한다. 이하에서는 과반수제에서 어떻게 정치적 균형이 달성되는지 살펴본다.

과반수제에서는 "중위투표자가 가장 선호하는 의안을 채택하는 방식"을 취하는데, 이를 '중위투표자 이론'(median voter theorem)이라 한다. 우리는 3개의 투표 집단과 3개의 정책대안을 가정해 중위투표자 이론을 쉽게 설명할 수 있다. 만약 3개의 정책대안 *X*, *Y*, *Z*에 대해 3개의 투표 집단, 즉 저소득 집단, 중소득 집단 및 고소득 집단이 가장 선호하는 정책부터 순서대로 나열하면, 다음과 같이 주어진다고 가정한다.

저소득 집단: $X \rightarrow Y \rightarrow Z$

중소득 집단: $Y \rightarrow Z \rightarrow X$

고소득 집단: $Z \rightarrow Y \rightarrow X$

우리는 과반수제의 표결과정을 다음과 같이 진행할 수 있다. 우선 정책대안 *X*와 *Y*를 비교한다. 이 경우 저소득 집단은 *X*를 선호하지만, 중소득 집단과 고소득 집단은 *Y*를 선호한다. 정책대안 *X*와 *Y*의 비교에서는 *Y*가 선택된다. 이제 정책대안 *Y*를 *Z*와 비교한다. 저소득 집단과 중소득 집단은 *Y*를 선호한 반면, 고소득 집단만 *Z*를 선호한다. 정책대안 *Y*와 *Z*의 비교에서는 *Y*가 선택된다. 따라서 정책대안 *Y*가 궁극적으로 남게 되어 적절한 정책으로 선택된다. 우리는 비교의 순서를 바꾸어 선택할지라도 정책대안 *Y*가 최종적으로 남게 된다는 사실을 쉽게 확인할 수 있다.

이처럼 과반수제의 적용으로 궁극적으로 선택된 정책대안 *Y*는 어떤 성격을 갖고 있을까? 만약 우리가 선택하는 정책이 예산규모(즉 *X*는 가장 높은 수준, *Y*는 중간 수준, *Z*는 가장 낮은 수준)라고 가정하면, 각 투표 집단이 선호하는 예산규모를 큰

읽을거리

중위투표자 이론의 시사점

어떤 국가의 국민들이 국방·교육·공원 등의 공공재에 정부 예산을 얼마나 지출할지를 결정해야 한다고 가정한다. 유권자들은 각자 자신이 가장 선호하는 예산수준이 있으며, 이 선호에 가장 부합하는 정책을 내세우는 정당을 지지한다. 따라서 우리는 [그림 4-2]와 같이 모든 유권자들이 선호하는 예산지출수준을 가장 낮은 사람부터 가장 높은 사람까지 일렬로 세울 수 있다.

그림 4-2 선호하는 예산지출별 유권자의 수: 가상의 예

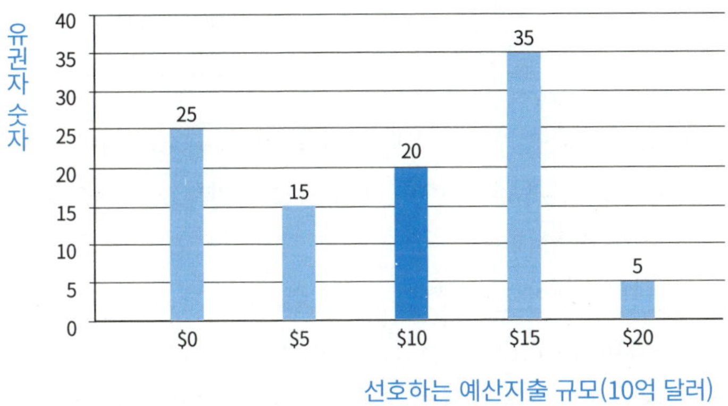

예를 들어 100명의 유권자를 가정하고, 그들이 선호하는 정부지출 규모는 0달러부터 200억 달러까지 다양하게 상정해 [그림 4-2]와 같이 나타낸다. 이때 중위투표자 이론은 다음과 같은 의미 있는 시사점을 제공한다. 즉 양당제도(예를 들어 미국의 공화당과 민주당)에서는 선거에서 이기기 위해 양당의 정책들이 가능한 중위투표자의 선호에 가깝게 설정해야 한다.

민주당이 150억 달러의 예산지출 정책을 내세우고 공화당은 100억 달러의 예산지출 정책을 주장한다고 가정한다. 이때는 [그림 4-2]에서와 같이 150억 달러의 예산지출을 지지하는 유권자의 수가 35명으로 가장 많기 때문에 민주당의 정책이 가장 많은 지지를 받는다고 할 수 있다. 그러나 중위투표자 이론에 따르면, 투표에서는 공화당이 과반수의 득표를 얻는다. 왜냐하면 100억 달러를 지지하는 20명, 50억 달러를 지지하는 15명 및 지출을 원하지 않는 25명이 공화당에게 투표할 것이기 때문이다. 따라서 민주당이 투표에서 이기기 위해서는 그들의 정책이 100억 달러의 예산지출(즉 중위투표자의 선호)에 가깝게 이동해야 한다. 이상의 예는 양당제도에서 양당의 정책이 유사하게 나타나는 이유를 설명한다. 결론적으로, 양당 모두 투표에서 이기기 위해서는 정책을 중위투표자의 선호에 가깝게 설정해야 한다.

따라서 중위투표자 이론은 소수의 의견이 정책결정에 반영되지 않는다는 시사점을 제공한다. 예를 들어 40%의 유권자는 국립공원을 위해 많은 예산지출을 희망하고 60%의 유권자는 예산을 전혀 투입하지 않기를 희망한다면, 소수의 의견이 얼마나 강한지 여부와는 상관없이 중위투표자의 선호가 정책에 반영되어 예산은 투입되지 않는다. 이상의 내용이 민주주의의 논리이다. 즉 과반수제는 모든 사람의 의견을 반영하는 절충안에 도달하기보다는 중위투표자의 견해만 반영하는 한계를 지닌다.

출처: Mankiw(2012)를 참고함.

집단부터 차례로 나열하면 저소득 집단, 중소득 집단, 고소득 집단의 순서가 된다. 왜냐하면 저소득 집단은 높은 수준의 예산 규모를 바탕으로 다양한 소득재분배 정책들을 선호하기 때문이다.

중소득 집단은 이상의 분포에서 가운데 위치하는데, 바로 이런 의미에서 중소득 집단을 중위투표자라고 부른다. 과반수제에 의해 선택된 정책대안 Y는 중위투표자(즉 중소득 집단)가 가장 선호하는 정책이다. 여기서 한 가지 유의할 사항은 이상의 투표 결과는 투표자가 단봉선호(single-peaked preference)를 나타내는지 아닌지에 따라 달라질 수 있다는 점이다. 만약 투표자가 과반수제에서 다봉선호(multi-peaked preference)를 가진다면, 일관성 없는 결과가 나타날 수 있다. 즉 표결의 결과가 비교의 순서를 달리함에 따라 다르게 결정될 수도 있다. 왜냐하면 투표자가 단봉선호를 나타내지 않으면 사회적 선호관계의 이행성(transitivity)이[15] 성립하지 않기 때문이다. 1972년 노벨 경제학상 수상자인 애로우(Kenneth Joseph Arrow, 1921~2017)는 투표자의 다봉선호로 인해 정치적 균형이 달성되지 않는 현

15 선호관계의 이행성은 다음의 간단한 예를 이용해 쉽게 설명된다. 어떤 경제인이 3개의 선택대안(A, B, C) 중에서 대안 A보다 대안 B를 선호하며, 대안 B보다 대안 C를 선호한다고 가정한다. 이때 선호관계의 이행성이 성립하기 위해서는 대안 C가 대안 A보다 반드시 선호되어야 한다.

상을 '투표의 역설'(paradox of voting)로 명명하였다.[16]

3.2 소득불평등과 재정지출

소득불평등과 재정지출 간의 양(+)의 관계는 중위투표자 이론에 근거한다. 구체적으로 Meltzer and Richard(1981)는 불평등한 사회나 국가에서는 소득수준에 대한 (산술) 평균값과 중위수(median)의 차이가 증가하므로 상대적으로 가난한 중위투표자가 더 많은 정치적 압력을 행사해, 소득불평등의 심화와 재정지출의 규모 간에는 양(+)의 관계가 성립한다고 제시하였다.[17] 그러나 Meltzer and Richard(1981) 모형의 결과는 ① 모든 경제인들이 정책결정 과정에서 동일한 정치적 영향력을 가져야 하며, ② 조세는 누진적(progressive)이어야 한다는 두 가지 기본가정에 의존한다.

중위투표자 이론의 유용성은 이상의 가정조건으로 인해 다소 의문으로 남아 있다. 왜냐하면 계층 간 혹은 집단 간 정치적 영향력이 정책결정 과정에서 상이한 사례는 현실 세계에서 쉽게 찾을 수 있기 때문이다.[18] 즉 현실에서는 영향력이 큰 인구계층 혹은 집단에게 더 많은 정책의 혜택이 돌아가는 형태로 재정지출의 편중이 심화할 가능성이 있다. 이미 제3장에서 살펴본 Rodriguez(2004)의 모형에서는 가난한 사람들과 부유한 사람들 간에 정치적 조직을 형성하는 데 차이가 생겨나도록 고정비용을 가정해 정치적 활동을 통한 보수 증가를 상정하였다.

만약 재정지출을 결정하는 과정에서 부유한 사람들의 정치적 영향력이 가난한 사람들의 경우에 비해 크게 작용한다면, 재정지출의 크기는 소득불평등의 감소함수로 나타날 수 있다. 왜냐하면 부유한 사람들은 예산 규모를 줄여 낮은 수준의 소득재분배 정책을 선호할 것으로 예상되기 때문이다. 이러한 소득불평등과 재정지출 간의 음(-)의 관련성은 지대추구행위 모형에 기초한다. 비록 접근방법

16 다봉선호의 예는 본장 [생각해 볼 문제]에 제시되어 있으며, 투표의 역설에 관한 상세한 논의는 이준구·조명환(2021)과 같은 재정학 교재에 잘 나타나 있다. 또한 2차원 이상에 걸친 선택의 문제에서는 모든 사람 혹은 투표 집단이 단봉선호를 가진다고 할지라도 투표의 역설이 생겨날 수 있는데, 이 내용에 관심이 있는 독자는 Cornes and Sandler(1996)를 참고할 수 있다.

17 Meltzer and Richard(1981) 모형의 간단한 소개는 다음 절에 나타나 있다.

18 이상의 현상은 엄격한 법률체계 및 민주적인 제도적 기반이 부족한 국가에서 더욱 두드러지게 나타난다.

에는 다소 차이가 있지만, Lee and Roemer(1998)는 주어진 세율에서 소득불평등이 심화할수록 동일한 세원(tax base)에 대한 조세수입이 감소해 공공지출이 줄어들 수 있다고 주장하였다.

그러므로 소득불평등이 재정지출의 크기에 미치는 영향에 대해서는 중위투표자 이론과 지대추구행위 모형의 상반된 견해가 존재한다. 이상의 상반된 견해는 Benabou(2000)에 의해 종합되었다. 그가 제시한 모형에서는 ① 낮은 수준의 소득불평등과 높은 수준의 재정지출 및 ② 높은 수준의 소득불평등과 낮은 수준의 재정지출과 같은 2개의 균제상태(steady-state), 즉 복수균형(multiple equilibrium)이[19] 존재할 수 있다고 제시하였다.

그림 4-3 소득불평등과 재정지출

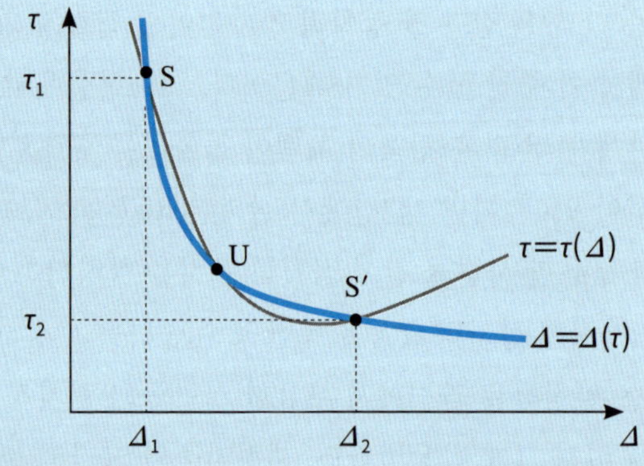

Benabou(2000)의 결과는 [그림 4-3]을 이용해 간단히 살펴볼 수 있다. 유권자에 의해 선택되는 세원 τ는 소득불평등 수준(Δ)에 의존하므로 U자 형태로 나타날 것으로 예상된다. 즉 소득불평등이 아주 낮은 수준에서 소득불평등의 심화는 세원의 감소로 이어지지만, 어느 수준을 초과한 상태에서 소득불평등의 심화는 세

19 균제상태(steady-state)란 "경제변수의 크기는 변화하지만, 경제변수가 모두 일정한 속도로 성장하는 균형성장경로(balanced growth path)를 따라 움직이는 상태"를 의미한다.

원의 증가를 야기한다. 또한 소득불평등의 균형수준은 τ가 증가함에 따라 감소하므로 우하향하는 함수형태이다. 이때 우리는 안정적인 2개의 균제상태, 즉 S(낮은 수준의 소득불평등 Δ_1과 높은 수준의 재정지출 τ_1)와 S'(높은 수준의 소득불평등 Δ_2와 낮은 수준의 재정지출 τ_2)을 확인할 수 있다. 한편 U는 불안정한 균제상태이다.

3.3 실증연구 결과

소득불평등의 심화와 재정지출의 크기 간의 이론적 결과는 일률적이지 않으며, 이로 인해 실증적 연구의 필요성이 대두되었다. 일련의 연구들에서는 국가 간 통계자료를 사용해 소득불평등과 재정지출의 크기 간의 관계를 실증적으로 규명하려 시도하였지만, 안타깝게도 실증연구의 결과 역시 일치된 결론을 내리지 못하고 있는 실정이다. 실증연구에서는 통계자료·추정방법·변수의 선택 등의 차이로 인해 상이한 결론을 제시하였다.

구체적으로 민주주의가 성숙한 산업화된 국가들로 구성된 표본을 사용한 연구에서는 중위투표자 이론을 지지하는, 즉 소득불평등과 재정지출 간에는 대체로 양(+)의 관계가 성립하였다. 다시 말해 재정지출의 크기가 소득불평등의 증가함수로 나타난다고 추정한 실증분석 결과는 대부분 민주주의가 성숙한 산업화된 국가들에 초점을 두고 있다. 그러나 개발도상국이나 전환기 국가들로 구성된 표본을 사용한 실증연구에서는 지대추구행위 모형을 지지하는, 즉 소득불평등과 재정지출 간에는 대체로 음(−)의 관계가 성립하는 것으로 파악하였다.[20]

이상의 연구는 소득불평등 심화가 재정지출의 크기에 미치는 영향을 분석할 수 있지만, 재정지출의 증가가 소득불평등 완화에 어느 정도 기여할 수 있는지에 대한 해답을 제공하지는 못한다. 이미 언급한 Alesina and Angeletos(2005)는 지대추구행위로 인해 재정지출의 증가가 소득불평등 완화에 기여할 수 없을 가능성을 암시하였다. 또한 Cevik and Correa-Caro(2015)는 개발도상국들로 구성된 표본을 사용해 재정지출의 확대가 소득불평등 완화에 미치는 유효성이 낮다고 제시하였다. 그러나 황진영(2006c)은 47개 국가(21개 OECD 국가 및 26개 개발도상국)로 구

20 소득불평등과 재정지출 및 사회보장비 지출의 크기 간의 관계를 검토한 다양한 실증연구 결과는 de Mello and Tiongson(2006)에 요약되어 있다.

성된 표본을 사용해 특정 시점의 재정지출 규모가 이후 평균적인 소득불평등 완화에 기여하였다는 결과를 관측하였다.[21] 그러므로 소득불평등 심화와 재정지출의 크기 간의 실증관계는 불명확하며, 이는 두 변수 간에 존재하는 비선형적 관계 혹은 인과관계의 문제에 기인한다.

4. 소득재분배적 재정지출

재정지출은 기능별 다양한 항목(분야)으로 구성되어 있다. 본 절에서는 소득재분배 정책과 관련된 재정지출의 기능별 분야가 소득불평등과 어떻게 관련되지는 살펴보고, 소득재분배 정책이 어느 정도 소득불평등 완화에 기여하는지 살펴본다.

4.1 소득불평등과 소득재분배 정책

경제협력개발기구(OECD)가 발표하는 국민계정 통계(SNA 통계)의 정의에 따라 일반정부에는 중앙정부·주정부·지방정부·사회보장기금이 포함되며 공기업은 포함되지 않는다. 또한 SNA 통계는 국제연합(UN)에서 제정한 '정부기능 분류'(Classification of the Functions of Government: COFOG)에 따라 분야별 재정지출 구성을 일반공공행정·국방·공공질서 및 안전·경제사업·환경보호·주택 및 지역개발·보건·오락, 문화 및 종교·교육·사회보장과 같이 10개 분야로 분류한다.[22]

재정지출의 기능별 구성(functional composition) 중에서 교육·보건·사회보장은 소득불평등과 밀접하게 관련된다. 이하에서는 소득불평등과 소득재분배적 재정지출 간의 관련성을 살펴본다. 이미 바그너 법칙에서 살펴보았듯이 사회가 진보함에 따라 복지와 분배의 형평성과 관련된 욕구가 증대되고, 이는 교육·문화·사회보장과 관련된 재정지출의 증가로 이어진다. 바그너 법칙은 사회 구성원 간의 소득불평등 완화와 교육·문화·사회보장에 대한 소득재분배적 재정지출이 밀접

21 즉 황진영(2006c)은 동태적 관점에서 재정지출과 소득불평등 간에 음(-)의 관계가 성립한다는 실증분석 결과를 제시하였다.

22 10개 분야에 대한 OECD 국가들의 지출 구성 비율(GDP 대비 및 총재정지출 대비)은 OECD가 매년 발간하는 *National Accounts of OECD Countries: General Government Accounts*에 상세히 수록되어 있다.

하게 관련될 수 있음을 의미한다.

Meltzer and Richard(1981)는 부유한 사람들과 가난한 사람들 간의 소득재분배에 관한 모형을 제시하였는데, 이를 간단히 살펴보면 다음과 같다. 먼저 하나의 상품만을 생산하는 정태적 경제(static economy)에서 개개인의 차이는 과세 대상인 소득만이 상이하다고 가정한다. 개개인은 경제주체로서 노동과 소비행위를 하며, 투표의 주체로서 누진적 소득세에 의해 제공되는 (개개인에 대한) 정액의 단순한 재분배 계획을 평가한다. 이상의 간단한 모형에서 그들은 균형 조세율(τ^m)이 중위투표자의 선호와 동일하다고 도출하였다.[23]

$$\tau^m = \frac{e^m - e}{L_\tau(\tau^i)}$$

여기서 e와 e^m은 각각 개인(i)의 생산성(혹은 효과적인 시간 부존량)의 평균과 중위수를 나타낸다. $L(\tau)$는 노동공급에서 개인의 생산성과 평균 생산성과의 차이 $(e^i - e)$를 의미한다. 실제로 이 부분은 조세부과에 따른 자중비용(deadweight cost)과 관련된다. 만약 잘 작용하는(well-behaved) 오목한 효용함수를 가정하면, $L_\tau\left(=\frac{\partial L}{\partial \tau}\right) < 0$로 나타난다. 따라서 중위소득과 평균소득의 차이(단순히 소득불평등)는 세율이 높으면 높을수록 증가한다. 바꾸어 말하면 분자의 절대값이 크면 클수록 중위소득과 평균소득의 차이가 커지기 때문에 균형 조세율은 증가하게 된다.[24] 즉 중위투표자는 소득불평등이 심화할수록 누진적 소득세에 의한 더 많은 소득재분배 정책을 선호한다.

실증연구로서 Lindert(1996)는 1962~81년의 OECD 국가로 구성된 패널자료를 이용해 소득불평도가 심한 국가일수록 소득재분배적 재정지출의 비율이 높을

23 본서에서는 균형 조세율의 도출과정에 관한 상세한 논의를 생략한다. 구체적 내용을 알고 싶은 독자는 Meltzer and Richard(1981)를 찾아보기 바란다. 혹은 이상의 모형에 대한 설명은 Persson and Tabellini(2002)가 제시한 소득재분배와 관련된 모형들의 요약에도 나타나 있다.

24 소득불평등의 존재로 인해 중위소득이 평균소득보다 작기 때문에 분자의 값($e^m - e$)은 음수이다(평균소득이 중위소득보다 크다는 사실은 현실 세계에서 나타나는 보편적인 현상임을 이미 밝힌 바 있다.). 또한 분모의 값($L_\tau(\tau^i)$)은 잘 작용하는(well-behaved) 오목한 효용함수의 가정으로 인해 음수이므로 균형 조세율(τ^m)은 양수가 된다.

수 있다고 관측하였다. 또한 Milanovic(2000)은 24개 민주주의 국가들을 대상으로 룩셈부르크 소득연구가 제공하는 요소소득(조세 및 이전지출 이전) 자료를 이용해 소득불평등과 소득재분배적 재정지출 간에는 통계적으로 유의한 양(+)의 관계가 성립한다고 추정하였다. 그러나 de Mello and Tiongson(2006)은 GDP 대비 사회보장지출 비율이 소득불평등이 심한 국가에서는 상대적으로 낮을 수 있다고 제시하였다. 그러므로 소득불평등과 재정지출의 기능별 구성 간의 논의에서도 이전의 경우와 마찬가지로 중위투표자 이론과 지대추구행위 모형의 상반된 이론 및 실증결과가 존재한다.

교육에 대한 재정지출은 재정지출의 기능별 구성 중에서 소득불평등과 관련해 가장 활발한 연구가 이루어진 분야이다. 예를 들어 Sylwester(2002)는 국가 간 자료를 이용해 교육에 대한 재정지출의 증가가 소득불평등의 완화에 기여할 수 있다고 추정하였다. 그러나 Birdsall(1997)과 Gradstein(2003)은 정부의 교육비지출이 부유한 사람들에게 유리한 방향으로 편중될 가능성을 지적하였다. 이는 소수의 부유한 사람들이 공교육비지출과 같은 정책결정 과정에서 더 많은 정치적 압력(즉 지대추구행위)을 행사할 수 있으므로 다수의 가난한 사람들에 비해 더 많은 혜택을 받을 수 있다는 전제에 기초한다.

Hwang(2005)은 49개 개발도상국들로 구성된 표본을 사용해 초기의 자산불평등이 교육비지출의 구성에 미치는 영향을 추정하였다. 구체적으로 Hwang(2005)은 초기의 자산불평등이 심한 국가에서는 소수의 부유한 사람들에 의한 지대추구행위로 말미암아 "정부의 총교육비지출 대비 고등교육기관에 대한 교육비지출 비율"이 상대적으로 높게 나타날 수 있다고 분석하였다. 이때 초기의 자산불평등을 반영하기 위한 대리변수로는 Deininger and Squire(1998)가 제공한 1960년경의 토지지니계수(토지의 시장가치를 기준으로 측정)를 사용하였다.

Dabla-Norris and Gradstein(2004)은 통치의 제도적 기반수준(즉 거버넌스, governance)이 부족한 국가에서는 공교육이 부유한 사람들에게 편중될 가능성을 36개 개발도상국 및 전환기 국가들로 구성된 표본을 이용해 실증적으로 제시하였다. 따라서 이상의 연구결과들은 민주적인 제도적 기반수준이 부족한 국가에서는 교육에 대한 재정지출이 소득불평등을 완화시키지 못하고 오히려 심화시킬 가능성이 있음을 암시한다.[25] 그러나 이상의 소득불평등과 재분배적 재정지출 간의 관계를 분석한 실증연구들에서는 충분한 수의 표본을 사용하지 못하였다는 자료의 가용성 문제를 지니고 있음을 지적하고자 한다.

4.2 소득재분배 정책과 소득불평등의 변동

소득재분배 정책의 시행으로 인한 소득불평등의 변화를 관측하기 위해서는 재분배 이전 및 이후의 소득이나 부의 분배를 파악함으로써 가능해진다. OECD는 조세 및 이전지출 '전'과 '후'의 소득지니계수를 제공하는데, 몇몇 국가들을 살펴보면 [표 4-2]와 같다. 저개발국들과 개발도상국들의 조세 및 이전지출 전과 후의 소득지니계수는 제한된 국가에서만 가용하며, 그 차이가 크지 않은 것으로 알려져 있다.

표 4-2 OECD 국가들의 조세 및 이전지출 전과 후의 소득지니계수

국 가	연 도	조세 및 이전지출 '전' 소득지니계수	조세 및 이전지출 '후' 소득지니계수	소득지니계수 변화율(%)
네덜란드	2019	0.444	0.296	-33.3
대한민국	2018	0.402	0.345	-14.2
덴마크	2018	0.443	0.263	-40.6
독 일	2018	0.494	0.289	-41.5
미 국	2019	0.505	0.395	-21.8
벨기에	2019	0.489	0.262	-46.4
스웨덴	2019	0.430	0.280	-34.9
이탈리아	2018	0.511	0.330	-35.4
일 본	2018	0.501	0.334	-33.3
핀란드	2018	0.509	0.269	-47.2
호 주	2018	0.454	0.325	-28.4

자료: 경제협력개발기구(OECD, https://stats.oecd.org).

25 교육비지출과 소득불평등에 관한 연구결과의 소개는 제6장에서 자세히 다룬다.

대부분 OECD 국가들은 조세 및 이전지출 이후 소득불평등이 크게 개선된 것으로 나타났다. 예를 들어 2018년 핀란드의 조세 및 이전지출 전과 후의 소득지니계수는 각각 0.509와 0.269이며, 그 변화율은 무려 -47.2%에 달한다. 핀란드는 소득재분배 정책을 잘 작동시켜 조세 및 이전지출 후 소득지니계수를 조세 및 이전지출 전 소득지니계수의 거의 절반수준으로 감소시켰다. 덴마크·독일·벨기에 등의 국가에서도 조세 및 이전지출 후의 소득지니계수가 전의 경우에 비해 40% 이상 감소하였다.

시장중심 경제체제인 미국·일본·호주는 조세 및 이전지출 후 소득지니계수가 감소하였지만, 그 감소폭이 유럽의 복지국가들에 비해 낮은 수준이었다. 예를 들어 2019년 미국의 조세 및 이전지출 전과 후의 소득지니계수는 각각 0.505와 0.395이며, 그 변화율은 -21.8%에 불과할 뿐만 아니라 조세 및 이전지출 후의 소득지니계수는 여전히 심한 수준의 소득불평등을 나타낸다. 우리나라는 조세 및 이전지출 전의 소득지니계수가 0.402로 상대적으로 낮은 수준이지만, 조세 및 이전지출 후의 소득지니계수는 0.345로 상대적으로 심한 수준의 소득불평등을 보여준다. 우리나라의 소득지니계수 변화율(-14.2%)은 상대적으로 작은데, 이는 소득재분배 정책이 효과적으로 작동하지 않고 있음을 의미한다.[26]

국내의 연구결과는 소득재분배 정책이 대체로 소득불평등 개선에 기여한 것으로 관측하였다. 박기백·김진·전병목(2004)은 정부의 이전소득 및 세금을 합한 순조세가 소득불평등을 개선시키는 것으로 파악하였다. 또한 그들은 정부가 제공하는 국방·치안·행정·외교 등 순수공공재에 대한 재정지출은 소득지니계수를 다소 상승시켜 소득불평등을 악화시키는 효과를 보인 반면, 주택·의료·교육 등에 대한 재정지출은 소득불평등을 개선하는 역할을 수행한 것으로 추정하였다. 노용환(2020)은 보건·복지 분야에 대한 예산지출은 동일 금액의 건설업에 대한 지출에 비해 가계소득에 더 큰 기여를 한 것으로 분석하였다. 또한 그는 보건·가족 분

26 소득재분배의 정도는 인구구조·산업구조·경제환경·복지수요(정치적 요인) 등 다양한 요인들을 고려한 정책에 의해 결정되지만, 연금과 같은 자동적 증가(automatic increase)에 의해서도 영향을 받는다. 즉 소득재분배 정책이 효과적으로 작동하기 위해서는 정책의 의지가 중요하지만, 성숙을 위한 다소의 시간도 반드시 요구된다. 우리나라는 자동적 증가가 최근 들어 증가하고 있으므로 [표 4-2]에 나타난 소득지니계수의 변화율이 지속해서 개선될 것으로 예상된다.

야보다 노령·저소득층 분야에 대한 복지지출 증가가 가계소득의 개선 효과가 크다고 제시하였다.

5. 선거제도와 소득불평등

선거제도는 그 특징에 따라 소득불평등에 다른 영향을 미친다. 일반적으로 선거제도는 크게 '다수대표제'(majority representational system)와 '비례대표제'(proportional representational system)로 나누어진다. 다수대표제는 "선거에서 다수의 지지를 얻은 사람을 당선자로 결정하는 선거제도"이며, 비례대표제는 "소수 집단에게도 득표수에 비례해 어느 정도의 대표권을 보장해 주는 선거제도"이다.

만약 우리가 선거를 통해 입법자를 결정하고 현재의 입법자가 재선을 추구한다면, 입법자가 선호하는 정책은 선거지역의 크기에 따라 상이하게 나타난다. 구체적으로 선거지역의 크기가 클수록 입법자는 전체적으로 분포된, 즉 모든 경제인들을 대상으로 한 재정지출에 관심을 갖게 된다. 그러나 작은 선거지역의 입법자는 그 지역의 경제인들을 대상으로 한 지역정책을 선호한다. 그러므로 선거지역이 클수록 다양한 소득재분배 정책들이 입안될 수 있으므로 선거지역의 크기는 소득불평등에 영향을 미친다.

Austen-Smith(2002)는 조세가 입법과정의 협상을 통해 결정되는 이론적 모형을 사용해 2개 이상의 정당에 의한 비례대표 선거제도가 양당제의 다수대표 선거제도보다 소득재분배적 조세정책에 더 적극적일 수 있다고 주장하였다. 이는 다수대표 선거제도를 가진 국가에 비해 비례대표 선거제도를 가진 국가에서 상대적으로 낮은 수준의 소득불평등이 생겨날 수 있음을 의미한다. 또한 Milesi-Ferretti et al.(2002)은 이전지출의 비율이 다수대표제에 비해 비례대표제에서 클 수 있다는 이론적 모형과 함께 OECD 및 남미 국가들로 구성된 표본을 사용해 자신들의 이론을 뒷받침하는 실증분석 결과를 제시하였다.

우리는 이상의 연구결과들을 통해 다수대표제에서의 정치인들은 지역적으로 편중된(즉 소득재분배 성향이 약한) 지출을 선호하며, 비례대표제에서의 정치인들은 폭넓은 소득재분배 정책을 지향한다는 사실을 알 수 있다. 또한 지역 공공재

(local public goods)는 국가 전체적인 소득재분배 성향을 지니지 못한다는 측면에서 다수대표제에서 상대적으로 높은 수준의 소득불평등이 생겨날 가능성이 크다(다른 조건들은 일정하다고 가정). Verardi(2005)는 28개 민주주의 국가들로 구성된 통계자료를 이용해 비례대표제의 선거제도가 강화될수록 소득불평등이 완화된다는 직접적 추정결과를 도출하였다.

구체적으로 특정 지역에서 1명만을 선출하는 소선거구제에서의 정치인은 선거에 이기기 위해 그 지역에서 50% 이상의 득표를 목표로 설정한다. 그러나 완전 비례대표제에서의 정당 간의 제휴는 정권을 획득하기 위해 국가 전체에서 50% 이상을 득표해야 한다. 후자의 경우에는 정치인들이 더 많은 투표자가 혜택을 받을 수 있는 소득재분배 정책을 수행함으로써 더 많은 득표를 획득하려 노력한다. 따라서 비례대표제에서는 다양한 소득재분배 정책이 수행되며, 다수대표제에서는 지역 공공재 형성에 더 큰 관심을 기울인다.

최근의 연구들은 선거제도와 '정치적 평등'(political equality)이 결합해 소득불평등에 미치는 영향을 분석한다. 정치적 평등은 "민주주의의 기본 원칙 중 하나로 모든 시민의 선호와 이익을 평등하게 고려하는 것"을 의미하며, 이 정치적 평등의 정도는 시민들이 정부의 결정에 평등한 목소리를 내는 정도로 판단한다. Zuazu(2022)는 1960~2016년의 85개 국가들을 대상으로 비례대표제의 낮은 소득불평등은 정치적 평등의 여부에 의존한다는 실증분석 결과를 제시하였다. 즉 Zuazu(2022)는 정치적 평등이 중하위 수준의 국가에서는 선거제도가 비례대표제로 변화할 때 소득불평등이 완화하지만, 정치적 평등의 수준이 높은 국가에서는 선거제도의 변화가 소득불평등을 심화시킬 수 있다고 관측하였다.

생각해 볼 문제

1. 바그너 법칙이란? 바그너 법칙은 경험적 사실을 법칙화한 것으로 일련의 연구들에서는 방법론상의 문제점을 지적하였다. 바그너 법칙에는 어떤 문제점들이 내재되어 있는지 Peacock and Wiseman(1967)과 Brown and Jackson(1990)의 주장에 기초해 설명하라. 또한 현실 경제가 바그너 법칙과 같이 소득수준이 상승함에 따라 재정지출의 크기가 지속해서 증가한다고 할지라도, 재정지출의 지속적 증가가 경제적으로 반드시 바람직하다고 볼 수 있는가?

2. 오랜 기간 경제학자들은 정부의 역할에 대해 첨예하게 대립하였는데, 그 상반된 논리적 근거를 정리하라. 즉 케인스의 전통을 이어받은 경제학자들이 주장하는 '큰 정부'의 견해와 고전학파의 사상을 계승한 경제학자들이 생각하는 '작은 정부'의 견해 간의 차이점을 설명하라. 또한 이상의 상반된 주장이 생겨난 이유에 대한 논리적 근거를 제시하라.

3. 소득불평등의 심화와 재정지출의 크기 간의 관계에는 상반된 두 가지 이론이 존재한다. 즉 중위투표자 이론은 소득불평등과 재정지출 간에 양(+)의 관계가 성립한다고 주장하지만, 지대추구행위 모형은 이상의 두 변수 간에 음(-)의 관계가 존재한다고 제시한다. 이러한 두 이론 간의 차이점을 간략히 설명하라. 또한 이상의 상반된 이론이 나타나는 근본적인 이유는 무엇인가? 마지막으로 여러분은 어떤 이론이 현실 세계를 설명하는 데 설득력이 크다고 생각하는가?

4. 세 가지 수준의 예산규모(A, B, C)를 놓고 세 투표자(X, Y, Z)가 과반수제 방식을 통해 적절한 예산규모를 선택한다고 가정한다. 이때 세 투표자의 선호가 아래 표에서와 같이 나타날 때 다음의 물음에 답하라.

의안 선호 순서	투 표 자		
	X	Y	Z
1	A	C	B
2	B	A	C
3	C	B	A

(1) 이상의 예는 정치적 균형을 달성하는가?

(2) 만약 정치적 균형이 달성되지 않는다면, 그런 현상이 발생한 이유를 "투표의 역설"과 연관 지어 설명하라.

(3) 세 투표자 X, Y, Z는 모두 단봉선호를 나타내는가?

5. 선거제도, 즉 다수대표제(majority representational system)와 비례대표제(proportional representational system)가 어떻게 소득불평등의 변동에 영향을 미칠 수 있는가? 또한 여러분은 어떤 선거제도가 지역 공공재(local public goods) 형성에 유리하다고 생각하는가? 만약 지역 간 정책이 첨예하게 대립한다면, 어떤 선거제도를 채택할 때 경제적 비효율성을 상대적으로 줄일 수 있는가?

1. 무역과 경제발전

2. 기술진보와 경제성장

3. 무역과 소득분배

4. 기술진보와 소득분배

5. 소득불평등, 무역개방도 및 기술진보

5 무역과 기술진보

1. 무역과 경제발전

비록 일부의 비관적 견해도 존재하지만, 많은 경제학자들은 무역이 경제발전의 전제조건이 된다는 사실을 오랜 기간 인식해 왔다. 본 절에서는 무역에 관한 전통적 논의, 즉 자유무역과 보호무역을 살펴보고, 경제성장을 위한 무역의 역할을 간단히 제시한다.

1.1 무역에 관한 전통적 논의

국가 간 무역에 대한 전통적 논의는 크게 '자유무역'과 '보호무역'으로 대별된다. 자유무역은 스미스(Adam Smith, 1723~1790)에 의해 주장되었는데, 국가 간 자유로운 무역을 통한 국제 분업과 교환에 관한 분석에 초점을 둔다. 구체적으로 자유무역 이론의 핵심은 다른 나라보다 효율적으로 생산할 수 있는 상품을 특화해 싼값에 상품을 생산하고 쓰고 남은 잉여의 상품을 외국과 교환하면, 그렇지 않은 경우에 비해 훨씬 유리하다는(이익이 생긴다는) 사실에 기초한다. 따라서 스미스는 모든 국가가 자유무역을 받아들일 경우 잉여 생산물의 양은 엄청나게 늘어나고, 이는 모두 소비자의 후생으로 귀착된다고 주장하였다.[1]

그러나 스미스의 주장에는 무역이 '절대우위'(absolute advantage)에 의해 결정된다는 논리적 결함이 있다. 이러한 결함을 극복하기 위해 리카도(David Ricardo, 1772~1823)는 상대주의 가치관을 도입하였다. 리카도는 어떤 국가가 다른 국가에 비해 모든 상품의 생산력이 열위에 있을 때도 열위의 정도가 상대적으로 낮은 상품의 생산을 특화해 무역하면, 앞의 절대우위론과 비슷한 효과가 생겨난다고 제시하였다. 다시 말해 리카도의 주장은 모든 분야의 생산력에서 우위가 있는 국가일지라도 모든 상품을 생산하기 보다는 우위의 정도가 더 뚜렷한 상품의 생산에 특화해 무역을 하면 이득이 생겨날 수 있음을 의미한다. 이는 유명한 '비교우

1 이는 스미스(Adam Smith)의 저서인 『국부론』(*An Inquiry into the Nature and Causes of the Wealth of the Nations*)을 소개한 Lerner(1937)에 제시된 내용이다.

위'(comparative advantage)론으로 알려져 있다.[2]

이와 같이 모든 국가들이 상품 생산의 열위나 우위의 정도를 '상대적으로' 인식함으로써 자유무역이 논리적 보편성을 지니게 되었다. 즉 어떠한 상황에서도 무역은 존재할 수밖에 없으며, 상대적 특화의 묘수에 의해 무역에 참여하는 모든 국가들은 무역을 통해 경제적 이득을 취할 수 있게 된다(김기수, 2006; Balassa, 1963).

이상의 논리와는 달리 보호무역을 주장하는 경제학자들은 자유로운 국가 간 무역을 반대한다. 구체적으로 그들은 경제발전 초기단계의 유치산업(infant industry)은[3] 산업화된 국가들의 산업에 비해 취약할 수밖에 없기 때문에 일정 기간 정부에 의해 보호받아야 한다고 주장한다. 더욱이 그들은 현재 산업화된 국가로 군림하고 있는 국가들이 보호주의 정책을 통해 성장한 국가들이라는 사실은 언급하면서 보호무역의 당위성을 역설한다(Hamilton, 1964; List, 1983).

이상의 자유무역과 보호무역은 두 국가의 양자 간(bilateral) 관계를 가정하고 있다. 그러나 국제무역이 양자 간의 관계만으로 파악되지 않는다는 사실은 오래전에 제기되었다. 국제무역이 다자 간 논의로 확대되면서 무역과 체제에 대한 다른 측면들이 나타나기 시작하였다. 예를 들어 List(1983)는 국제체제라는 큰 틀에서 국제무역을 이해하려 노력하였지만, 이는 사실상 경제논리를 넘어선 생각이었으며 국제무정부 상태라는 체제적 요인 때문에 보호주의는 피할 수 없다고 주장하였다. 일반적으로 산업화된 국가의 국력은 저개발국이나 개발도상국의 경우에 비해 월등히 앞선다. 따라서 List(1983)는 세계정부가 존재하지 않는 상태에서 국가 간 상업조약이 평등하게 체결된다고 보장할 수 없으며, 이로 인해 종국적으로 국력의 기반인 산업화를 위한 보호주의는 피할 수 없다고 생각하였다.

제2차 세계대전 이후 국제무역기구(International Trade Organization: ITO)의[4] 설

2 이는 리카도(David Ricardo)의 저서인 『정치경제학과 조세의 원리』(*The Principal of Political Economy and Taxation*)를 소개한 Fogarty(1911)에 제시된 내용이다.

3 유치산업은 "성장 가능성이 있지만 아직은 미성숙한 산업으로 국가가 보호하지 않는다면 국제 경쟁에서 견딜 수 없는 산업"을 일컫는다.

4 ITO는 1944년 하바나 헌장(Havana Charter)에 기초해 이른바 브레턴우즈체제(the Bretton Woods System)의 핵심 조직으로 출범하였다(김기수, 2006).

립은 다자주의의 공식화를 의미한다. 국제사회는 국제경제기구를 설립해 국가 간 불공정무역 행위를 규제하고 조절함으로써 자유무역을 진흥하려는 생각을 현실화시켰다. 1970년대까지는 '관세와 무역에 관한 일반 협정'(General Agreement on Tariffs and Trade: GATT)이 표방한 무차별, 무역자유화 및 상호주의를 중심으로 국제무역 질서가 개편되어 다자주의의 중요한 진전을 이루었다.

1995년 세계무역기구(World Trade Organization: WTO)의 등장은 '무역의 세계화'라는 새로운 국제무역 환경의 기반을 조성하였다. WTO의 출현은 모든 국가들 간의 무한경쟁을 강조하고, 다자주의를 더욱 강화하는 방향으로 진행되었다. 그러나 미국이 자국의 지속적 무역적자를 타개하기 위해 보호주의 정책을 취하기 시작하면서 새로운 보호무역주의, 즉 '신상호주의'(new-reciprocity)가 생겨났다. 신상호주의의 핵심은 상대국 시장의 폐쇄성을 시정하기 위한 무역보복을 합리화하는 데 있다. 그러므로 다자주의가 확대되는 상황에서도 자유무역과 보호무역 간의 논쟁을 통해 국제무역이 움직여오고 있다.[5]

1.2 경제발전과 무역의 역할

많은 경제학자들은 시장마찰(market friction)이 없을 경우에는 자유무역이 비교우위를 통한 특화, 외국과의 교역을 통한 새로운 기술의 습득, 시장의 확대를 통한 규모의 경제 시현 등을 통해 경제성장을 증진시킨다고 믿고 있다. 우리는 무역 개방도의 정도가 큰 국가가 더 빠른 기술진보와 함께 높은 경제성장을 경험한 사실을 현실 세계에서 쉽게 발견할 수 있다. 예를 들어 지난 20세기 후반기 동안 대만·대한민국·싱가포르·홍콩 등의 동아시아 국가들은 높은 무역 의존도와 함께 고도의 경제성장률을 달성하였다.

일반적으로 새로운 기술을 개발하는 비용은 더 많은 고기술(high technology)의 재화를 이용 가능할 때 하락하게 된다. 개발도상국이 무역을 통해 산업화된 국가로부터 자본재를 수입한다면, 그 자본재를 생산현장에 가동하는 과정에서 자본재에 체화된 기술의 습득이 가능해진다. 이러한 생산과정의 경험은 학습효과

5 다자주의의 효용과 한계에 관한 논의는 김기수(2006)에 상세히 나타나 있다.

(learning-by-doing effect)를 통해 노동자들에게 새로운 지식을 습득하게 하고 인적자본 축적을 가능하게 만든다. 다시 말해 무역개방도가 큰 개발도상국에서는 무역이 생성하는 외부효과를 더 많이 흡수해 기술의 모방과 함께 인적자본의 축적이 가능해지므로 높은 경제성장을 기록한다.

또한 시장규모는 개발초기의 경제발전을 위해 매우 중요한 요인이며, 무역은 협소한 시장으로 인해 생겨날 수 있는 문제점을 해결해준다. 만약 무역이 이루어지지 않는다면, 개발초기의 국가들은 상대적으로 협소한 국내시장에만 의존하게 되므로 점진적인 변화만이 가능하다. 즉 경제발전 초기의 국가가 무역을 통하지 않고서는 시장의 확대를 통한 규모의 경제 시현이 불가능하므로 급속한 경제성장을 달성하기 어려워진다.

우리는 무역을 수출과 수입으로 분리해 경제발전에 어떻게 기여하는지 살펴볼 수 있다. 먼저 수출의 확대는 국내기업의 생산활동 및 소득을 증대시킬 뿐만 아니라 대량생산을 통한 규모의 경제 시현을 가능하게 하는 방대한 해외시장을 제공함으로써 산업구조를 고도화시킨다. 수출은 수출품 생산 증가를 유발하고, 이는 다시 수출품 생산과 관련되는 산업의 생산 증가를 연쇄적으로 유발함으로써 전 산업에 걸쳐 생산을 증대시키는 효과를 창출한다. 즉 수출의 증가는 관련 산업의 생산활동을 직·간접적으로 증대시키고 고용을 창출해 경제발전에 기여한다. 또한 수출은 내수가 잘 이루어지지 않는, 즉 국내시장이 위축된 경우에도 국내시장을 보완함으로써 대량의 생산량 저하와 실업을 방지하는 안전장치의 기능도 수행한다.

수입도 다양한 전달경로를 통해 경제발전에 이바지한다. 먼저 공업화 과정에서는 수입을 통해 국내에서 구매가 불가능하거나 혹은 어려운 원자재를 얻을 수 있다. 또한 수입은 국내 산업이 국제경제의 환경변화에 대응할 수 있도록 체질을 강화하고 경쟁력을 높이는 데 기여한다. 수입은 외국상품을 국내로 들어오게 하므로 동일 제품을 생산하는 국내기업과 외국기업 간에는 치열한 경쟁구도를 유도한다. 이때 경쟁력이 없는 국내기업은 자연히 도태되기 때문에 국내기업들은 경쟁력을 강화하기 위해 노력한다. 따라서 수입은 국내기업들로 하여금 시설확대·기술혁신·생산성 증대·품질혁신 등을 통해 경쟁력을 확보하도록 유도하는 간접적 효과를 발생시킨다.[6] 마지막으로 수입은 품질이 우수하고 저렴한 가격의 외국상품을 국내시장에 도입함으로써 단기적으로는 소비자들의 후생을 증대시킨다.

보충 내용

무역과 실업(고용)

20세기 후반기 몇십 년간 많은 산업화된 국가들은 "고용없는 성장"(jobless growth)을 경험하였으며, 이로 인해 2000년대 이후 국제무역(세계화 진전)이 과연 실업률에 어떤 영향을 미치는지 파악하려는 연구가 활발히 진행되었다. 국제무역이 실업에 영향을 미칠 수 있다는 이론적 근거는 무역의 형태를 결정하는 비교우위와 노동시장의 마찰(friction)에 기초한다. 만약 특정 국가의 비교우위가 노동시장의 마찰이 심한 산업부문에 있다면, 국제무역의 자유화는 노동시장의 마찰이 심한 산업부문으로 자원을 재분배하므로 이 부문의 심한 마찰은 실업을 증가시킨다. 마찬가지로, 비교우위와 산업부문별 노동시장의 마찰이 음(-)의 관련성을 갖는 국가에서는 국제무역의 자유화가 향후 실업이 감소시키는 역할을 한다.

따라서 국제무역은 무역패턴이나 생산량의 산업구성 및 산업부문별 노동시장의 마찰 간의 상호작용을 통해 실업(고용)에 영향을 미친다. 이러한 국제무역과 실업 간의 관계는 다양한 경로를 통해 이루어지므로 이론적 관점의 논의는 다소 복잡하고 불확실하다. 예를 들어 일부 연구들에서는 국제무역이 총노동생산성 향상을 통해 일자리 창출 및 직업탐색(job search)을 향상시키므로 실업이 감소한다고 주장한 반면, 다른 일부 연구들에서는 차별화된 부문의 상대적 노동시장의 마찰이 심할수록 국제무역은 실업을 증가시키는 원인이 된다고 지적하였다. 2000년대 이후 수많은 실증 연구들에서도 표본과 자료의 선택이나 추정방법에 따라 상이한 추정결과를 제시하였다(실증연구 결과들의 요약은 Jin et al.(2019)을 참고할 수 있음).

2. 기술진보와 경제성장

기술(technology)은 "생산에 적용할 수 있는 인간의 지식"으로 정의할 수 있다. 이때 지식이란 "아이디어·경험·인적자본에 대한 투자, 조직 내 축적된 노하우

6 경제학에서는 이상의 효과를 종종 수입이 유발하는 트리클-다운 효과(trickle-down effect, 적하효과)라고 부른다. 트리클-다운 효과의 정확한 의미는 금융시장에서의 트리클-다운 효과를 언급한 제9장에 나타나 있다.

(know-how), 기계 및 설비에 체화된 기술 등을 포괄하는 개념"이며(김의섭 외 5인, 2016), 기술진보(technological progress)를 가능하게 하는 요소를 말한다. 또한 기술진보는 "소득수준의 증가라는 양적 확대와, 재화와 서비스의 선택 범위 및 여가의 확대라는 질적 개선을 통해 인류의 후생을 향상시키는 지식의 진보"를 의미한다. 따라서 대부분 경제학자들은 기술진보 없이 생산 증대를 이룰 수 없으므로 경제성장을 결정하는 가장 중요한 요인으로 기술진보를 제시한다.

우리가 기술진보를 정확히 측정하기란 불가능하지만, 다음의 두 가지 방법으로 기술진보의 발생 여부를 파악할 수 있다. 첫째, 기술진보가 발생할 때는 동일한 생산요소를 투입할지라도 더 많은 산출물을 생산한다. 둘째, 기술진보가 이루어진 경우에는 더 적은 생산요소를 투입하고도 동일한 산출물의 생산이 가능하다. 만약 생산요소로서 노동과 자본만을 고려할 때, 기술진보로 인해 자본보다 노동이 더 많이 절약되면 '노동절약적 기술진보'(labor-saving technological progress)라고 하고, 노동보다 자본이 더 많이 절약되면 '자본절약적 기술진보'(capital-saving technological progress)라고 한다. 만약 기술진보로 인해 노동과 자본이 동일 비율로 절약되면 '중립적 기술진보'(neutral technological progress)라고 부른다.

또한 일련의 연구들에서는 '성장회계분석'(growth accounting analysis)에서 도출이 가능한 '총요소생산성'(Total Factor Productivity: TFP)의 증가를 기술진보와 유사한 개념으로 사용하였다. 성장회계분석은 경제성장의 원인으로 ① 노동이나 자본과 같은 생산요소의 투입량 증가에 의해 설명되는 부분과 ② 요소 투입량 증가로는 설명되지 않는 부분인 '잔차항'(residual)으로 구분한다. 이때 잔차항은 "요소투입 이외에 경제성장에 기여하는 일련의 설명되지 않는 부분"을 포괄한다. 다시 말해 잔차항은 생산성 향상에 영향을 미치는 제반 요인, 즉 기술진보·제도·관습·문화 등을 포함한다. 우리가 잔차항에 포함되는 다양한 유·무형의 항목들이 경제성장에 미치는 영향을 개별적으로 파악하기란 사실상 불가능하다. 따라서 성장이론에서는 잔차항에 해당하는 모든 분야의 성장요인을 총칭해 '총요소생산성'이라 부른다.[7]

따라서 모든 국가들이 지속적 경제성장을 추구하기 위해서는 노동이나 자본

7 성장회계분석과 관련된 보다 상세한 내용은 황진영(2016)을 참고할 수 있다.

과 같은 생산요소를 증가시키거나 끊임없는 기술진보를 통해 경제적 효율성을 제고해야 한다. 경제발전과 경제성장의 방법론을 제시한 많은 연구들에서는 기술진보의 중요성을 역설하였다. 예를 들어 신고전학파 성장이론(혹은 외생적 성장이론, exogenous growth theory)은 1인당 국민소득을 결정하는 가장 중요한 요소로서 외생적으로 주어지는 기술진보를 제시하였다. 그러나 기술진보는 정태적으로 형성되지 않으며 동태적 과정에서 발생하는 데에도 불구하고, 신고전학파 성장이론은 기술진보를 외생변수로 파악해 그 원인을 제시하지 못하였다는 한계점을 지니고 있다.

읽을거리

"창조적 파괴가 경쟁을 촉진한다."

유명한 경제학자 슘페터(Joseph Schumpeter, 1883~1950)는 경제학에서 경쟁이란 단어가 동태적(dynamic) 개념이 아닌 정태적(static) 개념으로 사용되었기 때문에 부적절하다고 지적하였다. 경쟁이 동태적 개념으로 이해되고 사용될 때 기술진보에 훨씬 큰 영향을 미칠 수 있다. 슘페터는 신기술·신상품·새로운 시장·새로운 교통 및 통신 수단·새로운 기업조직 등을 '창조적 파괴'(creative destruction)로 정의하였으며, 이러한 창조적 파괴를 통해 기존의 시장질서와 경쟁을 변화시켜 새로운 시장과 경쟁체제를 확립한다고 생각하였다.

우리는 경쟁을 촉진한 창조적 파괴의 사례를 쉽게 찾을 수 있다. 1800년대 운송수단으로 마차·배 등은 기차로 대체되고, 최근에는 비행기가 운송수단으로 가장 큰 몫을 담당한다. 전자우편(electronic mail)은 우편과 팩스머신(fax machine)을 대체하고, 개인용 컴퓨터(PC)는 메인 컴퓨터의 역할을 수행한다. 따라서 슘페터는 기술진보를 동태적 의미에서 경쟁을 촉진하고 경제를 발전시키는 원동력으로 생각하였으며, 심지어 특정 시장에서 생겨나는 독점이윤도 제거할 수 있다고 역설하였다.

1980년대 중반 이후 발전한 신성장이론(혹은 내생적 성장이론, endogenous growth theory)은 기술진보를 유도할 수 있는 다양한 요인들에 대한 해답을 제공하였다. 즉 신성장이론은 경제에 외부효과(external effect) 혹은 확산효과(spillover effect)를 일으킬 수 있는 인적자본의 축적, 연구·개발(R&D), 무역개방도, 정부정책 등을 기술진보의 원동력으로 설명하였다.[8] 그러므로 기술진보는 다양한 요인들에 의해 결정되며, 이는 경제적 수준을 제고시키는 가장 강력한 수단이다.

3. 무역과 소득분배

국가 간 무역은 생산물의 상대가격을 변화시켜 숙련 노동자와 비숙련 노동자 간의 임금격차를 유발한다. 본 절에서는 무역과 소득불평등에 관한 국제경제학의 기초 이론 및 실증적 연구결과들을 살펴본다. 또한 본 절에서는 무역으로 인한 여성과 남성의 성별 임금불평등과 생산요소의 국제이동에 따른 소득불평등의 변화를 소개한다.

3.1 국제경제학의 기초 이론

전통적 무역이론은 무역이 수출입 가격을 변화시켜 임금격차와 소득불평등에 영향을 미친다고 제시한다. 근대 국제무역 이론의 근간이 되는 '헥셔-오린 정리'(Heckscher-Ohlin theorem: H-O 정리)는 생산요소 부존량 비율의 차이와 생산량 간의 요소집약도(즉 요소투입 비율) 차이로 인해 국가 간 무역이 발생하며 각국의 무역형태가 결정된다고 설명한다. 모든 국가는 H-O 정리에 따라 풍부한 생산요소를 집약적으로 사용해 생산하는 상품을 특화해 수출하고, 희소한 생산요소를 집약적으로 사용해 생산하는 상품은 수입한다. 이는 수출산업에 사용되는 풍부한 생산요소를 소유한 집단의 실질소득을 증가시키는 반면, 수입대체 산업에 사용되는 희소한 생산요소를 소유한 집단의 실질소득을 상대적으로 감소시키는 결과를 초래한다.

따라서 H-O 정리에 기초할 때 자유무역은 풍부한 생산요소를 소유한 집단에게는 유리하게 작용하고, 희소한 생산요소를 소유한 집단에게는 불리하게 소득분배를 변동시킨다. 만약 부유한(높은 임금수준) 국가가 가난한(낮은 임금수준) 국가

8 경제성장 이론의 기초적 개념은 백웅기·김민성 공역(2013)의 『경제성장』(D. N. Weil 저)이나 황진영(2016)의 『경제성장의 정치경제학』 제3장에 잘 요약되어 있다. 이상의 책들보다 다소 높은 수준을 희망하는 독자는 Aghion and Howitt(2009)의 *The Economics of Growth*나 Barro and Sala-i-Marin(2003)의 *Economic Growth*를 참고할 수 있다.

와 무역을 한다면, 부유한 국가에서는 낮은 기술수준으로 생산 가능한 상품의 상대적 가격은 하락하게 된다. 왜냐하면 낮은 기술수준으로 생산 가능한 상품은 상대가격이 저렴한 가난한 국가의 상품을 수입함으로써 대체가 가능하기 때문이다. 다시 말해 노동집약적 생산품의 가격하락은 그러한 상품의 생산과정에서 사용한 생산요소(대체로 비숙련 노동자)에 대한 수익의 감소를 초래한다. 이처럼 무역은 임금격차와 소득불평등에 영향을 미치는 요인이 된다.

한편 우리는 '스톨퍼-샤무엘슨 정리'(Stolper-Samuelson theorem: S-S 정리)[9]를 이용해 관세의 부과가 소득불평등에 미치는 영향은 파악할 수 있다. **S-S** 정리에 의하면, 관세의 부과는 수출산업 상품의 생산을 감소시키고 수입대체 산업 상품의 생산을 증가시킨다. 왜냐하면 수입상품의 가격이 관세의 부과로 인해 상승하기 때문이다. 이는 상대적으로 풍부한 생산요소를 소유한 집단의 실질소득을 감소시키지만, 희소한 생산요소를 소유한 집단의 실질소득을 증가시킨다.

이하에서는 관세 부과에 따른 실질소득의 변화를 설명하기 위해 노동(L)과 자본(K)의 두 생산요소만을 고려하는 간단한 경제를 상정한다. 먼저 어떤 국가의 관세부과 이전의 실질국민소득 Y는 다음과 같이 노동소득(wL)과 자본소득(rK)의 합으로 이루어진다.

$$Y = wL + rK$$

여기서 w와 r은 노동과 자본의 실질가격을 나타낸다. 만약 이 국가에서는 자본을 집약적으로 사용해 생산하는 상품을 수입하고 노동을 집약적으로 사용해 생산하는 상품을 수출한다고 가정하면, 관세부과 이후의 실질국민소득($\hat{Y}$)은 다음과 같이 나타난다.

$$\hat{Y} = \hat{w}L + \hat{r}K$$

9 참고로 폴 앤서니 새뮤얼슨(Paul Anthony Samuelson, 1915~2009)은 신고전학파의 시장균형 이론과 케인스 이론을 접목해 '신고전파 종합'(Neoclassical Synthesis)이라는 새로운 학문체계를 완성하였으며, 현대 경제학의 아버지로 평가받고 있다. 그는 1970년 역사상 두 번째로 노벨 경제학상을 수상하였으며, 이후 그의 제자들도 여러 명이 노벨 경제학상을 수상하였다. 1948년에 집필한 *Economics*는 19판까지 발간되었으며, 가장 인기 있는 대학교재 중 하나이다.

여기서 $\hat{w}$와 $\hat{r}$는 관세부과 이후의 노동과 자본의 실질가격을 나타낸다. 또한 관세부과로 인해 $\hat{w} < w$ 및 $\hat{r} > r$의 관계가 성립한다. 왜냐하면 자본집약재의 상대가격이 관세부과로 인해 상승하기 때문이다. 이로 인해 자본을 집약적으로 사용하는 수입대체 산업 생산품의 생산량이 증가하며, 노동을 집약적으로 사용하는 수출산업 생산품은 감소한다. 만약 관세부과 이전과 이후 모두 완전고용을 가정하면, 노동소득은 감소(즉 $\hat{w}L<wL$)하지만 자본소득은 증가(즉 $\hat{r}K>rK$)한다. 이상의 결과는 국민소득 중에서 차지하는 노동소득의 상대적 크기는 감소하게 되며, 자본소득의 상대적 크기는 증가한다는 것을 의미한다.

그러므로 관세부과는 수출품을 생산하기 위해 집약적으로 사용하는 풍부한 생산요소의 실질가격을 감소시키지만, 수입대체 산업(보호를 받는 산업)에 사용되는 희소한 생산요소의 실질소득을 증가시킨다. 우리는 이상과 같은 실질소득의 변동을 '관세부과에 따른 소득재분배 효과'라고 부른다. 여기서 유의할 사항은 일반적으로 관세부과 이후의 실질국민소득($\hat{Y}$)이 이전의 실질국민소득(Y)에 비해 감소한다는 점이다. 왜냐하면 교역조건(terms of trade)이 일정하다고 가정할 때 관세부과는 생산과 소비의 왜곡을 초래해 실질국민소득을 감소시키기 때문이다.[10]

이처럼 국가 간 무역의 확대는 계층(혹은 집단) 간 생산물의 상대가격을 변화시켜 임금격차와 소득불평등을 유발한다. 또한 관세를 부과할 경우에는 수입대체 산업에 집약적으로 사용되는 생산요소를 소유한 계층의 소득이 증가하게 된다. 따라서 우리는 무역의 확대가 임금격차의 중요한 원인이 될 수 있으며, 관세의 결정과 같은 무역정책으로 인해 소득재분배 효과가 생겨난다는 사실을 알 수 있다.

마지막으로 노동과 자본 중에서 하나의 생산요소만이 증가하는 경우에는 생산에 미치는 효과가 상이하게 나타날 수 있는데, 이는 '립진스키 정리'(Rybczynski theorem)로 알려져 있다. 즉 립진스키 정리는 요소공급 변화에 의한 경제성장이 무역형태에 미치는 영향을 규명한 이론으로 교역조건이 경제성장 전후에 동일하다고 가정할 때 다음과 같이 요약된다. 만약 특정 국가에서 하나의 생산요소 공급량이 증가하고 나머지 생산요소의 공급량이 고정되어 있다면, 증가한 생산요소를

10 본서에서는 관세부과로 인한 생산과 소비의 왜곡 현상에 관한 설명을 생략한다. 이 내용은 국제경제학 서적에서 쉽게 찾을 수 있다.

집약적으로 사용하는 산업의 생산량은 절대적으로 증가하며 고정된 생산요소를 집약적으로 사용하는 산업의 생산량은 절대적으로 감소한다.

3.2 실증연구 결과

특정 국가의 연간 시계열 자료를 사용해 무역과 임금격차 혹은 무역과 소득불평등 간의 관계를 검토한 실증연구는 주로 이들 변수들 간의 단기와 장기의 인과관계 분석에 집중하였다. 일련의 연구결과들은 무역이 임금격차에 유의한 영향을 미쳤다고 파악하였으며, 반대로 임금불평등이 무역에 유의한 영향을 미쳤다고 주장하는 연구결과들도 존재한다. 예를 들어 Borjas and Ramey(1994)는 1964~91년의 연간 미국의 임금자료를 사용해 무역적자가 임금격차를 심화시켰다고 관측하였다. 그러나 Ghosh et al.(2000)은 임금불평등이 미국의 순수출에 음(-)의 영향을 미친 것으로 파악하였다. 따라서 무역과 임금격차 간에는 인과관계의 문제점이 있지만, 이들 변수들 간의 실증적 연관성은 대체로 형성되는 것으로 나타난다.

무역과 임금불평등(혹은 소득불평등) 간의 실증적 관련성은 국가 간 횡단면 혹은 패널자료를 이용한 연구에서 흥미로운 결과를 제시하였다. 국가 간 실증연구에서는 무역이 소득불평등에 미치는 영향이 국가별로 상이할 뿐만 아니라 국가 내에서의 소득 계층별로도 상이하게 나타난다고 관측하였다. 이상의 영향이 국가별로 상이하다는 대표적 실증분석은 Spilimbergo et al.(1999)을 들 수 있는데, 그들은 다양한 형태로 측정된 무역개방도가 소득지니계수로 나타낸 소득불평등에 미치는 영향이 국가별 생산요소 부존량에 따라 다를 수 있다고 분석하였다.

만약 기술집약적(skill-intensive) 생산요소의 부존량이 풍부한 국가와 토지나 자본집약적(land- and capital-intensive) 생산요소의 부존량이 풍부한 국가로 구분하면, 무역개방도의 확대는 토지나 자본집약적(기술집약적) 국가의 소득불평등을 상대적으로 심화(완화)시킬 수 있다. 그 이유는 인간이 기술을 획득하는 한계(최상의 한계점, upper limit)에 도달하는 것이 토지나 자본을 획득하는 한계에 도달하는 것보다 어렵다고 전제할 수 있기 때문이다. 즉 부유한 사람들이 더 많은 토지나 자본을 획득하는 것은 더 높은 수준의 기술을 획득하는 것보다 훨씬 쉬울 수 있다. 따라서 무역이 소득불평등을 심화시키는 정도가 토지나 자본집약적 국가에서 상대적으로 크게 생겨난다.

무역개방도가 특정 국가 내 소득불평등에 미치는 영향을 파악한 연구로는 Florian et al.(2021)을 통해 살펴본다. 그들은 이상의 두 변수들 간의 내생성을[11] 고려하고 1970~2014년의 139개 국가를 대상으로 분석하였는데, 무역개방도가 신흥공업국이나 개발도상국에서 극빈층의 상대적 소득분배를 불균형적으로 증가시키는 경향이 있다고 관측하였다.[12] 이는 개발도상국에서 무역의 확대가 저소득층에 유리하게 작용할 수 있다는 국제무역의 전통적 이론과 부합하는 결과이다.

우리나라 통계자료를 이용한 연구로는 김원규(2006)와 이태열(1999)을 들 수 있다. 김원규(2006)는 세계시장으로 개방의 확대가 소득불평등을 악화시키지 않을 수 있다는 실증분석 결과를 제시하였다. 그런데도 김원규(2006)는 시장개방 확대에 따른 불가피한 구조조정이 실업률을 증가시키고 숙련 노동자 편향적인 기술진보를 유발하기 때문에 향후 소득불평등이 심화할 가능성을 부정하지는 않았다. 이태열(1999)은 상품수입 국가군을 산업화된 국가와 개발도상국으로 구분해 제조업 관련 수입이 숙련 노동자들의 상대적 임금에 미치는 영향을 분석하였는데, 무역변수가 임금격차에 영향을 미치는 중요한 요인이 된다고 관측하였다.

그러나 또 다른 일련의 실증분석 결과들은 무역이 소득불평등 변동에 원인이 되지 않는다고 관측하였다. 예를 들어 Edward(1997)는 상당히 많은 수의 관측치와 다양한 무역개방도의 대리변수를 사용해 무역개방도의 변화가 소득불평등이나 임금불평등의 변화에 통계적으로 유의한 영향을 미치는 않는 것으로 추정하였다. 이미 언급한 Florian et al.(2021)은 산업화된 국가들을 대상으로 한 추정결과는 무역개방도가 소득불평등을 심화시켰지만, 이는 순전히 이상치(outliner)에 근거한다고 주장하였다. 따라서 무역개방도가 소득불평등에 영향을 미치는지 혹은 영향을 미친다면 어느 정도인지에 대한 실증분석 결과들은 다소 논쟁의 여지가

11 계량경제학의 용어로 표현하면, 그들은 무역개방도의 도구변수(instrumental variable)로 예측 개방도(predicted openness)를 사용하였다.

12 그러나 Florian et al.(2021)은 이상의 결과가 모든 빈곤층에 반드시 나타나는 것은 아니라고 밝혔다.

있다. 그럼에도 불구하고, 많은 연구들에서는 무역이 요소부존량에 따른 국가 간 소득불평등은 물론 특정 국가의 숙련 노동자와 비숙련 노동자의 집단 간 및 각 집단 내의 임금격차와 관련된다고 제시한다.[13]

최근에는 국가 간 무역의 확대와 지역경제통합과 같은 세계화 진전이 국내의 소득불평등이나 소득양극화(income polarization)에 미치는 영향을 파악하려는 연구들이 활발히 진행 중이다. 예를 들어 세계화 진전은 대기업과 중소기업 간의 수익격차, 정규직 노동자와 비정규직 노동자 간의 임금격차, 종사지위별 고용이나 임금격차 등에 미치는 영향을 검토한 연구결과들이 발표되고 있다. 또한 세계화 진전으로 인한 경쟁의 강화는 빈부격차를 이전보다 훨씬 심화시켜 정부의 역할 증대를 요구하고 있는데, 이로 인해 일련의 연구들에서는 세계화 진전이 정부의 역할(무역과 불평등에 영향을 미치는 조세나 재정지출의 조정)을 통해 소득불평등에 미치는 영향을 평가하고 있다.

보충내용

무역개방도의 측정

비록 실증연구에서는 무역개방도를 반영하기 위해 다양한 변수들을 사용하였지만, 무역개방도를 정확히 반영하는 대리변수를 찾기란 현실적으로 불가능하다. 지금까지 실증연구들이 사용한 몇몇 무역개방도의 대리변수를 소개하면 다음과 같다.

첫째, 무역개방도는 무역 관련 정책결정과 밀접하게 관련되므로 '평균 관세율'("총수입량 대비 수입관세 비율")이 무역개방도의 대리변수로 종종 사용되었다. 즉 평균 관세율이 낮은 국가일수록 무역개방도가 높다고 판단한다. 그러나 관세율은 비관세장벽(수량제한·수입허가제·각종 수입과징금·외환할당 등)과 같은 다른 형태의 정부간섭을 고려하지 못하는 문제점이 있다.

둘째, 무역량("GDP 대비 무역량(수출량+수입량) 비율")은 전통적 무역개방도의 대리변수로 가장 널리 사용되고 있다. 일부 연구들에서는 무역량 대신 수출량("GDP 대비 수출량의 비율") 혹은 수입량("GDP 대비 수입량의 비율")만을 무역개방도의 대리변수로 사용하였다. 그러나 이러한 변수들의 크기는 무역개방도와는 상관없이 요소부존량에 따라 결정될 수 있으므로 무역개방도의 적절한 대리변수로는 한계를 지닌다.

셋째, Dollar(1992)는 '가격왜곡지수'(price distortion index)를 무역개방도의 대

13 이상의 논리와는 반대로, 초기의 소득불평등이 무역개방도나 무역정책의 결정에 영향을 미칠 수 있다. 이는 본 장 제5절에서 검토한다.

리변수로 사용하였다. 가격왜곡지수는 "무역에서 실질적으로 거래되는 상품 가격과 구매력평가(Purchasing Power Parity, PPP)에 의한 가격과의 차이"를 의미한다. 따라서 Dollar(1992)는 이상의 두 가격 차이가 클수록 무역흐름(trade flow)에 왜곡이 크고 무역개방도가 낮다고 전제하였지만, 이는 모든 상품들의 거래 규모(즉 무역개방의 크기)나 비공식적 거래행위 등을 반영하지는 못한다.

넷째, 국가 간 무역흐름의 왜곡을 반영하는 지하경제 환율 프리미엄의 역수가 무역개방도의 대리변수로 종종 사용되었다. 즉 '지하경제 프리미엄'(black market premium)을 반영하는 환율의 왜곡은 무역에서 발생하는 왜곡을 측정하는 간접적 방법이며, 이러한 왜곡은 무역개방도와 반대 방향으로 작용한다. 이 변수는 그 자체 정확한 측정이 불가능하다는 측정오차의 문제점을 안고 있다.

다섯째, Sachs and Warner(1995)가 제시한 가장 복합적 지수인 '개방도지수'가 있다. 즉 개방도지수는 1965~90년의 다양한 요인들을 고려해 0(가장 낮은 수준의 개방도)과 1(가장 높은 수준의 개방도) 사이의 숫자로 나타낸 값이다. 이때 고려되는 사항들은 평균관세율, 수입할당이나 허가, 지하경제 환율 프리미엄, 수출품에 대한 조세·할당·국가독점과 같은 비극단적 통제 등이다. 개방도지수는 그 지수를 결정하는 다양한 요인들의 가중치와 함수형태를 어떻게 고려하는지에 따라 달라질 수 있다.

이상의 변수들 이외에도 무역개방도를 반영하기 위한 대리변수들은 다양하다. 특히 최근의 실증연구에서는 "예측(predicted, 혹은 예상) 무역량과 실제(actual) 무역량 간의 차이"를 비교해 무역개방도를 반영하는 변수를 만들어 널리 사용하였다. 그러나 이상의 변수는 구축과정에서 연구자에 따라 함수형태를 자의적으로 설정할 수 있다는 문제점이 있다.

3.3 무역과 성별 임금불평등

만약 여성과 남성의 평균 생산성이 다르다면, 무역개방도의 확대가 성별 임금불평등 변화에 영향을 미친다. 일반적으로 성별 평균 생산성의 차이는 사회 전반적 양성평등의 인식에 기초한 교육 및 고용기회의 형평성에 크게 의존한다. 따라서 여성과 남성의 평균 생산성의 차이는 제도적 기반이 덜 발전한 개발도상국 혹은 저개발국에서 상대적으로 크게 생겨난다. 이하에서는 개발도상국들에서 생겨나는 무역개방도와 성별 임금불평등 간의 가능한 관계를 간단히 살펴본다.

개발도상국에서 공산품 수출의 증가는 남성 노동자보다 여성 노동자의 수요를 상대적으로 많이 증가시키는데, 이 현상은 통상적으로 다음의 두 가지 이유로 설명된다. 첫째, 현실에서 여성 노동자는 공산품 수출기업에 임금상승이나 작업환경의 개선 등과 같은 요구를 남성 노동자보다 상대적으로 덜 하는 것으로 나타난다. 둘째, 개발도상국의 주요 수출품인 의류·신발·간단한 전자제품 등과 같은 경공업 제품의 생산에는 여성의 능력이 남성의 경우보다 상대적인 우위에 있을 수 있다.

이상의 두 가지 이유 중 어떤 이유에서든 개발도상국에서 무역개방도의 확대는 남성 노동자보다 여성 노동자의 고용을 증가시키고 여성 노동자의 상대적 임금수준을 상승시킨다. 그러나 경제가 발전함에 따라 여성의 고용 증대를 상쇄하는 효과가 나타난다. 즉 여성 노동자의 상대적 임금 및 고용의 증가는 여성의 절대적 시간뿐만 아니라 남성 노동자와 비교한 상대적 여가(leisure) 시간의 감소로 인해 여성 노동자들의 노동공급에 대한 유인이 줄어든다. 만약 노동공급을 감소시키는 소득효과(임금상승에 따른 노동공급의 감소)가 노동공급을 증가시키는 대체효과(여가를 노동공급으로 대체)를 압도하면, 여성 노동자의 노동공급은 자연히 감소하게 된다.

또한 농업이 중요한 수출산업인 개발도상국에서는 여성 노동자가 무역개방도 확대로 얻을 수 있는 혜택을 직접 받을 수 없을 가능성이 존재한다. 왜냐하면 개발도상국들의 여성들은 신용(credit)의 가용성·생산요소의 이용·상품의 판로개척 등에 분명한 한계가 있으며, 이로 인해 토지의 재산권 행사에 상당한 제약이 존재하기 때문이다. 따라서 무역개방도가 여성 노동자에게 미치는 긍정적 영향이 개발도상국에서는 다양한 요인들에 의해 현실적으로 제한될 수 있다. 다시 말해 특정 국가의 성별 임금불평등은 그 국가의 수출품목의 형태와 함께 제도적 요인(예를 들어 토지나 다른 생산적 자산에 대한 여성의 접근을 통제하는 제도) 등에 의존한다.[14]

3.4 생산요소의 국제이동

1990년대 이후 세계경제의 급속한 글로벌화(혹은 세계화)는[15] 국가 간 생산요소의 자유로운 이동을 가능하게 함으로써 국가 간 생산요소 부존량의 차이는 큰

14 개발도상국에서의 무역개방도와 소득불평등에 관한 논의는 Anderson(2005)에 잘 요약되어 있다.

15 글로벌 경제는 "경제활동이 세계적으로 확장되며 범지구적 시스템과 네트워크를 형성하는 경제현상"으로 정의된다. 세계화 진행과 관련된 논의는 제10장에서 검토한다.

의미를 잃어가고 있다. 기존의 자본만이 아니라 고급인력과 같은 인적자본까지 거의 모든 생산요소를 자국에 유치하려는 국가 간 경쟁이 글로벌화로 인해 활발히 진행되고 있다. 또한 생산요소의 자유로운 이동은 생산요소 가격의 국가 간 평준화를 더욱 보편화시킨다. 우리는 이 현상을 '요소가격 균등화 정리'(factor price equalization theorem)라고 한다.[16]

본 절에서는 생산요소가격의 평준화가 임금분배의 불평등에 어떤 영향을 미치는지 살펴본다. 우선 국가 간 노동과 자본의 자유로운 이동이 상대가격에 어떤 영향을 미치는지 살펴보기 위해 산업화된 국가(이후 A국으로 표시)와 개발도상국(이후 B국으로 표시)의 2개 국가만을 가정한다. B국에서는 상대적으로 높은 자본의 수익률(예를 들어 이자율)과 낮은 임금수준이 나타난다. 만약 B국의 상대가격이 생산요소의 국제이동으로 인해 A국의 상대가격으로 수렴해 간다면, B국의 임금수준은 상승하고 이자율은 떨어지게 된다. 그러나 이상의 결과에는 다소 혼란의 여지가 있다. 왜냐하면 요소가격이 산업화된 국가의 수준에서 평준화될지 혹은 세계의 평균수준에서 달성될지 알 수 없기 때문이다. 그런데도 개발도상국에서는 고소득층이 노동보다는 자본을 집중적으로 보유하므로 생산요소가격의 균등화는 소득분배의 불평등을 완화하는 효과를 유도한다.

다음으로, 노동을 고학력 혹은 숙련 노동자와 저학력 혹은 비숙련 노동자로 나누어 요소가격의 균등화가 소득불평등의 변화에 미치는 영향은 분석한다. 이 경우에도 국가 간 임금격차의 차이를 분석함으로써 소득불평등의 변화를 유추할 수 있다. 즉 상대적으로 숙련 노동자가 풍부하고 비숙련 노동자가 희소한 국가(일반적으로 산업화된 국가, A국)가 상대적으로 비숙련 노동자가 풍부하고 숙련 노동자가 희소한 국가(일반적으로 개발도상국, B국)와 무역을 한다고 가정한다.

만약 A국이 비숙련 노동자를 집약적으로 사용하는 B국의 상품을 수입한다면, A국에서는 비숙련 노동자의 일자리와 임금이 줄어들고 숙련 노동자의 일자리와 임금이 늘어나게 된다.[17] 또한 국가 간 노동의 자유로운 이동이 보장되면, A

16 이는 무역으로 인해 양국 간의 생산요소의 상대가격과 함께 절대가격이 균등화된다는 것으로 H-O 정리에 바탕을 두고 있다.

17 A국이 노동집약적 상품을 B국으로부터 수입한다는 것은 반대급부로 자본집약적 혹은 기술집약적 상품을 B국에 수출한다고 가정할 수 있으므로 A국 숙련 노동자의 일자리와 임금이 늘어나게 된다.

국의 비숙련 노동자는 B국의 저임금 노동자와 경쟁해야 한다. 따라서 A국 비숙련 노동자의 임금은 하락할 유인이 생겨나므로 A국의 숙련 노동자와 비숙련 노동자 간의 임금불평등은 심화할 수 있다. 이상의 논리와는 반대로, B국에서는 비숙련 노동자의 임금이 늘어나고 숙련 노동자의 임금이 줄어드는 현상이 생겨난다. 이는 B국의 임금불평등을 완화하는 유인으로 작용한다.

그러므로 자유로운 생산요소의 이동은 국가 간 생산요소를 자국에 유치하려는 경쟁을 유발하기 때문에 임금격차는 어떤 형태로든 생겨나기 마련이다. 우리나라는 고학력 인구가 많을 뿐만 아니라 앞으로 지속해서 증가하리라 예상되므로 국내시장의 요인으로는 향후 임금격차가 완화할 것으로 기대된다. 왜냐하면 고학력 인구가 많아질수록 그들의 한계생산성이 감소해 임금수준이 줄어들 것으로 예상되기 때문이다.[18] 그러나 비숙련 노동자는 국가 간 자유로운 이동이 증가함에 따라 고용이나 임금은 하락할 유인이 생겨나며, 이는 숙련 노동자와 비숙련 노동자 간의 임금격차를 심화시키는 요인으로 작용한다.

4. 기술진보와 소득분배

기술진보와 소득불평등은 상호 영향을 주고받는 변수이다. 기술진보가 소득불평등에 영향을 미치기도 하고, 소득불평등이 기술진보를 결정하기도 한다. 본 절에서는 기술진보가 어떻게 임금격차를 심화시키며, 소득불평등이 어떻게 기술진보에 영향을 미치는지에 관한 이론적 논의를 설명한다.

4.1 기술진보와 임금격차

기술진보는 소득이나 부의 분배에 영향을 미친다. 만약 기술진보가 고기술 혹은 고학력 인력(숙련 노동자)의 일자리 혹은 수요를 증가시키고 저기술 혹은 저학력 인력(비숙련 노동자)의 일자리 혹은 수요를 감소시키면, 기술진보는 임금격차를 심화시키는 요인이 된다. 왜냐하면 숙련 노동자가 비숙련 노동자보다 새로운

18 그러나 특정 분야의 인적자본에 대한 진입장벽은 여전히 높으므로 그들과 상대적으로 진입장벽이 낮은 분야의 고학력 노동자들 간의 임금격차는 심화할 여지가 있다.

기술진보를 습득하고 이용하는 데 유리하기 때문이다. 또한 기술진보의 습득과 이용의 정도는 생산성 향상에 영향을 미치기 때문에 기술진보는 숙련 노동자와 비숙련 노동자 간의 임금격차를 심화시킨다. 임금격차는 소득불평등 및 자산불평등을 결정하는 중요한 원인이므로 기술진보는 소득분배의 불평등을 심화시키는 요인으로 작용한다.

이상의 논의는 다음의 간단한 모형으로 쉽게 설명된다. 우리는 논의를 단순화하기 위해 상품 생산을 위한 생산요소로 숙련 노동자(L_S)와 비숙련 노동자(L_U)만을 고용하는 경제를 상정한다. 또한 모든 노동자는 임금수준과 관계없이 1단위로 표준화 된(normalized) 노동을 공급(S)한다고 가정한다. 만약 노동수요와 노동공급이 완전경쟁시장에서 이루어진다면, 노동에 대한 수요(D)는 다음과 같이 노동의 한계생산가치(Value of Marginal Product of Labor: VMPL)와 동일하다.

$$D = VMPL = P \times MPL$$

여기서 P는 생산물의 가격, MPL은 노동의 한계생산물을 의미한다. 이 경제의 임금격차(소득불평등)는[19] 숙련 노동자와 비숙련 노동자의 임금비율로 측정할 수 있으며, 이는 다음과 같이 나타난다.

$$\frac{W_S}{W_U} = \frac{P \times MPL_S}{P \times MPL_U} = \frac{MPL_S}{MPL_U}$$

여기서 $W_S(W_U)$는 숙련 노동자(비숙련 노동자)의 임금수준, $MPL_S(MPL_U)$은 숙련 노동자(비숙련 노동자)의 한계생산물을 나타낸다. 따라서 이 경제의 소득불평등은 간단히 두 노동자의 한계생산물 비율로 측정된다. 만약 새로운 외생적인 기술진보가 두 노동자의 생산성에 동일한 영향을 미친다고 가정하면, 한계생산물의 비율이 변하지 않기 때문에 소득불평등은 변동하지 않는다.

그러나 현실에서는 많은 교육과 훈련을 받은 숙련 노동자가 그렇지 못한 비숙련 노동자에 비해 새로운 기술을 습득하고 이용하는 데 있어 훨씬 유리하기 마련

19 이 경제에서는 생산요소로 오로지 노동력만을 고려하기 때문에 임금불평등과 소득불평등은 동일하다.

이다. 따라서 새로운 기술진보는 비숙련 노동자에 비해 숙련 노동자의 한계생산물을 상대적으로 많이 증가시키기 때문에 소득불평등은 자연적으로 심화한다. 예를 들어 새로운 기술진보가 숙련 노동자와 비숙련 노동자의 생산성을 각각 20%와 10%만큼 상승시킨다면, 아래의 식과 같이 두 노동자 간의 임금비율은 약 9.1% 확대된다.

$$\frac{W_S}{W_U} = \frac{1.20 \times P \times MPL_S}{1.10 \times P \times MPL_U} \fallingdotseq 1.091 \times \frac{MPL_S}{MPL_U}$$

따라서 새로운 기술진보가 비숙련 노동자보다 숙련 노동자의 생산성을 상대적으로 많이 증가시키기 때문에 두 노동자 간의 임금비율은 상승하게 된다. 우리는 [그림 5-1]에서와 같이 기술진보로 인한 숙련 노동자의 수요곡선 이동($D_S^0 \rightarrow D_S^1$)이 비숙련 노동자의 수요곡선 이동($D_U^0 \rightarrow D_U^1$)에 비해 크다는 것을 쉽게 확인할 수 있다. 즉 W_U^0와 W_S^0의 임금비율보다 W_U^1와 W_S^1의 임금비율이 크다는 사실은 두 노동자 간의 임금격차(소득불평등)가 심화하였음을 의미한다.

우리는 이상의 분석에서 간과해서는 안 될 중요한 세 가지 사항을 지적할 수 있다. 첫째, 기술진보는 노동자의 숙련도와 관계없이 모든 노동자의 절대적 임금

그림 5-1 숙련 노동자에게 유리한 기술진보와 노동시장의 균형

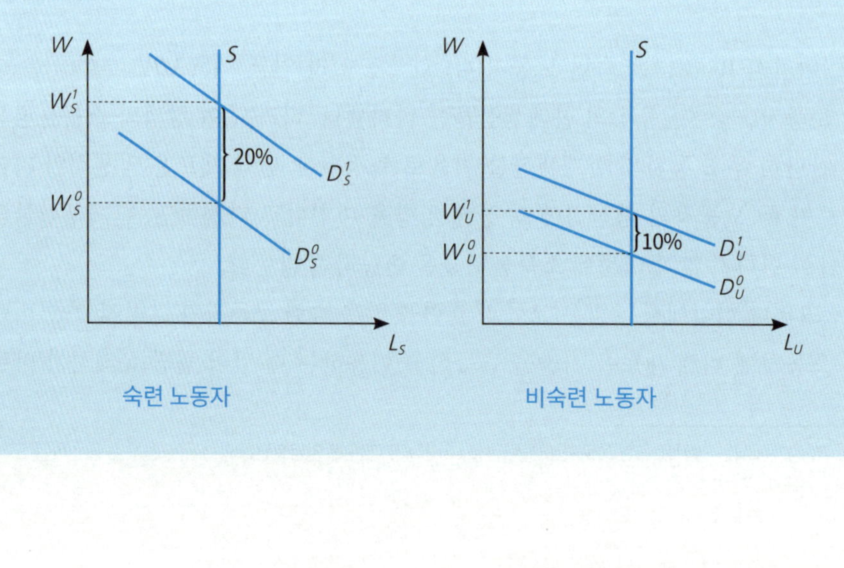

수준을 상승시킨다. 비록 기술진보가 소득불평등을 심화시키지만, 가난한 노동자를 더욱 가난하게는 만들지 않는다. 우리는 기술진보가 숙련 노동자의 임금 상승을 비숙련 노동자의 경우에 비해 상대적으로 크게 유도한다는 사실을 기억해야 한다. 그러므로 기술진보가 형평의 측면에서는 부정적 영향을 미치지만,[20] 성장의 측면에서는 모든 노동자의 임금수준을 상승시키는 긍정적 영향을 미친다.

둘째, 이상의 간단한 모형에서는 노동공급이 [그림 5-1]에서와 같이 고정된 것으로 가정한다. 이 가정은 노동자가 동질적인 단위의 노동을 공급할 때만 성립한다. 그러나 숙련 노동자에게 상대적으로 높은 수준의 임금이 주어지면, 노동자들은 그들의 자녀가 미래에 높은 임금을 받도록 높은 수준의 교육투자에 대한 유인이 생겨난다. 따라서 기술진보로 인한 상대적 임금격차는 고등교육기관에 진학하는 젊은이의 수를 증가시킬 것이며, 이는 다시 숙련 노동자의 공급 증가와 비숙련 노동자의 공급 감소로 이어진다. 장기적 관점에서는 숙련 노동자의 한계생산물이 줄어들고 상대적 임금수준이 하락하게 되므로 소득불평등은 완화되어진다. 그러므로 기술진보로 인한 소득불평등의 심화는 시간이 흐름에 따라 점차 완화되는 형태로 나타난다. [그림 5-2]는 기술진보가 숙련 노동자의 임금을 상대적으로 많이 증가시킬 때 내생적 인적자본 축적을 고려한 소득불평등의 시간경로를 보여준다.

그림 5-2 기술진보에 따른 소득불평등의 시간경로

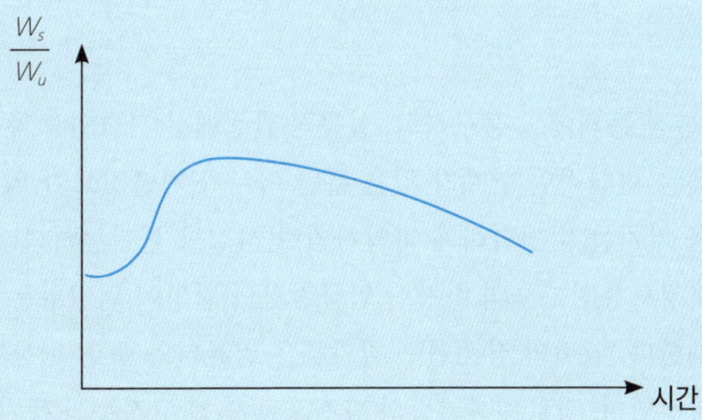

20 이러한 사실은 이하의 설명과 같이 단기적으로 나타나는 현상일 수 있다.

셋째, 기술진보가 항상 숙련 노동자의 수요를 증가시키는 형태로 발생하는 것은 아니다. 즉 현실에서는 숙련 노동자 편향적인 기술진보만 존재하는 것이 아니라 (기술진보가 오히려 기술수준이 낮은 노동력의 수요를 증가시키는) 비숙련 노동자 편향적인 기술진보도 존재한다. 역사적 사실을 살펴보면, 조립라인의 도입에 의한 대량생산과 같은 기술진보는 단순한 기능을 가진 노동자들을 더 많이 수요하였다. 따라서 기술진보와 임금격차, 더 나아가 소득불평등 간의 관계는 국가별 경제발전 단계나 산업구조 등에 따라 다를 수 있다.

읽을거리

기술발전지수

유엔개발계획(United Nations Development Program, UNDP)은 『인간개발보고서』에서 '인간개발지수'(Human Development Index: HDI)와 함께 '기술발전지수'(Technology Achievement Index: TAI)는 발표하였다. TAI는 기출창조(technology creation), 새로운 혁신의 전파(diffusion of new innovations), 구 발명품(혁신)의 전파(diffusion of old innovations) 및 인간의 기술(human skill)에 기초한 기술개발과 활용에 대한 성과를 나타내는 지표이다.

2001년에 처음 도입된 TAI는 72개 국가를 대상으로 핀란드(0.744), 미국(0.733), 스웨덴(0.703), 일본(0.698), 대한민국(0.666)의 순서대로 TAI가 크다고 발표하였다. 이상의 발표에 근거할 때 우리나라 사람들은 삶의 질에 비해 기술에의 접근성이 용이한 것으로 나타났다. 특히 우리나라는 기술창조 중 일반인에게 주어지는 특허권과 인간의 기술 측면이 상대적으로 높은 수준이었다.

출처: 유엔개발개획(UNDP, http://www.undp.org/)을 참고함.

이상의 이론적 논의에도 불구하고, 실증적 관점에서 기술진보의 정도를 정확히 측정하는 데는 현실적인 한계가 있을 뿐만 아니라 기술진보가 임금격차에 어느 정도 영향을 미치는지 정확하게 파악하기란 사실상 불가능하다. 다만 20세기 말부터 형성된 정보통신기술의 발전이 임금격차의 원인이 되었다는 실증분석 결과는 다수 존재한다. 일련의 실증연구 결과들은 컴퓨터와 숙련 노동자 간에는 보완적 관계가 형성되며, 정보통신기술의 발전으로 인해 고직능 노동자(숙련 노동자)와 저직능 노동자(비숙련 노동자) 간의 집단 간 임금격차가 심화하였다고 제시하였다(Autor et al., 1998; Bresnahan et al., 2002).[21] 그러므로 기술진보는 임금격차(소득불평등)의 원인으로 작용한다.

4.2 소득불평등과 수요의 제약

시장수요와 기술진보 간의 관련성을 보여주는 사례는 우리 주변에서 쉽게 찾을 수 있다. 오늘날 대부분 사람들이 소유한 스마트폰은 비교적 짧은 기간에 그 성능이나 기능이 급격히 발전하였다. 스마트폰이 발명된 초창기에는 성능이나 기능 면에서 현재 제품과 비교할 수 없을 만큼 조잡할 뿐만 아니라 가격이 훨씬 고가였다. 그런데도 스마트폰에 대한 지속적 수요의 증가가 기술진보를 유도함으로써 기능이 향상되고 가격은 하락할 수 있었다. 따라서 충분한 시장수요는 기술진보를 위한 중요한 전제조건이 된다.[22]

그렇다면 국가 전체의 시장수요 크기를 결정하는 중요한 요인은 무엇일까? 일반적으로 소득수준 및 소득분배가 시장수요의 크기에 가장 큰 영향을 미친다고 알려져 있다. 만약 정상재(normal goods)만을 가정하면, 소득수준이 국가 전체 시장수요의 크기에 양(+)의 영향을 미친다는 사실은 경제학의 기본 명제이다. 따라서 소득수준과 시장수요 간의 관계는 명확하지만, 소득불평등의 경우는 그렇게 간단하지 않다. 이하에서는 Mani(2001)가 제시한 소득불평등과 시장수요의 제약, 더 나아가 기술진보와의 관계를 간단히 살펴본다.

개발초기의 소득불평등이 시장수요를 제약하기 위해서는 두 가지 가정조건, 즉 수요의 비동조성(non-homotheticity)과 불완전한 금융시장의 존재가 요구된다. 수요의 비동조성은 "소득수준이 향상됨에 따라 세련된(고급 기술의) 제품에 대한 선호가 크게 증가함"을 의미한다. 우리는 논의의 단순화를 위해 전체 상품을 3개의 영역, 즉 ① 생필품(예: 음식) ② 단순한 제조품(예: 자전거나 의류) ③ 세련된(sophisticated) 제조품(예: 자동차나 컴퓨터)으로 구분한다. 이러한 3개 영역의 기술집

---

21 국내 연구로는 최강식(2004)이 기술수준이 높은 산업일수록 학력 간 임금격차가 더 크게 확대되었다고 제시하였다.

22 미시경제학 이론에서는 상품이 시장에서 거래되기 위해서는 두 가지 제약조건, 즉 ① 기술적 제약과 ② 수요의 제약을 극복해야 한다고 설명한다.

약도는 상당한 차이가 있으며, 이하에서는 각 영역에 상응한 노동의 기술수준을 미숙한 기술, 중간 정도의 기술 및 높은 수준의 기술로 표현하고자 한다.

경제인이 기술을 습득하기 위해서는 초기의 투자가 요구되지만, 많은 개발도상국들에서는 불완전한 금융시장으로 말미암아 투자를 위한 대출에는 한계가 존재한다. 따라서 경제인이 기술을 획득하기 위한 투자의 규모는 그들 부모의 부(wealth) 혹은 유산의 정도에 의해 제한될 수밖에 없다. 또한 우리는 가난한 사람들이 중간 정도의 기술은 습득 가능하지만, 부유한 사람들만이 높은 수준의 기술을 습득하고 유지할 수 있다고 가정한다.[23] 이 가정은 중간 정도의 기술을 획득하기 위한 투자는 가난한 사람들에 의해서도 가능하지만, 높은 수준의 기술을 획득하기 위한 투자는 부유한 사람들만이 가능하다는 것을 의미한다.

소득불평등이 매우 심한 사회에서는 중간 소득의 계층이 거의 존재하지 않거나 소수의 사람들만이 존재한다. 대부분 사람들이 가난한 상태에 머물러 있어 생필품만을 소모하며, 소수의 부유한 사람들만이 세련된 제조품을 수요한다. 이 경우에는 중간 정도의 기술로 생산할 수 있는 제품(즉 단순한 제조품)에 대한 수요가 크지 않기 때문에 중간 정도의 기술을 소유한 노동자의 수익은 줄어들게 된다. 또한 미숙한 기술 및 중간 정도의 기술을 소유한 노동자들의 낮은 수익은 불완전한 금융시장의 존재와 더불어 그들 자녀들에게 교육투자를 어렵게 만든다. 그러므로 이상은 "높은 소득불평등 – 낮은 시장수요 – 낮은 소득 – 낮은 교육투자 – 높은 소득불평등"의 악순환이 지속한다.

이상의 논리와는 반대로, 소득불평등이 심하지 않은 사회에서는 다수의 중간 소득의 계층이 존재하므로 단순한 제조품에 대한 수요가 상대적으로 많이 형성된다. 이는 중간 정도의 기술을 소유한 노동자들의 소득을 향상시키고, 그들의 자녀들에게 교육투자를 증가시킬 기회를 제공한다. 따라서 이상의 경제에서는 장기적으로 소득수준뿐만 아니라 평균적인 기술수준도 향상된다. 즉 중간 정도의 기술 부문의 발전이 현재의 가난한 노동자를 장기적으로 부유한 높은 수준의 기술 부문으로 연결하는 가교의 역할을 담당한다. 따라서 이 사회에서는 현재의 소득불평등이 점차적으로 완화될 가능성이 커진다.

23 이때 기술 획득을 위한 투자에는 불확실성이 존재하지 않는다고 가정한다.

그러나 소득불평등이 매우 심한 사회에서는 중간 정도의 기술에 대한 수요가 부족하므로 빈곤에서 풍요로 이어지는 가교가 형성되지 않는다. 결국 부유한 사람들과 가난한 사람들 간의 소득격차는 심화하고, 경제 전체적으로는 낮은 소득수준과 인적자본의 부족으로 인해 침체에 빠지게 된다. 따라서 초기의 소득불평등과 기술진보 간의 관계는 계속해서 순환하게 되는데, 이를 요약해 나타내면 [그림 5-3]과 같다.

그림 5-3 소득불평등과 기술진보 간의 순환

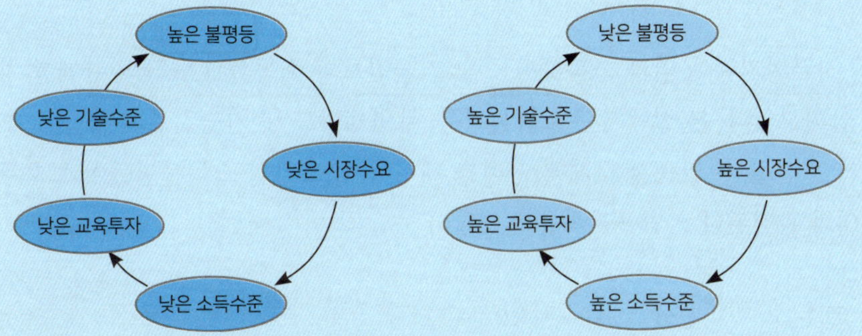

이상의 논리가 현실에서 성립하는지는 경제발전 초기의 경제상황에 의존하며, 극단적 경우에는 성립하지 않는다. 예를 들어 매우 빈곤한 국가에서는 인구의 대부분이 생존을 위한 최소한의 소비 혹은 그 이하를 소비하기 때문에 평등한 소득분배가 단순한 제조품의 수요 증가를 유발한다고 생각하기 어렵다. 그러나 현실적이고 흥미로운 사례는 앞서 제시한 초기의 소득불평등이 시장수요의 원인이 될 수 있는 경우이다. 따라서 Mani(2001)는 시장수요와 소득불평등 간의 관계가 복수의 균제상태(multiple steady state, [그림 5-3]과 같은 2개의 균제상태)로 생겨날 수 있다고 주장하였다.

지금까지 초기의 소득불평등이 시장수요와 기술진보에 영향을 미치고, 더 나아가 소득수준과 인적자본의 축적에 영향을 미친다는 논의를 살펴보았다. 시장수요는 기술진보를 위한 중요한 전제조건이며 인적자본의 축적은 기술진보와 보완적 관계를 형성하므로, 이상의 논의는 다음과 같이 정리된다. "경제발전 초기에 소득불평등이 심한 국가에서는 제조품에 대한 수요가 상대적으로 낮은 수준에 머물러 있으므로 단순한 제조품이나 더 나아가 세련된 제조품을 생산할 수 있는 기술이 발전하지 않는다. 그러나 소득분배가 평등한 국가에서는 세련된 제조품에 대한 수요가 상대적으로 많을 뿐만 아니라 인적자본의 축적으로 인해 높은 수준의 기술진보가 가능해진다."[24]

5. 소득불평등, 무역개방도 및 기술진보

지금까지는 무역과 소득불평등 및 기술진보와 소득불평등 간의 관계를 차례로 살펴보았다. 본 절에서는 소득불평등, 무역개방도 및 기술진보의 세 변수가 어떻게 관련될 수 있는지 구체적 사례를 제시하고, 초기의 소득불평등이 보호무역주의와 관련된다는 연구결과를 소개한다.

5.1 소득불평등과 비교우위

국가 간 무역은 생산요소 부존량 비율의 차이와 생산량 간의 요소집약도의 차이로 인해 발생한다는[25] 사실을 살펴보았다. 그러나 이상의 결과는 각국의 생산함수와 수요구조가 동일하다는 가정조건에서만 성립한다. 따라서 생산요소 부존량 비율이 같은 국가 간에도 생산의 기술적 조건에 차이가 생겨나거나 국민들의 선호체계가 다를 경우에는 언제든 무역이 발생할 수 있다. 예를 들어 A국과 B국의 생산요소 부존량은 동일할지라도 기술적 조건이 상이해 A국은 X재, 그리고 B국은 Y재를 특화하는 데 유리할 수 있다. 이 경우가 성립하면, 생산의 기술적 조

---

24 소득불평등과 시장수요에 대한 논의는 개발도상국의 발전과정에서 국제무역을 통한 기술 및 산업 발전을 강조하는 문헌에서 자주 언급된다. 예를 들어 1979년 노벨 경제학상을 수상자인 루이스(William Arthur Lewis, 1915~1991)는 *The International Economic Order*(1980)에서 국내시장이 협소한 개발초기의 국가에서는 공산품 생산의 학습과정(더 나아가 기술진보)에 제약이 생겨나며, 이로 인해 공산품 수출을 통한 산업화로 나아가는 데 어려울 수 있다고 지적하였다.

25 이는 본 장 제3절에서 설명한 헥셔-오린 정리(H-O 정리)이다.

건이 비교우위를 결정한다. 마찬가지로 국내의 수요구조에 변화가 생겨 생산조건이 달라진다면, 각국은 자국에서 많이 수요되는 상품에 비교우위를 갖게 된다.[26]

그렇다면 기술적 조건이나 수요구조의 변화를 유발할 수 있는 요인은 무엇일까? 본 절에서는 이상의 물음에 대한 해답을 국가 간 상이한 개발초기의 소득불평등에서 찾고자 한다. 즉 개발초기의 소득불평등 혹은 자산불평등은 시장수요 형태의 결정에 큰 영향을 미친다. 소득불평등이 심한 개발초기 국가(즉 대부분 사람들이 가난한 상태에 머물러 있으며 소수의 사람들만이 부유한 형태)에서는 수입 품목이 대부분 생활필수품인 천연자원이나 식료품으로 구성된다. 왜냐하면 소수의 부유한 사람들만이 공산품을 수요할 수 있으므로 공산품에 대한 시장수요는 극히 미미하기 때문이다. 다시 말해 공산품의 가격탄력도가 생활필수품인 천연자원이나 소모품의 경우에 비해 상당히 크게 나타난다.

천연자원이나 소모품을 주로 수입하는 국가에서는 무역을 통해 획득할 수 있는 새로운 지식에 대한 학습효과가 크게 생겨나지 않는다. 이와는 반대로, 소득분배 혹은 자산분배가 평등한 국가에서는 상대적으로 다수의 공산품 수요층을 확보함으로써 불평등이 심한 국가에 비해 공산품에 대한 수입의 정도가 크게 이루어진다. 따라서 소득분배 혹은 자산분배가 평등한 개발초기의 국가에서는 무역을 통한 학습효과가 크게 생겨나고, 이는 장기적으로 공산품을 생산할 수 있는 기술 및 산업의 발전을 유도한다.[27]

이상의 결과는 [표 5-1]에 나타난 자료를 통해 쉽게 확인된다. 1960년의 브라질과 멕시코의 토지지니계수로 측정한 자산불평등은 1961년의 우리나라의 자산불평등에 비해 상당히 심한 수준이었지만, 자동차 생산량은 브라질과 멕시코가 우리나라보다 훨씬 앞서 있었다.[28] 1965년은 언급할 필요도 없으며 1980년만 하더라도 브라질은 약 1,165,000대의 자동차를 생산하였는데, 우리나라의 생산량은 브라질 생산량의 10%를 조금 상회하는 약 123,000대에 불과하였다.

---

26 앞 절에서 국가 간 수요구조의 차이가 기술진보에 영향을 미쳐 생산조건이 달라질 수 있음을 살펴보았다.

27 이러한 논의는 Mani and Hwang(2004)이 제시하였다.

28 이 사례는 우리나라와 브라질·멕시코 등의 남미 국가들 간에는 초기 자산불평등에서 극명한 차이를 보이기 때문에 단순한 비교를 제시한다. 즉 1960년대 초기 우리나라의 자산불평등은 매우 낮은 수준이었으며, 브라질이나 멕시코 등의 남미 국가들의 자산불평등은 매우 심한 수준이었다.

표 5-1 초기의 자산불평등과 자동차 생산량

국 가	토지지니계수(연도)	자동차 생산량(000대)		
		1965년	1980년	1988년
브라질	0.8347(1960)	185	1,165	1,069
멕시코	0.6216(1960)	97	490	513
대한민국	0.2743(1961)	0.1	123	1,084

자료: 토지지니계수는 Deininger and Squire(1998); 자동차 생산량은 Gereffi and Wyman(1990).

그러나 [표 5-1]은 1988년에 이르러 우리나라의 자동차 생산량이 멕시코뿐만 아니라 브라질의 생산량을 앞질렀음을 보여준다.[29] 이러한 결과가 나타난 이유는 우리나라가 브라질과 멕시코보다 무역을 통한 학습효과를 크게 활용하였기 때문이다. 즉 1960년 이후 오랜 기간 우리나라의 자산분배는 상대적으로 평등하였으며, 이는 공산품에 대한 수입 확대를 유발함으로써 새로운 지식에 대한 학습효과를 크게 형성하는 데 기여하였다. 그러나 초창기 남미 국가들의 자동차 생산은 외국의 기술과 자본에 크게 의존하였기 때문에 학습효과를 통한 기술발전은 크게 이루어지지 않았다.

이상의 논의를 실증적으로 검증하기 위해 Mani and Hwang(2004)은 38개 개발도상국으로 구성된 표본을 사용해 초기의 자산불평등이 학습효과를 통한 비교우위에 미치는 영향을 추정하였다. 그들은 개발초기의 자산불평등을 반영하기 위해 1960년경의 토지지니계수를[30] 사용하였으며, 학습효과를 통한 비교우위의 정도는 몇몇 대리변수들을 사용해 나타내었다. 실증분석 결과는 초기의 자산불평등이 심한 국가일수록 무역을 통한 학습효과가 미미해 세련된 공산품보다는 천연자원의 수출에 크게 의존하는 것으로 추정하였다. 더욱이 토지지니계수 추정계수의 크기 및 통계적 유의성은 시간이 흐름에 따라 증가하는 것으로 관측하였다. 이상의 결과는 초기의 자산불평등이 학습효과(더 나아가 기술진보)에 미치는 영향이 일정 기간 존속할 가능성을 시사한다.

29 우리나라의 자동차 생산량은 2021년 기준 세계 5위 규모인 3,462,499대이며, 최근 들어 다소 감소하는 추세이다(한국자동차산업협회, http://www.kama.or.kr/).

30 Mani and Hwang(2004)이 사용한 토지지니계수는 [표 5-1]의 자료와 같은 Deininger and Squire(1998)가 제공한 자료이다.

생각해 볼 문제

1. 무역이 장기적인 경제성장에 긍정적 영향을 미친다는 많은 이론적·실증적 연구결과들에도 불구하고, 일부 국가들에서는 여전히 보호무역주의를 추구하는 이유는 무엇인가? 또한 무역개방도가 학력별·산업별·지역별·성별 분류에 따른 노동자 간의 이익에 다른 영향을 미칠 수 있는데, 이상의 내용을 논의하라.

2. 우리는 생산을 위해 숙련 노동자와 비숙련 노동자만을 고용하는 경제를 상정한다. 또한 이 경제의 소득불평등은 두 노동자 부류(즉 숙련 및 비숙련 노동자)의 임금비율(W_S/W_U)로 나타난다고 가정한다. 여기서 W_S와 W_U는 숙련 노동자와 비숙련 노동자의 임금수준을 의미한다.

   (1) 만약 완전경쟁 노동시장을 가정하면, 두 노동자의 수요는 각각 어떻게 결정되는가?

   (2) 임금수준과 관계없이 모든 노동자는 1단위의 노동을 공급할 수 있다고 가정한다. 즉 노동공급 곡선은 임금수준과 관계없이 수직선의 형태로 나타난다. 이때 노동수요와 노동공급에 의해 결정되는 균형임금을 숙련 노동자와 비숙련 노동자에 대해 각각 그래프를 그리고 설명하라.

   (3) 만약 새로운 정보통신기술의 발전이 숙련 노동자와 비숙련 노동자에 대해 10%씩 동일하게 생산성 향상에 기여한다면, 소득불평등에는 어떤 변화가 발생하는가?

   (4) 만약 새로운 정보통신기술의 발전이 숙련 노동자와 비숙련 노동자에 대해 각각 15%와 5%의 생산성 향상에 기여한다면, 소득불평등에는 어떤 변화가 발생하는가?

   (5) 만약 새로운 정보통신기술의 발전이 숙련 노동자와 비숙련 노동자에 대해 각각 5%와 15%의 생산성 향상에 기여한다면, 소득불평등에는 어떤 변화가 발생하는가?

   (6) 이상의 (3)~(5) 중 어떤 경우가 현실의 경제와 부합한다고 생각하는가? 그 이유는 무엇인가?

3. 일반적으로 시장형태와 기업규모는 기술진보에 영향을 미친다고 알려져 있다. 여러분은 어떤 시장형태(예를 들어 완전경쟁·독점·과점 등)가 기술진보에 가장 유리하다고 생각하는가? 기업규모가 크다는 사실은 기술진보에 긍정적 효과와 부정적 효과를 동시에 가지는데, 이를 구체적으로 설명하라. 또한 기업규모가 기술진보에 미치는 긍정적 효과와 부정적 효과를 경제상황(예를 들어 호황 혹은 불황)과 연관시켜 제시하라.

4. 우리나라는 1990년대 후반부터 정보통신기술의 강국으로 급성장하였다. 이러한 성장은 기업이 직면하는 두 가지 제약, 즉 기술적 문제와 시장수요의 한계를 극복하였기 때문에 가능할 수 있었다. 특히 정보통신기술 관련 생산품이 우리나라에서 어떻게 시장수요의 제약을 극복하였는지 논의하라.

5. A국과 B국은 모두 경제개발 초기단계이고, 상품의 생산함수와 국민들의 수요함수가 동일하다고 가정한다. 만약 A국의 소득불평등이나 자산불평등이 B국의 경우에 비해 심하다고 가정하면, 이러한 초기 불평등의 차이가 향후 A국과 B국의 수요구조와 기술진보에 어떤 영향을 미치는지 제시하라.

1. 교육과 경제발전

2. 교육투자 지표

3. 인적자본분포의 불평등

4. 교육기관별 교육투자

5. 교육을 통한 소득의 세대 간 이동성

6

교육투자의 중요성

1. 교육과 경제발전

교육의 중요성은 아무리 강조해도 지나침이 없다. 교육투자는 지속적 경제성장과 안정적 소득분배의 중요한 수단이며, 모든 국가들의 정부가 제공하는 가장 중요한 서비스 중 하나이다. 본 절에서는 교육투자와 경제성장 및 교육투자와 소득분배 간의 관계를 차례로 살펴본다.

1.1 교육투자와 경제성장

대부분 경제학자들은 안정적 경제성장을 추구하기 위해 교육의 중요성을 강조한다. 교육은 전문 인력을 양성하고 새로운 기술을 창출하기 위한 잠재력을 확보하기 위한 중요한 수단이다. 특히 오늘날과 같이 지식과 기술이 경제발전의 원동력이 되는 글로벌 경제에서는 교육의 중요성이 더욱 증가하고 있다. 따라서 교육투자는 경제발전 혹은 경제성장 문헌에서 오랜 기간 논의하고 있는 중요한 연구주제이다.

그렇다면 교육투자는 어떤 전달경로를 통해 경제성장에 영향을 미치는 것일까? 먼저 교육투자는 정보나 기술을 가진 노동력, 즉 인적자본을 창출해 생산력을 향상시키므로 명백히 경제성장에 도움을 준다. 이때 인적자본(human capital)은 물적자본(physical capital)과 달리 외생적으로 주어진 것이 아니라 생산된 것이며, 생산성 향상에 기여하고 임금상승의 형태로 수익을 발생시킨다. 즉 인적자본은 노동의 질적 개선과 관련된다.

인적자본은 크게 '건강'과 '교육'을 통해 형성되고 축적된다. 인적자본이 많이 축적된 국가에서는 국민들의 평균 건강의 정도나 교육수준이 높게 나타난다. 국민 전체의 건강상태 개선은 소득수준의 향상에 크게 기여한다. 왜냐하면 노동자의 건강상태가 개선될수록 건강문제로 인해 노동 능력을 상실하는 사람의 수가 줄어들 뿐만 아니라 노동자는 더욱 열심히 일할 수 있기 때문이다. 또한 이상의 논리와는 반대의 인과관계도 성립한다. 소득수준의 향상이 영양 상태를 개선해 건강 증진에 영향을 미칠 수 있다. 따라서 건강의 정도와 소득수준 간에는 상호작용을 통해 승수효과(multiplier effect)를 발생시킨다.

또한 교육은 인적자본을 축적하기 위한 과정에서 이루어지는 투자이다. 사람들이 생산성 향상을 위해 기계 구입과 같은 물적자본에 투자하듯이 교육에 대한 비용 지출을 매개로 인적자본에 투자한다. 건강의 경우와 마찬가지로, 교육투자와 소득수준 간에도 밀접한 양(+)의 관계가 성립하며, 상호작용을 통해 승수효과를 발생시킨다. 건강의 개선에는 한계가 존재할 수 있지만, 교육은 생산성 향상을 통해 끊임없이 증가시킬 수 있으므로 소득수준이 높아질수록 교육을 매개로 한 인적자본 축적의 중요성이 점증하게 된다.

일련의 연구들에서는 교육을 통한 인적자본 축적이 어떤 방식으로 경제성장에 기여하는지 제시하였다. 신고전학파 경제성장 모형에서는 물적자본의 축적과 함께 교육을 통한 인적자본의 축적이 기술진보, 더 나아가 경제성장에 긍정적 영향을 미친다고 설명하였다. 그러나 신고전학파 경제성장 모형은 자본축적이 지속적(항구적) 경제성장의 원인이 될 수 있다는 이론적 근거를 제공하지 못하였다는 한계를 지닌다. 예를 들어 솔로우(Robert Merton Solow, 1924~)[1] 경제성장 모형에서는 자본축적이 지속적 경제성장의 원동력으로 작용하지 않는다. 왜냐하면 신고전학파 경제학에서는 자본이 증가할수록 그 한계생산성이 감소하는 '자본의 한계생산성 체감의 법칙'을 가정하기 때문이다.[2]

그러나 1980년대 중반 이후 내생적 성장이론(endogenous growth theory)이 등장하면서 자본축적이 지속적 경제성장의 원인이 될 수 있다는 이론적 배경이 대두되었다.[3] 즉 내생적 성장이론은 자본을 물적자본과 인적자본으로 구분하고 생산을 위해 두 자본을 모두 사용한다고 가정할 때 두 자본의 상대적 희소성으로 말미암아 한계생산성이 체감하지 않을 수 있다고 제시하였다. 비록 물적자본 혹은 인적자본이 생산과정에서 독립적으로 사용될 때는 자본의 한계생산성이 체감할 수 있지만, 두 자본이 모두 사용될 때는 자본 간 외부효과(혹은 확산효과)로 인해 자본

1 솔로우는 경제성장 이론의 발전에 대한 업적을 인정받아 1987년에 노벨 경제학상을 수상하였다.
2 경제성장 이론에 대한 요약은 황진영(2016)에 나타나 있다.
3 내생적 성장이론은 Barro and Sala-i-Martin(2003), Lucas(1988), Romer(1990) 등을 참고할 수 있다. 루카스(Robert Emerson Lucas Jr., 1937~)는 합리적 기대(rational expectation)의 개념을 거시경제학에 적용, 루카스 비판(Lucas critique)을 통해 전통적인 계량경제학 모델에 대한 비판, 내생적 성장이론에 대한 기여 등으로 1995년에 노벨 경제학상을 수상하였다. 로머(Paul Michael Romer, 1955~)는 내생적 성장이론의 선구자이며, 기술혁신이 장기적 거시경제에 미치는 영향을 파악한 공로로 2018년에 노벨 경제학상을 받았다.

의 한계생산성이 체감하지 않을 수 있다.

구체적으로 어떤 기업이 재화를 생산하기 위해 생산요소로 기계와 같은 물적자본과 교육을 통한 인적자본을 동시에 사용해야 한다고 가정한다. 만약 그 기업이 인적자본의 양을 그대로 유지한 상태에서 물적자본의 양을 증가시키면, 인적자본의 한계생산성은 변하지 않지만 물적자본의 한계생산성은 체감하게 된다. 이 경우 상대적으로 희소해진 인적자본의 한계생산성이 물적자본의 한계생산성에 비해 높게 나타난다. 따라서 그 기업은 한계생산성이 상대적으로 높은 인적자본에 대한 투자를 증가하고, 이는 다시 인적자본의 한계생산성이 체감하는 결과를 초래한다. 이제 그 기업이 인적자본에 대한 투자를 증가함으로써 인적자본이 물적자본에 비해 상대적으로 풍부해지며, 상대적으로 희소해진 물적자본의 한계생산성이 인적자본의 한계생산성에 비해 크기 때문에 물적자본에 대한 투자를 다시 증가시킨다.

이처럼 물적자본과 인적자본의 상대적 희소성이 계속되는 한 두 자본을 지속해서 증가시킬 수 있다. 따라서 내생적 성장이론은 자본의 한계생산성이 감소하지 않으면서 지속적이고 항구적인 경제성장을 달성할 수 있다고 주장한다. 그러나 이상의 논의에서는 한 가지 유의할 사항이 있다. 우리가 물적자본을 지속해서 증가시킬 수 있다고 할지라도, 인적자본을 지속해서 증가시키는 데에는 많은 제약을 갖는다. 왜냐하면 인적자본은 건강과 교육을 통해 축적되는데, 건강과 교육이 도달할 수 있는 상한값(upper limit)에는 한계가 존재하기 때문이다.

교육을 통한 인적자본 축적이 장기적 경제성장의 원동력이 된다는 실증자료는 많은 국가들의 사례를 통해 쉽게 찾을 수 있다. 예를 들어 Lucas(1988)는 동아시아 네 호랑이(four tigers, 대한민국·대만·싱가포르·홍콩을 일컬음)의 출현이 인적자본 형성을 위한 집중적 투자에 기인한다고 주장하였다. 또한 일련의 실증연구들은 교육투자가 경제성장에 유의한 양(+)의 영향을 미치는 것으로 관측하였다(Barro, 1997; Barro and Lee, 2001; Deininger and Squire, 1998; Easterly and Rebelo, 1993).

1.2 교육투자와 소득분배

교육투자와 소득분배 간의 관련성은 좋은 교육과 훈련을 받은 사람이 그렇지 못한 사람들에 비해 높은 소득을 창출할 가능성이 크다는 사실에 기초한다. 먼저 소득불평등이 심한 국가에서는 교육에 대한 투자(통상적으로 "GDP 대비 정부의 교육비지출 비율"로 측정)가 클 수 있다. 이때 소득불평등이 원인변수이고 교육투자가 결과변수이다. 왜냐하면 소득불평등이 심한 국가에서는 엘리트(elite) 및 일반 교육 간의 이중체계(dual system)가 심화하므로 더 많은 자원이 교육비지출에 사용되기 때문이다.

그러나 소득불평등은 시간이 흐름에 따라 지속해서 나타나기 때문에 교육비지출과 심각한 인과관계의 문제점이 있다. 즉 이상의 논리와는 반대로, 교육투자가 원인변수이고 소득불평등이 결과변수일 수 있다. 일련의 연구들에서는 공교육에 대한 지속적인 투자가 여러 경로를 통해 소득불평등을 완화하는 역할을 한다고 역설하였다(Saint-Paul and Verdier, 1992; Sylwester, 2002; Teuling and van Rens, 2003; Zhang, 1996). 또한 다양한 실증적 연구결과들은 공교육비지출의 증가가 소득불평등 완화에 기여하며, 학교교육(schooling)의 차이가 소득불평등을 야기하는 가장 중요한 원인이라고 관측하였다.

한편 Glomm and Ravikumar(1992)는 경제인이 공교육과 사교육의 교육체계를 선택할 수 있는 모형을 설정해 공교육 체계는 반드시 소득불평등을 완화에 기여한다고 주장하였다. 그러나 그들은 사교육 체계가 소득불평등에 미치는 효과는 다른 모수(parameter)들의 크기에 의존하는 것으로 파악하였다. 다시 말해 그들은 경제성장 제고에는 사교육 체계가 유리하며, 소득불평등 완화에는 공교육 체계가 바람직하다는 결론을 도출하였다.

이처럼 교육비지출(교육투자를 반영)과 소득불평등 간에는 밀접한 상호연관성이 성립하지만, 그 관련성의 정도는 금융시장의 발전이나 민주주의의 발전 정도에 크게 의존한다. 교육투자는 등록금과 같은 회계비용은 물론 기회비용을 발생시킬 뿐만 아니라 투자에 따른 위험을 수반한다. 만약 모든 사람들이 교육에 투자할 때 지불해야 하는 비용을 충당할 수 있을 뿐만 아니라 교육투자에서 생겨나는 위험부담을 감내할 수 있을 정도의 충분한 소득이나 부를 소유하고 있다면, 금융시장의 불완전성은 교육투자의 결정에 아무런 영향을 미치지 않는다.

그러나 어떤 사람이 교육투자를 위해 금융기관으로부터 반드시 대출을 받아야 한다면, 금융시장의 불완전성은 교육투자에 영향을 미치게 된다. 비록 가난한 사람들이 우수한 능력과 자질을 갖추고 있다고 할지라도 불완전한 금융시장으로 인해 교육투자에 필요한 비용이나 위험을 감당할 수 없다면, 교육투자는 오로지 부유한 사람들의 전유물이 된다. 불완전한 금융시장 존재는 가난한 사람들에게 금융제약(financial constraint)으로 작용하며, 이는 그들에게 교육투자를 상대적으로 어렵게 만든다.[4] 따라서 소득불평등은 개별적으로 뿐만 아니라 금융시장의 불완전성과 결합해 교육투자에 영향을 미친다.

보충 내용

교육투자와 시장실패

교육투자는 외부효과를 유발하므로 시장 기구에 맡기면 최적수준이 달성되지 않는 시장실패(market failure)로 이어진다. 다시 말해 교육에 투자한 사람은 제3자에게 의도하지 않은 외부경제(external economy)를 창출하기 때문에 시장 기구에 따른 교육투자의 규모는 최적수준보다 작은 과소생산(underproduction)이 발생한다.

우리의 생활을 윤택하게 하는 발명·발견 등은 대체로 교육에 투자한 사람들에 의해 이루어지지만, 교육을 받지 않은(교육에 투자하지 않은) 사람들도 그 혜택에서 배제되지 않는다. 이 사실은 교육투자를 통해 생산된 생산물이 공공재(public goods)적 성격을 지닌다는 사실에 근거한다. 다시 말해 교육에 투자하지 않은 사람들도 교육투자를 통해 만들어진 생산물을 수요하는 데 배제되지 않으며, 경합의 정도도 상당히 미미하게 나타난다. 이처럼 시장 기구에 따른 교육투자가 과소생산 된다는 사실은 교육투자에 대한 정부의 조정역할을 요구한다. 예를 들어 산업화된 국가들의 정부는 중등교육 이상을 의무교육으로 지정할 뿐만 아니라 사립대학까지 지원하고 있다.

또한 민주주의 발전은 교육투자의 정도를 결정하는 중요한 요인이다. 민주주의는 다수결의 원리에 의해 정책이 결정되는 특징이 있다. 민주주의가 발전한 국

4 금융제약의 정의 및 형태는 제9장에서 설명한다. 또한 제9장에서는 불완전한 금융시장과 소득불평등 간의 관계에 대한 상세한 논의를 제공한다.

가에서는 수혜자가 다수인 국가정책이 보편적으로 결정되는 특징을 갖는 반면, 비민주적 성향이 강한 국가에서는 소수 사람들의 정치적 영향력에 의해 국가정책이 결정되는 경향이 있다. 즉 민주주의가 발전한 국가에서는 교육·환경 등과 같이 수혜자가 다수이고 소득재분배적 성향이 강한 정책들이 상대적으로 쉽게 결정된다. 따라서 민주주의가 발전한 국가에서는 대다수 국민들이 희망하는 인적자본 축적에 능동적일 수 있다.[5] 이상의 논리는 민주적인 국가일수록 공교육이 발전하거나 교육을 수요하는 경제인이 부담해야 할 교육비용이 상대적으로 적을 수 있다는 것을 의미한다. 바꾸어 말하면, 우리는 민주주의가 덜 발전한 국가일수록 소득불평등과 교육투자 간의 상호연관성이 상대적으로 크게 나타날 것으로 예상할 수 있다.

소득불평등이 심한 국가에서는 사교육투자의 규모가 상대적으로 크게 나타날 수 있다. 예를 들어 완전히 평등한 국가나 사회에서는 모든 경제인이 공교육에 의존하며, 사교육에 투자할 유인이 상당히 약하게 생겨난다. 그러나 소득불평등이 심화될수록 부유한 사람들은 양질의 그리고 고비용의 교육을 요구하므로 자연히 사교육에 대한 투자가 증가하게 된다. 오늘날 우리 사회가 경험하고 있는 고액의 사교육은 소득불평등이 심화될수록 그 정도가 팽창하고 있다. 이 현상으로 인해 사회적 부작용이 생겨나고 있을 뿐만 아니라 공교육에만 의존하는 대부분 사람들이 느끼는 빈부의 위화감은 점점 커지고 있다.

한편 Teulings and van Rens(2003)는 다소 상이한 접근방법을 사용해 교육투자의 증가와 소득불평등 간에는 음(-)의 관계가 성립한다고 제시하였다. 그들은 생산요소로서 숙련 노동자와 비숙련 노동자는 불완전 대체재이기 때문에 평균 교육수준의 증가는 한계생산성의 분포를 압축시켜 노동소득의 평등한 분배를 야기할 수 있다고 주장하였다. 또한 그들은 이상의 이론적 가설을 검증하기 위해 OECD 국가를 대상으로 평균 교육수준의 증가가 소득불평등에 음(-)의 영향을 미친다는 추정결과를 관측하였다.

5 Tavares and Wacziarg(2001)는 실증자료를 바탕으로 민주주의 발전과 인적자본 축적 간에 양(+)의 관련성이 성립한다고 제시하였다.

1.3 교육투자와 소득불평등의 지속성

제2장에서 살펴본 바와 같이, 많은 국가들에서 소득불평등은 시간의 흐름과 관계없이 거의 변화가 없거나 완만하게 심화하고 있다. 이는 현재의 소득불평등이 세대 간 혹은 장기간 지속한다는 것을 의미하는데, 과연 그 이유가 무엇일까? 그 대표적 이유로는 이미 살펴본 금융시장의 불완전성과 인적자본 투자에 불가분성(indivisibility)이 종종 언급된다. 소득불평등의 지속성에 관한 또 다른 설명으로 출산율에 따른 교육투자를 들 수 있는데, 이를 간단히 살펴보면 다음과 같다.

소득불평등과 출산율 간에는 양(+)의 관계가 성립할 수 있다. 만약 사람들이 소비의 대상인 재화에 가치를 부여하듯이 자녀에 가치를 부여한다면, 소득이 상승함에 따라 자녀를 더 소유하려는 '소득효과'(income effect)가 발생한다. 또한 소득상승에 따라 자녀의 가격이 점차 상승하므로 자녀 양육에 드는 비용도 함께 증가한다(즉 '대체효과,' substitution effect). 부유한 사람들은 통상적으로 소득효과보다 대체효과를 크게 받아들인다. 따라서 소득불평등이 심한 사회에서는 소수의 부유한 사람들에 의한 출산율은 감소하고, 다수의 가난한 사람들에 의한 출산율은 증가할 가능성이 크게 생겨난다. 다시 말해 부유한 사람들과 가난한 사람들 간의 출산율 차이는 소득불평등이 심화할수록 커질 수 있다

또한 출산율과 교육투자 간에는 음(-)의 관계가 성립하는데, 이는 Becker and Lewis(1973)가[6] 제시한 자녀교육의 양과 질의 상충관계(trade-off relationship)에 기초한다. 이는 출산율이 낮다(높다)는 사실은 부모가 자녀의 질(양)에 상대적으로 더 큰 관심을 기울인다는 사실을 의미한다. 따라서 덜 교육받은 가난한 여성은 자녀를 양육하는 기회비용이 상대적으로 작으므로 더 많은 자녀를 갖게 되고, 이들 자녀에 대한 교육에 덜 관심을 갖게 된다. 우리는 출산율과 교육투자 간에는 음(-)의 관계가 존재할 수 있음을 쉽게 유추할 수 있다.[7] Perotti(1996)는 실증분석을 통해 초기의 소득불평등이 출산율에 양(+)의 영향을 미치므로 소득불평등이 심한

6 베커(Gary Stanley Becker, 1930~2014)는 가족 행위의 경제학 접근의 선구자이며, 이 분야의 공로를 인정받아 1992년 노벨 경제학상을 수상하였다.

7 이 논의는 피셔(Irving Fisher, 1867~1947)의 견해와 동일하다. 피셔는 가난한 사람일수록 현재의 소비를 더 중요시 여기며, 자녀에 대한 교육투자는 다른 가족의 현재소비를 감소시키므로 자녀교육은 그들에게 사치일 수 있다(가난한 가정일수록 높은 시간선호율을 가진다)고 설명하였다.

국가에서는 인적자본에 대한 투자가 상대적으로 낮게 나타난다고 관측하였다.[8]

따라서 소득불평등이 심한 국가에서는 출산율이 높게 나타나고, 이는 교육투자를 제약해 다시 높은 수준의 소득불평등으로 이어지는 소득불평등의 세대 간 지속성이 생겨나게 된다.[9] 이상의 논의를 요약하면, ① 초기의 소득불평등이 출산율에 양(+)의 영향, ② 출산율은 교육투자에 음(-)의 영향, 그리고 ③ 교육투자는 미래의 소득불평등에 음(-)의 영향으로 작용해 소득불평등의 지속성이 나타난다.

2. 교육투자 지표

앞 절에서 교육투자는 경제성장은 물론 소득분배와 밀접하게 관련된다는 사실을 살펴보았다. 본 절에서는 국가별 교육투자의 정도를 반영하기 위해 사용하는 몇 가지 교육투자 지표들을 소개한다.

2.1 교육비지출

교육투자에 대한 정부정책을 반영하는 정부의 교육비지출 규모는 통상적으로 "총정부지출 대비 정부의 교육비지출 비율" 혹은 "GDP 대비 정부의 교육비지출 비율"로 측정한다. 또한 교육기관별 정부의 교육비지출을 나타내는 변수로는 "1인당 GDP 대비 초등·중등·고등 교육기관의 학생 1인당 정부의 교육비지출 비율"이 주로 사용된다.[10] 이러한 정부의 교육비지출과 관련된 국가 간 통계자료는 유네스코(UNESCO), 세계은행(World Bank), 경제협력개발기구(OECD) 등의 국제기구에서 제공한다.

[표 6-1]은 세계은행이 제공하는 몇몇 국가들의 2016년 "GDP 대비 정부의 교육비지출 비율(%)"(전체 교육비지출)과 "1인당 GDP 대비 초등·중등·고등 교육기관

8 일부 연구들에서는 가난한 사람들이 더 많은 자녀를 갖는 높은 출산율로 인해 가난한 사람들의 수가 상대적으로 증가하므로 미래의 소득불평등이 심화한다고 주장하였다.

9 황진영·임응순·정군오(2009)는 78개 국가 간 통계자료를 이용해 소득불평등과 출산율이 교육투자(중등교육기관 취학률)에 통계적으로 유의한 음(-)의 영향을 미치는 것으로 추정하였다.

10 비록 국가들마다 교육체계가 조금씩 다르지만, 본서에서는 일반적 구분에 따라 교육기관을 초등(elementary, 제1의), 중등(secondary, 제2의) 및 고등(tertiary, 제3의) 교육기관으로 나눈다. 특히 제3의 교육기관(tertiary institutions)은 중·고등학교를 마치고 진학하는 총칭의 교육기관을 의미하며, 대학은 물론 직업전문학교를 포함한다.

의 학생 1인당 정부의 교육비지출 비율(%)"을 나타낸다. [표 6-1]은 전체 교육비지출이 노르웨이·미국·스웨덴·핀란드 등과 같이 소득수준이 높은 국가에서 대체로 높은 수준임을 제시한다. 예를 들어 노르웨이와 스웨덴의 GDP 대비 정부의 교육비지출 비율이 각각 8.03%와 7.62%이지만, 미얀마와 방글라데시의 경우는 각각 1.92%와 1.53%에 불과하다. 이 자료는 소득수준이 상승함에 따라 정부의 교육비지출 규모가 커지는 경향(즉 교육은 정상재 혹은 우등재)이 있음을 보여준다.

표 6-1 정부의 교육비지출(2016년, 단위: %)

국 가	전체 교육비지출	초등교육기관	중등교육기관	고등교육기관
노르웨이	8.03	21.70	26.79	39.82
대한민국	4.33	27.85	28.10	15.02
독 일	4.84	17.44	22.96	33.58
말레이시아	4.75	16.13	21.15	25.90
미 국	4.96	19.86	22.13	19.43
미얀마	1.92	7.81	10.30	16.69
방글라데시	1.53	-	9.88	29.90
스웨덴	7.62	21.74	23.76	43.25
영 국	5.42	24.17	21.19	37.99
이 란	3.37	9.52	16.89	18.12
이스라엘	5.86	21.53	18.66	18.18
일 본	3.19	21.78	24.05	20.61
프랑스	5.45	17.36	26.28	31.62
핀란드	6.85	21.51	24.75	33.93

주: 전체 교육비지출은 "GDP 대비 정부의 교육비지출 비율"로 측정함. 초등교육기관, 중등교육기관 및 고등교육기관은 "1인당 GDP 대비 초등·중등·고등 교육기관의 학생 1인당 정부의 교육비지출 비율"을 의미함.

자료: 세계은행(http://www.worldbank.org/).

교육기관별 교육비지출은 다소 흥미로운 사실을 제공한다. 대부분 유럽의 산업화된 국가들의 교육기관별 교육비지출은 초등교육기관 혹은 중등교육기관에 비해 고등교육기관의 교육비지출 비율이 상대적으로 크게 관측된다. 이는 유럽 국가들의 고등교육은 공공에 의해 많은 부분이 조달되고 있음을 의미한다. 그러나 민간이 고등교육의 많은 부분을 담당하는 미국·일본의 고등교육기관 교육비지출은 초등이나 중등 교육기관의 교육비지출보다 크지 않은 것으로 나타난다.

우리나라는 고등교육기관의 80% 이상을 독립형 사립기관에 의존하고 있으며, 민간투자의 상대적 비중이 OECD 국가들 중에서 가장 높은 수준이므로 정부의 고등교육기관 교육비지출 비율이 상당히 낮게 나타난다. 한편 미얀마·방글라데시 등의 저개발 국가들에서는 초등 혹은 중등 교육기관에 비해 고등교육기관의 교육비지출 비율이 높은 것으로 나타났는데, 이는 본 장 제4절에서 살펴볼 고등교육 수요와 관련된 지대추구행위의 가능성을 시사한다.

2.2 취학률

교육투자의 정도를 반영하는 또 다른 지표인 취학률은 전반적인 양적 확대 및 교육기회를 반영하는 대표적 자료이다. 일반적으로 '총취학률'(gross enrollment ratio)은 "취학 적정인구 대비 학교에 재학 중인 학생 비율"로 정의된다.[11] 만약 취학 적령을 벗어난 재학생(예를 들어 조기 입학자나 과령아)이 많으면, 취학률이 과대추정될 수 있다는 단점이 있다. 따라서 최근에는 '순취학률'(net enrollment ratio), 즉 취학 적령의 해당 연령에 해당하는 학생 수만을 고려하기도 한다.[12]

[표 6-2]에는 세계은행이 제공하는 몇몇 국가들의 2019년 교육기관별 취학률이 나타나 있다. 비록 국가 간 초등교육기관 취학률에는 큰 차이가 없지만, 중등교육기관과 고등교육기관 취학률은 그 국가의 소득수준과 밀접한 양(+)의 관계가 성립한다. 즉 서구의 산업화된 국가들과 한국·일본 등의 취학률이 라틴아메리카·아시아·아프리카의 개발도상국 혹은 저개발 국가들의 취학률에 비해 상당히 높은 수준이다. [표 6-2]에서 한 가지 흥미로운 사실은 우리나라의 고등교육기관 취학률이 98.4%인데, 이는 전 세계에서 가장 높은 수준이다. 이처럼 높은 수준의 고

11 통상적으로 취학률은 총취학률을 의미한다.

12 교육단계별 취학 적령은 유치원 만 3~5세, 초등학교 만 6~11세, 중학교 만 12~14세, 고등학교 만 15~17세 및 고등교육기관 만 18~21세이다(통계청 국가지표체계, https://www.index.go.kr/unify/main.do).

표 6-2 교육기관별 취학률(2019년, 단위: %)

국 가	초등교육기관 취학률	중등교육기관 취학률	고등교육기관 취학률
대한민국	101.0	95.9	98.4
덴마크	100.3	129.9	81.8
멕시코	104.7	104.6	42.8
미 국	101.0	100.1	87.9
세네갈	83.0	46.6	14.0
영 국	100.5	118.7	65.8
인 도	99.9	75.5	29.4
일 본	97.6	102.0	64.1
중 국	103.2	-	58.4
칠 레	102.4	103.7	93.1
카메룬	103.4	14.3	60.1
프랑스	102.5	104.3	68.4
필리핀	99.1	89.8	35.5

주: ① 취학률은 총취학률(gross enrollment ratio), 즉 "취학 적정인구 대비 학교에 재학 중인 학생 비율"을 의미함. ② 일본은 2018년; 세네갈·인도·중국은 2020년; 카메룬·필리핀의 고등교육기관 취학률은 2016년과 2017년 값임.

자료: 세계은행(http://www.worldbank.org/).

등교육기관 취학률은 정부의 고등교육 확장정책에 기인한 것이며, 향후 과잉교육의 경제적 효율성에 관한 폭넓은 연구가 요구된다.

2.3 인적자본의 축적

정부의 교육비지출이나 취학률의 확대는 거시경제 관점에서 교육을 통한 인적자본의 축적을 목적으로 이루어진다. 왜냐하면 교육투자가 인적자본의 축적으로 이어질 때만 국민소득과 같은 총합적(aggregate) 경제성과에 양(+)의 영향을 미치기 때문이다.

국가 전체의 인적자본 축적을 어떻게 측정할 수 있는지는 논란의 여지가 있지만, 가장 폭넓게 사용되는 지표는 Barro-Lee 교육성취 자료(educational attainment dataset)가[13] 제공하는 "25세 이상의 전체인구 대비 중등교육기관에 취학한 비율(%)"이다. 이상의 출처에서 제공한 몇몇 국가들의 2015년 인적자본의 축적은 [표 6-3]과 같다. [표 6-3]은 교육비지출이나 취학률과 마찬가지로 서구의 산업화된 국가들과 한국·일본 등의 인적자본 축적이 상대적으로 높은 수준이지만, 기타 아시아·아프리카의 개발도상국 혹은 저개발 국가들의 인적자본 축적은 상대적으로 낮은 수준에 머물러 있음을 나타낸다.

표 6-3 인적자본의 축적(2015년, 단위: %)

국 가	인적자본의 축적	국 가	인적자본의 축적
노르웨이	56.33	우간다	16.09
대한민국	47.57	이집트	41.68
독 일	70.20	일 본	44.21
말 리	7.28	칠 레	64.24
멕시코	50.96	태 국	27.19
미 국	39.93	핀란드	42.73

주: 인적자본의 축적은 "25세 이상의 전체인구 대비 중등교육기관에 취학한 비율"로 측정함.
자료: Barro-Lee 교육성취 자료(http://www.barrolee.com).

그렇다면 인적자본의 축적을 반영하는 대리변수로 "25세 이상의 전체인구 대비 '중등교육기관'에 취학한 비율"이 폭넓게 사용되는 이유는 무엇일까? 그 이유는 아마도 중등교육기관이 일반적 인적자본 형성과 관련성이 크기 때문이다. 즉 초등교육기관은 중등교육기관을 이수하기 위한 기초단계에 해당하며, 고등교육기관은 교육목적을 달성하는(즉 교육 성공의 가능성) 관점에서 위험부담이 클 뿐만 아니라 성공에 대한 사적이익이 크므로 일반적 인적자본과는 차이가 있다.[14] de Gregorio and Lee(2002)는 국가 간 통계자료를 이용해 사회구성원이 교육을 이

13 Barro-Lee 교육성취 자료는 http://www.barrolee.com/에서 다운로드 받을 수 있다.
14 Barro-Lee 교육성취 자료는 15세 이상의 전체인구를 대상으로 측정한 교육투자 관련 지표 값들도 함께 제공한다.

수한 수준이 높으며 교육이수의 분포가[15] 평등한(바꾸어 말하면, 인적자본의 축적이 높은 수준인) 국가에서는 상대적으로 소득불평등이 완화할 수 있다는 실증분석 결과를 제시하였다.

2.4 기타의 교육지표

교육에 대한 평가는 크게 양적 확대, 질적 개선 및 기회 균등의 세 가지 기준으로 이루어지지만, 이 기준들을 모두 반영하는 교육투자 지표를 찾기란 현실적으로 불가능하다. 우리는 이미 정부의 교육비지출, 취학률 및 인적자본의 축적을 반영하는 교육투자 지표들을 살펴보았다. 이때 교육비지출은 질적 개선과 관련성이 크고(부분적으로 양적 확대와도 관련됨), 취학률과 인적자본의 축적은 양적 확대를 반영하는 지표이다. 이상의 지표들과 함께 '총교육연수'·'교사 당 학생 수'·'국제시험결과'·'비문맹률'·'의무교육연수' 등의 교육투자 지표들도 종종 언급되고 사용된다.

특히 총교육연수는 경제인 개개인의 교육투자를 반영하는 대리변수이며, 국가 전체의 평균 총교육연수는 "25세 이상의 전체인구가 평균적으로 받은 총교육연수"로 파악한다(Barro-Lee 교육성취 자료에서 국가 간 자료를 제공함). 또한 교육투자의 질적 개선을 반영하는 변수로는 교사 당 학생 수나 국제시험결과 등이 종종 사용된다. 예를 들어 Altinok and Murseli(2007)는 "국가 간 비교를 위해 국가별 8학년을 주요 대상으로 국제시험 결과를 바탕으로 설정한 수학, 과학 및 읽기 점수의 (산술) 평균값"을 제공하였다. 또한 "일정 연령 이상의 전체인구 대비 비문맹 비율"이나 모든 국민들을 대상으로 한 의무교육연수 등은 기회 균등을 반영하는 교육투자 지표들이다. 이상의 교사 당 학생 수, 비문맹률, 의무교육연구 등의 국가 간 자료는 유네스코·세계은행 등의 국제기구에서 제공한다.[16]

그러나 이상에서 제시한 교육투자의 지표들은 분명한 한계점을 지니고 있다. 왜냐하면 이상의 지표들은 다양한 교육의 속성을 모두 반영할 수 없을 뿐만 아니

15 국가 간 교육이수의 분포(즉 인적자본분포의 불평등)는 다음 절에서 살펴본다.

16 방인성·이종하·황진영(2010)은 이상의 모든 교육투자 지표들을 적절히 활용해 국가 간 '교육의 상대적 효율성 지수'를 개발하였으며, 이 지수가 높은 국가의 소득불평등 수준이 상대적으로 낮을 수 있다는 실증분석 결과를 제시하였다.

라 경제인들이 개인적으로 행하는 사교육과 같은 광범위한 교육투자를 반영할 수 없기 때문이다. 그러므로 모든 교육의 속성은 물론 공적·사적 교육투자를 적절

읽을거리

인간개발지수(HDI)

유엔개발계획(United Nations Development Programme, UNDP: 개발도상국에 대한 원조계획을 조정·통일하는 국제연합의 기구)은 인간개발보고서(Human Development Report, HDR)에서 인간의 삶과 관련된 지표 중 하나의 항목인 인간개발지수(Human Development Index, HDI)를 매년 발표한다. HDI는 각 국가의 실질국민소득·교육수준·문맹율·평균수명 등 여러 가지 인간의 삶과 관련된 지표들을 조사해 각국의 인간발전 정도와 선진화 정도를 평가한 지수이다.

일반적으로 HDI가 0.900점 이상인 국가를 '대단히 높은 수준의 인간개발'(very high human development)로 분류해 선진국으로 파악하였으나, 2010년 이후 산정 방식이 바뀌어서 '대단히 높은 수준의 인간개발'로 분류된 국가라도 0.900 미만의 HDI가 가능하게 되었다. [표 6-4]는 2019년에 발표한 주요 국가들의 HDI이다. 가장 HDI가 높은 국가는 노르웨이(0.957)이며, 대체로 산업화된 부유한 국가의 HDI가 높게 나타난다. 우리나라의 HDI는 0.916으로 세계 22위에 해당하며, 이는 아시아 국가 중에서 싱가포르(0.938, 11위)나 일본(0.919, 19위)보다 낮은 수준이다.

표 6-4 주요 국가들의 인간개발지수(HDI, 2019년)

순위	국 가	HDI	순위	국 가	HDI
1	노르웨이	0.957	31	UAE	0.890
6	독 일	0.947	44	칠 레	0.851
7	스웨덴	0.945	54	튀르키예	0.820
10	덴마크	0.940	74	멕시코	0.779
11	싱가포르	0.938	79	태 국	0.777
13	영 국	0.932	84	브라질	0.765
17	미 국	0.926	85	중 국	0.761
19	일 본	0.919	100	보스와나	0.735
22	대한민국	0.916	131	인 도	0.645

자료: 유엔개발계획(http://www.undp.org/).

히 반영할 수 있는 교육투자 지표의 개발은 앞으로 보완되어야 할 연구과제이다. 우리는 적절한 교육투자 지표를 개발함으로써 교육투자의 성과를 정확히 평가하고, 올바른 정책 방향을 설정할 수 있을 것으로 기대할 수 있다.

3. 인적자본분포의 불평등

Castelló and Doménech(2002; 2021)는 국가별 인적자본분포의 불평등을 나타내기 위해 인적자본지니계수, (하위20%/상위20%) 비율, 인적자본스톡 등과 같은 인적자본(혹은 교육) 관련 불평등 지표를 발표하였다. 그들이 2002년에 발표한 논문에서는 108개 국가를 대상으로 1960~2000년의 5년 단위 패널자료를 제공하였으며, 2021년 논문에서는 146개 국가를 대상으로 1950~2010년의 자료를 구축하는 형태로 업데이트하였다. 예를 들어 그들은 국가별 인적자본분포의 불평등 중에서 인적자본지니계수(HCGI)는 다음과 같이 계산하였다.

$$HCGI = \frac{1}{2\bar{H}} \sum_{i=0}^{3} \sum_{j=0}^{3} | \hat{x}_i - \hat{x}_j | n_i n_j$$

위 식에서 는 25세 이상 인구를 대상으로 평균 학교교육의 수혜 연수, i와 j는 상이한 교육수준(즉 무학력, 초등교육, 중등교육 및 고등교육), n_i와 n_j는 교육수준별 인구비율, 그리고 $\hat{x}_i$와 $\hat{x}_j$는 교육수준별 누적(cumulative) 평균 학교교육의 수혜 연수를 의미한다.

[표 6-5]는 Castelló and Doménech(2002)가 제공한 지역별 평균 인적자본분포의 불평등을 나타내는 지표들이다. 우리는 [표 6-5]를 통해 산업화된 국가들의 인적자본분포가 다른 지역이나 그룹의 국가들의 경우에 비해 평균적으로 평등하며 인적자본스톡도 크다는 사실을 알 수 있다. 소득불평등은 평균적으로 라틴아메리카 국가들에서 가장 심한 것으로 알려져 있지만, 인적자본분포의 불평등은 평균적으로 사하라사막 이남 아프리카 및 남부아시아 국가들에서 가장 심하게 나타났다. [표 6-5]에서 한 가지 흥미로운 사실은 전환기 국가들의 평균 인적자본지니계수가 상대적으로 낮게 나타나며(즉 인적자본분포가 비교적 평등하며) 인적자본

스톡도 다소 크다는 점이다. 또한 라틴아메리카 및 카리브 해 지역 국가들의 인적자본분포 지표들이 산업화된 국가와 전환기 국가 다음으로 평등하게 이루어져 있다.[17]

표 6-5 **지역별 평균 인적자본분포의 불평등(1960~2000년)**

구 분	인적자본지니계수	하위20%/상위20%	인적자본스톡
남부아시아	0.697	0.010	2.400
동아시아 및 태평양	0.377	0.092	5.558
라틴아메리카 및 카리브 해	0.367	0.127	4.784
사하라사막 이남 아프리카	0.637	0.005	2.430
산업화된 국가	0.208	0.362	7.940
전환기 국가	0.223	0.299	7.045
중동 및 북아프리카	0.583	0.032	3.931

주: 이상의 지표들은 108개 국가를 대상으로 1960~2000년의 5년 단위 패널자료를 이용해 계산함.
출처: Castelló and Doménech(2002).

Castelló and Doménech(2002)는 인적자본이 부와 소득을 결정하는 중요한 요인이기 때문에 소득지니계수 혹은 토지지니계수만으로 부 혹은 소득분배의 불평등을 완전히 나타내기에는 불충분하다고 주장하였다. 또한 그들은 인적자본분포의 불평등 지표를 사용해 다양한 분석을 시도하였다. 그들은 인적자본스톡이 크지 않은 국가에서 인적자본분포의 불평등이 심하다는 사실과 함께 이들 불평등 지표들이 장기적인 경제성장의 결정에 큰 영향을 미칠 수 있다는 실증분석 결과를 제시하였다.[18]

Castelló and Doménech(2021)가 발표한 인적자본불평등 지표들 중에서 1950년과 2010년의 지역별 인적자본지니계수와 (하위20%/상위20%) 비율은 [표 6-6]에 나타나 있다. 1950년과 2010년의 두 시점을 비교하면, 전 세계의 인적자본불평등

17 이 사실은 인적자본분포의 불평등이 소득불평등에 미치는 영향이 크지 않을 가능성을 제시하는데, 이 점은 Castelló and Doménech(2021)가 검토하였다.

18 황진영(2012)은 인적자본분포의 불평등이 정부지출의 구성을 왜곡하거나 정부지출의 효율성에 부정적 영향을 미칠 수 있다고 주장하였다.

은 크게 개선되었다. 특히 [표 6-6]은 동유럽 및 중앙아시아 지역의 평균 인적자본 지니계수(0.099)는 상당히 낮고 (하위20%/상위20%) 비율(0.579)은 높게 나타나 다른 지역에 비해 인적자본분포가 상대적으로 평등하게 이루어졌음을 보여준다. 그러나 남아시아·사하라사막 이남 아프리카·중동 및 북아프리카 지역의 평균 인적자본불평등은 1950년은 물론 2010년도 상대적으로 심하게 나타난다.

표 6-6 **지역별 평균 인적자본분포의 불평등(1950년과 2010년)**

구 분	인적자본지니계수		하위20%/상위20%	
	1950년	2010년	1950년	2010년
전세계	0.557	0.257	0.096	0.278
남아시아	0.780	0.414	0.000	0.049
동아시아 및 태평양	0.588	0.230	0.009	0.262
동유럽 및 중앙아시아	0.331	0.099	0.173	0.579
라틴아메리카 및 카리브 해	0.456	0.217	0.059	0.309
사하라사막 이남 아프리카	0.798	0.407	0.000	0.105
산업화된 국가	0.242	0.156	0.371	0.421
중동 및 북아프리카	0.808	0.313	0.001	0.133

주: 이상의 지표들은 146개 국가를 대상으로 계산함.
출처: Castelló and Doménech(2021).

또한 Castelló and Doménech(2021)는 국가별 인적자본불평등 지표와 소득불평등 간의 관련성을 검토하였다. 그들은 인적자본불평등과 소득불평등을 구성하는 지표(이를테면 임금불평등) 간에는 역U자 형태의 관계가 나타날 수 있을 뿐만 아니라 전환점(turning point)은 국가마다 다를 수 있다고 발견하였다. 또한 그들은 기술편향적인 기술진보가 인적자본불평등과 임금불평등 간의 관계를 불명확하게 만드는 요인이라고 제시하였다. 그런데도 그들은 인적자본불평등이 소득불평등에 미치는 직접적 영향은 양(+)의 관계를 형성한다고 관측하였다.

4. 교육기관별 교육투자

교육목표와 그 목표 달성의 가능성은 교육기관별로 차이가 있다. 또한 수요자가 지불해야 할 비용이 교육기관별로 다르다는 사실로 인해 다양한 경제적 논의의 생겨날 수 있다. 본 절에서는 교육기관별 교육투자와 관련된 몇 가지 논의들을 살펴본다.

4.1 초·중등교육과 고등교육 간의 차이점

초·중등교육과 고등교육 간에는 몇 가지 사항에서 분명한 차이가 존재한다. 초·중등교육은 개인(혹은 사적)이익이 상대적으로 약할 뿐만 아니라 매우 강한 양(+)의 외부효과로 인해 의무교육 형태의 '일반적'(general) 인적자본 양성을 목적으로 한다. 그러나 고등교육은 상대적으로 강한 개인이익을 창출하지만 양의 외부효과가 미약하기 때문에 선택적 수요가 이루어져 '특정한'(specific) 인적자본을 양성하는 데 목적을 두고 있다.

표 6-7 초·중등교육과 고등교육 간의 차이점

구 분	초·중등교육	고등교육
외부효과	매우 강한 양의 외부효과	약한 양의 외부효과
개인이익	약 함	강 함
의무교육	강 함	아 님
인적자본의 형태	'일반적' 인적자본	'특정한' 인적자본
정부의 교육비지출 증가	교육의 질에 크게 영향	취학률과 교육의 질에 영향

출처: 황진영·정상은(2011).

따라서 정부의 교육비지출 증가가 취학률 향상 혹은 교육의 질(quality) 개선에 미치는 영향은 교육기관별로 상이하게 나타난다. 초·중등교육에 대한 교육비지출의 증가는 취학률 개선에는 크게 영향을 미치지 않으면서 교육의 질적 개선에는 도움이 되는 반면, 고등교육에 대한 교육비지출의 증가는 취학률과 교육의 질 모두 개선하는 데 도움이 된다(Hidalgo-Hidalgo and Iturbe-Ormaetxe, 2012). 따라서 초·중등교육은 외부효과·개인이익·인적자본의 형태 등 다양한 사항에서 고등교육과 상이하며, 이 내용을 요약하면 [표 6-7]과 같다.

4.2 고등교육과 지대추구행위

고등교육은 초·중등교육과는 달리 지대추구행위와 관련될 수 있다. 즉 일련의 연구들에서는 고등교육에 대한 공공지출이 지대추구행위와 관련된다는 특징을 지적하였다(황진영, 2006a; 황진영·정상은, 2011; Birdsall, 1997; Dabla-Norris and Gradstein, 2004; Hwang, 2005; Hwang and Jung, 2006). 이러한 사실은 [표 6-7]에서와 같이 고등교육이 초·중등교육과는 다른 특징을 가지고 있다는 사실로 짐작할 수 있다. 고등교육은 선택적 수요가 이루어져 특정한 인적자본 형성을 목표로 삼기 때문에 수요자가 고등교육을 수요하기 위해서는 상당히 비싼 비용을 지불해야 한다. 이때 비용은 등록금과 같은 회계비용과 함께 교육수요에 따른 기회비용을 포함한다.

고등교육 수요의 비용이 많이 요구될수록 소수의 부유한 사람들만이 수요할 수 있는 재화이다. 또한 소수의 부유한 사람들은 정책결정 과정에서 더 많은 공공재원이 고등교육에 사용되도록 지대추구행위를 수행한다.[19] 다시 말해 소수의 부유한 사람들은 고등교육을 상대적으로 쉽게 수요하고, 정치적 조직(political organization)을 형성해 더 많은 공공재원이 고등교육에 사용되도록 유도하는 지대추구행위의 유인을 갖게 된다. 구체적으로 소수의 부유한 사람들은 고등교육을 수요하기 위해 반드시 지불해야 하는 고정비용을 높게 설정하거나 인위적으로 그 공급을 제한하는 형태의 지대추구행위를 통해 그들만이 수요를 독점하려는 진입장벽을 형성하려 한다.

Rodriguez(2004)는 가난한 사람들과 부유한 사람들 간에 정치적 조직을 형성하는 데 차이가 생겨나도록 고정비용을 가정해 정치적 활동에 따른 보수 증가(increasing returns)의 가능성을 제시하였다. 고등교육 수요자가 지불해야 할 회계

19 바꾸어 말하면, 다수의 가난한 사람들은 정책결정 과정에서 상대적으로 큰 영향력을 행사하지 못하므로 고등교육을 수요하는 데 상대적으로 많은 제약을 갖게 된다.

비용과 기회비용이 Rodriguez(2004) 모형에서 가정한 고정비용의 역할을 한다. 만약 공공재원의 배분이 소수의 부유한(즉 고정비용을 충분히 지불할 수 있는) 사람들이 만든 정치적 조직의 활동에 영향을 받게 된다면, 더 많은 공공재원이 고등교육에 배분된다. 따라서 부유한 사람들이 지대추구행위를 통해 더 많은 공공재원의 혜택을 받는다면, 현재의 소득불평등이 미래의 소득불평등으로 이어지거나 혹은 더욱 심화하는 결과를 초래한다.[20]

고등교육에 대한 공공지출과 취학률을 분석한 연구들에서는 부유한 사람들에 의한 지대추구행위를 암묵적으로 가정하였다. 예를 들어 Dabla-Norris and Gradstein(2004)과 Gradstein(2003)은 지대추구로 인해 정부의 공공지출이 부유한 사람들에게 유리한 쪽으로 편중될 수 있다는 사실을 확인하였다. 특히 Dabla-Norris and Gradstein(2004)은 거버넌스(governance)의 제도적 기반수준이 부족한 국가에서는 공교육이 부유한 사람들에게 편중될 수 있다는 이론적 모형과 함께 36개 개발도상국 및 전환기 국가들로 구성된 표본을 사용해 이상의 결과를 실증적으로 검증하였다.

또한 다양한 연구들이 지대추구행위로 인해 초·중등교육에 비해 고등교육에 더 많은 공공재원이 배분될 수 있다는 사실을 검토하였다. 예를 들어 Birdsall(1997)은 개발도상국(특히 소득불평등이 극심한 라틴아메리카와 아프리카 국가)들의 공공지출 규모는 초등교육에 비해 고등교육에 집중될 수 있음을 확인하였다. Hwang(2005)은 49개 개발도상국들로 구성된 표본을 사용해 초기의 자산불평등(1960년경의 토지지니계수로 측정)이 심한 국가일수록 "정부의 전체 교육비지출 대비 고등교육기관의 교육비지출 비율"이 높게 나타난다는 실증분석 결과를 제시하였다. 또한 Warwick(1998)은 말레이시아 자료에 기초해 부유한 사람들이 가난한 사람들에 비해 다양한 이유(예를 들어 금융상의 혜택)들로 말미암아 고등교육에 접근이 용이하다고 주장하였으며, 이러한 현상이 가능한 전제조건으로 부유한 사람들에 의한 지대추구행위를 암묵적으로 가정하였다.

만약 부유한 사람들이 지대추구행위를 통해 고등교육을 수요하기 위해 지불

20 제4장에서도 Dabla-Norris and Gradstein(2004), Gradstein(2003), Hwang(2005) 등이 제시한 교육에 대한 재정지출과 지대추구행위에 관한 논의를 살펴보았다.

해야 하는 고정비용을 높게 설정함으로써 그 수요를 제한하거나 혹은 인위적으로 그 공급을 제한하는 방법으로 진입장벽을 형성한다면, 고등교육기관의 취학률은 자연히 낮게 나타날 수밖에 없다. Hwang and Jung(2006)은 소득불평등이 심한 국가일수록 고등교육기관의 취학률이 낮게 나타날 수 있다는 실증분석 결과를 제시하였다. 즉 지대추구행위가 만연한 국가에서는 고등교육기관의 취학률이 상대적으로 낮게 나타날 가능성이 증가한다.[21] 또한 황진영·정상은(2011)은 국가간 자료를 이용해 고등교육에 대한 공공지출의 크기가 취학률의 시계열 변화에 미미한 영향을 미치거나 심지어 음(-)의 영향을 미친다는 실증분석 결과를 바탕으로 부유한 사람들이 고등교육을 독점하려는 지대추구행위가 존재할 수 있다고 지적하였다.

이상의 논의에서와 같이 소득불평등 혹은 자산불평등이 심한 국가에서는 고등교육에 대한 재원배분이 상대적으로 많이 이루어지는데, 그 이유는 소득불평등과 지대추구행위는 상호 밀접하게 관련될 수 있기 때문이다. 이미 여러 번 언급한 바와 같이, 자산분배나 소득분배의 불평등이 이해집단의 형성 및 그 수를 결정하는 중요한 요인이 된다. 이해집단은 다양한 정책결정 과정에서 정치적 영향력을 행사하는 지대추구행위를 하고, 이는 재원배분을 왜곡시킨다.

4.3 소득불평등과 교육기관별 투자지출

소득불평등이 '교육기관별' 취학률과 교육비지출에 미치는 영향은 몇몇 연구결과를 통해 확인할 수 있다. Hwang and Jung(2006)은 가용한 84개 국가의 통계자료를 이용해 1975년경에 측정된 소득지니계수가 1975년, 1980년, 1985년, 1990년 및 1995년의 초등·중등·고등 교육기관의 취학률에 미치는 영향을 복수방정식(multiple equation) 모형을 사용해 분석하였다. 그들은 소득불평등이 취학률에

21 황진영(2003)은 개발도상국만으로 구성된 표본을 사용해 1960년경의 토지지니계수가 이후 30여 년의 고등교육기관의 취학률에 대체로 통계적으로 유의한 양(+)의 영향을 미치는 것으로 추정하였다. 즉 개발초기에는 초기의 자산불평등이 교육투자에 긍정적 영향을 미칠 수 있다. 이상의 결과는 Hwang and Jung(2006)의 결과와 상충하는데, 이는 중요한 시사점을 제공한다. 이상의 두 연구결과의 차이는 상이한 표본을 사용하였기 때문에 생겨날 수 있는데, 이는 소득불평등이 고등교육기관의 취학률에 비선형적 영향을 미칠 가능성이 있음을 시사한다. 예를 들어 이상의 두 변수 간의 관계가 개발초기의 소득수준이 낮은 국가들에서는 양(+)의 관계가 성립하며, 소득수준이 어떤 수준을 넘어서게 되면 음(-)의 관계가 형성될 수 있다.

미치는 영향이 교육기관별로 상이하다고 추정하였다. 즉 그들은 소득불평등이 초등교육기관의 취학률에 통계적으로 유의한 양(+)의 영향을 미치는 반면, 중등 및 고등 교육기관의 취학률에는 통계적으로 유의한 음(-)의 영향을 미치는 것으로 관측하였다. 따라서 소득분배가 평등한 국가일수록 중등 및 고등 교육기관의 취학률이 상대적으로 높게 나타난다.

이상의 결과는 이미 살펴본 지대추구행위의 논의를 이용해 설명할 수 있다. 중등교육과 고등교육을 수요하기 위해 요구되는 비용이 진입장벽의 역할을 한다면, 상대적으로 부유한 사람들이 다수 형성될 때(즉 소득분배가 평등하게 이루어질 때) 높은 취학률로 이어진다. 다시 말해 소득불평등이 심한 국가에서는 부유한 사람들이 지대추구행위를 통해 정치적 영향력을 행사하기 때문에 가난한 사람들이 중등교육과 고등교육을 수요하는 데 진입장벽이 형성되므로 국가 전체의 취학률은 낮아지게 된다.

그러나 초등교육을 수요하기 위해 요구되는 비용은 상대적으로 크지 않을 뿐 아니라 많은 국가들에서는 초등교육을 의무교육으로 지정하고 있다. 따라서 초등교육기관 취학률 결정에는 부유한 사람들에 의한 지대추구행위보다 중위투표자의 선호가 크게 반영된다. 즉 소득불평등이 심한 국가에서는 초등교육에 대한 재분배적 재정지출이 증가하며, 이로 인해 높은 취학률이 나타나게 된다.

한편 황진영·임진우(2004)의 실증분석에서는 소득불평등과 부패의 상호연관성을 고려하면서 이 두 변수들이 정부의 교육비지출 규모 및 구성에 미치는 영향을 검토하였다.[22] 그들은 소득불평등이 ① "GNP 대비 정부의 교육비지출 비율"과 ② "1인당 GNP 대비 고등교육기관의 학생 1인당 정부의 교육비지출 비율"에 각각 통계적으로 유의한 양(+)의 영향을 미치는 것으로 관측하였다. 그러나 그들은 소득불평등이 "1인당 GNP 대비 초등교육기관의 학생 1인당 정부의 교육비지출 비율"과 "1인당 GNP 대비 중등교육기관의 학생 1인당 정부의 교육비지출 비율"에 대해서는 통계적으로 유의한 음(-)의 영향을 미치는 것으로 추정하였다.

이상의 결과는 소득불평등이 심해질수록 초등 및 중등 교육기관에 대한 정부의 교육비지출은 상대적으로 감소하는 반면, 고등교육기관에 대한 정부의 교육비

22 부패와 소득불평등 간의 상호연관성에 관한 논의는 다음 장(제7장)에서 살펴본다.

지출은 상대적으로 증가할 수 있음을 의미한다. [표 6-8]은 지금까지 언급한 소득불평등과 교육기관별 교육투자 간의 관계에 대한 연구결과들의 요약을 나타낸다.

표 6-8 소득불평등과 교육기관별 투자지출 간의 관계

	정부의 교육비지출	취학률
초등교육기관	−	+
중등교육기관	−	−
고등교육기관	+	−

주: +(−)는 소득불평등과 교육기관별 투자지출 간에는 양(음)의 관계가 성립함을 나타냄.

마지막으로 한 가지 지적할 사항은 금융시장의 불완전성과 교육투자의 불가분성(indivisibility)이 크게 작용할수록 소득불평등은 교육투자에 미치는 영향이 더욱 커진다는 사실이다. 또한 금융시장의 불완전성과 교육투자의 불가분성은 초등교육 혹은 중등교육에 비해 고등교육을 수요할 때 더 크게 작용한다. 왜냐하면 고등교육은 민간이 부담해야 하는 교육비용과 교육을 수요함으로써 잃게 되는 기회비용이 상대적으로 크기 때문이다. 따라서 고등교육의 진입장벽은 금융시장의 불완전성이 심한 국가에서 더욱 높아진다.

5. 교육을 통한 소득의 세대 간 이동성

우리는 지금까지 소득불평등이 다양한 측면에서 교육투자와 관련될 수 있다는 사실을 살펴보았다. 이러한 소득불평등과 교육투자 간의 관련성은 현재의 소득불평등이 교육투자라는 전달경로를 통해 미래의 소득불평등으로 이어지는, 즉 소득이 세대 간(intergenerational) 세습될 가능성을 시사한다. 왜냐하면 좋은 교육과 훈련을 받은 사람들과 그렇지 못한 사람들 간에는 소득격차가 생겨나기 때문이다.[23]

23 이미 언급한 바와 같이 Hwang and Jung(2006)은 다른 모든 조건이 동일할 때 소득불평등이 심한 국가에서는 중등 및 고등 교육기관의 취학률이 상대적으로 낮게 나타날 수 있다고 관측하였는데, 이는 소득이 세대 간 세습될 가능성을 암시한다.

부유한 사람들일수록 그들 자녀에 대해 더 좋은 교육환경을 조성하려 노력할 것이며, 이로 인해 교육성과가 세대를 걸쳐 이동함으로써 소득이나 부가 세습될 수 있다. 예를 들어 Kremer(1997)는 미국의 자료를 이용해 부모와 자녀의 교육성과 간에는 다소의 관련성(상관계수는 약 0.40)이 형성된다고 파악하였다. 또한 Checchi(1997)는 교육성과의 세대 간 이동성을 미국·독일·이탈리아의 자료를 이용해 비교 분석하였는데, 가족의 교육배경과 교육성과 간의 관계가 가장 강하게(약하게) 나타난 국가는 이탈리아(미국)로 판정하였다.

교육성과의 세대 간 이동성이 국가별로 다른 이유는 교육체계의 차이 때문이다. 구체적으로 이탈리아의 교육체계는 중앙집권적이므로 소득불평등 완화에는 도움이 되지만, 직업선택이나 교육수준의 세대 간 상방이동의 가능성은 줄어들게 된다. 그러나 미국의 교육체계는 많은 부분이 지방정부의 재정에 의해 충당될 뿐만 아니라 사립학교에 대한 취학의 기회를 다양하게 제공되고 있다. 즉 미국의 교육체계는 효율성·다양성·형평성 등 다양한 기준들을 함께 고려한다. 따라서 중앙집권적이며 획일적인 교육체계는 소득불평등 완화에 도움을 줄 수 있는 반면, 다양한 형태의 교육체계는 교육성과의 세대 간 이동성의 가능성을 증가시킨다.

Gradstein et al.(2005)은 다양한 연구결과들을 검토한 이후 가족의 부 혹은 소득과 교육성과 간에는 (다소 완만한) 양(+)의 관계가 성립한다고 요약하였다. 그들은 이상의 관계가 특히 심한 국가들로 미국·브라질·멕시코·포르투갈 등을 들었고, 노르딕 국가들(즉 스웨덴·노르웨이·핀란드·덴마크)과 오스트리아·벨기에·이탈리아·일본·라트비아·폴란드 등에서는 이상의 관계가 상대적으로 약하게 나타난다고 제시하였다. 또한 일련의 연구들에서는 부모(특히 어머니)의 교육수준과 자녀의 교육성과 간에 양(+)의 관계가 성립할 수 있음을 확인하였다.

우리나라 통계자료를 이용한 연구는 대체로 2000년대 이후 진행되고 있는데, 그 이전에는 통계자료의 한계로 인해 연구 자체가 제한적이었다. 우리나라의 교육체계는 중앙집권적이며 평준화 교육정책을 시행하고 있으므로 다른 국가들의 연구결과에 기초할 때 가족의 부 혹은 소득과 교육성과 간의 양(+)의 관계는 비교적 약하게 나타날 것으로 기대된다. 그러나 과외와 같은 사교육이 만연한 사회 환경으로 인해 형평성이 훼손될 가능성이 크기 때문에 교육성과의 세대 간 이동성에 관한 실증적 검토는 반드시 요구된다.

김홍균·문용호(2006)는 가구 구성원들의 교육수준이 자신의 교육투자 수익률에 미치는 효과를 분석하였는데, 부모에 비해 배우자의 교육수준이 더 중요한 역할을 하는 것으로 추정하였다. 이는 우리나라에서 부부간 교육수준의 상관관계가 높다는 사실을 반영하는 결과이다. 그러나 이상의 분석은 교육투자 수익률을 임금으로 측정함으로써 측정오차(measurement error)의 문제와 표본의 수가 735개 불과하다는 한계점을 지니고 있다.

최근 들어 최필선·민인식(2015)은 한국교육고용패널(KEEP) 데이터를 활용해 부모의 교육 및 소득 수준이 자녀의 대학교 진학, 수능성적 및 대학졸업 후 노동시장 성과에 미치는 영향을 추적하였다. 그들은 부모의 교육 및 소득 수준이 자녀의 4년제 대학 진학률, 수능성적으로 측정한 교육성과 및 자녀의 노동시장 성과에 양(+)의 영향을 미치는 것으로 관측하였다. 이는 교육을 통한 소득의 세대 간 상방이동의 가능성을 줄어들게 만들며, 현재의 소득불평등이 미래의 소득불평등으로 이어질 수 있음을 암시한다.[24]

공교육과 평준화가 중요시되는 우리나라의 교육제도가 그 목적을 달성하고 있는지는 교육성과의 세대 간 이동성에 관한 폭넓은 연구를 통해 파악할 수 있다. 또한 이러한 연구결과는 향후 우리나라의 교육정책을 설정하는 데 필요한 기준을 제공할 것으로 기대된다. 따라서 체계적 통계자료의 확보를 통한 의미 있는 연구결과의 도출은 향후 지속해서 이루어져야 할 연구과제로 남아있다.

24 이러한 결과가 나타난 이유 중에서 사교육이 어느 정도 영향을 미쳤는지는 향후 연구되어야 한다.

보충 내용

고령화 진전과 교육투자

20세기 중반 혹은 후반 이후부터 대부분 국가들이 경험한 급속도의 고령화 진전은 교육투자에 영향을 미칠 수 있다. 고령화 진전이 교육투자에 영향을 미칠 수 있는 이론적 근거로는 정부지출의 세대 간 경쟁(intergenerational competition)을 들 수 있다. 인구구조는 크게 청소년층, 근로 인구층 및 고령층으로 구분할 수 있으며, 각 연령계층이 선호하는 정책은 상이할 수 있다. 예를 들어 청소년층은 재정의 많은 부분을 교육부문에 지출하기를 희망하는 반면, 고령층은 건강·사회보장에 대한 지출을 선호한다(김의섭·황진영, 2006; 황진영, 2007d; Poterba, 1997). 따라서 오늘날 인구구조의 변화, 즉 출산율의 감소와 고령인구의 증가는 자연히 교육에 대한 재정지출의 감소로 이어질 수 있다.

그러나 Zhang et al.(2003)은 고령화 진전이 공교육비지출에 역U자 형태의 영향을 미친다고 제시하였다. 구체적으로 사망률이 높은 개발초기의 국가에서는 사망률이 감소해 인구의 고령화가 진전되면, 중위투표자는 공교육비지출을 증가시키기 위한 조세의 인상을 선호한다. 그러나 평균수명이 어떤 수준(임계값)을 넘어서게 되면, 중위투표자는 교육혜택을 받을 나이가 넘어서게 되므로 조세의 인하와 공교육비지출의 감소를 유도하려 노력한다.

일련의 연구들에서는 고령화 진전이 교육투자 및 인적자본의 축적에 양(+)의 영향을 미칠 수 있다고 주장하였다. 예를 들어 정부에서는 고령인구비율이 증가함에 따라 젊은 사람들에게 교육투자를 증가시켜 더 많은 자원을 창출하려 노력할 수 있다. 즉 고령화가 진전은 생산성 향상을 위해 인적자본에 대한 투자를 증가시키려는 경향이 생겨나게 만든다(Börsch-Supan, 2001; Richman and Stagner, 1986). 또한 Psacharopoulos(1984)는 기대수명이 증가할수록 교육투자를 통한 수익이 증가하기 때문에 경제인들 스스로 인적자본의 축적에 더 능동적일 수 있다고 주장하였다.

국가 간 통계자료를 살펴보면, 우리는 고령인구비율이 높은 국가일수록 '정부의 교육비지출'·'취학률'·'총교육연수' 등과 같은 교육투자의 대리변수들이 대체로 높게 나타난다는 사실을 쉽게 확인할 수 있다. 이러한 사실은 고령화가 진전될수록 노동자의 능력 향상과 함께 국가의 산업구조가 전문화·지식화·고도화된 산업으로 이양되어야 함을 암시한다.

생각해 볼 문제

1. 교육투자를 통한 인적자본의 축적은 경제성장 혹은 경제발전을 위해 반드시 요구된다. 그러나 교육투자를 시장경제에 맡겨두면, '교육의 외부효과'(external effect)로 인해 파레토 최적(Pareto optimality)이 달성되지 않는 시장실패(market failure)가 발생한다. 다시 말해 교육은 제3자에게 의도하지 않은 외부효과를 창출하기 때문에 시장 기구에 의한 교육의 생산은 적정수준에 못 미치게 된다. 여러분은 시장 기구에 의한 교육의 과소생산 문제를 해결하기 위해 어떤 정책적 대안을 생각할 수 있는가? 또한 어떤 형태의 교육기관(즉 초등·중등·고등 교육기관)이 경제성장에 크게 기여한다고 생각하는가?

2. 교육투자(혹은 인적자본의 축적)가 어떻게 기술진보를 유도할 수 있는지 설명하라. 신고전학파 모형에서는 자본의 한계생산성 체감의 법칙으로 인해 인적자본이 축적될수록 인적자본의 한계생산성은 체감하게 된다. 그런데도 현실 세계에서는 인적자본이 많이 축적된 국가에서 기술진보가 체증적으로 발생하는데, 이와 같은 현상에 대한 이론적 근거를 제시하라.

3. 교육투자의 평가는 대체로 양적 확대, 질적 개선 및 기회 균등의 세 가지 기준을 사용해 이루어진다. 다양한 교육투자의 지표들을 제시하고, 이들 지표가 이상의 기준과 어떻게 부합할 수 있는지 설명하라. 또한 여러분은 이상의 기준들이 어떤 경우에 상호 간 보완되고 혹은 대체된다고 생각하는가?

4. 금융시장의 불완전성과 민주주의 발전이 어떻게 소득불평등과 관련되는지 설명하라. 또한 많은 산업화된 국가들의 소득불평등은 시간이 흐름에 따라 크게 변동하지 않는데, 우리는 이 현상을 어떻게 설명할 수 있을까? 특히 소득불평등의 지속성이 나타나는 이유를 출산율과 교육투자 간의 관련성을 이용해 제시하라.

5. 고등교육은 초·중등교육과 달리 지대추구행위와 관련될 수 있다는 연구결과들이 다수 발표되었다. 그렇다면 고등교육이 지대추구행위와 관련되는 근본적인 이유는 무엇인가? 만약 고등교육과 지대추구행위 간의 관련성이 사실이라면, 이는 향후의 경제발전과 소득분배에는 어떤 영향을 미친다고 생각하는가? 이상의 논의는 소득의 세대 간 이동성과 어떻게 관련되는지 설명하라.

1. 경제학에서 부패

2. 부패와 경제성장

3. 부패와 소득분배

4. 자원배분의 왜곡

7

부패의 해악

1. 경제학에서 부패

부패의 정확한 규정은 현실적으로 불가능하다. 왜냐하면 부패행위가 다른 경제인에 의해 인식된다면 부패의 추구에서 실패로 간주하기 때문이다. 본 절에서는 경제학에서 언급하는 부패의 정의와 유형을 살펴보고, 부패에 관한 관심이 1990년대 이후 고조된 이유를 제시한다.[1]

1.1 부패의 정의

우리는 현실 세계에서 부패(corruption)를 종종 언급하며, 부조리·비리·부정 등의 용어와 혼용해 사용한다. 부패행위는 항상 전형적 형태로 발생하지 않기 때문에 다른 유사한 용어들과 구분해 부패만을 엄밀하게 정의하기란 결코 쉬운 일이 아니다. 또한 부패의 정의가 이미 밝혀진 부패행위에 바탕을 둔다면 상당한 오류를 포함한다. 왜냐하면 어떤 부패행위가 다른 제3의 경제인에 의해 인식된다면, 이는 부패를 추구함에 실패로 간주할 수 있기 때문이다. 즉 실패한 행위에 기초한 정의는 그 본질을 정확히 표현하는 데 한계가 있다.

그런데도 우리가 부패를 얘기할 때 가장 먼저 떠오르는 생각은 아마도 공직자들이 범하는 부패이다. 세계은행(World Bank)은 일부 공직자들의 부패한 행동을 바탕으로 부패의 가장 일반적 정의를 제시하였다. 즉 세계은행은 부패를 "사적 이익을 추구하기 위해 공직과 공권력을 남용하는 것"(The misuse of public office for private gain.)으로 정의한다.

부패는 경제학 문헌에서 자주 언급되는 '담합'(collusion)과 혼동될 소지가 있다. 그러나 부패는 담합과 달리 금전적인 이익, 즉 불법적 뇌물수수를 수반한다는 점에서 큰 차이가 있다. 그렇지만 현실 세계에서는 뇌물이 수반되지 않는 부패도 다양하게 존재한다. 예를 들어 고위 공직자나 국회의원이 자신의 정치적 영향력을 확대하거나 차기 선거에서 이기기 위해 뇌물수수 없이 자신의 고향이나 이해관계가 큰 지역에 타당성이 낮은 대형건설 사업을 시행할 수 있다.

---

1 본 절의 많은 내용은 황진영(2016)의 제4장을 재구성하였음을 밝혀둔다.

1.2 부패의 유형

부패의 유형은 크게 '생계형 부패'(petty corruption)와 '권력형 부패'(grand corruption)로 구분된다. 생계형 부패는 "주로 자신이나 가족부양 등을 위해 소규모의 경제지대에 의존하는 형태의 부패"인 반면, 권력형 부패(혹은 공직부패)는 "정치인이나 고위 공직자가 주로 정책결정과 연관된 부패"를 의미한다. 권력형 부패가 사회에 미치는 부정적 효과는 생계형 부패의 경우에 비해 단기적 관점에서 훨씬 크다고 볼 수 있다. 왜냐하면 권력형 부패의 규모가 생계형 부패의 규모와는 비교할 수 없을 만큼 크기 때문이다.

그러나 부패가 사회에 미치는 부정적 효과를 장기적 관점에서 살펴보면, 생계형 부패의 부정적 효과가 권력형 부패의 경우를 압도한다. 생계형 부패는 '급행료'(speed money) 혹은 '윤활제'(grease payment) 등으로 표현되는 각종 뇌물을 포함하는데, 이는 시간이 흐름에 따라 내부화(internalize) 과정을 거쳐 한 사회의 특징으로 형성되므로 사회에 큰 해악을 끼치게 된다. 생계형 부패와는 달리 권력형 부패는 쉽게 드러날 수 있으며 일회성으로 끝날 가능성이 상대적으로 크므로 내부화 과정을 거치지 않을 수 있다. 따라서 부패는 유형에 따라 경제에 미치는 해악에 차이가 생겨날지라도 그 유형에 상관없이 사회적 후생을 감소시키고, 장기적으로 국가나 사회 전체에 부정적 영향을 미친다.[2]

이상의 일반적 유형의 부패와는 달리 경제인들 간에 정보의 비대칭성이 존재하는 상황에서 부패가 생겨날 수 있다. 예를 들어 경영자와 회계감사가 결탁한 회계부정이나 주주와 주식분석가가 담합한 주가조작 등은 정보의 비대칭성에 기인한 대표적 부패행위이다. 일반 경제인들 간에 존재하는 정보의 비대칭성으로 인해 생겨나는 부패는 감독기구의 감독 혹은 모니터링이 약하거나 시장을 통한 적절한 견제의 역할이 부족할 때 주로 발생한다.

---

2 부패가 경제성장에 단기적으로 긍정적 영향을 미칠 수 있다는 주장도 존재하는데, 이는 다음 절에서 살펴본다.

1.3 부패에 대한 고조된 관심

부패는 최근에 생겨난 새로운 사회문제가 결코 아니며, 오랜 기간 권력과 함께 지속되어 왔다.[3] 그러나 1990년대 이후 경제·정치·사회 등의 모든 분야에서 부패에 관한 관심이 고조되면서 부패에 대한 경제학적 관점의 연구가 활발히 진행되었다. 그렇다면 1990년대 이후 세계적으로 부패에 관한 관심이 고조된 이유는 무엇일까? 그 가능한 해답은 다음의 몇 가지 사실로 요약된다.

첫째, 1990년대 이후 민주주의 사조의 확산과 더불어 세계화가 진전됨에 따라 부패에 대한 국제적 관심이 증대되었다. 세계의 경제가 글로벌화 됨에 따라 부패국가의 부패가 비부패국가의 경제활동에 영향을 미치기 시작하였다. 예를 들어 글로벌 경제와 함께 나타난 국제적 계약에서 커미션(commission)과 같은 뇌물행위가 급속히 늘어났다. 또한 세계화 진전은 국가 간 경제활동 규모뿐 아니라 상호의존성을 증대시키기 때문에 많은 국가들이 경제적 효율성을 추구하려는 노력을 진행하였다. 이와 같은 과정에서 각 국가는 부패로 인한 경제적 왜곡에 더 큰 관심을 기울이게 되었다.

둘째, 세계경제에서 차지하는 미국의 역할이 증대됨에 따라 부패에 대한 인식이 고조되었다. 냉전시대의 미국은 자신의 편이 아닌 다른 국가에서 발생하는 정치적 부패를 간과하였다. 그러나 냉전의 종식 이후 세계의 초강대국이 된 미국의 정치인들은 외국에 대한 뇌물공여 금지 법안으로 인해 자국의 수출이 불리한 입장에 놓이게 되었다고 주장하면서 전 세계적인 반부패 운동을 벌일 것을 제창하였다.

셋째, 몇몇 국가들에서는 부패로 인해 정치인들이 구속되고 심지어 정권이 붕괴하는 사례가 생겨났다. 부패로 인한 불확실성의 증대가 세계경제에 큰 영향을 미치게 됨에 따라 부패에 대한 국제적 논의가 확산하였다. 즉 국제연합(UN)·국제통화기금(IMF)·세계은행(World Bank)·경제협력개발기구(OECD)·세계무역기구(WTO) 등의 국제기구에서는 부패방지를 위한 논의를 확산시켰다. 예를 들어 IMF는 경제의 자유화·예산의 투명성 등을 강조함으로써 부패를 감소시키기 위한 전

---

3 송하율(1999)은 성경의 창세기에 뱀이 이브에게 선악과를 준 사실을 언급하면서 부패와 뇌물은 고대로부터 존재해 왔다고 지적하였다.

세계적인 관심을 촉구하였다.

넷째, 1990년대 이후 전 세계적인 민주주의 사조의 확산과 더불어 부패에 관한 토론을 터부시하던 관행이 깨어짐으로써 부패에 관한 관심이 증대되었다. 민주주의 사조의 확산으로 인해 많은 국가들에서는 언론의 자유를 증진하려 노력하였으며, 이는 부패에 관한 토론의 기회를 확대하는 계기가 되었다.[4] 또한 국제기구의 반부패 운동이 민주주의 사조의 확산과 더불어 많은 국가들에서 부패에 관한 관심을 촉발하는 계기가 되었으며, 반부패 활동을 벌이는 비정부기구(NGO)의 역할을 증대시켰다.

다섯째, 최근 몇십 년간 증대된 정부의 역할도 부패에 관한 관심의 고조와 관련된다. 즉 지난 몇십 년간 선진 산업화된 국가들에서는 세계화 진전으로 경쟁이 심화함에 따라 생겨난 소득불평등·실업·양극화 등의 문제를 해소하기 위해 재정지출을 지속해서 증가시켜 왔다. 또한 많은 개발도상국들은 공공지출을 증가시켜 더 높은 수준의 경제성장을 추구하고 있다. 이처럼 대부분 국가들이 경험한 정부의 역할 증대는 경제활동에 대한 규제와 통제를 강화시켰으며, 이는 관료들이 자신들의 권위를 오용해 뇌물을 요구하거나 제공된 뇌물을 받을 기회를 많이 창출하였다. 이러한 현상으로 인해 부패가 일반인들에게 자연히 드러났으며, 많은 사람들이 부패에 관한 관심을 증가시켰다.

마지막으로, 1990년대 이후 많은 사회주의 국가들이 붕괴하면서 생겨난 전환기 국가들과 새롭게 정치적으로 독립한 국가들이 새로운 형태의 부패를 경험하면서 부패에 관한 관심이 자연히 고조되었다. 또한 이상의 국가들을 비롯한 여러 개발도상국들이 공기업을 민영화하는 과정에서 새로운 부패행위를 경험하였는데, 이는 국제적 관심을 유발하였다. 과거에는 정보의 부족으로 알 수 없었던 사항들을 정보통신기술의 발전으로 인해 많은 사람들이 인식할 수 있게 됨에 따라 자연히 부패에 관한 관심이 증대되고 있다.

우리나라에서는 2002년 발족한 「부패방지위원회」가 2005년 「국가청렴위원회」로 새롭게 출범하였으며, 2008년에는 「국민권익위원회」로 확대 개편해 부패방지 및 국가 청렴도 제고를 위해 노력하고 있다. 이처럼 부패척결 기구의 조직 및

---

4 이는 부분적으로 정보통신기술(Information and Communication Technology)의 발전과도 관련된다.

개편은 부패국가라는 오명을 벗지 못하면, 국제사회에서 우리나라의 위상이 결코 높아질 수 없다는 시대적 흐름에 대한 인식에서 출발한다.

2. 부패와 경제성장

부패행위가 다양한 형태로 나타나듯이 부패가 경제성장에 미치는 영향도 일률적이지 않다. 본 절에서는 국가별 부패의 측정과 관련된 논의를 설명하고, 부패가 거시적 경제성과에 미치는 긍정적·부정적 영향을 검토한다.

2.1 부패의 측정

부패에 대한 인식의 고조와 반부패 운동은 국가별 부패의 정도를 측정하려는 노력으로 시작되었다. 최초의 국가별 부패의 측정은 기업들에게 글로벌 경영에 대한 위험 평가를 제공하기 위해 이루어졌다. 즉 1990년 중반까지는 정치경제적 위험 컨설팅(political and economic risk consultancy), 정치적 위험 서비스(political risk service), 이코노미스트 인텔리전스 유닛(economist intelligence unit), 비즈니스 인터내셔널(business international, 현재에는 이코노미스트 그룹의 한 부분임) 등에서 국가별 부패의 측정과 관련된 자료를 제공하였는데, 당시에는 개별기업들이 이상의 자료를 사적으로 사용하였다.

이상의 여러 기관들에서 발표한 국가별 부패의 정도는 동일 국가 혹은 연도의 표본이 아니며 동일한 형태의 부패에도 국한되지 않았다. 즉 발표기관에 따라 선정한 국가나 연도가 상이하며, 각 기관은 뇌물, 직무상의 부당 취득, 정치적 안정성 혹은 정부의 특정 기능의 불법행위 등과 같이 선별적인 부패행위에 중점을 둔 조사결과를 발표하였다.

이후 국가별 부패의 정도는 실질적 부패나 부패행위에 초점을 두는 것이 아니라 부패의 인식 정도를 지수로 측정한 '부패인식지수'(corruption perception index)로 파악한다.[5] 부패인식지수는 세계 각국의 부패에 대한 전문가 및 다국적

5 이는 이미 언급한 바와 같이 실질적 부패의 측정이 사실상 불가능하다는 사실에 기초한다.

기업이나 공공기관에 종사하는 사람들의 인식을 조사한 각종 설문조사(survey) 자료를 이용해 작성되고 있다. 구체적으로 부패인식지수는 비즈니스 인터내셔널, 국제적 국가 위험 가이드(international country risk guide), 세계은행, 국제투명성기구(transparency international) 등의 국제기관이나 국제기구들에서 측정해 제공하고 있다.

현재 학술적 연구에서 가장 많이 사용하는 대표적 자료는 국제투명성기구에서 제공하는 부패인식지수이다. 국제투명성기구는 독일 베를린(Berlin) 소재의 비영리 민간단체로서 부패인식지수의 작성·발표를 통해 공공의 부패에 관한 관심과 논쟁을 촉발하고 각국의 반부패 개혁을 유도함을 목적으로 한다고 밝히고 있다.[6] 국제투명성기구는 1995년 이후 매년 세계 각국의 부패인식지수를 발표하고 있다. 발표 초기에는 국가의 수가 제한적이었지만, 점차 그 대상 국가를 확대해 2021년에는 180개 국가의 부패인식지수를 발표하였다. 2021년 부패인식지수는 0~100 사이의 수치로 제공하였는데, 높은 수치일수록 덜 부패한 국가를 의미한다. 또한 국제투명성기구는 부패인식지수를 발표하면서 동시에 부패인식지수의 표준편차(standard error)를 제공한다. [표 7-1]은 2021년 주요 국가들의 부패인식지수, 사용된 설문조사의 수 및 표준편차를 나타낸다.

표 7-1 주요 국가의 부패인식지수

순 위	국 가	부패인식지수	사용된 설문조사의 수	표준편차
1	덴마크	88	8	1.85
1	뉴질랜드	88	8	1.43
1	핀란드	88	8	1.25
4	싱가포르	85	9	1.16
4	스웨덴	85	8	1.24
4	노르웨이	85	7	1.07
7	스위스	84	7	1.11
8	네덜란드	82	8	1.36
10	독 일	80	8	1.76

6 이는 국제투명성기구 홈페이지(http://www.transparency.org/)에서 제공하는 내용에 기초한다.

11	영 국	78	8	1.43
13	캐나다	74	8	2.30
18	일 본	73	9	2.10
22	프랑스	71	8	1.30
24	UAE	69	8	2.90
25	대 만	68	8	1.85
27	미 국	67	9	2.21
32	대한민국	62	10	1.13
34	스페인	61	8	2.28
36	이스라엘	59	7	2.05
42	폴란드	56	10	1.22
42	이탈리아	56	8	1.46
52	사우디아라비아	53	7	4.24
58	그리스	49	8	1.63
62	말레이시아	48	9	1.32
66	중 국	45	9	1.77
73	세네갈	43	9	1.35
85	인 도	40	9	1.17
87	탄자니아	39	9	1.39
87	베트남	39	8	0.82
96	브라질	38	8	1.61
102	카자흐스탄	37	9	3.33
110	태 국	35	9	0.84
117	이집트	33	7	4.09
122	우크라이나	32	9	1.29
124	멕시코	31	9	1.43
136	러시아	29	9	1.46
140	우즈베키스탄	28	7	1.51
157	이라크	23	5	4.02
164	수 단	20	8	2.43
174	북 한	16	4	2.57

177	베네수엘라	14	8	0.99
178	소말리아	13	6	1.89
180	남수단	11	5	0.41

자료: 국제투명성기구(http://www.transparency.org/).

우리는 [표 7-1]을 통해 국가별 부패인식지수와 관련된 몇 가지 특징을 파악할 수 있다. 첫째, [표 7-1]에는 투명도(transparency) 기준으로 180개 대상국의 순위가 나타나 있다. 즉 덴마크·뉴질랜드·핀란드의 부패인식지수는 88로써 가장 투명한 국가들인 반면, 남수단의 부패인식지수는 11로써 가장 부패한 국가이다. 우리나라의 부패인식지수는 62로써 32위를 기록하였다. 이는 다른 아시아 국가인 싱가포르(85, 4위)나 일본(73, 18위)에 비해 투명도가 낮은 수준이며, 대만(68, 25위)과 비슷한 수준이다.[7]

둘째, 선진 산업화된 국가들의 부패인식지수 순위가 거의 상위권에 차지하고 있으며(즉 상대적으로 투명하며), 대부분 개발도상국이나 전환기 국가들의 부패인식지수 순위가 낮은(즉 상대적으로 부패가 심한) 것으로 나타난다. 이러한 관측은 부패의 개선이 경제발전과 밀접하게 관련될 수 있음을 보여준다. 또한 산업화된 국가들 간의 부패인식지수에도 차이가 있으며, 북유럽 국가들의 부패인식지수가 대체로 높게 나타나 이들 국가들이 세계에서 가장 투명한 것으로 관측된다. 이는 부패인식지수의 결정에 경제발전(혹은 소득수준)과 함께 사회적 관습이나 문화적 전통 등의 요인들이 영향을 미칠 수 있음을 제시한다. 한편 상대적으로 가장 투명한 국가들의 부패인식지수가 88이라는 사실은 이들 국가에서도 여전히 부패가 존재하며 개선해야 할 투명성이 있음을 의미한다.[8]

셋째, 비록 [표 7-1]을 통해서는 명시적으로 알 수 없지만, 국가별 부패인식지수는 시간이 흐름에 따라 크게 변동하지 않는다는 특징이 있다. 즉 부패인식지수의 시계열 간 상관계수는 상당히 높은 것으로 알려져 있다. 또한 많은 연구들에서는 부패인식지수 작성에 진행 중인 개혁을 고려하지 않았다는 사실을 비판하였

7 우리나라의 투명도는 매년 완만하게 개선되고 있다. 예를 들어 2014년 우리나라의 부패인식지수는 55였으며, 이는 175개국 중 43위였다.

8 이러한 결과는 '인식'에 기초해 측정한 자료의 한계와도 관련된다. 즉 인식은 실제적 사실과는 다를 수 있으며, 그 변화에는 상당한 시간이 소요된다.

다. 이는 1990년대 이후 민주주의 사조의 확산과 더불어 정치적으로 독립한 신생국들의[9] 부패인식지수가 상대적으로 낮은 순위에 머물러 있다는 사실과도 부합한다. 이상의 비판들은 부패인식지수에 대한 수량화가 완전하지 않음에 근거한다. 따라서 부패인식지수는 실질적 부패의 측정과는 상당한 오차(이른바 측정오차, measurement error)가 존재할 가능성이 있다.

2.2 부패의 긍정적 영향[10]

일부 경제학자들은 부패 그 자체에 부패의 부정적 영향을 상쇄할 만큼의 가치가 내재되어 있다고 역설하였다. 그들은 부패로 말미암아 높은 경제성장의 달성이 가능하다는 주장을 제기하였는데, 이를 요약하면 다음과 같다.

첫째, 부패는 정부활동의 경직성이나 과잉집중(over-centralization)을 감소시키기 때문에 투자의 효율성을 증진시킬 수 있다(Huntington, 1968). 다시 말해 관료들은 부패로 인한 금전적인 유인이 클수록 투자를 저해하는 정부활동의 경직성과 과잉집중을 줄이려 노력한다. 왜냐하면 관료들은 투자가 많이 이루어질수록 뇌물을 수수할 수 있는 기회를 더 많이 가질 수 있기 때문이다. 따라서 관료들은 뇌물의 유인이 클수록 투자의 효율성을 증진시키는 정책을 결정하고 수행하며, 이로 인해 뇌물은 간접적으로 경제성장을 제고하는 데 기여한다.

둘째, 뇌물은 '대기비용'(waiting costs)을 최소화시켜 시간의 가치를 증진하는 '급행료'(speed money) 혹은 '윤활제'(grease payment)의 역할을 하므로 부패는 공공행정의 비효율성을 줄일 수 있다(Lui, 1985). 시간의 가치는 개인별 능력이나 소득수준에 따라 상이하며(왜냐하면 개인별 능력이나 소득수준에 따라 기회비용이 상이하기 때문임), 시간의 가치가 큰 사람들이 뇌물을 사용해 정책결정이나 공공서비스의 신속화를 유도한다. 따라서 부패는 시간의 절약을 통해 효율성을 높일 수 있으므로 경제성장에 긍정적 영향을 미친다.

셋째, 부패는 희소한 자원을 지불 의사가 가장 높은 사람에게 배분하도록 유

9 1990~93년 동안 지구상에 무려 27개 국가가 새롭게 생겨났다(Akdede and Hwang, 2008).

10 '2.2 부패의 긍정적 영향'과 '2.3 부패의 부정적 영향'은 황진영(2016)을 참고해 작성하였다.

도하기 때문에 자원배분의 효율성을 제고시킨다(Beck and Maher, 1986; Lien, 1986). 예를 들어 가장 효율적 기업이 경쟁 입찰에서 가장 많은 뇌물을 제공할 수 있으므로 뇌물은 입찰의 효율성을 높이는 데 기여한다. 또한 뇌물은 공직자의 저임금을 보완할 수 있으므로 정부가 세금부과를 낮게 설정할 수 있도록 도움을 준다. 이처럼 낮은 수준의 세금이 부과될 때 소비자들은 소비를 증가시키고 생산자들은 투자를 증가시킬 수 있는 여분이 증가하기 때문에 부패는 경제성장에 긍정적 역할을 한다.

역사적 경험을 살펴보면, 1970~90년대 대한민국·대만·인도네시아·태국 등의 동아시아 국가들은 비교적 부패한 상황에서 높은 경제성장률을 기록하였다. 또한 2000년대 이후 중국·인도 등의 국가에서는 심한 부패수준과 높은 경제성장률이 동시에 생겨나고 있다. 따라서 부패가 경제성과에 긍정적 영향을 미칠 수 있다는 이상의 주장들은 다소 설득력을 갖는 것처럼 여겨진다.

그러나 이상의 주장들은 부패로 인해 생겨나는 왜곡에 집중하였으며, 부패가 주어진 것으로 간주하였다는 문제점이 있다. 부패와 경제적 왜곡은 일련의 결정요인들에 의해 동시에 나타나거나 혹은 야기되는 현상이다. 다시 말해 부패가 경제성장에 미치는 긍정적 영향은 관료적 정치 조직이 잘 정비되지 않은 개발도상국에서 단기적으로 크게 생겨날 수 있다.[11] 정부의 경직성이 강하거나 경제시스템이 제대로 갖추어지지 않은 국가에서는 뇌물이 급행료나 윤활제 역할을 할 수 있으므로 단기적으로 시간의 효율성을 높이거나 정부의 경직성을 줄일 수 있다.

2.3 부패의 부정적 영향

부패가 경제성과에 부정적 영향을 미친다는 주장은 부패의 긍정적 영향으로 제시된 사항들이 모두 부패로 만들어질 수 있다고 지적한다. 구체적으로 정부의 경직성이나 각종 규제들은 외생적으로 주어진 것 혹은 불변의 사회 특성이 아니라 오히려 뇌물을 받으려는 사람들에 의해 만들어진다. 예를 들어 공무원들이 금전적 이익을 위해 의도적으로 일 처리를 늦추거나 순서를 바꾸면서 급행료 혹은

11 이는 권위주의적 통치가 경제발전에 더 효과적일 수 있다는 이른바 '이광요 가설'로 알려져 있다.

윤활제를 유도할 수 있다. 마찬가지로 뇌물 공여 능력이 큰 사람은 더 큰 효율성을 가져서가 아니라 경제지대를 추구하는 과정에서 성공한 사람일 가능성이 크다. 따라서 부패는 공정한 경쟁 질서를 파괴하고 경제적 유인을 왜곡시킨다. 부패는 시장기능을 마비시켜 경제주체들이 공정한 게임을 할 수 있는 기반을 약화시키므로 시장경제와 민주주의의 적합성을 침해한다.

그러므로 부패는 시장실패를 시정할 정부의 적절한 통제와 감시능력을 약화하며, 오히려 부패가 동기가 되어 정부가 시장에 개입할 경우에는 시장실패를 더욱 심화시키는 결과를 초래한다. 이처럼 부패가 자원배분을 왜곡시켜 시장경제의 효율성, 더 나아가 경제성장에 부정적 영향을 미친다는 논리적 근거를 좀 더 구체적으로 살펴보면 다음과 같다.

첫째, 부패의 존재는 경제행위에 세금을 부과하는 효과 혹은 부패에 따른 불확실성이 부가적인 세금과 같은 효과를 야기한다(Mauro, 1995; Wei, 1997). 따라서 부패는 자본의 한계생산성을 감소시켜 투자의 유인이 줄어들게 만든다. 왜냐하면 생산자들은 자신들이 생산한 재화나 서비스의 한계생산가치(value of marginal product)를 그대로 갖는 것이 아니라 세금을 공제하고 남는 부분만을 갖기 때문이다. 따라서 부패는 투자에 대한 유인을 감소시켜 경제성장에 음(-)의 영향을 미친다.

둘째, 부패는 노동력 분포의 왜곡을 통해 경제성장에 부정적 영향을 미친다. 부패한 사회에서는 능력 있고 유능한 사람들이 생산성이 높은 일보다 지대추구가 가능한 직업을 선택하려는 유인이 생겨난다. 즉 그들은 부나 소득의 분배만을 행할 뿐 경제성장에 크게 기여하지 못한다(Murphy et al., 1993). 극단적인 예를 들면, 생산성이 높은 기업가보다 지대추구가 가능한 정부 관료가 훨씬 많은 금전적 혜택을 받는 경제에서는 유능한 사람들이 생산성이 높은 기업가보다 부패한 정부 관료가 되려고 노력한다.

셋째, 부패는 사회계약과 재산권을 보호하려는 정부의 기본적 역할을 약화시켜 정부의 신뢰성을 떨어뜨린다. 또한 부패는 뇌물의 공여 대상을 탐색하는 탐색비용이나 뇌물 공여 때 생겨나는 협상비용을 증가시킨다. 따라서 부패한 국가에서는 관료주의와 집단주의가 성행하게 되는데, 이는 시장경제와 민주주의의 적

합성과는 거리가 있다. 즉 부패는 그 성격상 비밀유지가 중요하기 때문에 부패가 만연한 국가나 사회에서는 은폐비용이 적게 드는 집단주의가 성행한다(Shleifer and Vishny, 1993). 집단주의는 관료주의를 유발할 뿐 아니라 이들 양자 간의 확대 재생산되는 경향으로 인해 효율성을 떨어뜨리고 경제성장을 저해한다.

넷째, 부패는 공공수입을 감소시키고 공공지출을 증가시킨다. 부패의 존재로 인해 조세징수에 대한 정부 권위의 잠재적 오용이 생겨날 때는 공공수입이 줄어들기 마련이다(Hindrinks et al., 1999; Hwang, 2002b). 또한 부패는 그 부패를 숨기기 위해 또 다른 부패를 야기할 수 있으므로 공공지출을 지속해서 증가시키는 속성을 가지고 있다(Tanzi and Davoodi, 2002). 즉 부패는 전반적 재정지출의 효율성에 부정적 영향을 미친다.[12] 따라서 부패한 국가에서는 재정적자가 심화되고 건실한 재정지출을 유지하기 어렵게 된다.

다섯째, 부패가 만연한 사회에서는 가난한 사람들의 잠재적 소득창출 가능성이 줄어든다. 왜냐하면 부패가 만연한 사회에서는 부유한 사람들이 잘 조직화된 집단(조직)을 구성해 나머지 가난한 사람들의 희생으로 정부의 행위로부터 이익을 얻을 수 있기 때문이다. 이는 부패가 소득불평등을 심화시키는 원인이 될 수 있음을 의미한다.[13] 소득불평등과 경제성장 간의 관계에 대해서는 오랜 기간 논의되었음에 불구하고 명확한 해답을 제시하지 못하고 있지만, 1990년대 이후 정치경제학 관점의 경제학자들은 초기의 소득불평등이 향후 지속적 경제성장에 걸림돌이 된다고 주장하였다. 왜냐하면 소득불평등이 심화할수록 다수의 가난한 사람들이 선거나 정치적 압력 등의 정치적 과정을 통해 더 많은 소득재분배 정책을 선호하게 되고, 이는 새로운 투자를 억제시켜 미래의 성장 잠재력을 감소시키기 때문이다.[14]

따라서 1990년대 이후 논의된 연구결과를 종합하면, 부패는 경제성과에 절대적으로 악영향을 미치는 것으로 집약된다. 즉 부패는 자본의 한계생산성 감소, 노

---

12 황진영·허식·이성원(2008)은 국가 간 분석을 통해 부패가 전반적 재정지출의 효율성에 음(-)의 영향을 미치는 것으로 관측하였다.

13 부패와 소득분배 간의 관계에 관한 구체적 논의는 다음 절에서 살펴본다.

14 이는 이미 언급한 Alesina and Rodrik(1994)과 Persson and Tabellini(1994)가 주장한 내용이다.

동력 분포의 왜곡, 관료주의와 집단주의의 성행, 공공지출의 효율성 저하, 소득불평등의 심화 등을 유도한다. 그러므로 민주주의와 시장경제에 대한 비판은 부패의 존재에 기인한다고 볼 수 있다.[15]

3. 부패와 소득분배

부패는 일부 집단 혹은 계층에게 독점적 지위를 부여하므로 소득불평등을 심화시키는 원인이 되기도 하고, 부유한 집단이 지대추구행위를 수행할 때에는 부패가 소득불평등의 결과일 수 있다. 본 절에서는 부패와 소득불평등 간의 상호연관성과 두 변수를 연결하는 전달경로를 살펴본다.

3.1 직접적 상호연관성

소득분배 혹은 자산분배의 불평등은 이해집단의 형성에 영향을 미치기 때문에 부패와 관련된다. 소수의 부유한 사람들은 다수의 가난한 사람들보다 조직적이고 영향력이 큰 이해집단을 쉽게 형성하므로 정책결정 과정에서 정치적 압력을 행사하거나 심지어 뇌물을 사용한 지대추구행위를 통해 더 많은 혜택을 얻으려 노력한다. 구체적으로 Mitra(1999)는 이해집단의 형성이나 그 수가 소득분배 혹은 자산분배 불평등의 정도에 의해 결정될 수 있다는 이론적 모형을 제시하였다. 또한 김상헌·임주영(2002)은 이해집단의 정치적 영향력이 커지면 정부의 재량적 규제 권한이 증가하며, 이는 부패의 심화로 이어질 수 있다고 설명하였다.

따라서 소득불평등이 심한 국가에서는 부유한 사람들이 형성한 이해집단의 영향력이 커지게 되므로 부패의 가능성이 증가한다. 즉 소득불평등은 부패를 심화시키는 원인이 될 수 있는데, 이는 Rodriguez(2004)의 모형에도 나타나 있다. 그는 소수의 부유한 사람들에 의한 지대추구행위로 말미암아 다수의 가난한 사람들을 위한 소득재분배 정책이 위축되는 재원배분의 왜곡 가능성을 제시하였다. 일반적으로 소득재분배 정책은 소득불평등의 증가함수이지만, 부유한 사람들의

15 최근에는 부패가 중소기업이나 창업에 악영향을 끼쳐 자유로운 시장경쟁 질서를 침해한다는 연구결과들이 발표되고 있다.

지대추구행위가 만연한 사회에서는 반대 현상, 즉 소득재분배 정책이 소득불평등의 감소함수로 나타나는 재원배분의 왜곡이 발생할 수 있다.

이상의 논리와는 반대의 인과관계로, 부패한 국가에서는 소득분배의 악화와 빈곤이 심화할 수 있다는 연구결과도 있다. 구체적으로 Gupta et al.(1998)은 부패가 ① 경제성장의 위축, ② 세금 누진성의 악화, ③ 사회지출 규모 및 효과의 감소, ④ 인적자본의 형성에 악영향, ⑤ 교육기회의 불평등 등을 유도하기 때문에 소득불평등을 심화시킨다고 주장하였다. 따라서 부패는 소득불평등을 결정하는 원인일 뿐만 아니라 소득불평등으로 생겨나는 결과일 수 있다. 즉 소득불평등과 부패는 상호 영향을 주고받는 변수이다.

그렇다면 부패와 소득불평등은 어떤 형태로 영향을 주고받을까? 만약 소득수준이 매우 낮은 국가와 매우 높은 국가를 비교하면, 부패의 정도는 대단히 다르지만 소득불평등 수준은 그다지 큰 차이를 보이지 않는다. 이는 이상의 두 변수 간의 관계가 선형으로 형성되기보다는 역U자 형태, 즉 부패가 거의 없거나 극심한 국가보다는 중간 수준의 국가에서 소득불평등이 가장 심하게 나타날 가능성을 시사한다. 이상의 물음에 대한 해답은 지대추구(혹은 부패), 소득불평등 및 소득수준 간의 관계를 파악한 Li et al.(2000)과 Murphy et al.(1993)의 모형에서 찾을 수 있다. 그들이 제시한 모형을 축약해 재구성하면 다음과 같다.

국가 전체의 경제인이 γ를 생산하는 전통적 부문 혹은 α를 생산하는 현대적 부문에서 생산을 담당하는 경제를 상정한다. 생산의 크기는 현실 세계의 관측에 기초해 $\gamma<\alpha$로 나타난다. 또한 재산의 착복과 같은 부패한 행위는 현대적 부문에서만 발생한다고 가정한다. 왜냐하면 현대적 부문의 기업가는 정부로부터 인허가나 수입쿼터 등을 획득해야 하므로 부패나 지대추구행위에 쉽게 노출되기 때문이다.

따라서 생산적 활동에 참여하지 않는 경제인은 자연적으로 지대추구 행위자가 된다. 지대추구행위의 생산함수는 규모에 대한 수익불변을 가정하고, 착복할 수 있는 최대의 양은 β라 한다. 또한 현대적 부문에서 생산하는 경제인 중에서 지대추구 부문에 활동하는 경제인의 비율을 n으로 설정한다. 따라서 현대적 부문의 전체 수익은 $\alpha-n\beta$이다. 모든 경제인들이 자신의 소득극대화를 추구한다면, 노동에 대한 부문별 분배는 α, γ, β의 상대적 크기에 의존한다. 노동에 대한 부문별 분배는 소득불평등에 영향을 미치게 되며, 우리는 다음과 같은 세 가지 사례로 나누어 분석한다.

사례 1 $\beta<\gamma$: 지대추구를 통한 생산의 크기가 전통적 부문의 생산 크기보다도 작으므로 지대추구행위의 유인이 전혀 생겨나지 않는다. 이 경우에는 모든 경제인이 현대적 부문에 특화하게 된다. 따라서 〈사례 1〉에서는 재산권이 보호되고 부패는 생겨나지 않으며, 지니계수는 영(0)이 된다.

사례 2 $\beta<\alpha$: 지대추구를 통한 생산의 크기가 다른 어떤 부문의 생산 크기보다 크기 때문에 모든 경제인들은 지대추구 행위자가 된다. 따라서 이 경우에는 재산권이 전혀 보호되지 않는 극단적으로 부패한 사회가 형성된다. 지대추구 행위자가 증가할수록 현대적 부문의 생산성은 전통적 부문의 생산성 수준으로 떨어지게 된다. 즉 $\alpha-n\beta=\gamma$가 성립한다. 만약 임계점(threshold point)을 $\hat{n}$라 하면, $\hat{n}=(\alpha-\gamma)/\beta$이다. 또한 $\hat{n}$에서 $\beta=\gamma$이므로 $\hat{n}=(\alpha/\gamma)-1$이 되는데, 이 점에서 현대적 부문, 전통적 부문 및 지대추구 부문의 생산(혹은 수익)곡선이 교차하게 된다. 〈사례 2〉에서도 지니계수는 자연히 영(0)이 된다.

사례 3 $\gamma<\beta<\alpha$: 부패가 중간 정도에 해당하며, 다음과 같은 3개의 균형이 가능하다.

(가) 〈사례 1〉과 같이 모든 경제인들이 현대적 부문에서 생산에 참여한다.

(나) 경제인은 균형 $\hat{n}=(\alpha/\gamma)-1$에서 현대적 부문, 전통적 부문 및 지대추구행위 부문에 종사한다.

(다) 경제인은 현대적 부문 혹은 지대추구 부문 중 한 부문에 참여한다. 즉 현대적 부문의 수익은 지대추구 부문의 수익과 같아지게 된다. 만약 $\bar{n}$를 현대적 부문의 경제인 수에 대한 지대추구 부문의 경제인 수의 균형 비율이라 하면, $\bar{n}=(\alpha/\beta)-1<\hat{n}$이 성립한다. 그러므로 〈사례 2〉의 균형에 비해 작은 수의 경제인들이 지대추구 부문에 특화한다. 이때 소득수준은 β이기 때문에 〈사례 2〉의 경우보다 높지만 〈사례 1〉의 경우보다 낮은 수준이다.

〈사례 3>의 경우에는 세 가지 다른 형태의 균형이 동시에 존재한다. 이러한 결과는 〈사례 3〉의 경제에서 소득불평등이 〈사례 1〉(낮은 부패수준)과 〈사례 2〉(높은 부패수준) 경제의 소득불평등에 비해 심하게 나타날 수 있음을 의미한다. 따라서 부패가 소득불평등에 미치는 영향은 [그림 7-1]과 같이 부패가 중간 수준일 때(즉 어느 정도의 부패가 존재할 때) 소득불평등이 가장 심한 역U자 형태로 나타난다.

그림 7 - 1 부패와 소득불평등의 관계

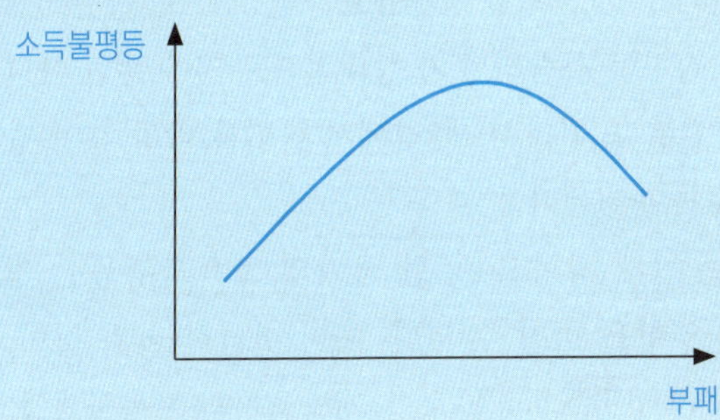

이상의 이론적 배경을 바탕으로, Li et al.(2000)은 부패가 소득불평등에 미치는 비선형적 영향을 추정하였다. 실증분석 결과는 부패와 소득불평등 간에 역U자 형태의 관계가 성립할 수 있다는 이론적 가설을 지지하였지만, 내생성(endogeneity)을 고려한 일부의 실증분석 결과는 이론적 가설과 상반되게 나타났다. 이러한 결과는 부패와 소득불평등은 상호 영향을 주고받기 때문에 두 변수 간의 인과관계를 정확히 밝히기 어렵다는 사실에 기인한다.

3.2 부패와 소득불평등 간의 전달경로

지금까지 부패와 소득불평등 간의 직접적 상호연관성에 관해 살펴보았다. 그러나 우리가 이상의 두 변수들과 관련된 정책적 시사점을 더욱 많이 찾기 위해서는 여러 전달경로들을 통한 두 변수들 간의 간접적 영향(혹은 연관성)을 파악할 필요성이 있다. 다양한 전달경로들은 소득불평등이 심화할수록 소수의 부유한 사람들이 잘 조직화된 이해집단을 만들어 자신들에게 유리한 정책이 수립되도록 홍보나 로비 등을 수행하므로 소득불평등이 지속하거나 심화할 수 있다는 전제에 기초한다. 이하에서는 비교적 활발한 연구가 이루어진 몇 가지 전달경로들을 살펴본다.

첫째, 이상의 두 변수 간의 전달경로로서 가장 널리 알려진 변수는 경제발전 혹은 경제규모(혹은 소득수준)이다. 일련의 연구들에서는 부패가 시장기능을 마비시켜 경제주체들이 공정한 게임을 할 수 있는 기반을 약화시키므로 경제발전에 부정적 영향을 미치는 것으로 파악한다(Knack and Keefer, 1995; Li et al., 2000; Mauro, 1995; Hwang et al., 2011). 또한 경제규모가 큰(혹은 소득수준이 높은) 국가일수록 (절대)빈곤 계층에 속하는 사람의 수가 상대적으로 적을 뿐만 아니라 소득불평등에 관한 관심도 증진된다. 따라서 제3장에서 살펴본 바와 같이 경제발전과 경제규모는 소득불평등과 관련된다.

이상의 논리와는 반대 방향으로, 한 국가의 소득불평등은 경제발전(소득수준)을 통해 부패에 영향을 미칠 수 있다. 이미 언급한 바와 같이, Alesina and Rodrik(1994)과 Persson and Tabellini(1994)는 개발초기의 소득불평등은 정치적 과정을 통해(다시 말해 가난한 계층에 더 많은 이전지출과 같은 소득재분배 정책을 실행함으로써 생산적 투자를 제약하는 형태의 왜곡을 통해) 향후의 경제성장에 음(-)의 영향을 미칠 수 있다고 제시하였다. 또한 1인당 GDP와 부패인식지수(수치가 클수록 덜 부패한 국가)는 상호 밀접하게 관련되며, 두 변수 간의 상관계수는 약 0.70 정도로 알려져 있다. 따라서 소득불평등은 장기적 관점에서 경제발전이라는 전달경로를 통해 부패를 심화시키는 유인이 될 수 있다.

둘째, 부패는 조세포탈이나 조세행정의 유연성과 같은 비효율적 조세정책과 관련될 뿐만 아니라 부유한 계층에게 유리하도록 불균형적 면세를 증가시킨다(Hindrinks et al., 1999; Hwang, 2002b; Tanzi, 1998). 이처럼 부패로 인한 비효율적 조세제도는 전체 조세수입을 감소시키고 누진적 조세제도의 실행을 어렵게 만들어 소득불평등을 심화시키는 역할을 한다.

또한 소수의 부유한 사람들은 조세상의 더 많은 혜택을 얻기 위해 부패한 정부 관리나 정치인들에게 지대추구행위를 수행한다. 특히 자산소유의 집중도가 높을수록 소수의 부유한 집단은 공공정책(예를 들어 조세·무역·공공지출 등과 관련된 정책) 결정에 더 큰 영향력을 행사한다. 다시 말해 자산소유나 소득창출이 소수의 엘리트(elite)에게 집중된, 즉 소득이나 자산 불평등이 심한 국가에서는 부유한 사람들이 자신들에게 유리한 공공정책이 결정되도록 로비와 뇌물과 같은 부패한 행위를 할 가능성이 증가한다. 이러한 소득불평등(혹은 자산불평등)과 부패 간의 양(+)의 관련성은 엄격한 법률체계 및 민주적 제도의 기반수준이 부족한 국가들에서 더욱 크게 나타난다.

셋째, 부패한 정부관리 혹은 정치인들에게 뇌물이 건네질 때 부패한 정부 관리나 정치인들은 뇌물을 공여한 사람들에게 유리한 방향으로 정책을 결정한다. 이는 부패한 행위를 숨김으로써 자신이 부패한 정부 관리나 정치인으로 판명되는 일을 방지하기 위해서이다. 예를 들어 Mauro(1998)와 Tanzi(1998)는 정책결정과정에서 투명성의 결여(부패의 만연함)가 정부의 공공정책을 왜곡시킬 수 있다고 주장하였다. 특히 Mauro(1998)는 국가 간 통계자료를 이용해 부도덕한 정부관리 혹은 정치인에 의한 약탈적 행위가 존재할 때는 교육·환경 등과 같이 수혜자가 다수인 부문에 대한 재정지출이 감소하는 형태로 재원배분의 왜곡이 생겨난다고 제시하였다. 왜냐하면 수혜자가 소수이거나 고도로 전문화된 정책결정에는 더 많은 뇌물수수 및 비밀유지가 용이하기 때문이다.

따라서 부패한 국가에서는 교육·사회보장·환경 등과 같은 재분배적 성향이 강한 재정지출이 감소하고, 경제사업·주택 및 지역개발 등과 같이 지대추구가 용이한 부문에 대한 재정지출은 증가한다. 이는 부패가 재정지출의 기능별 구성과 결합해 소득불평등에 영향을 미친다는 것을 의미한다. 이상과는 반대의 논리로, 소득불평등이 재정지출의 기능별 구성에 영향을 미쳐 부패와 연결될 수 있다. 왜냐하면 초기의 소득불평등은 이해집단의 형성 및 그 수를 결정하는 원인이 되며, 소수의 부유한 계층이 조직한 이해집단이 정책결정에 영향을 미칠 수 있기 때문이다.[16]

넷째, 이미 제6장에서 살펴보았듯이 가난한 사람들이 교육투자의 과정에서 직면하는 제약조건은 소득불평등이 심한 국가에서 더 크게 작용한다. 왜냐하면 부유한 사람들은 더 많은 교육 혜택을 받기 위해 교육투자에 대한 진입장벽을 높

16 이 점은 본서의 여러 군데에서 설명하고 있다.

게 설정할 수 있기 때문이다. 이러한 진입장벽은 높은 수준의 고정비용(회계비용+기회비용)을 설정하거나 공급자의 수를 정책적으로 제한함으로써 쉽게 형성할 수 있다.[17] 또한 우리는 고정비용의 크기나 공급자의 수가 경제인들의 소득이나 부의 분배에 의해 형성되는 이해집단의 정치적 활동에 의존한다는 사실을 이미 제6장에서 살펴보았다. 그러므로 소득불평등은 교육투자와 관련해 독점적 지위를 형성하려는 부패를 야기할 수 있다.

부패가 인적자본의 형성 및 교육기회의 불평등에 영향을 미치기도 한다. 이미 살펴본 바와 같이, 부패한 국가에서는 조세행정의 비효율성으로 인해 조세수입이 감소할 수 있다. 조세수입의 감소는 교육을 포함해 공공지출에 대한 가용한 재원을 축소시킬 뿐만 아니라 부패는 정부의 운영비용을 상승시킨다. Mauro(1998)가 지적하였듯이 부패는 교육에 대한 재정지출을 감소시켜 인적자본 형성에 악영향을 미친다. 또한 부패는 교육·건강에 대한 재정지출의 구성에도 영향을 미친다. 소수의 부유한 사람들에 의한 지대추구나 부패가 만연한 국가에서는 초등교육기관이나 중등교육기관에 비해 고등교육기관에 상대적으로 더 많은 정부의 교육비지출을 배분한다.[18] 또한 부패한 국가에서는 백신개발에 대한 지출보다는 뇌물수수가 쉬운 병원건물을 건설하거나 최신 장비구입에 대한 상대적 지출규모를 증가시키는 경향이 있다. 이처럼 교육·건강에 대한 재정지출 구성의 왜곡은 부유한 사람들에게 상대적으로 유리한 방향으로 작용하기 때문에 소득불평등을 심화시키는 작용을 한다.

다섯째, 소득불평등은 무역정책의 결정에 영향을 미치는 원인이 된다. Hwang and Jung(2002)은 개발초기의 자산불평등이 심한 국가일수록 관세율을[19] 높게 설

17 가난한 사람들이 직면하는 교육투자의 진입장벽은 금융시장의 불완전성이 심한 국가일수록 크게 작용한다(이 점은 제6장과 제8장에서도 설명됨). 국가별 경제발전을 고려할 때 개발도상국이 산업화된 국가에 비해 대체로 부패가 심할 뿐만 아니라 금융시장의 불완전성이 크기 때문에 우리는 교육투자의 진입장벽이 산업화된 국가보다 개발도상국에서 상대적으로 클 것으로 판단할 수 있다.

18 황진영·임진우(2004)는 부패와 소득불평등의 상호연관성을 고려해 두 변수를 동시에 설명변수에 통제한 방정식을 추정하였는데, 그 결과는 다음과 같다. 즉 소득불평등이 심한 국가에서는 "1인당 GNP 대비 고등교육기관의 학생 1인당 정부의 교육비지출 비율"이 상대적으로 높게 나타난 반면, "1인당 GNP 대비 초등교육기관이나 중등교육기관의 학생 1인당 정부의 교육비지출 비율"은 상대적으로 낮은 것으로 추정되었다. 또한 그들은 부패가 "1인당 GNP 대비 모든 교육기관별 학생 1인당 정부의 교육비지출 비율"에 대해 대체로 음(-)의 영향을 미치는 것으로 관측하였다.

19 이때 관세율은 "수입관세를 총수입량으로 나눈 값"에 100을 곱해 계산한 평균 관세율이다.

정한다는 실증분석 결과를 제시하였다. 이처럼 관세율을 높게 설정하는 이유는 다수의 가난한 사람들(주로 소비자)보다 소수의 부유한 사람(주로 생산자)들이 관세율 설정과 같은 무역정책 결정과정에서 더 많은 경제적 이익을 향유하기 위해 홍보·로비·뇌물 등을 사용해 영향력을 행사하기 때문이다. 즉 국내의 생산자들은 높은 관세율을 설정함으로써 국외의 생산자들에 비해 국내시장에서 가격경쟁력의 우위를 확보할 수 있다. 따라서 개발초기의 소득불평등이 심한 국가에서는 잠재적으로 큰 이익을 향유할 수 있는 소수의 집단(혹은 계층)이 잠재적으로 조금씩 손실을 입게 되는 다수의 경제인에 비해 높은 관세율을 설정하도록 홍보·로비·뇌물 등과 같은 정치적 영향력을 행사하려는 동기가 훨씬 크게 형성된다(Grossman and Helpman, 1994; Mitra, 1999).

또한 Hwang(2002a)은 초기의 소득불평등이 심한 국가일수록 보호무역주의를 지향하며, 일련의 연구들에서는 외국과의 무역개방도가 높은 국가일수록 투명성이 높은 것으로 분석하였다(Ades and Di Tella, 1999; Gokcekus and Knoerich, 2006; Jung and Hwang, 2003). 따라서 소득불평등으로 인해 형성된 이해집단의 활동이 무역정책의 결정과 관련된 부패에 영향을 미치게 된다. 이상의 논리와는 반대 방향으로, 부패한 국가에서는 정부 관리가 자국의 생산자들로부터 금전적 이득을 얻고자 보호무역주의를 지향하려는 경향이 있으므로 소득불평등이 심화할 수 있다. 무역이 소득불평등에 미치는 영향은 이미 제5장에서 검토하였다.

여섯째, 부패는 투자행위에 대한 경제주체들 간의 공정한 게임을 방해한다. 즉 부패한 사회에서는 조직화되고 영향력이 큰 사람들(혹은 계층)에게 상대적으로 많은 자원(예를 들어 인적자원·물적자원·토지에 대한 투자 등)이 배분된다. 이는 대부분 경제주체들에게 불확실성(uncertainty)을 증폭시키며 투자를 좌절시키는 요인이 된다. 예를 들어 부패는 새로운 시장진입을 노리는 잠재적 기업에게 진입장벽을 형성하므로 창업의 기회를 차단할 수 있다. 따라서 투명성이 결여된 국가에서는 부패행위가 많은 경제주체들에게 불확실성을 증폭시킬 뿐만 아니라 투자의 기회를 제약함으로써 소득불평등이 지속되거나 심화되는 현상이 나타난다.

또한 정치적 불안정성은 소득불평등이 심한 국가에서 대체로 그 정도가 심하게 생겨난다. 즉 소득이나 자산의 심한 편중은 가난한 사람들에게 물리적이고 파괴적인 행위에 대한 원인을 제공할 수 있으며, 이는 법과 정책 등에 불확실성을 내재시키는 역할을 하므로 정치적 불안정성을 심화시킨다. 이러한 증폭된 정치적 불안정성은 지대추구나 부패행위가 쉽게 발생하게 하는 원인이 된다.

이상과 같이 부패와 소득불평등은 여러 전달경로들을 통해 밀접하게 관련되며, 이상의 부패와 소득불평등 간의 전달경로에 대한 요약은 [그림 7-2]에 나타나 있다. 다시 한번 강조하지만, 부패와 소득불평등 간에는 심각한 인과관계의 문제가 존재한다. 소득불평등이 부패의 원인이 되기도 하며, 소득불평등이 부패로 인해 생겨난 결과일 수도 한다. 이처럼 경제변수들 간에 생겨나는 심각한 인과관계 문제의 해결은 경제학자들에게 주어진 가장 어려운 숙제 중 하나이다.

그림 7-2 부패와 소득불평등 간의 전달경로

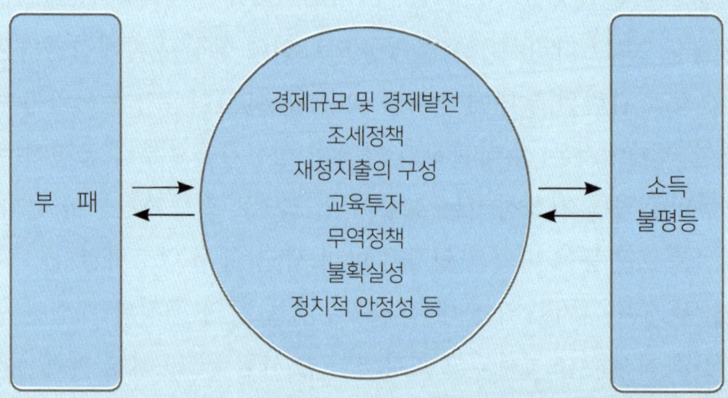

보충 내용

구성원의 다양성, 경제성장 및 소득불평등

1990년대 말 이후 국가나 사회를 구성하는 구성원의 민족적·종교적·언어적·문화적 다양성이 경제성과에 미치는 영향을 규명하려는 연구가 활발히 진행되었다. 일련의 연구들에서는 특정 국가 혹은 지역의 구성원 간 다양성(혹은 이질성)을 측정하기 위해 '분할지수'(Fractionalization Index: FI)와 '극성지수'(Polarization Index: PI)가 이용하였는데, 이들은 다음과 같이 정의된다.

$$FI = 1 - \sum_{j=1}^{J} n_{ij}^2$$

$$PI_i = 1 - \sum_{j=1}^{J} \left(\frac{0.5 - n_{ij}}{0.5} \right)^2 n_{ij}$$

여기서 n_{ij}는 i국가의 민족·문화·언어·종교 등의 측면에서 분할된 j그룹의 인구 구성비를 나타내며, j는 특정 국가 내에서 분할된 그룹의 개수를 의미한다.

따라서 분할지수는 "특정 국가 내에서 무작위로(randomly) 선택된 두 사람이 다른 민족·문화·언어·종교 등의 측면에서 분할된 그룹에 속할 확률"이다. 즉 분할지수는 0과 1 사이의 값으로 나타나며, 1에 가까울수록 분할의 정도가 심하다는 것을 의미한다. 또한 극성지수는 "최고의 갈등을 야기하는 상황으로부터 민족·문화·언어·종교 등의 그룹 간 분포의 거리"를 측정한다. 특정 국가의 민족·문화·언어·종교 등의 그룹들 분포가 가까울수록 극성지수는 증가한다. 예를 들어 특정 국가에서 2개의 똑같은 크기의 민족·문화·언어·종교 등의 그룹이 존재할 때는 극성지수의 값이 극대가 된다.

다시 말해 민족·문화·언어·종교 등의 측면에서 분할된 동일 크기의 그룹 수가 증가할수록 분할지수는 점진적으로 커지지만, 극성지수는 그룹의 수가 2개일 때 극대가 되고 3개, 4개 … 등으로 커지면 줄어들게 된다. 따라서 많은 국가들에서는 분할지수와 극성지수의 크기가 상당히 다르게 나타난다. Alesina et al.(2003)과 Montalvo and Reynal-Querol(2005)는 국가별 다양한 형태의 분할지수 및 극성지수를 만들어 제공하였다.

대부분 연구들에서는 분할지수가 투자나 경제성장과 같은 총합적(aggregate) 경제성과 혹은 관료적 정부조직의 효율성이나 질(quality) 향상에 어떤 영향을 미치는지 파악하는 데 집중하였다. 지금까지의 연구결과는 분할의 정도가 심한 국가일수록 경제성장과 정부조직의 질 향상에 부정적 영향을 미치는 것으로 요약된다. 예를 들어 Alesina et al.(2003)은 완전한 민족적 동질성에서 완전한 민족적 이질성으로 나아감에 따라 약 2%포인트 경제성장률이 감소할 수 있다고 관측하였다.

Glaeser(2004)는 민족적 다양성이 소득재분배를 제한한다고 주장하였다. 즉 그들은 어떤 민족 그룹에 속한 사람이 다른 민족 그룹의 사람을 돕기 위한 사회 전체의 소득재분배 정책을 지지하지 않을 수 있다고 생각하였다. 이상의 주장은 민족적 다양성의 정도가 큰 국가일수록 소득재분배 기능이 약하게 작용해 소득불평등이 상대적으로 심화될 수 있음을 의미한다.

Dincer and Lambert(2012)는 미국의 50개 주(state) 자료를 이용해 민족적·종교적 극성지수와 소득불평등 간에는 양(+)의 관계가 성립하며, 민족적·종교적 분할지수와 소득불평등 간에는 역U자 형태의 영향이 존재한다고 제시하였다. 또한 황진영(2007a)은 가용한 80여 국가 간 자료를 이용해 민족적 분할지수·민족적 극성지수·종교적 극성지수가 소득지니계수로 나타낸 소득불평등에 통계적으로 유의한 양(+)의 영향을 미친다고 추정하였다. 따라서 우리는 구성원 간의 이질성이 강하거나 충돌이 심한 국가나 지역에서 소득불평등이 상대적으로 심하다는 사실을 알 수 있다.

4. 자원배분의 왜곡

부패와 자원배분의 왜곡은 상호 밀접하게 관련되며, 이 변수들은 독립적으로 혹은 결합해 경제발전과 소득불평등에 영향을 미친다. 본 절에서는 부패가 어떻게 두 가지 자원배분(즉 노동력 분포와 천연자원)의 왜곡에 영향을 미치는지 살펴보고자 한다.

4.1 노동력 분포

부패는 자원배분을 왜곡시켜 경제성장과 소득불평등에 영향을 미친다. 이미 언급하였지만, Murphy et al.(1993)은 부패가 노동력 분포를 왜곡시킬 수 있다고 설명하였다. 그들은 부패한 국가에서는 능력 있고 유능한 사람들이 생산성이 높은 일보다는 지대추구가 가능한 직업을 선택함으로써 소득이나 부의 분배만을 행할 뿐 경제성장에 크게 기여하지 못한다고 지적하였다. 이러한 결과는 직업선택을 통한 유능한 사람의 사회적 배분에 대한 유인이 개인적 유인과 다를 수 있음을 의미한다.

이상의 이론적 배경을 바탕으로 Murphy et al.(1993)은 간단한 실증분석 결과를 제시하였다. 그들은 법대를 졸업한 사람이 공대를 졸업한 사람에 비해 상대적으로 지대추구행위가 용이한 직업을 선택할 수 있다는 가설을 설정하였다. 실증분석 방법론은 대단히 단순하고 개략적이지만, "대학 졸업자 수 대비 공대 등록 비율" 및 "대학 졸업자 수 대비 법대 등록 비율"이 경제성장률에 미치는 영향을 추정해 비교하였다.

실증분석 결과는 '공대 등록 비율'이 표본의 선택과 관계없이 경제성장률에 통계적으로 유의한 양(+)의 영향을 미치는 것으로 추정되었다. 또한 '법대 등록 비율'의 추정계수는 음(-)의 값으로 관측되었지만, 그 통계적 유의성은 전통적인 유의수준에서 유의하지 않은 것으로 나타났다. 이는 공대 졸업자 수의 증가는 경제성장에 직접적으로 기여하지만, 법대 졸업자 수의 증가는 경제성장에 직접적 영향을 미치지 않을 수 있음을 시사한다.[20] 즉 부패가 심한 국가에서는 노동력 분포의 왜곡이 경제성장을 방해할 가능성이 존재한다. 또한 이상의 결과는 유능한 사람들이 지대추구행위가 가능한 직업을 선택함으로써 지대추구행위로 인한 부나 소득의 불평등이 심화될 수 있음을 암시한다.

4.2 천연자원

일부 연구들에서는 외생적으로 주어진 천연자원(natural resource)의 양이 부패에 영향을 미칠 수 있다고 주장하였다.[21] 예를 들어 정군오·변병훈·황진영(2004), Leite and Weidmann(2002) 등은 천연자원이 풍부한 국가가 그렇지 않은 국가에 비해 상대적으로 부패가 심할 수 있다는 실증분석 결과를 제시하였다. 이러한 결과는 풍부한 천연자원을 소유하고도 엄격한 법률체계 및 민주적 제도의 기반수준이 부족한 국가에서 주로 생겨나는 자원배분의 왜곡으로 인해 나타난다.[22] 즉 이 국가들에서는 생산성이 높은 기업이 규모에 대한 보수 체증이 일어나는 산업 혹

---

20 그러나 이상의 결과는 법대 졸업자 수의 증가가 다른 경제변수를 통해 경제성장에 간접적 영향을 미칠 수 있을 가능성을 제거하지는 못한다.

21 Hess(2013)의 *Economic Growth and Sustainable Development*에는 천연자원과 기후변화, 지역별(대륙별) 천연자원의 양, 천연자원과 경제발전 간의 관계 등에 관한 광범위한 논의가 잘 요약되어 있다.

22 황진영·강동관(2008)은 국가 간 자료를 이용해 천연자원의 부존량이 직접적으로 뿐만 아니라 거버넌스(governance)를 통해 간접적으로 부패를 심화시킨다고 관측하였다.

은 학습효과가 큰 산업에서 지대추구행위가 가능한 산업으로 이동하는 이른바 '수요의 외부성'(demand externality)이[23] 크게 생겨난다.

보충내용

천연자원과 경제성장

현실 세계를 살펴보면, 우리는 풍부한 천연자원(natural resource)을 소유한 많은 국가들이 높은 소득불평등과 함께 낮은 경제성장을 기록하는 형상을 쉽게 발견할 수 있다. 경제성장 이론에서는 풍부한 천연자원이 경제성장에 두 가지 상반된 영향을 동시에 미친다고 설명한다. 즉 풍부한 천연자원은 소득향상이라는 직접적인 양(+)의 소득창출 효과와 함께 '수요의 외부성'(demand externality)으로 인해 경제성장을 방해하는 음(-)의 영향을 함께 발생시킨다.

여기서 수요의 외부성이란 풍부한 천연자원으로 말미암아 생산성이 높은 기업이 규모에 대한 보수 체증이 일어나는 산업 혹은 학습효과가 큰 산업에서 지대추구행위가 가능한 산업으로의 이동을 의미한다. 만약 풍부한 천연자원을 소유한 국가일지라도 소득창출 효과보다 수요의 외부성이 크게 나타난다면, 풍부한 천연자원은 경제성장을 방해하고 소득불평등을 심화시키는 역할을 한다. 즉 풍부한 천연자원이 방만한 정부지출로 인한 재정적자·근로의식 약화·노사갈등·부패·인권무시·후진적 정치 및 경제 시스템 등과 연계된다면, 경제성장에 부정적 영향을 미치게 된다.

예를 들어 네덜란드는 1960년대 막대한 양의 천연가스를 발견해 경제적 호황을 기대하였지만, 오히려 경제적 고통을 겪었던 역사를 경험하였다. 1970년대 오일쇼크에 따른 경제성장의 둔화와 제조업체들의 연쇄도산이 큰 원인이었지만, 과도한 사회보장 부담과 임금인상 및 심각한 노사갈등으로 인해 경제의 활력은 갈수록 감소되었었다(이를 '네덜란드병'(Dutch disease)이라고 부름). 이후에도 네덜란드에서는 경기 침체가 지속되었으며, 1982년 '바세나 협약'(Wassenarr accord)을 계기로 경제개혁에 성공해 장기 침체에서 벗어날 수 있었다.

그러므로 국가의 구성원이 천연자원을 어떻게 이용하느냐에 따라 풍부한 천연자원이 경제성장에 도움을 주기도 하며 방해물로 작용하기도 한다. 우리는 전자를 '천연자원의 축복'(natural resource blessing)이라 하고, 후자를 '천연자원의 저주'(natural resource curse)라고 명명한다.

따라서 천연자원이 풍부한 국가에서는 강력한 이해집단에 의한 지대추구행

23 이러한 수요의 외부성에 관한 설명은 본 장 〈보충내용: 천연자원과 경제성장〉을 참고할 수 있다.

위로 말미암아 부패의 가능성이 증가한다. 풍부한 천연자원으로 인해 생산성이 높은 기업들이 지대추구행위가 가능한 산업으로 이동하는 경향이 크게 나타나는 국가일수록 낮은 경제성장을 경험한다. 왜냐하면 부패는 장기적 경제성장에 대체로 음(-)의 영향을 미치기 때문이다. 따라서 풍부한 천연자원은 부패와 경제성장에 영향을 미쳐 간접적으로 소득불평등과 관련된다. 따라서 부패와 관련된 자원배분의 왜곡은 대체로 경제성장에 음(-)의 영향을 미칠 뿐만 아니라 장기적으로 소득불평등을 심화시키는 요인이 된다.

생각해 볼 문제

1. 부패의 기원은 인류의 역사와 같다고 볼 수 있다. 그런데도 부패에 대한 국제적 논의가 1990년대 이후 활발히 진행된 이유는 무엇일까? 특히 부패에 대한 논의는 경제적 관점에서 중요한 의미를 지니는 이유는 무엇이며, 부패의 치유가 어려운 이유를 설명하라.

2. 실증자료를 살펴보면, 가난한 개발도상국들이 부유한 산업화된 국가들보다 대체로 더 부패한 것으로 나타난다. 그렇다면 부패는 가난 때문에 발생한다고 볼 수 있는가? 부유한 국가에 비해 가난한 국가가 더 부패한 이유가 무엇인지 토의하라.

3. 부패의 정의, 유형 및 측정과 관련된 다음의 물음에 답하라.
   (1) 부패를 정의하기 어려운 이유는 무엇인가?
   (2) 부패의 유형을 설명하라.
   (3) 세계은행은 부패를 어떻게 정의하는가? 세계은행의 정의를 부패의 유형과 연관시켜 어떤 문제점(혹은 한계점)이 있는지 설명하라.
   (4) 부패인식지수(corruption perception index)의 의미는 무엇인가?
   (5) 부패인식지수의 측정에는 어떤 한계점들이 생겨날 수 있는지 설명하라.
   (6) 실질적 부패행위의 대리변수로서 부패인식지수를 사용할 때는 어떤 문제점들이 생겨날 수 있다고 생각하는가?

4. 우리는 현실 세계에서 천연자원이 풍부한 국가가 그렇지 않은 국가에 비해 소득불평등이 심한 사례를 쉽게 찾을 수 있는데, 그 가능한 이유는 무엇인가? 또한 초기의 소득불평등이 '천연자원의 저주'와 어떻게 관련될 수 있는지 설명하라.

5. 오늘날 우리나라에서 발생하는 많은 범죄의 이면에는 신용카드의 남용과 지불 불능의 도덕적 해이(moral hazard)가 숨어 있다. 이러한 사회문제의 가장 중요한 원인 중 하나는 신용카드 회사가 카드대금을 지불할 능력이 없는 경제인들에게도 신용카드를 과도하게 발행해 주는 데 있다(편의상 이를 '과도한 신용카드 발행'으로 표현함). 여러분은 과도한 신용카드 발행의 존재를 증명할 수 있는 모형을 적절한 가정을 사용하고 부패와 연관시켜 설정하라. 또한 과도한 신용카드 발행이 향후 소득분배의 불평등에 어떤 영향을 미칠 것으로 예상하는가? 마지막으로 과도한 신용카드 발행을 막을 수 있는 방안에 대해 이미 설정한 모형을 이용해 분석하라.

1. 도시화의 정의, 유형 및 현황

2. 도시화와 경제발전

3. 도시 - 농촌 간 이주

4. 경제발전과 환경오염

5. 소득불평등과 환경오염

8

도시화와 환경오염

1. 도시화의 정의, 유형 및 현황

도시화는 "도시지역의 인구가 증가하고 경제활동 규모가 팽창하는 과정"을 의미한다. 즉 도시화는 "도시생활의 특징적 생활양식을 구성하는 여러 경제적·사회적·문화적 특성들의 복합체인 어버니즘(urbanism)이 발전·확대되어가는 과정"이다. 이러한 도시화는 다음과 같은 세 가지 지표에 따라 그 속도가 달라진다. 첫 번째 지표는 자연 인구증가율이며, 이는 특정 도시에서 인구의 출생률이 사망률을 초과하는 비율로 파악한다. 두 번째 지표는 순 이농인구, 즉 농촌에서 도시로 이주한 이농인구가 도시에서 농촌으로 이주한 귀농인구를 초과하는 인구수이다. 세 번째 지표는 행정구역의 팽창과 같이 도시공간의 확대에 따라 증가하는 인구수이다. 따라서 도시화는 도시내부의 인구증가율과 인구의 지역 간 내지는 산업간의 이동에 따른 인구의 도시집중 과정에서 가속화된다.

도시의 발전은 역사적 관점에서 '전산업도시'(pre-industrial city)와 '산업도시'(industrial city)로 구분해 설명할 수 있다.[1] 전산업도시는 효과적인 방어체계, 즉 종교적 성지(예를 들어 예루살렘·바티칸 등) 혹은 군사도시나 행정도시의 역할을 담당하면서 발전하였다. 이러한 전산업도시는 경제가 발전함에 따라 중심도시와 배후도시(hinterlands) 간에 재화와 서비스의 교역이 이루어지면서 점차 산업화되는 경향을 나타내기 시작하였다. 따라서 산업도시는 산업화를 수반하면서 도시화 과정이 형성되었다. 즉 산업도시는 배후지역에 재화와 서비스를 공급하고 배후지역으로부터 산업에 필요한 원료를 제공받음으로써 지역성장을 견인하는 중심도시로 성장하였다. 현재의 도시는 이상의 기능을 복합적으로 수행하면서 인구·자본·산업 등이 밀집되어 있는, 즉 토지이용의 밀도가 높은 지역이다.

만약 인구 2만 이상이 거주하는 지역을 도시로 정의한다면, 1800년의 전 세계 '도시화율'("전체인구 대비 도시에 거주하는 인구 비율(%)")은 2.4%에 불과하였다.[2] 그러나 산업화가 시작되면서 도시화는 급격히 진행되었으며, 2020년의 전 세계 도

1 이 내용은 최재선(1990)을 참고하였다.

2 도시화와 관련된 역사적 자료는 Davis(1955)에 나타나 있다.

시화율은 56.2%를 달한다.[3] 현재에도 많은 개발도상국이나 저개발 국가들에서는 도시화가 진행되고 있다. [표 8-1]은 세계은행이 제공하는 몇몇 국가들의 2020년 도시화 관련 자료를 나타낸다. 상대적으로 부유한 노르웨이·스웨덴·미국·스위스·영국·일본·프랑스 등의 국가들에서는 80% 내외의 국민들이 도시에 거주하고 있으므로 상당 수준의 도시화가 진행되었다. 그러나 부룬디·스리랑카·우간다 등과 같이 상대적으로 가난한 국가들에서는 도시화율이 10~20%대 수준에 불과하다. 또한 싱가포르와 같은 도시국가의 도시화율은 100%이고, 우리나라의 도시화율은 81.41%로 도시화는 이미 상당한 수준에 이르렀다.

표 8-1 도시화율과 거대도시화율(2020년, 단위: %)

국 가	도시화율	거대도시화율	국 가	도시화율	거대도시화율
노르웨이	82.97	23.33	스페인	80.81	17.29
대한민국	81.41	23.63	중 국	61.43	3.12
독 일	77.45	5.52	싱가포르	100.00	100.00
스웨덴	87.98	17.93	영 국	83.90	16.50
미 국	82.66	6.90	우간다	24.95	28.90
부룬디	13.71	62.15	인 도	34.93	6.28
브라질	87.07	11.91	일 본	91.78	32.38
스리랑카	18.71	14.93	콜롬비아	81.43	26.50
스위스	73.92	21.86	프랑스	80.98	20.19

주: 도시화율은 "전체인구 대비 도시에 거주하는 인구 비율"로 측정함. 거대도시화율은 "전체 도시인구 대비 가장 인구수가 많은 도시에 거주하는 인구 비율"을 의미함.

자료: 세계은행(http://www.worldbank.org/).

[표 8-1]에는 '거대도시화율', 즉 "전체 도시인구 대비 가장 인구수가 많은 도시에 거주하는 인구 비율(%)"도 함께 제시되어 있는데, 면적이 크고 인구가 많은 국가에서는 그 비율이 상대적으로 낮게 관측된다. 예를 들어 미국, 중국 및 인도의

3 이는 유엔-해비타트(UN-Habitat; 유엔 인간정주계획)가 발간한 『2020 세계 도시 보고서』에 기초한다.

거대도시화율은 각각 6.90%, 3.12%, 6.28%로 다른 국가들보다 상대적으로 낮은 수준에 머물러 있다. 또한 노르웨이·대한민국·부룬디·스위스·우간다·일본·콜롬비아·프랑스 등의 국가들에서는 거대도시화율이 20% 이상으로 상당히 높은 수준인데, 이는 해당 국가의 수도 혹은 거대도시에 인구가 집중되었음을 의미한다.[4]

2. 도시화와 경제발전

도시화와 경제발전은 역사적 관점에서 산업화가 진행되면서 동시에 생겨났는데, 이는 도시화와 경제발전이 상호 밀접하게 관련된다는 사실을 의미한다. 본 절에서는 도시화가 경제발전에 미치는 긍정적 영향, 부정적 영향 및 종합한 견해를 차례로 살펴본다.

2.1 경제발전에 대한 도시화의 긍정적 영향

도시화가 경제발전에 긍정적 영향을 미칠 수 있다는 사실은 도시화율과 소득수준 간의 양(+)의 상관관계를 통해 어느 정도 유추가 가능하다. 다른 모든 조건이 동일하다면, [표 8-1]과 같이 소득수준이 높은 국가에서 도시화율이 대체로 높게 나타난다. 그러나 소득수준을 제외한 다양한 변수들(예를 들어 국토의 면적이나 사회문화적 전통 등)이 도시화율의 결정에 영향을 미칠 수 있으므로 도시화율과 소득수준 간에는 반드시 양(+)의 관계가 성립한다고 단정 짓기에는 무리가 있다.

도시화는 이론적 관점에서 다음의 몇 가지 전달경로들을 통해 경제발전에 긍정적 영향을 미친다. 먼저 도시화는 '집적경제'(agglomeration economies)를 통해 경제발전에 긍정적 영향을 미친다. 이때 집적경제는 "연관산업이나 동종기업 등이 동일 장소에 집중적으로 입지함으로써 얻을 수 있는 경제적 이익"을 일컫는다. 규모의 경제가 개별기업이 생산량을 증가시킴에 따라 평균비용이 하락하는 현상을 의미하는 데 반해, 집적경제는 도시 전체에 대한 규모의 경제로써 인구와 경제활동의 공간적 밀집에 따라 발생하는 이익이다.

---

4 Ades and Glaeser(1995)는 이상의 거대도시를 'urban giant'로 표현하였다.

집적경제가 실현되는 이유로는 정보의 외부성(information spillover)에 따른 경쟁력 강화, 지역내 비교역적 투입요소(local non-traded inputs)나 숙련노동력의 풀(local skilled labour pool)의 효율적 사용 등이 제시된다. 정보의 외부성은 동일 산업의 여러 기업들이 특정 지역에 모여 공식적·비공식적으로 정보를 교환할 때 생겨난다. 즉 참여자들은 정보의 교환을 통해 시장 환경에 대해 정확한 인식을 하게 되며, 이를 통해 기업들은 경쟁력을 강화한다. 따라서 많은 기업들이 상호간 정보교환 과정에는 발생하는 외부성은 집적경제를 실현하는 이유가 된다.

또한 특정 지역에 연관산업이 집중적으로 입지함으로써 각 기업들이 분산된 경우에 비해 전문성이 강한 투입요소(비교역적 투입요소)를 효율적으로 공급할 수 있는 집적이익이 생겨난다. 예를 들어 개별기업이 이용할 때는 고가를 지불해야 하는 전문성이 강한 장비를 동종 분야의 다수의 기업들이 동일 지역에 위치함으로써 그 비용을 여러 기업들에게 분산시켜 사용에 따른 평균비용을 낮출 수 있다. 마찬가지로 지역내 숙련노동력의 풀은 고용과 관련된 비용을 감소시킨다. 만약 지역 내 숙련노동력의 풀이 존재한다면, 상대적으로 적은 탐색비용이나 재훈련 비용으로 신속한 노동력 증감이 가능해진다.[5]

도시화가 경제발전에 긍정적 영향을 미칠 수 있는 또 다른 전달경로로는 학습효과(learning-by-doing effect)를 들 수 있다. 예를 들어 Glaeser(1999)는 도시화가 진행될수록 도시지역으로 숙련노동자의 유입이 증가하고, 이들이 암묵적으로 비숙련노동자에게 기술을 전달하는 학습효과를 통해 인적자본이 축적된다고 주장하였다. 인적자본의 축적은 생산성 향상을 통해 장기적 경제발전을 결정하는 가장 중요한 요인 중 하나이다.[6]

이상의 경제적 요인들과 함께 도시화는 도시지역에 교육이나 문화시설들을 집중시킨다. 이는 도시에 거주하는 사람들에게 교육이나 문화에 대한 욕구를 충족시킬 수 있는 다양한 선택의 기회를 제공한다. 또한 도시화는 각종 행정이나 금융서비스 등의 중추적 기능을 제공해 업무의 효율성과 편리성을 제공한다. 이상의 이유들로 말미암아 도시화는 사회적 후생을 증가시키고 경제발전에 기여한

5 이 내용은 최병호·권오혁·김명수(2006)를 참고하였다.

6 인적자본의 축적이 어떻게 경제발전과 경제성장에 기여하는지는 제6장에 나타나 있다.

다. 또한 개발초기에는 경제가 발전함에 따라 빈부의 격차가 심화하기 마련인데,[7] 이때 도시의 규모가 증가할수록 높은 수준의 소득재분배가 가능해지므로(Epple and Romer, 1991; Oates, 1977) 도시화는 간접적으로 경제발전에 기여한다. 왜냐하면 높은 수준의 소득재분배 정책은 범죄나 폭동의 가능성을 줄여 사회적·정치적 안정성에 크게 기여하기 때문이다.[8]

2.2 경제발전에 대한 도시화의 부정적 영향

이상과 같이 도시화가 경제발전에 기여하는 효과가 존재하지만, 도시화는 인구의 밀집으로 인한 문제, 즉 환경오염·교통체증·주택문제·범죄·소득불평등의 심화 등과 같은 사회적 비용을 발생시켜 경제발전에 부정적 영향을 미치기도 한다. 어떤 경우에는 이상의 사회적 비용으로 말미암아 경제발전에 대한 도시화의 부정적 영향이 긍정적 영향을 능가한다. 이하에서는 도시화가 경제발전에 미치는 몇 가지 부정적 영향들을 구체적으로 살펴본다.

첫째, 도시화는 대체로 산업화를 수반하기 때문에 도시화가 진전됨에 따라 자연을 훼손하는 공해의 양이 증가한다. 자연은 환경오염을 흡수해 처리하는 자정 능력을 갖추고 있지만, 환경오염이 일정 수준을 넘어서면 그 기능이 마비되어 인간의 생활에 막대한 영향을 미치게 된다. 또한 자연이 한번 상실된 자정 능력을 회복시키는 데는 엄청난 시간과 비용이 소요된다. 따라서 도시화나 산업화가 진행될수록 환경오염은 더욱 심각해지며, 이를 방지하기 위한 행정규제 및 감시비용은 더욱 증가하기 마련이다. 또한 환경오염은 사람들에게 질병을 발생시켜 건강을 해치므로 노동생산성이 줄어들게 만든다. 비록 환경오염이 도시지역에 국한된 문제는 아니지만, 인구와 경제활동이 밀집된 도시지역에서 상대적으로 심각하게 발생한다. 따라서 도시화로 인한 환경오염은 사회적 비용을 발생시켜 사회적 후생을 감소시킬 뿐만 아니라 노동생산성을 떨어뜨려 경제발전에 부정적

7 이는 유명한 쿠즈네츠 곡선으로 알려져 있으며, 상세한 내용은 제3장에서 검토하였다.

8 비록 소득재분배 정책이 경제발전에 긍정적 효과를 가진다고 할지라도, 경제성장에 미치는 영향은 불명확하다. 소득재분배 정책이 사회의 안정성 증진에 기여하지만(양(+)의 효과), 가난한 사람들에게 근로의욕을 저하시키는 원인이 될 수 있다(음(-)의 효과). 따라서 소득재분배 정책이 경제성장에 미치는 영향은 이상의 상반된 효과의 상대적 크기에 의해 결정된다.

영향을 미치게 된다.[9]

둘째, 도시의 인구밀집은 교통체증·주택문제 등의 다양한 사회적 비용을 야기하는데, 이러한 사항들은 국민생활의 질 향상과 직결되며 복지향상의 중점과제이다. 현대사회의 사람들은 약간의 교통 혼잡은 불가피하다고 생각한다. 즉 생활의 편리를 유지하기 위해서는 교통 혼잡을 완전히 제거하는 것보다 일정 수준의 혼잡이 오히려 효율적일 수 있다. 따라서 각 국가에서는 적정수준의 교통 혼잡을 유지하기 위해 각종 과세·대중교통에 대한 보조금·도로건설 등과 같은 다양한 정책을 사용하고 있는데, 이를 시행하기 위한 각종 비용과 절차는 사회적 낭비이다.

또한 도시화는 인구가 밀집하면서 주택의 절대적·상대적 부족 현상이나 불균형적 배분 등의 주택문제를 발생시킨다. 이러한 주택문제는 주거복지를 감소시켜 사회적 후생을 떨어뜨리고, 주거수준의 지역 간·소득계층 간 불평등을 발생시켜 위화감을 조성하기도 한다. 그러므로 도시의 인구 밀집으로 인해 발생하는 다양한 문제들은 사회적 낭비를 발생시키고 사회적 후생을 감소시키므로 경제발전에 부정적 영향을 미친다.

셋째, 도시화는 소득불평등을 심화시켜 경제발전에 부정적 영향을 미친다. 그러나 도시화가 진행될수록 소득불평등이 지속해서 심화하는 것은 아니다. 산업화에 따른 도시화의 초기단계에서는 도시-농촌 간 이주의 증가[10] 혹은 이민자의 유입과 기존 고소득층 간의 공존으로 인해 도시지역의 소득불평등이 심화하지만, 도시화가 진전될수록 소득불평등을 완화할 수 있는 유인도 함께 생겨난다. 구체적으로 시간이 흐를수록 상대적으로 가난한 집단, 즉 이주자 혹은 이민자의 소득이 증가할 뿐만 아니라 이들은 도시의 토착세력으로 성장해 정치적 영향력이 증가하게 된다. 그들은 증진된 영향력을 바탕으로 법이나 제도의 설정에 영향력을 행사하고, 형평성 제고를 위한 소득재분배 정책을 유도할 수 있으므로 소득불평등이 완화되어진다.

9 이 내용은 김경환·서승환(1994)을 참고하였다.

10 도시-농촌 간 이주를 설명하는 모형은 다음 절에서 논의한다.

2.3 도시화와 경제성장: 종합

도시화가 경제발전에 미치는 종합적 영향은 이상에서 살펴본 긍정적 요인과 부정적 요인의 상대적 크기에 의해 결정된다. 이하에서는 1990년대 후반 이후 본격적 연구가 진행된 도시화에 따른 인구집중과 경제성장 간의 관계를 살펴봄으로써 도시화와 경제발전 간의 관계를 종합하고자 한다. 즉 1990년대 후반 경제성장과 지리학을 결합하는 모형이 출현한 이후 도시화와 거대도시의 출현에 따른 지리상의 집적이 과연 경제성장에 도움이 되는지 아닌지는 중요한 연구주제가 되고 있다. 예를 들어 Martin and Ottaviano(1999)는 경제성장과 지리상 집적은 상호 간에 자기 강화적인 과정(self-reinforcing process)이 생겨나는 모형을 제시하였다.

그러나 지리상의 집적은 이미 언급한 집적경제·학습효과 등으로 인해 해당 지역의 효율성을 개선시키지만, 지역 간 형평성을 악화시킨다. 즉 지리상의 집적은 정책입안자에게 국가 전체의 관점에서 효율성과 형평성 간의 상충관계에 직면하게 만든다. 정책입안자는 낙후된 지역을 지원할지 혹은 더 높은 경제성장을 추구하기 위해 도시(혹은 거대도시)를 지원할지 결정해야 한다(Martin, 1999). 따라서 지리상의 집적과 경제성장 간의 관계를 명확한 선형관계로 파악하는 데에는 한계가 존재한다. 특히 지리상의 집적에 따른 도시의 출현은 공해·교통·범죄 등과 같은 과밀(congestion)에 따른 비용을 창출하며, 이러한 비용은 향후 지속적 경제성장의 장애물로 작용한다. 그러므로 우리는 지리상의 집적에 따른 도시의 인구집중이 경제성장에 미치는 영향은 상반된 요인들의 상대적 크기에 의존하며 비선형의 형태로 나타날 것으로 예상할 수 있다.

이상의 비선형 관계는 Williamson(1965) 가설, 즉 "지리상의 집적이 경제성장에 미치는 영향은 역U자 형태"로 알려져 있다. Williamson(1965) 가설의 성립은 다음과 같이 설명할 수 있다. 경제발전의 초기단계에는 교통과 통신 등과 같은 사회하부구조가 발전하지 않았으며 금융시장의 접근이 어려우므로 인구의 집적이 효율성을 증진시켜 경제성장에 크게 기여할 수 있다. 그러나 사회하부구조가 발전하고 시장이 확대될 때 특정 지역으로의 집적은 과밀에 따른 외부비경제를 창출하기 때문에 오히려 경제성장을 방해할 수 있다.

Bertinelli and Black(2004)은 도시화와 경제성장 간의 관계를 Williamson(1965) 가설과 유사한 형태로 설정하였다. 구체적으로 Bertinelli and Black(2004)은 높은 수준의 경제성장은 집적된 지역(즉 도시)에서만 달성되는데, 그 이유는 도시에서만 인적자본이 축적된다고 가정할 수 있기 때문이다. 또한 그들은 도시화가 경제성장에 미치는 영향을 정확히 파악하기 위해서는 집적의 동태적(즉 인적자본의 축적은 동태적 관점에서 이루어짐) 이익과 정태적 과밀의 비경제성(diseconomies)을 비교해야 한다고 주장하였다. 즉 그들은 이상의 상충하는 두 효과의 상대적 크기는 각 국가의 경제발전 단계에 따라 상이하게 나타나므로 도시화와 경제성장 간에는 비선형의 관계가 성립할 수 있다고 역설하였다.

도시화가 경제성장에 미치는 영향이 비선형의 형태로 나타날 가능성은 몇몇 실증연구들에서도 검토되었다. 예를 들어 Henderson(2003)은 1960~90년의 70개 국가 간 통계자료를 이용해 도시화(즉 도시화율) 그 자체가 경제성장에 도움이 된다는 가설에 대한 통계적 유의성은 발견하지 못하였지만, 소득수준이 낮은 국가들에서는 거대도시화율(즉 "전체 도시인구 대비 가장 인구수가 많은 도시에 거주하는 인구비율")이 경제성장에 통계적으로 유의한 양(+)의 영향을 미친다고 관측하였다. 따라서 이상의 분석결과는 Williamson(1965) 가설을 부분적으로 지지한다.

또한 Brülhart and Sbergami(2009)는 Henderson(2003)과 비교해 기간을 연장하고 표본의 수를 확장(즉 1960~2000년의 105개 국가 간 자료)하였을 뿐만 아니라 국가별 지리적 집중을 반영하는 '타일지수'(Theil index, 불평등 정도를 측정하는 방법)를 계산해 Williamson(1965) 가설의 유용성을 재확인하였다. 그들은 소득수준이 어떤 수준에 도달할 때까지만 지리적 집중이 경제성장에 기여한다고 분석결과를 제시하였다. Hwang(2012)은 다양한 인구집중 변수를 사용해 인구집중이 경제성장에 역U자 형태의 비선형적 영향을 미친다고 관측하였을 뿐만 아니라 추정계수들을 이용해 역U자 영향의 최고점에 해당하는 소득수준의 임계값(critical value)을 계산하였다.[11]

11 황진영·정상은(2009)은 자료와 추정방법의 선택에 따라 실증분석 결과에 다소 차이는 있지만, 2000년 이후 우리나라에서는 거대도시의 집적에 따른 비용이 이익보다 크게 나타났다고 주장하였다.

따라서 도시화가 경제성장에 미치는 종합적 영향은 각 국가의 경제발전 단계에 따라 다르게 나타난다. 즉 도시의 인구집중이 소득수준이 낮은 경제발전 초기단계의 국가에서는 효율성을 제고시켜 경제성장에 도움을 준다. 그러나 소득수준이 임계값(혹은 전환점)을 넘어선 국가에서의 인구집중은 과밀에 따른 삶의 질 저하나 형평성의 악화 등의 요인이 크게 작용해 장기적 경제성장을 방해할 수 있다.

보충내용

거대도시의 출현

거대도시의 출현은 소득수준과 밀접하게 관련된다. 전통적 견해에 의하면, 경제가 발전할수록(소득수준이 증가할수록) 거대도시는 자연스럽게 출현한다. 즉 도시의 규모가 커질수록 집적경제·학습효과 등의 이유로 인해 효율성이 제고되므로 소득수준이 향상되고 경제가 발전한다. 또한 개발초기에는 경제가 발전할수록 빈부의 격차가 심화하기 마련인데(이는 제3장에서 살펴본 '쿠즈네츠 곡선'을 통해 알 수 있음), 이로 인해 도시의 규모가 클수록 높은 수준의 소득재분배가 가능해진다(Epple and Romer, 1991; Oates, 1977). 이는 가난한 사람들로 하여금 거대도시로 이주하게 하는 유인으로 작용한다. 따라서 경제발전 혹은 소득수준의 향상과 거대도시의 출현은 상호 밀접하게 관련된다(즉 자기 강화적인 과정이 생겨남).

이상의 전통적 견해와는 달리, 1990년대 이후 정치경제학적 접근을 사용해 거대도시의 발생 원인을 규명하려는 연구가 진행되었다. 예를 들어 Ades and Glaeser(1995)는 독재의 정도나 정치적 불안정성 등과 같은 정치적 요인에 의해 거대도시가 형성될 수 있다고 주장하였다. 구체적으로 그들은 독재정권일수록 조세저항을 고려해 시골에 비해 도시에 낮은 세율을 부과할 뿐만 아니라 정치적 불안정성이 심한 정권일수록 자본에 대해 낮은 세율을 부과하기 때문에 자연적으로 도시로 인구가 집중되어 거대도시가 형성될 수 있다고 제시하였다. 또한 Wildasin(2004)은 '대마불사'(too big to fail)의 관념을 이용해 지역의 크기와 중앙정부의 베일아웃(bailout, "재정위기에 처한 기업, 지역(지방정부) 혹은 국가에 대한 긴급구제"를 의미함) 간에는 양(+)의 관계가 존재하기 때문에 거대도시로의 인구집중이 생겨난다고 지적하였다.

3. 도시-농촌 간 이주

경제발전 과정에서 생겨나는 특징 중 하나는 노동력이 농촌지역에서 도시지역으로 이동해 주요 산업이 농업부문에서 제조업부문으로 전환된다. 본 절에서는 도시-농촌 간 이주를 설명한 전통적 이론인 토다로 모형과 해리스-토다로 모형을 간단히 살펴본다.[12]

3.1 토다로 모형

토다로 모형(Todaro model, 1969)은 1960년대 말 이후 도시에는 실업과 불완전취업이 상당한 수준임에도 불구하고 시골에서 도시로의 이주가 계속되는 현실을 설명하는 데 크게 기여하였다. 토다로는 농촌지역에서 도시지역으로[13] 이주 결정은 도시-농촌 간 실질소득(actual earning)의 격차가 아닌 장래에 기대되는 기대소득(expected income)의 격차로 인해 이루어진다고 생각하였다. 즉 농촌지역에서 도시지역으로 이주를 계획하는 사람들은 일정 기간 도시지역에서 얻을 것으로 기대되는 소득과 현재 농촌지역에서 얻는 평균 (실질)소득을 비교해 이주의 기대소득이 클 때 이주를 결정한다. 따라서 토다로는 도시지역의 실업과 불완전 취업에도 불구하고 이주자들의 선택은 상당히 합리적 결정을 내린 것으로 판단할 수 있다고 주장하였다.

구체적으로 노동자가 도시지역에서 얻는 실질임금과 일자리를 구할 수 있는 확률을 각각 w와 π로 나타내면, 도시지역 노동자의 기대임금은 $w\pi$이다. 만약 농촌지역 노동자의 평균 (실질)소득을 r이라 하면, 도시-농촌 간 기대소득의 격차 d는 다음과 같다.

$$d = w\pi - r$$

이때 농촌지역에서 도시지역으로 인구이동(즉 이주)은 도시지역의 기대임금

12 토다로 모형과 해리스-토다로 모형에 관한 설명은 Todaro and Smith(2011)에 기초해 요약하였음을 밝혀둔다.

13 '농촌지역'은 농촌·어촌·산지촌·광산촌·기지촌·집성촌 등 모든 시골의 총칭이며, '도시지역'은 인구와 산업이 밀집되어 있거나 밀집이 예상되어 지역을 총칭한다.

이 농촌지역의 평균 (실질)소득보다 클 때(즉 도시-농촌 간 기대임금의 격차가 양(+)의 값($d>0$)일 때)에 발생한다. 한편 노동자가 도시지역에서 취업할 확률(π)은 다음과 같이 정의할 수 있다.

$$\pi = \frac{\lambda N}{S-N}$$

위 식에서 λ는 도시지역에서 발생하는 신규 고용창출률, N는 도시지역의 총 고용인구수 및 S는 도시지역의 총 노동인구수를 나타낸다. 다시 말해 λN는 도시지역에서 새롭게 창출된 고용량(고용창출량)을 나타내며, $S-N$는 도시지역의 실업자 수를 의미한다. 따라서 노동자가 도시지역에서 취업할 확률은 도시지역의 새로운 고용창출량과 양의 관련성을 형성하고, 도시지역의 실업자 수와는 음(-)의 관계가 성립한다. 우리는 이상의 내용을 직관적으로 충분히 이해할 수 있다. 이상의 2개 식(즉 $d=w\pi-r$과 $\pi=\lambda N/(S-N)$)을 정리해 하나의 식으로 나타내면 다음과 같다.

$$d = w\frac{\lambda N}{S-N} - r$$

위 식이 의미하는 내용은 비교적 명확하다. 비록 도시지역에 실업이 존재한다 할지라도 노동자가 도시지역에서 취업하였을 때 받게 되는 실질임금, 즉 기대임금이 농촌지역의 평균 (실질)소득보다 충분히 크면, 농촌지역에서 도시지역으로 인구이동(즉 이주)이 증가하게 된다.

이상의 논의를 바탕으로, 우리는 토다로 모형의 중요한 특징과 시사점을 다음의 네 가지 사항으로 정리할 수 있다. 첫째, 이주는 경제인의 합리적 선택에 의해 결정되는 경제행위이다. 둘째, 이주는 도시-농촌 간의 실질임금의 격차가 아니라 기대임금의 격차에 의해 발생한다. 셋째, 도시지역에서 취업할 확률은 도시지역의 고용창출량과 양(+)의 관련성을 형성하고, 도시지역의 실업률과는 음(-)의 관계가 성립한다. 넷째, 도시-농촌 간의 기대임금 격차가 확대될 가능성이 커질수록 도시지역 고용창출의 증가율을 초과해서(즉 취업할 확률의 증가를 초과해서) 이주율이 더 높게 나타날 수 있다.

3.2 해리스-토다로 모형

해리스-토다로 모형(Harris and Todaro model, 1970)은 정치적 혹은 사회적 이유로 인해 도시지역에서는 농업지역의 평균소득보다 높은 수준의 최저임금이 존재한다고 가정한다. 즉 거시적으로 도시지역에 실업이 존재함에도 불구하고, 미시적으로 농촌지역에서 도시지역로 이주자가 생겨나는 이유는 실업자가 될 가능성을 받아들이더라도 제도적 임금수준이 높다는 사실에 기인한다.

이상의 내용은 [그림 8-1]을 이용해 간단히 설명할 수 있다. 특정 국가의 총 노동량(O_AO_M)은 불변이고, 농촌지역과 도시지역에서는 각각 농업과 제조업의 두 부문만이 존재한다고 가정한다. 농업부문의 노동수요곡선(AA')과 제조업부문의 노동수요곡선(MM')은[14] 생산요소의 한계생산성 체감의 법칙으로 인해 음(-)의 기울기를 가진다. 이때 완전경쟁시장의 균형임금은 $w_A^* = w_M^*$에서 달성되며, 농업부문

그림 8-1 해리스- 토다로 모형

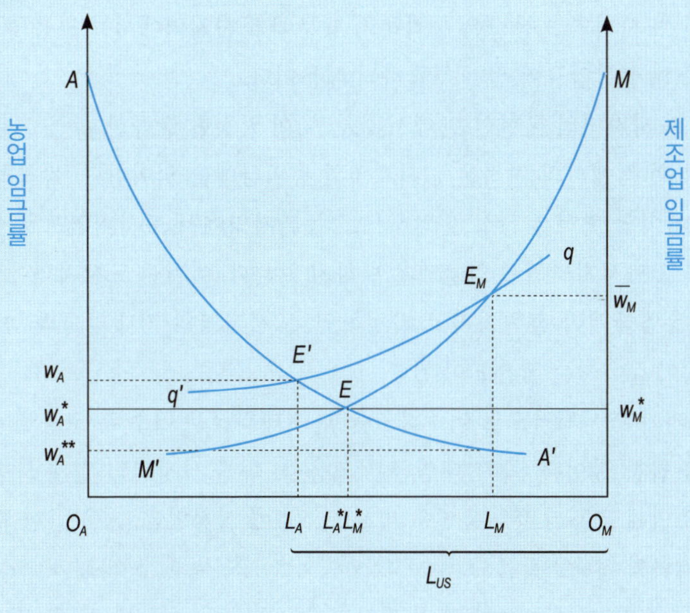

14 농업부문의 노동수요곡선은 좌측부터 우측으로, 제조업부문의 노동수요곡선은 우측부터 좌측으로 그려진다.

에는 $O_A L_A^*$ 만큼의 노동력이 고용되고 제조업부문에는 $O_M L_M^*$ 만큼의 노동력이 고용된다.

이제 해리스-토다로가 가정한 바와 같이 도시지역에서 임금은 w_A^*보다 훨씬 높은 $\bar{w}_M$수준에서 결정된다고 설정한다. 만약 실업이 존재하지 않는다고 가정하면, $O_M L_M$만큼의 노동자들이 도시지역에서 직업을 구할 수 있으며 $O_A L_M$만큼의 노동자들은 $O_A w_A^{**}$ 임금수준에서 농촌지역에 계속 머무르게 된다. 그러므로 도시지역에서 최저임금이 $\bar{w}_M$수준에서 제도적으로 고정되어 있을 때 도시-농촌 간 실질임금 격차는 $\bar{w}_M - w_A^{**}$ 가 된다.

만약 노동자들의 이주가 자유롭고 도시지역에 단지 $O_M L_M$만큼의 일자리가 제공된다고 할지라도, 노동자들은 도시지역으로 이주해 직업을 얻을 기회를 선택한다. 앞서 살펴보았던 토다로 모형에 따르면, 도시지역으로 노동자의 이주는 도시지역의 기대임금과 농촌지역의 평균소득이 같아질 때까지 계속된다. 왜냐하면 노동자가 농촌지역에서 도시지역으로 이주가 계속될수록 농촌지역 노동량은 감소하기 때문에 농촌지역에서는 노동의 한계생산성이 증가해 실질임금은 점차 상승하지만, 도시지역 노동량은 증가하기 때문에 도시지역에서는 노동의 한계생산성이 감소해 실질임금이 점차 하락하기 때문이다.

이제 도시지역의 균형인 E_M에서 $\bar{w}_M \times L_M$이 일정한 쌍곡선 qq'을 그려보자. 쌍곡선 qq' 위 점에서의 면적은 도시지역의 총임금액을 의미한다. 쌍곡선 위의 점과 원점 사이의 면적은 항상 동일하므로 농촌지역에서 도시지역으로 이주가 진행되더라도 도시지역의 총임금액은 변하지 않는다. 이처럼 도시지역에서 노동자가 받는 총임금액이 불변이라고 가정하면, 도시지역의 기대임금과 농촌지역의 평균소득이 같아지는 점은 E'이 된다.

노동자가 도시지역으로 이주하였을 때 기대임금은 이주 후 고용될 확률과 실질임금을 곱한 값이다. 즉 기대임금은 고용률, 즉 도시지역의 전체 노동인구(L_{US}) 대비 제조업에 고용된 총노동인구 비율(L_M/L_{US})에 실질임금 $\bar{w}_M$을 곱한 값이다. 만약 농촌지역의 평균소득을 w_A(즉 도시지역의 기대임금과 농촌지역의 평균소득이 같아지는 쌍곡선 qq' 위 E'점에서의 균형임금)라고 하면, $w_A = (L_M/L_{US}) \times \bar{w}_M$에서 노동자가 도시지역으로 이주에 대한 유인이 사라지게 되므로(즉 도시지역의 기대임금과 농촌지역의 평균소득이 같아지므로) 도시-농촌 간 이주는 더 이상 발생하지 않게 된다.

따라서 새로운 균형은 E'점에서 달성되고, 이때 도시-농촌 간 실질임금의 격차는 $\bar{w}_M - w_A$이다. 이러한 결과로 인해 $O_A L_A$만큼의 노동자들은 여전히 농업부문에 종사하고 $O_M L_M$만큼의 노동자들은 $\bar{w}_M$의 임금을 받는 제조업부문에 종사한다. 또한 $O_M L_A - O_M L_M$만큼에 해당하는 나머지 노동자들은 실업상태에 놓이거나 저임금의 비정규부문에 종사한다. 그러므로 해리스-토다로 모형은 도시지역의 높은 실업률과 최저임금이 존재하는 상황에서 도시-농촌 간 이주에 대한 개인의 경제적 합리성에 기초한 선택을 설명한다. 그러나 개인적으로는 높은 실업률에도 불구하고 도시지역으로 이주하는 것이 합리적일 수 있지만, 사회 전체적으로는 매우 큰 비용이 발생한다는 사실은 명백하다.

4. 경제발전과 환경오염

경제발전과 도시화로 생겨나는 심각한 사회문제 중 하나는 환경오염이다. 또한 환경오염은 삶의 질과 직결되므로 경제가 발전할수록 그 중요성이 점증한다. 본 절에서는 환경오염의 기초적인 정의와 측정을 정리하고, 경제발전과 환경오염 간의 관계를 살펴본다.

4.1 환경오염의 정의 및 측정

20세기 말부터 전개된 세계경제의 통합화와 지역 블럭화 및 국가 간 경쟁의 심화로 인해 환경문제에 대한 전 지구적 차원의 논의와 연계가 심화하고 있는 실정이다. 즉 많은 국가의 국민들은 대외적으로 범지구적 온난화와 이상기후 등의 환경문제에 관한 관심을 기울이고 있으며, 대내적으로 경제성장을 위한 환경규제 완화 및 삶의 질을 개선하기 위한 환경서비스를 동시에 요구하고 있다. 사전에서는 환경오염(environmental pollution)을 "인간이 경제활동 과정에서 배출하는 매연·분진·악취·소음·진동·오수·오물·폐기물·방사능물질 등이 생활환경을 오염시켜 인간 또는 생물의 건강·생존·활동에 장애를 주는 현상"으로 정의한다.[15]

15 이상의 정의는 한국민족문화대백과(http://encykorea.aks.ac.kr/)에 기초한다.

표 8-2 환경오염의 측정치와 측정단위

구 분	측정치	측정단위
대기오염	일산화탄소(CO) 배출량	kg
	질소산화물(NO_X) 배출량	kg
	황산화물(SO_X) 배출량	kg
	총먼지(TSP)	kg
	미세먼지(PM10)	kg
	초미세먼지(PM2.5)	kg
	Black Carbon(BC)	kg
	휘발성유기화합물(VOC)	kg
	암모니아(NH_3)	kg
환경소음	항공기소음	WECPNL
	철도소음	Leq dB(A)
	도로진동	Leq dB(A)
수질오염	수소이온농도	pH
	생물화학적 산소요구량(BOD)	mg/L
	화학적 산소 요구량(COD)	mg/L
	총유기탄소량(TOC)	mg/L
	부유물질량(SS)	mg/L
	용존산소량(DO)	mg/L
	총인(T-P)	mg/L
	총질소(T-N)	mg/L
	대장균군	군수/100L
토양오염	카드뮴(Cd), 구리(Cu), 비소(As), 수은(Hg), 납(Pb), 6가크롬(Cr6+), 아연(Zn), 니켈(Ni), 불소(F), 유기인, 폴리클로리네이티드비페닐(PCB), 시안(CN), 페놀류, 벤젠, 톨루엔, 에틸벤젠, 크실렌, 석유계 총탄화수소(TPH), 트리클로로에틸렌(TCE), 테트라클로로에틸렌(PCE), 벤조(a)피렌, 1,2-다이클로로에테인(1,2-DCA), 수소이온농도(pH)	mg/kg

자료: 환경부 환경통계포탈(http://stat.me.go.kr).

환경오염은 크게 대기오염, 환경소음, 수질오염 및 토양오염으로 구분한다.

대기오염 물질은 기체상 물질인 일산화탄소(CO), 질소산화물(NOx) 및 황산화물(SOx)과 입자상 물질인 먼지 등이다. 일산화탄소는 주로 주택난방 및 자동차 배기가스 등에 의해 발생하고, 질소산화물은 산성비의 원인 물질이며 지구 온난화를 유발하는 온실기체로써 인간의 호흡기 및 식물에 손상을 주는 물질이다. 또한 황산화물은 주로 발전소, 석탄 및 석유의 연소과정에서 발생하고, 일정 농도 이상이면 인간의 호흡기에 유독한 물질이다. 먼지는 대기 중에 부유하는 물질로서 입자의 크기가 작을수록 인간의 폐에 악영향을 미치는 것으로 알려져 있다.

또한 환경소음은 "기계, 기구, 시설 기타 물체의 사용으로 인해 발생하는 강한 소리나 진동"을 의미하며, 항공기소음·철도소음·도로진동 등을 포함한다. 수질오염은 "인간의 경제활동으로 발생한 폐수가 호수·강·해양·지하수 등에 유입되어 수질이 저하되는 것"을 의미한다. 예를 들어 생물화학적 산소요구량(Biochemical Oxygen Demand, BOD)은 "호기성 박테리아(산소를 이용해 유기물을 분해하는 박테리아)가 물속의 유기물을 분해할 때 필요로 하는 산소의 양"을 의미하며, BOD 값이 클수록 수질오염이 심하다고 판단한다. 토양오염은 "공장폐수·생활하수·폐기물의 투기·농약·비료의 살포 등 다양한 오염물질이 토양 속에 함유되는 현상"을 의미하며, 그 측정치는 대단히 다양하다. 이러한 환경오염 측정치와 측정단위는 [표 8-2]에 요약되어 있다.[16]

4.2 환경성과평가

환경에 대한 범지구적인 관심이 증대되면서 세계경제포럼(World Economic Forum)은 미국 예일대학교 환경법·정책센터(Yale Center for Environmental Law and Policy) 및 컬럼비아대학교 국제지구과학정보센터(Center for International Earth Science Information Network)와 공동으로 2001년부터 '환경성과지수'(environmental performance index)를 작성·발표하고 있다.

환경성과지수는 각국의 환경과 관련된 경제·사회 정책을 종합적으로 평가하는 지수이다. 2020년 각국의 환경성과지수는 11개 주요 논쟁의 범주에 32개 성과

---

16 환경오염의 정의와 측정에 관한 설명은 환경부 환경통계포탈(http://stat.me.go.kr)을 참고하였다.

지표들을[17] 사용해 환경 건강(environmental health) 및 생태계 활력에 대해 180개 국가의 순위를 결정하였다. 국가별 환경성과지수는 각 분야의 목표치를 설정하고 현재의 달성도를 측정·비교해 작성한다. [표 8-3]은 2020년의 주요 국가들의 환경성과지수 및 측정대상 180개 국가 중에서 차지하는 순위를 나타낸다.

표 8-3 주요 국가들의 환경성과지수(2020년)

국 가	환경성과지수		국 가	환경성과지수	
	지수	순위		지수	순위
덴마크	82.5	1	싱가포르	58.1	39
스위스	81.5	3	멕시코	52.6	51
노르웨이	77.7	9	말레이시아	47.9	68
독 일	77.2	10	튀니지	46.7	71
일 본	75.1	12	튀르키예	42.6	99
호 주	74.9	13	이라크	39.5	106
캐나다	71.0	20	중 국	37.3	120
미 국	69.3	24	나이지리아	31.0	151
대한민국	66.5	28	방글라데시	29.0	162
폴란드	60.9	37	라이베리아	22.6	180

자료: 예일대학교, 환경성과지수(http://epi.yale.edu/).

[표 8-3]에서 덴마크의 환경성과지수는 82.5로 180개 대상국 중 1위인 반면, 라이베리아의 환경성과지수는 22.6으로 가장 낮은 순위를 나타낸다. 우리나라의 환경성과지수는 66.5로 대상국 중 28위이다. 이는 우리나라의 환경성과가 아시아 국가들 중 일본(12위) 다음으로 높게 평가되었지만, 향후 환경성과를 더욱 개선할 여지가 있음을 반영한다. [표 8-3]에서 한 가지 특징적인 사실은 소득수준이 높은 국가들의 환경성과지수가 상대적으로 높게 평가되었다는 점이다. 이러한 사실은 환경의 개선이 경제발전과 더불어 나타나는, 즉 깨끗한 환경은 정상재 혹은 우등

17 환경성과지수는 평가 때마다 다소 상이한 논쟁의 범주와 성과지표들을 사용하므로 연도별 비교에는 다소 무리가 있다.

읽을거리

2050 탄소중립

지구 온난화가 심해지면서 폭염·폭설·태풍·산불 등 이상기후 현상이 세계 곳곳에서 발생하고 있다. 이로 인해 세계 각국은 지구의 온도상승을 1.5℃ 이내로 억제하고자 2050년까지 탄소 순배출량이 영(0)이 되는 탄소중립(carbon neutrality) 사회로의 전환을 모색하고 있다. 탄소중립은 온실가스 배출을 최대한 줄이고, 남은 온실가스는 흡수(산림 등)나 제거(이산화탄소 포집·저장·활용 등)해서 실질 배출량이 0이 되는 개념이다. 즉 탄소중립은 배출되는 탄소량과 흡수되는 탄소량을 같게 만들어 '탄소 순배출=0'이 되게 만드는 것으로, '넷-제로'(net-zero)라고 부른다.

기후변화에 관한 정부간 협의체(Intergovernmental Panel on Climate Change, IPCC)는『지구온난화 1.5℃ 특별보고서(2018.10)』에서 온도상승을 1.5℃로 제한하면, 생물다양성·건강·생계·식량안보·인간안보·경제성장에 대한 위험이 2℃보다 대폭 감소한다고 주장하였다. 또한 이상의 보고서는 2100년까지 지구의 평균 온도상승폭을 1.5℃ 이내로 제한하기 위해 전 지구적으로 2030년까지 이산화탄소 배출량을 2010년 대비 최소 45% 이상 감축해야 하고, 2050년경에는 탄소중립을 달성해야 한다는 경로를 제시하였다. 탄소중립의 5대 기본방향은 ① 깨끗하게 생산된 전기·수소의 활용 확대, ② 디지털 기술과 연계한 혁신적인 에너지 효율 향상, ③ 탈탄소 미래기술 개발 및 상용화 촉진, ④ 순환경제(원료·연료투입 감소)로 지속가능한 산업 혁신 촉진 및 ⑤ 산림·갯벌·습지 등 자연생태의 탄소흡수 기능 강화이다.

세계 각국은 2016년부터 자발적으로 온실가스 감축 목표를 제출하였으며, 모든 당사국은 2020년까지 '파리협정 제4조 제19항'에 근거해 지구의 평균 온도상승을 2℃ 이하로 유지하고, 나아가 1.5℃를 달성하기 위한 '장기저탄소발전전략'과 '국가온실가스감축목표'를 제출하기로 합의하였다. 이러한 목표를 달성하기 위해 스웨덴(2017)·영국(2019)·프랑스(2019)·덴마크(2019)·뉴질랜드(2019)·헝가리(2020)의 6개국은 탄소중립을 이미 법제화하였으며, 유럽연합(EU, 2019.12), 중국(2020.9), 일본(2020.10) 등 주요국들이 탄소중립 목표를 선언하였다. 조 바이든 미국 대통령은 취임 직후 파리협정에 재가입하고, 2050년까지 탄소중립을 이루겠다고 약속한 바 있다.

우리나라는 2020년 10월 국가 비전으로 '2050 탄소중립'을 선언하고, 후속 대응으로 2020년 12월에 '2050 탄소중립 추진전략'을 확정·발표하였으며, '2050 장기저탄소발전전략'과 '2030 국가온실가스감축목표' 정부안을 확정하였다. 또한 2021년 5월 탄소중립위원회가 출범하였으며, 2021년 8월에는 '2050 탄소중립 시나리오 초안'을 발표함으로써 탄소중립이 실현되었을 때의 미래상과 함께 부문별 세부 정책방향과 전환 속도 등을 제시하였다.

출처: 대한민국 정책브리핑(2021. 11. 08)을 참고함.

재라는 사실을 시사한다. 이하에서는 경제발전과 환경오염 간의 관련성을 살펴본다.

4.3 환경 쿠즈네츠 가설

경제발전과 환경오염 간의 관계는 '환경 쿠즈네츠 가설'(environmental Kuznets hypothesis)로 널리 알려져 있다. 이는 제3장에서 살펴본 쿠즈네츠 역U자 가설, 즉 경제발전의 초기에는 소득불평등이 심화하지만 경제가 일정 수준 이상으로 발전하면 소득분배가 오히려 개선되는 현상을 환경 분야에 적용한 가설이다. 즉 경제발전의 초기에는 환경의 질보다 경제적 효율성을 강조해 환경오염이 악화되지만, 소득수준이 상승할수록 환경의 질에 대한 수요가 증가하기 때문에 환경 개선과 관련된 투자가 증가해 환경이 개선되어진다. 환경이 개선되는 또 다른 이유는 소득상승이 환경정책을 집행하기 위한 기술이나 예산을 증가시키기 때문이다. 따라서 경제가 발전한 국가에서는 소득수준과 환경의 질 간에 양(+)의 관계가 성립한다. 이와 같이 환경 쿠즈네츠 가설은 [그림 8-2]와 같이 역U자 형태로 나타나는데, 이를 '환경 쿠즈네츠 곡선'이라 부른다.

그림 8-2 환경 쿠즈네츠 곡선

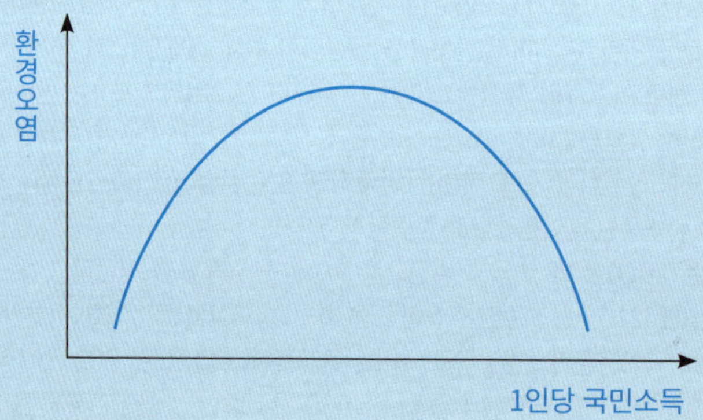

그러므로 환경오염이 상대적으로 가장 심한 국가들은 미개발 혹은 저개발 국가들이 아니라 개발이 한창 진행 중인 국가들이다. 여기서 한 가지 유의할 사항은

환경 쿠즈네츠 가설이 국가 간 통계자료에서만 적용되는 것은 아니며 산업화된 특정 국가의 시계열 자료에서도 관측이 가능하다는 점이다.

일련의 연구들에서는 환경 쿠즈네츠 곡선이 실증적으로 성립하는지 여부를 검토하였다. 대표적 실증연구인 Grossman and Krueger(1995)는 국가 간 패널자료를 이용해 경제발전의 초기단계에는 환경의 질이 점점 떨어지다가 경제가 성숙발전단계에 들어서면 다시 개선된다고 추정하였다.[18] 국내연구로는 이광훈(2010)이 1990~2007년의 5개 광역경제권 이산화탄소 배출량에 대한 패널자료를 이용해 분석하였다. 이광훈(2010)은 5권역 모두에서 이산화탄소 배출에 대한 환경 쿠즈네츠 곡선이 상당히 일관성 있게 나타난다고 주장하였다. 따라서 실증연구의 결과는 환경 쿠즈네츠 곡선이 대체로 성립하는 것으로 관측하였다.[19]

환경 쿠즈네츠 곡선은 모든 국가, 즉 부유한 국가와 가난한 국가 모두에게 의미 있는 시사점을 제공한다. 먼저 부유한 국가의 관점에서 살펴보면, 환경 쿠즈네츠 곡선은 국가가 부유해질수록 환경오염을 감소시키기 위해 더 많은 비용을 지불하려는 유인이 생겨난다고 전제한다. 즉 부유한 국가의 국민들은 환경오염을 방지하는 데 투자할 여력이 있으며, 전쟁·내란이 발생할 확률이 낮을 뿐만 아니라 높은 의료수준 등으로 인해 사망위험이 상대적으로 낮게 나타난다. 따라서 부유한 국가의 국민들은 환경오염으로 인한 위험과 그에 따르는 건강비용 등을 상대적으로 중요하게 생각한다.

가난한 국가의 관점에서 살펴보면, 매우 가난한 국가들의 환경오염이 상대적으로 심각하지 않은 이유는 그들 국가의 국민들이 환경의 가치를 높게 평가해 경제발전을 포기한 데 기인한 것은 결코 아니다. 오히려 가난한 국가들은 경제발전을 위해 환경을 희생시킬 기회조차 얻지 못하고 있는 실정이다. 따라서 가난한 국가와 부유한 국가에서는 환경오염에 대해 다른 가치를 부여할 수 있다. 즉 부유한 국가들은 동일한 양의 공해물질 방지에 가난한 국가들보다 더 큰 가치를 부여한다.

이상의 관측에 기초해 Summers(1992)는 부유한 국가로부터 가난한 국가로 공

18 환경 쿠즈네츠 곡선을 실증적으로 검증하였던 많은 연구결과들의 요약은 Stern(2004)을 참고할 수 있다.

19 환경경제학에서는 소득수준이 증가한다고 해서 기계적으로 환경이 개선되는 것이 아니라 개인, 기업 및 정부의 환경의식 제고, 환경 개선과 관련된 기술의 발달 등이 환경오염을 억제하고 더 좋은 환경을 만들 수 있다고 주장한다.

해 1단위의 이동에 대해 적절한 보상이 이루어진다면, 양국 모두 교역을 통해 혜택을 얻을 수 있다고 지적하였다. 환경오염이 추가될 때의 유해성은 이미 환경에 존재하는 공해물질의 양에 비례해서 생겨난다. 따라서 동일한 양의 공해가 발생할지라도 가난한 국가들에 비해 이미 환경오염이 진행된 부유한 국가들에서 그 유해성이 더 크게 나타난다. 이는 부유한 국가로부터 가난한 국가로의 공해가 이전된다면, 환경오염으로 인한 전 세계의 평균 위험이 줄어들 수 있음을 시사한다. 이와 같은 Summers(1992)의 제안은 많은 학자들로부터 비판을 받았지만, 20세기 말 이후 공해를 배출하는 산업이 부유한 국가에서 가난한 국가로 이전한 것은 사실이다. 이 현상은 가난한 국가가 어떤 경제발전도 이루지 못하는 것보다 차라리 경제성장을 위해 유해산업의 일자리와 공해물질을 더 선호한다는 사실을 내포하고 있다.

읽을거리

지속 가능한 경제학

2007년 노벨 평화상을 수상한 스리랑카 출신의 무나싱헤(Mohan Munasinghe, 1945~)는 '지속 가능한 경제학(sustainamics)' 가설을 제시하였다. 이 가설은 전통적 환경 쿠즈네츠 가설을 수정해 국가 간 협조라는 새로운 변수를 추가하였다. 지속 가능한 경제학 가설은 후발국(개발도상국)들이 기후변화나 에너지 문제 등에 관해 산업화된 국가의 길을 그대로 따라가는 것이 아니라 산업화된 국가의 발전된 기술과 지식을 전수받아 더 적은 환경 훼손으로 경제발전을 추구할 수 있다고 주장한다.

예를 들어 [그림 8-3]에서 현재 개발도상국은 A에서 B 사이에 위치하고, 산업화된 국가는 C에 위치해 있다고 가정한다. 현재의 경제발전 상태에서 산업화된 국가는 위험 범위의 환경오염도를 나타내고 있지만(환경오염도가 안정선 위에 위치하지만), 향후 기후변화 협약에 따라 저탄소 녹색성장 전략을 구사하면서 C에서 E로 이동하게 된다.

그렇다면 중진국과 빈곤국들은 어떤 정책을 사용해야 하는가? 이 국가들은 경제성장을 멈추어야 하는가? 이때 지속 가능한 경제 가설에서는 B에 도달한 중진국에게 산업화된 국가와는 다른 길을 제시한다. 즉 중진국들은 산업화된 국가들의 저탄소 녹색성장 기술과 지식을 이용해 안정선 이하 경로를 따라가는 '터널효과'(tunnel effect)를 누릴 수 있다. 따라서 산업화된 국가들은 C에서 E로 이동하지만, 후발국들은 같은 경로를 따르는 것이 아니라 B에서 D를 거쳐 E로 가는 점프다운(jump down)이 가능해진다.

그림 8-3 경제발전 단계와 환경오염도

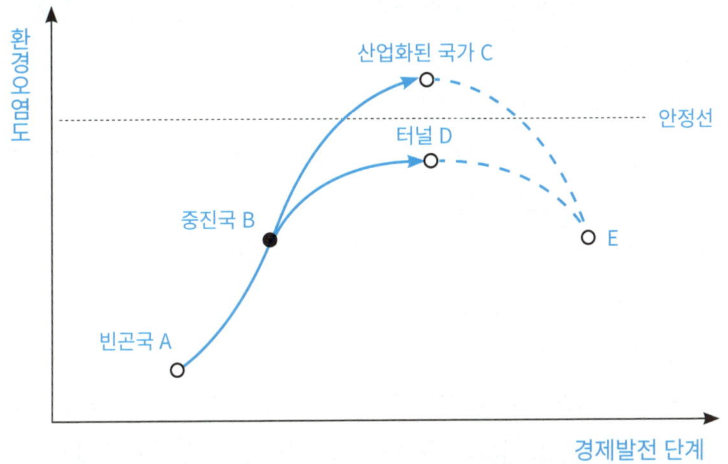

이상의 가설은 산업화된 국가들이 자신들의 환경을 개선할 수 있는 기술을 개발하고, 개발도상국들의 환경오염 감축 노력을 지원하는 등 국제적 협조가 이루어질 때만 가능하다. 그런데 각국의 이익이 중심이 되어 돌아가는 국제사회에서 이상의 협조가 가능할 수 있을까? 지속 가능한 경제학은 기후변화의 문제만큼은 전 세계적 협조가 필요한 사항일 뿐만 아니라 실패할 경우에는 곧 공멸이라는 인식이 있기 때문에 그 가능성이 클 것이라는 희망이 가미된 가설이다.

출처: 미래기획위원회(2009)를 참고함.

5. 소득불평등과 환경오염

소득분배의 불평등이 구성원의 평균 건강수준에 부정적 영향을 미칠 수 있다는 연구결과가 발표된[20] 이후 이상의 두 변수를 연결하는 전달경로를 찾으려는

20 소득불평등이 평균 건강수준에 부정적 영향을 미칠 수 있다는 이론적 배경은 절대소득가설과 상대소득가설에 기초한다. 이상의 내용은 본 장의 〈보충내용〉 "소득수준, 소득불평등 및 건강수준"에 간략히 소개되어 있다.

연구가 활발히 진행되고 있다. 대표적 전달경로는 환경의 질 혹은 환경오염이 제시되고 있는데, 이는 20세기 말부터 시작된 지구 온난화와 이상기후 등 환경문제에 대한 전 지구적 차원의 논의 및 연계와도 관련된다. 환경오염이 건강수준에 부정적 영향을 미칠 수 있다는 사실은 광범위하게 밝혀져 있다.

그렇다면 소득불평등은 환경오염에 어떤 영향을 미치는가? 소득불평등이 환경오염을 개선시킬지 혹은 악화시킬지에 대한 이론적 논의는 다양하게 진행되고 있다. 소득불평등은 개인의 선호를 통해 환경보호에 대한 수요를 증가 혹은 감소시킨다. 일반적으로 환경오염에 대한 수요의 소득탄력성은 음(-)의 값으로 가정한다. 이때 가난한 사람들로부터 일정 소득을 부유한 사람들에게 이전하는, 즉 소득불평등의 심화는 부유한 사람들의 환경오염에 대한 수요를 감소시키고 동시에 가난한 사람들의 환경오염에 대한 수요를 증가시킨다.[21] 즉 소득불평등의 심화는 환경오염을 개선시키는 요인과 악화시키는 요인이 동시에 생겨나게 만든다.

따라서 소득불평등이 환경오염에 미치는 순효과는 소득과 환경오염에 대한 수요, 즉 이상의 두 변수 간의 관계가 선형인지 혹은 비선형인지(볼록한 관계 혹은 오목한 관계)에 의존한다(Boyce, 2003; Scruggs, 1998). 만약 이상의 관계가 선형으로 나타난다면, 추가 소득에 따른 환경오염에 대한 수요가 소득수준과 관계없이 일정하기 때문에 소득불평등의 변동이 환경오염에 어떤 영향도 미치지 않는다. 그러나 소득변동으로 생겨난 환경오염에 대한 수요가 볼록(오목)한 관계를 형성하는 경우에는 가난한 사람으로부터 부유한 사람으로의 소득 이전, 즉 소득불평등의 심화는 환경오염에 대한 수요를 감소(증가)시킨다.

우리는 부유한 사람들이 가난한 사람들에 비해 더 높은 수준의 환경의 질을 선호한다고 가정할 수 있다. 즉 Scruggs(1998)가 제시한 바와 같이 부유한 사람들이 환경보호에 대해 더 큰 의지와 지불능력을 가진다. 이로 인해 환경보호론자들은 주로 가난한 사람들이 아닌 중/상위 소득의 사람들로 구성된다. 따라서 환경의 질은 정상재(혹은 우등재)로 인식되므로, 그 수요는 소득이 상승함에 따라 증가한

21 "환경오염에 대한 수요의 증가"라는 표현이 문맥상 다소 애매하지만, 이는 환경에 관한 관심이 떨어져 환경개선에 대한 수요가 감소한다는 사실을 의미한다.

다(Baumol and Oates, 1988).[22] 이상의 논의를 종합하면, 가난한 사람들로부터 부유한 사람들로의 소득재분배(즉 소득불평등의 심화)는 환경오염에 대한 수요를 감소시켜 환경의 질을 개선시킬 수 있다.

또한 Ravallion et al.(2000)은 소득불평등이 소득수준에 따른 한계배출성향(Marginal Propensity to Emit, MPE)의 차이로 인해 환경오염을 줄일 수 있다고 주장하였다. 우리는 부유한 사람들의 MPE에 비해 가난한 사람들의 MPE가 크다고 가정할 수 있는데, 그 이유는 다음과 같다. 탄소배출을 제어하는 재화(기계)는 고도의 기술력이 요구될 뿐만 아니라 고가이기 때문에 가난한 사람들은 그 비용을 감당하기 어렵다. 또한 에너지를 효율적으로 사용하기 위해서는 상당한 비용이 수반되기 때문에 가난한 사람들은 부유한 사람들에 비해 에너지를 덜 효율적으로 사용하는 경향이 있다. 따라서 소득불평등은 환경오염을 개선하는 데 기여할 수 있다.

이상의 논리와는 반대로, 일부 연구들에서는 소득불평등이 환경오염을 개선시키지 못하고 오히려 악화시킬 수 있다는 이론적 근거를 제시하였다. 예를 들어 Boyce(1994)는 소득불평등의 심화가 다음의 두 가지 이유로 인해 환경오염을 악화시킬 수 있다고 주장하였다. 첫째, 소득불평등의 심화는 부유한 사람들과 가난한 사람들 모두에게 환경 시간선호율을 증가시킨다. 즉 소득불평등이 심화될 때 가난한 사람들은 천연자본(natural capital)을 과도하게 개발하는 경향이 생겨난다. 왜냐하면 가난한 사람들은 천연자본을 그들이 소유하는 유일한 자원으로 생각할 뿐만 아니라 수입의 유일한 원천으로 여기기 때문이다. 또한 소득불평등은 종종 정치적 불안정성과 반란의 위험을 유발한다. 이는 부유한 사람들로 하여금 국내의 천원자본을 보호하는 데 투자하지 않고, 오히려 해외에 투자하도록 유도하는 정책을 선호하게 만든다. 그러므로 Boyce(1994)는 소득불평등의 심화로 인해 부유한 사람들은 물론 가난한 사람들도 환경오염을 악화시킬 수 있다고 제시하였다.

둘째, Boyce(1994)는 소득불평등이 심한 국가에서는 부유한 사람들의 정치적

22 이상의 내용은 이미 설명한 환경 쿠즈네츠 가설을 설명하기 위해 제시된 여러 가지 이론 중 하나이다 (Grossman and Krueger, 1995).

영향력이 가난한 사람들의 경우에 비해 크기 때문에 부유한 사람들이 환경을 파괴하는 프로젝트에 큰 영향력을 행사할 수 있다고 역설하였다. 이상의 결정은 환경 파괴를 통해 이득을 얻는 사람들(혹은 집단)과 그것에 통해 비용을 감당해야 하는 집단 간의 정치적 경쟁을 통해 이루어진다. 또한 그는 환경오염을 개선하기 위한 투자의 결정에서 대체로 부유한 사람들이 승리자이고 가난한 사람들은 패배자가 되는 경향이 있다고 주장하였다. 따라서 부유한 사람들은 소득불평등이 심화됨에 따라 자신들의 영향력을 강화해 환경오염으로 인한 비용을 가난한 사람들이 부담하게 전가시키고 환경을 파괴하는 프로젝트와 투자의 실행을 선호한다.

또한 Borghesi(2000)는 환경과 관련된 일련의 이론연구들이 환경문제의 해결을 위해서는 모든 계층 간의 협력이 필요하다고 강조하였던 사실에 기초해 소득불평등이 환경오염 개선에 부정적 영향을 미칠 수 있다고 제시하였다. 소득불평등이 심한 국가에서는 사회적 이슈에 대한 정치적 에이전트(정부·압력단체·이해집단 등) 간의 갈등과 충돌이 심하기 때문에 소득분배가 평등한 국가에 비해 사회적 합의를 달성하기 어려워진다. 이러한 의미에서 정치적 자유가 신장되지 않은(혹은 정치적 불안정성이 심한) 국가에서는 소득불평등의 심화가 환경오염을 악화시키는 작용을 한다. Borghesi(2000)와 Boyce(1994)가 주장한 내용들은 정치적 갈등 혹은 충돌에 기초하므로 거버넌스(governance)와 관련된 제도적 정비가 미미한 국가에서 더욱 설득력을 가진다.

이상과 같이 소득불평등과 환경오염 간의 이론적 관계는 불명확하며, 이는 실증적 논의의 대상이다. 그러나 실증연구에서도 소득불평등과 환경오염 간의 관계는 불분명하다고 제시하였다.[23] 예를 들어 Ravallion et al.(2000)은 42개 국가를 대상으로 1975~92년의 패널자료를 이용해 분석하였는데, 소득불평등의 심화는 이산화탄소(CO_2) 배출량을 감소시킨다고 결론 내렸다. Borghesi(2000)는 37개 국가를 대상으로 1988~95년의 패널자료를 이용해 소득불평등의 심화가 CO_2 배출량을 낮추거나 혹은 적어도 통계적으로 유의한 영향을 미치지 않는 것으로 추

23 소득불평등과 환경오염 간의 관계를 분석한 다양한 실증연구의 결과들은 Drabo(2010)에 잘 요약되어 있다.

정하였다. 한편 Clément and Meunie(2010)는 1988~2003년의 83개 개발도상국과 전환기 국가들로 구성된 표본을 이용해 소득지니계수가 생물화학적 산소요구량(BOD)에 부정적 영향을 미친다고 관측하였다.

또한 Scruggs(1998)는 두 가지 형태의 횡단면 분석을 실행하고, Torras and Boyce(1998)는 환경오염을 반영하는 다양한 변수들을 사용해 소득불평등이 환경오염에 미치는 영향을 평가하였다. 이상의 연구결과는 환경오염을 반영하는 변수들에 따라 그 영향이 상이하다고 관측하였다. 황진영·임응순(2013)은 소득불평등이 CO_2 배출량에 음(-)의 영향을 미치는 것으로 추정하였지만, 그 통계적 유의성은 표본선택에 따라 상이하게 나타난다고 제시하였다. 즉 그들은 비OECD 국가로 구성된 표본에서는 이상의 관계에 대한 통계적 유의성이 전통적인 범위를 벗어나는 것으로 확인하였다. 그러므로 소득불평등과 환경오염 간의 실증적 관계는 여전히 논의의 대상이다.

보충 내용

소득수준, 소득불평등 및 건강수준

국민들의 평균 건강수준은 경제발전과 더불어 보편적으로 개선된다. 왜냐하면 소득수준의 향상이 영양 상태를 개선시켜 건강 증진에 기여하기 때문이다. 즉 건강수준의 개선은 경제가 발전함에 따라 사람들이 더 나은 삶을 영위한다는 증거이다. 이상의 논리와는 반대 방향으로, 국민 전체의 평균 건강수준의 개선이 소득수준의 향상에 긍정적 영향을 미칠 수 있다. 왜냐하면 노동자의 건강수준이 개선될수록 건강문제로 인해 노동능력을 상실하는 사람의 수가 줄어들 뿐만 아니라 노동자는 더 열심히 일할 수 있기 때문이다. 따라서 건강수준의 개선과 소득수준의 향상 간에는 상호작용을 통해 승수효과를 발생시킨다.

그렇다면 소득불평등과 건강수준 간에는 어떤 관련성이 있을까? 전통적 견해에 따르면, 소득불평등의 심화는 평균 건강수준에 부정적 영향을 미친다고 알려져 있다. 소득불평등이 건강수준에 음(-)의 영향을 미친다는 사실은 개인의 절대적 소득수준이 건강수준을 결정한다는 '절대소득가설'(absolute income hypothesis)에 기인한다. 소득수준이 건강수준에 미치는 영향은 오목함수의 형태, 즉 부가적인 소득향상으로 인한 건강의 개선이 부유한 사람들에 비해 가난한 사람들에서 크게 생겨나기 때문에 소득불평등이 심한 국가일수록 평균 건강수준(혹은 건강의 성과)은 낮게 형성된다.

또한 '상대소득가설'(relative income hypothesis)에 따르면, 개인의 건강상태는 개인의 절대소득과 함께 동일 국가나 사회의 다른 사람들의 소득수준에 의존한다. 만약 상대소득가설에 기초하면, 소득불평등의 심화는 의료서비스의 상대가격 상승, 공공 의료서비스 수준의 감소, 사회적 결속력의 감소와 스트레스의 증가 등의 전달경로를 통해 국가 전체의 평균 건강수준에 악영향을 미치게 된다.

이상의 이론적 배경에도 불구하고, 소득불평등과 건강수준 간의 관계에 대한 실증분석 결과는 다소 불명확하다. 예를 들어 Tacke and Waldmann(2009)과 Waldmann(1992)은 각각 98개 국가 간 자료와 57개 국가 간 자료를 이용해 높은 수준의 유아사망률과 심한 소득불평등 간에는 통계적으로 유의한 양(+)의 관계가 성립한다고 제시하였다.

그러나 Judge et al.(1998)은 이상의 분석에서 여성의 경제활동참가율을 추가로 설명변수에 포함해 추정하면, 소득불평등과 건강의 성과 간의 관련성에 대한 통계적 유의성은 전통적인 범위를 벗어난다고 주장하였다. 또한 Mellor and Milyo(2001)는 소득불평등과 건강의 성과 간의 관계는 표본의 선택에 따라 상이하게 나타난다고 관측하였다. 따라서 국가 간 소득불평등과 평균 건강수준 간의 관계를 검토한 실증분석 결과들은 자료 혹은 표본의 선택에 따라 통계적 유의성이 관측된 경우와 그렇지 않은 경우로 구분되며, 이는 여전히 보완적인 연구를 요구한다.

생각해 볼 문제

1 도시화가 경제발전에 미치는 긍정적 요인과 부정적 요인을 설명하라. 또한 이상의 상반된 요인은 경제선택의 기준인 효율성과 형평성 간의 상충관계와 관련될 수 있는데, 이를 구체적인 예를 들어 제시하라.

2. 쿠즈네츠 곡선과 환경 쿠즈네츠 곡선은 경제성장과 그로 인한 사회적 비용과의 관계가 역U자 형태로 나타남을 의미한다. 우리는 이상의 비선형 관계를 통해 어떤 경제적 함의를 도출할 수 있는가? 이상의 쿠즈네츠 곡선과 환경 쿠즈네츠 곡선이 도시화와 경제성장 간의 비선형적 관련성을 언급한 Williamson(1965)의 역U자 가설과는 어떻게 관련될 수 있는지 논의하라.

3. 노동자가 농촌지역에서 도시지역으로 이주하는 현상을 설명한 토다로 모형(1969)과 해리스-토다로 모형(1970)의 유사성과 차이점을 설명하라. 아울러 이상의 모형을 사용해 현재 우리나라에서 일부 발생하고 있는 귀농현상(도시지역에서 농촌지역으로 이주)을 어떻게 설명할 수 있을지 토의하라.

4. 현재 많은 산업화된 국가의 기업들이 저개발 국가에 공장을 건설해 운영하고 있다. 비록 이상의 현상이 발생한 원인은 다양하겠지만, 그 일부의 원인으로 산업화된 국가에서의 강화된 환경규제와 관련된다. 이러한 현상을 환경 쿠즈네츠 가설을 이용해 설명하라. 또한 이상의 현상은 공장을 이전시킨 산업화된 국가는 물론 공장이 소재한 저개발국도 이익이 누릴 수 있는데, 이를 코스 정리(Coase theorem)와 연관시켜 논의하라. [코스 정리는 1991년 노벨 경제학 수상자인 로널드 코스(Ronald H. Coase, 1910~2013)가 정립한 이론으로, 만약 민간주체들이 자원배분 과정에서 아무런 비용 없이 협상할 수 있다면, 외부효과로 인한 비효율성을 시장에서 내부화(해결)할 수 있다는 이론이다.]

5. 절대소득가설과 상대소득가설을 이용해서 한 국가의 소득불평등과 평균적인 건강수준 간의 관계를 제시하라. 또한 소득불평등과 건강수준을 연결하는 전달경로로서 보건비지출(health expenditure)을 고려할 수 있는데, 소득불평등과 보건비지출 및 보건비지출과 건강수준 간의 이론적 관계를 파악하라. 마지막으로 보건비지출을 크게 민간지출과 공공지출로 구분하면, 여러분은 소득불평등과 보건비지출의 구성 간에는 어떤 관계가 성립할 수 있다고 생각하는가?

chapter

09

1. 금융과 경제발전

2. 금융활동과 소득불평등

3. 금융발전과 민간저축률

4. 금융위기

9

금융발전과 금융위기

1. 금융과 경제발전

금융부문과 실물부문 간의 상호연관성은 경제학에서 오랜 기간 논의된 주제이다. 본 절에서는 금융발전 정도를 나타내는 다양한 변수들을 검토하고, 금융발전과 경제발전 간의 관계에 대한 이론적·실증적 연구결과들을 살펴본다.

1.1 금융발전의 변수선택

금융발전(financial development)은 직접적으로 뿐만 아니라 다양한 전달경로를 통해 간접적으로 경제발전과 소득분배에 영향을 미친다. 그렇다면 특정 국가의 금융발전 정도는 어떻게 측정하거나 나타낼 수 있을까? 전통적 변수는 골드스미스(R. Goldsmith, 1904~1988) 이후 가장 많이 언급한 '금융연관비율'(financial interrelations ratio), 즉 "실물자산(통상 '경상 GDP'를 사용) 대비 금융자산 잔액 비율"이다. Goldsmith(1969)는 경제가 발전할수록 금융자산의 증가가 실물자산의 증가보다 빠르게 이루어진다고 주장하였다. 그러나 금융연관비율은 실물부문과 금융부문의 상대적 크기만을 나타낼 뿐 금융기관의 다양한 역할을 반영하지 못한다는 한계를 지닌다.

일부 연구들에서는 금융연관비율과 유사한 개념인 '금융심화'(financial deepening)를 반영하는 변수들을 이용해 금융발전의 대리변수로 사용하였다. 구체적으로 금융심화를 나타내는 변수로는 ① "GDP 대비 총통화(M2) 비율", ② "통화(M1) 대비 요구불예금 비율", ③ "GDP 대비 비금융 민간부문에 대한 금융기관의 대출 비율" 등을 들 수 있다.

또한 금융시장에 대한 인위적인 억압을 나타내는 '금융억압'(financial repression)을 통해 간접적으로 금융발전의 정도를 파악하려 노력한 연구들도 있다. 금융억압은 금융기관이 본연의 역할을 제대로 수행할 수 없도록 만드는 불완전한 금융시장의 전형적인 사례이며, 그 정도가 약한(심한) 국가일수록 금융시장이 발전한(낙후된) 국가로 간주할 수 있다. 따라서 금융억압은 "금융시장의 자율적 조정기능을 저해하는 각종 인위적인 정부규제"로 정의할 수 있으며, 그 대표적 예로는 이자율 상한제·신용의 직접 통제·외환시장의 직접 개입 등을 들 수 있다.

금융억압(혹은 반대로 금융발전) 변수를 사용한 대부분 연구들은 금융억압이 경제성장과 같은 실물부문에 미치는 영향을 파악하는 데 초점을 두었다. 예를 들어 Roubini and Sala-i-Martin(1992)은 정부가 이자율을 조정하는 형태의 금융억압을 사용할 때는 인플레이션에 따른 수입을 증대시킬 수 있지만, 이상의 금융억압은 경제성장에 음(-)의 영향을 미친다는 이론 모형을 제시하였다. 또한 그들은 금융억압의 정도를 나타내는 몇몇의 대리변수들을[1] 사용한 실증분석을 통해 금융억압이 경제성장에 음(-)의 영향을 미칠 수 있음을 확인하였다.

Deininger and Squire(1998)와 King and Levine(1993)이 사용한 지하시장(혹은 암시장) 프리미엄(black market premium)은 금융억압의 정도를 나타내는 대리변수로서 가장 널리 사용되고 있다. 만약 지하시장에서 결정되는 환율이 공개시장(open market)에서 결정되는 환율과 상이하다면, 이는 금융시장에 분명히 억압이 존재한다는 것을 의미한다. 따라서 우리는 이상과 같은 환율의 차이가 심한 국가일수록 금융억압의 정도가 크다고 파악할 수 있다. Deininger and Squire(1998)와 King and Levine(1993)의 실증분석 결과는 지하시장 프리미엄이 투자에 통계적으로 유의한 영향을 미치는 않는 것으로 나타났다. 이러한 분석결과는 일반적 기대와 배치되는데, 이는 국가별 지하시장 프리미엄의 자료에는 측정오차(measurement error)가 크게 존재할 수 있음을 암시한다. 만약 자료의 측정과정에서 오차가 크게 존재한다면, 지하시장프리미엄은 금융억압을 반영하는 좋은 대리변수로 간주하기 어렵다.

한편 Jappelli and Pagano(1994)는 세 가지 유동성 제약(liquidity constraint)의 측정치들이[2] 금융억압을 나타낸다고 설명하였으며, 유동성 제약이 크면 클수록 금융억압이 심한 것으로 파악하였다. 그러나 그들이 사용한 유동성 제약의 측정치들은 단지 신용에 대한 공급측면만을 고려한 것이며 신용의 수요측면을 무시하

1 Roubini and Sala-i-Martin(1992)은 금융억압을 ① 실질이자율 크기에 따른 국가별 더미변수, ② 금융시장의 왜곡 정도를 반영하는 지수에 기초한 더미변수 및 ③ 통화공급(M1 및 준통화) 대비 상업은행 보유액 비율로 나타내었다.

2 Jappelli and Pagano(1994)가 사용한 세 가지 유동성 제약의 측정치들은 ① 주택구입에 사용되는 최대 대부금의 가치, ② GNP 대비 소비자 신용 비율 및 ③ GDP 대비 민간부문에 대한 신용 비율이다.

고 있다. 예를 들어 유동성 제약이 심한 개발도상국은 신용에 대한 낮은 수준의 공급과 함께 낮은 수준의 수요로 인해 생겨난 결과이지만, 이상이 유동성 제약의 측정치들은 신용의 공급만을 강조한다는 문제점이 있다.

Liu and Woo(1994)는 금융정교(financial sophistication)의[3] 정도를 나타내는 변수들을 이용해 금융억압과 실물부문 간의 관계를 분석하였다. 즉 그들은 금융정교를 나타내는 측정치들이 작을수록 금융억압의 정도가 심하다고 파악하였다. 그러나 그들이 제시한 금융정교의 측정치들은 시간을 전혀 고려하지 않았다는 문제점이 있다. 즉 그들은 저축이 일정 정도의 규모에 도달한 이후 투자로 이어질 수 있다는 사실을 간과하였다. 이상의 Jappelli and Pagano(1994)와 Liu and Woo(1994)는 금융시장이 발전하지 않은 국가에서 금융억압은 예비적 동기(precautionary motive)의 저축을 자극해 생산량 증가에 양(+)의 영향을 미칠 수 있다고 주장하였다.

Barro(2000)는 국가별 금융억압의 정도를 파악하기 위해 금융심화를 반영하는 "GDP 대비 총통화(M2) 비율"(M2 비율)을 사용하였다. 금융심화는 유동성 제약을 완화하므로 금융억압을 감소시킨다. 그의 실증분석 결과는 M2 비율이 개별변수로서 뿐만 아니라 소득지니계수와 결합한 결합변수(M2 비율×소득지니계수) 모두 경제성장에 통계적으로 유의한 영향을 미치지 않는 것으로 관측되었다. 이러한 결과는 금융시장의 불완전성이 소득불평등에 영향을 미칠 뿐만 아니라[4] 이상의 두 변수가 결합해서 경제성장에 영향을 미친다는 이론적 연구결과와는 일치하지 않는데, 이는 Barro(2000)가 지적한 바와 같이 M2 비율은 금융억압(혹은 금융발전)의 대리변수로서 부적절할 수 있다는 사실을 반영한다.

이상과 같이 다양한 금융발전 혹은 금융억압의 정도를 반영하는 변수들이 지금까지의 연구에서 사용되었다. 이러한 사실은 금융시장의 발전을 온전히 반영할 수 있는 변수가 존재하지 않을 뿐만 아니라 금융과 관련된 다양한 자료들에는 측정오차가 존재할 수 있음을 시사한다. 일부 연구들에서는 금융발전 혹은 금융억압을 적절히 반영할 수 있는 대리변수를 발견하기 어려운 이유로 금융기관의 역할과 목표가 다양하다는 사실을 제기하였다.

---

3 Liu and Woo(1994)가 제시한 금융정교 변수들은 ① 통화(M1)공급 대비 거래소 시장에 등록된 국내기업의 주식발행고(EQUITY) 비율, ② GDP 대비 EQUITY 비율 및 ③ GDP 대비(EQUITY-M1) 비율이다.

4 금융시장의 불완전성과 소득불평등 간의 관련성은 다음 절에서 구체적으로 논의한다.

일반적인 기업의 목표는 생산량극대화 혹은 이윤극대화와 같이 명확하지만, 금융기관의 목표는 대출 혹은 이윤의 증대로만 한정할 수 없다는 어려움이 존재한다. 왜냐하면 금융기관이 대출을 증대할지라도 (부실대출이 존재하는 한) 이윤의 증가로 이어지지 않는 경우가 많으며,[5] 금융기관의 공익성으로 말미암아 이윤극대화만을 추구할 수 없기 때문이다. 또한 우리가 경험한 1990년대 말 금융위기(financial crisis) 때와 같이 금융기관이 사적이익만을 추구한다면, 경제전체가 붕괴되는 위기를 초래할 수 있다.[6] 따라서 금융발전 혹은 금융억압의 정도를 더욱 정확히 반영할 수 있는 변수를 발견하기 위한 노력은 향후 지속해서 이루어져야 한다.

1.2 새로운 금융발전지수

이미 살펴본 바와 같이, 금융발전을 반영하는 다양한 변수들이 국가 전체의 금융발전을 온전히 나타내기에는 한계가 있다. 최근 들어 Svirydzenka(2016)는 국제통화기금(IMF) 연구보고서의 형식으로 183개 국가를 대상으로 기존의 금융심화와 함께 금융접근성(financial access)과 금융효율성(financial efficiency)을 반영하는 변수들을 고려해 '금융발전지수'를 측정하였다. 기존의 금융발전 정도를 반영하는 변수(대부분 금융심화 혹은 금융억압과 관련됨)들이 거시적 관점에 치우쳤다면, Svirydzenka(2016)가 제시한 금융발전지수에는 금융접근성과 금융효율성 변수들을 통해 미시적 접근을 가미하였을 뿐만 아니라 금융발전을 '금융기관 발전'과 '금융시장 발전'으로 분리해 측정하였다.

[표 9-1]은 금융발전지수를 산정하기 위해 사용한 기초지표의 요약을 나타낸다. [표 9-1]의 지표들은 기존의 연구들에서 금융발전의 변수로 부적절할 수 있다는 지표들까지 포함한다. 또한 금융발전지수는 금융혁신이나 금융서비스의 다양성 등을 반영하는 지표나 내용을 포함하지 않았다. 따라서 Svirydzenka(2016)가 개발한 금융발전지수는 금융발전의 정도를 종합적으로 평가할 수 있는 지수로서 의미를 가질 수 있지만, 여전히 금융발전을 온전히 반영한다고 평가하기에는 한

---

5 왜냐하면 정보의 비대칭성으로 인해 부실대출이 존재할 수 있을 뿐만 아니라 투자는 그 자체에 불확실성(uncertainty)을 내재하기 때문이다.

6 Hwang et al.(2007)은 금융기관이 사적이익만을 추구할 경우 부실대출(그들은 과잉대출(over-lending)로 명명함)이 가능할 수 있는 조건을 이론적으로 제시하였다. 즉 그들은 특정한 조건에서 과잉대출의 존재를 증명하였다.

계가 있다.[7]

표 9-1 금융발전지수 산정을 위한 기초지표

기 준		기초지표
금융기관 발전	금융심도	민간신용/GDP
		연기금펀드 자산/GDP
		뮤추얼펀드 자산/GDP
		보험료(생명보험/비생명보험) 총액/GDP
	금융접근성	성인 100,000명당 은행 지점 수
		성인 100,000명당 ATM 수
	금융효율성	순이자마진
		예대금리차
		총수익 대비 비이자수익
		총비용 대비 간접비용
		총자산순이익률(ROA)
		자기자본이익률(ROE)
금융시장 발전	금융심도	주식시가총액/GDP
		주식거래량/GDP
		정부의 해외채권 발행/GDP
		금융법인 부채/GDP
		비금융법인 부채/GDP
	금융접근성	상위 10개 기업 시가총액 비중
		채권발행기관수
	금융효율성	주식시장 회전율(주식거래량/시가총액)

출처: Svirydzenka(2016).

7 Naceur and Zhang(2016)은 1961~2011년의 143개국 자료를 이용해 접근성, 심화, 효율성, 안정성 및 자유화 측면의 금융발전이 소득불평등에 미치는 영향을 추정하였다. 그들은 접근성, 심화, 효율성 및 안정성 측면의 금융발전은 소득불평등과 빈곤 완화에 도움이 되지만, 자유화 측면의 금융발전은 소득불평등을 심화시키는 경향이 있다고 관측하였다.

보충 내용

핀테크의 발전

핀테크(Fin Tech)는 금융과 기술의 합성어로 금융서비스와 정보통신기술(ICT)의 융합을 통한 금융과 산업의 변화를 총칭한다. 21세기 이후 ICT 발전으로 다양한 정보 수집기술과 분석기술이 도입되면서 금융시장에 기존과는 다른 새로운 금융서비스들이 등장할 수 있게 되었다. 즉 금융시장 참여자는 PC, 스마트폰, 태블릿 PC와 같은 개인기기를 이용해 금융활동이 가능하게 되었으며, 이는 금융활동에 대한 시간과 공간의 제약을 크게 완화시켰다. 또한 금융기관들은 정보처리 기술과 분석기술의 발전으로 온라인상에서 이루어지는 금융활동 정보를 빠르고 체계적으로 축적하고 활용함으로써 다양한 금융서비스 개발이 가능해졌다.

2000년대 초에는 ICT 발전으로 인한 새로운 금융을 포괄하는 용어로 '전자금융'이 사용되었지만, 2010년 이후에는 핀테크란 용어가 사용되기 시작하였다. 전자금융은 송금이나 결제와 같이 비교적 간단한 금융서비스를 온라인상에서 제공하는 것을 의미하였으며, 핀테크는 빅데이터, 클라우드, IoT와 같은 21세기의 새로운 ICT를 다양한 금융서비스에 응용해 제공하는 금융서비스를 의미한다. 최근에는 대부분 국가들에서 ICT 기술을 적용하는 거의 모든 금융서비스를 핀테크라고 부른다.

핀테크의 발전은 국민경제의 산업발전에 긍정적 효과를 제공하고 있는데, 이를 요약하면 다음과 같다. 첫째, 핀테크의 발전은 금융산업의 비용절감과 효율성을 개선한다. 즉 금융거래를 비대면으로 가능하게 함으로써 금융거래의 시간적·공간적 제약을 상당히 감소시키며, 금융거래 관리를 전자적인 형태로 수행함에 따라 관리비용과 처리비용을 크게 감소시킨다. 둘째, 핀테크를 이용한 금융서비스는 정보재의 성격을 지니므로 정보재 시장에서 발생하는 규모의 경제·네트워크 경제·시스템 재화 구성 등의 경제현상이 나타난다. 셋째, 핀테크의 발전은 온라인 거래를 위한 공급·유통·기술 등 핀테크 비즈니스 도메인 내의 모든 산업이 성장할 수 있는 계기를 마련한다. 넷째, 전자금융산업은 과거 금융기관이 독점하였던 산업이었지만, 핀테크의 발전으로 비금융기관이 참여하게 되었다. 예를 들어 온라인시장에서 상품거래 시 제공되는 결제서비스는 주로 PG업계(중간에서 결제서비스를 연결해주는 대행회사)가 공급하고 있으며, 무선결제 역시 이동통신사를 중심으로 발전하고 있다.

이상과 같이 핀테크의 발전은 다양한 방법으로 산업발전에 긍정적 영향을 미치는 것으로 알려져 있지만, 몇몇 위험요인들에 대한 우려도 그대로 남아있다. 핀테크와 관련된 주요 위험요인으로는 신용 리스크, 시스템리스크 및 보안위험, 운영 리스크와 컴플라이언스 리스크가 등이 존재한다. 만약 핀테크 기업들이 적절한 보안수준을 준수하지 않는다면, 대규모 정보나 데이터 탈취 등의 해킹위험에 노출될 위험이 있다.

또한 혁신적인 금융상품이나 금융서비스 제공과 관련된 제반 사항이 복잡해짐에 따라

운영 리스크의 관리나 통제에 어려움을 겪을 수 있다. 금융기관의 아웃소싱, 클라우드 서비스, 핀테크 기업과의 제휴 등 외부 서비스제공업체 이용이 증가할수록 운영의 복잡성이 증가하고 투명성은 저하되기 마련이다. 이러한 기술의존도 증가는 핀테크 기업 이외에 연관 금융기관까지 사이버 공격으로 취약해질 가능성을 높일 수 있다. 마지막으로 핀테크 발전으로 일자리 감소, 디지털 디바이드(digital divide, "ICT 발전에 따라 정보의 습득능력을 지닌 사람과 그렇지 못한 사람들 간의 정부의 격차가 커지는 것"을 의미함) 등은 국민경제에 미치는 가장 큰 부정적 영향일 수 있다.

출처: 이충열 외 3인(2020)을 참고함.

1.3 금융발전과 경제발전

금융발전이 실물부문의 경제발전을 촉진할 수 있다는 사실은 금융의 기본적 역할을 통해 쉽게 파악할 수 있다. 금융시장과 금융기관은 유동성 증진, 위험 축소 및 금융중개기능을 통해 저축을 증대시키고 기업의 투자재원을 조달함으로써 경제성장에 기여한다. 즉 금융중개기관의 효과적인 역할 증대는 비효율적 투자를 억제시켜 경제성장을 촉진하는 역할을 담당한다(Bencivenga and Smith, 1991; Greenwood and Jovanovic, 1990).

또한 금융시장의 발전은 투자에 따른 위험을 공유하고, 정보 및 거래비용을 감소시킬 뿐만 아니라 기업지배구조의 효율화, 위험관리의 향상 및 불확실성의 감소 등을 통해 생산성 향상 및 경제성장에 기여한다(Beck et al., 2000; King and Levine, 1993; Levine, 1997). 마찬가지로 금융억압은 투자의 효율성을 떨어뜨려 저축과 투자를 위축시키며 종국에는 경제성장에 음(-)의 영향을 미치게 된다. 만약 이자율이 금융억압으로 균형수준 이하에서 머무르게 되면, 소비는 증가하지만 저축은 감소해 투자의 예상수익률이 낮아지게 된다. 이는 저수익성 투자를 증가시켜 투자의 평균수익성을 떨어뜨리는 원인으로 작용한다. 그러므로 금융시장의 발전은 비효율적 투자를 억제시켜 경제성장을 촉진한다.

증권시장, 특히 주식시장의 발전은 투자자금의 효율성을 증가시키고 기업에 장기투자자금을 안정적으로 제공함으로써 투자를 촉진하고 경제성장에 기여한다. 또한 주식시장의 발전은 기업에 대한 정보를 효율적으로 전달할 수 있도록 유도하기 때문에 투자자들이 기업을 용이하게 비교함으로써 자금배분의 효율성을 증대시켜 경제성장을 촉진하는 역할을 수행한다. 그러나 일부 연구들에서는 주식시장의 확대가 자산가격의 변동성을 증가시켜 경제 내의 불확실성을 증폭시키므로 경제성장에 부정적 역할을 할 수 있다고 분석하였다.[8]

이상과 같이 금융발전과 경제성장 간의 이론적 관점의 양(+)의 관련성은 비교적 명확하지만, 실증연구 결과는 다소 논쟁의 여지가 있다. 예를 들어 King and Levine(1993)과 Roubini and Sala-i-Martin(1992)은 금융중개기관의 효과적인 활동과 경제성장 간에는 양(+)의 관계가 성립한다는 실증분석 결과를 제시함으로써 기존의 이론을 입증하였다. 그러나 Jappelli and Pagano(1994)와 Liu and Woo(1994)는 금융억압이 예비적 동기를 자극해 저축률을 증가시킴으로써 금융억압과 생산량 증가는 동시에 존재할 수 있다고 주장하였다. 또한 여러 동아시아 국가들은 지난 1970~90년대 동안 정부주도형 금융구조, 즉 금융억압 상태에서 높은 경제성장률을 기록하였다.

따라서 금융발전과 경제성장 간의 관계를 규명한 실증분석 결과는 분석방법이나 표본 혹은 변수의 선택(특히 금융발전 정도를 나타내는 대리변수의 선택)에 따라 상이하게 나타났다. 비록 우리가 금융발전과 경제성장 간에는 양의 관계가 존재할 수 있다고 인정할지라도, 두 변수 간 인과관계의 문제점은 여전히 남아있다. 금융발전이 다양한 전달경로들을 통해 경제성장을 촉진할 수 있다는 이론적 논의는 이미 소개하였다. 그러나 Greenwood and Jovanovic(1990)은 고정비용의 개념을 이용해 경제발전의 초기단계에는 경제성장이 금융시장의 발전을 선도할 수 있다고 주장하였다. 즉 금융시장이 발전하기 위해서는 금융기관을 운영하기 위한 초기의 고정비용이 요구되는데, 이는 고정비용을 충분히 감당할 수 있을 만큼 성장한 경제에서 금융시장이 발전할 수 있음을 시사한다. 또한 우리는 동아시아 국가들의

8 주식가격의 변동성과 수익률 간의 관계에 대한 논의는 오랜 기간 많은 연구들이 진행되어 왔다. 전통적 자산가격 결정모형(asset-pricing model)에서는 자산 포트폴리오의 기대 수익률(portfolio's expected returns)과 변동성 간에는 양(+)의 관계가 성립하는 것으로 상정하였다. 그러나 일련의 연구들에서는 주가 변동성이 레버리지 효과(leverage effect), 변동성 환류효과(volatility feedback effect) 및 정보의 비효율성(information inefficiency) 이론에 기초해 주가 변동성과 수익률 간에 음(-)의 관계가 성립할 가능성을 제기하였다. 이상의 내용과 관련된 상세한 요약은 이선호·방인성·황진영(2015)을 참고할 수 있다.

역사적 경험을 통해 경제성장이 금융발전을 선행한 사례를 쉽게 찾을 수 있다.[9]

실증연구에서도 금융발전과 경제성장 간의 인과관계에 대한 일치된 결과를 제시하지 못하였다. 예를 들어 박찬일·이우헌(2005)은 미시적 자료를 이용해 대한민국과 중국은 제조업 성장이 금융-보험업 성장을 유도하였지만, 일본은 반대로 금융-보험업 성장이 제조업 성장을 유발한 것으로 파악하였다. 또한 황상인(2009)은 1980년 1분기~2008년 1분기의 우리나라 분기별 자료를 바탕으로 금융위기를 고려할 때 경제성장이 금융발전을 선도하였다고 관측하였다. 그러나 이명훈 외 6인(2007)은 제어인과관계(control causality)의 방법론을 이용해 5개 아시아 국가들을 분석하였는데, 대한민국과 싱가포르에서는 금융발전이 경제성장을 유도하는 일방적인 인과관계가 존재한다고 주장하였다. 따라서 금융발전이 경제성장을 선도하는지 혹은 경제성장이 금융발전을 선도하는지는 추정방법이나 표본선택에 따라 다양한 결과가 존재하며 여전히 논란의 대상이다.

한편 1990년대 중반 이후 금융발전이 경기변동, 즉 성장의 변동성(volatility)과 관련될 수 있다는 연구가 활발히 진행되었다. 일련의 이론연구들은 금융발전이 경기변동을 줄일 수 있다는 논리적 근거를 다음과 같이 제시하였다. 첫째, 금융발전은 저축자와 투자자의 매칭(matching)의 효율성을 증진시키므로 실물경제의 외부충격을 흡수할 수 있다(Aghion et al., 1999). 둘째, 금융중개기관의 적극적 역할 증대는 정보의 비대칭성을 줄이고, 경제주체들이 금융 관련 정보를 효과적으로 활용할 수 있도록 유도함으로써 경기변동을 줄일 수 있다(Greenwald and Stiglitz, 1993).[10] 셋째, 금융심화가 다각화(diversification)를 강화해 다양한 위험이나 주기적 변동 등을 감소시키는 역할을 한다(Acemoglu and Zilibotti, 1997).

Easterly et al.(2001)은 성장 변동성의 결정요인을 분석하는 과정에서 금융발전의 역할을 파악하였다. 즉 그들은 금융발전의 대리변수인 'GDP 대비 민간부문에 대한 신용 비율'이 성장 변동성에 음(-)의 영향을 미친다는 국가 간 실증분석 결과를 발표하였다. Hwang and Lee(2013)는 1967~2010년의 우리나라 자료를 이용

9 경제성장이 금융발전을 선행해 나타난 동북아시아 국가들의 역사적 사례는 박찬일·이우헌(2005)에 요약되어 있다.

10 조지프 유진 스티글리츠(Joseph Eugene Stiglitz, 1943~)는 정보경제학이라는 새로운 영역을 개척한 공로로 2001년 노벨경제학상을 수상하였다.

해 금융발전이 경기변동에 미치는 영향을 추정하였다. 그들은 금융심화 변수들('M1 대비 요구불예금의 비율' 및 'GDP 대비 비금융 민간부문에 대한 신용 비율')이 장기적으로 경기변동의 완화에 기여하였지만, 그 반대의 인과관계는 통계적으로 유의하지 않다고 판정하였다. 따라서 지금까지의 이론적·실증적 연구결과들은 금융발전이 경기변동을 줄이고 경제의 안정화에 긍정적 영향을 미치는 것으로 파악하였다.

보충 내용

경제발전과 인플레이션

대부분 거시경제학 교재에서는 인플레이션의 비용(심지어 폐해)에 대해 언급한다. 그러나 많은 국가들의 경제발전이 인플레이션의 희생으로 이루어진다는 사실은 아이러니하다. 즉 인플레이션은 경제발전을 위해 감내해야 하는 불가피한 선택일 수 있다. 유명한 필립스 곡선(Phillips curve)에 의하면, 인플레이션율과 실업률 간에 적어도 단기에는 상충관계가 존재한다(장기에는 경제학자에 따라 견해가 다를 수 있음). 또한 루이스(William Arthur Lewis, 1915~1991), 슘페터(Joseph Alois Schumpeter, 1883~1950) 등의 경제학자들은 경제발전 과정에서 인플레이션을 통한 자본축적의 필요성을 강조하면서 경제발전을 위해 인플레이션은 필요악이 될 수 있다고 주장하였다.

따라서 인플레이션이 경제발전 과정에서 유용한 수단으로 작용하기 위해서는 인플레이션이 경제안정을 크게 파괴하지 않는 범위에서 한시적으로 발생해야 한다. 비록 경제안정을 파괴하지 않은 인플레이션율을 어떻게 한정할 수 있을지는 어려운 일이지만, 적어도 과격한 인플레이션은 경제발전을 위한 유용한 수단으로 활용할 수 없다는 사실은 분명하다. 또한 경제안정을 해치지 않은 인플레이션을 이용한다고 할지라도, 인플레이션이 장기적으로 지속하면 모든 국민들이 인플레이션을 예상하고 행동하기 때문에 유용한 정책수단이 되지 못한다. 이상의 전제조건이 충족되는 경제개발 초기단계의 국가에서는 인플레이션을 경제발전의 필요악으로 활용할 수 있다.

2. 금융활동과 소득불평등

소득불평등은 금융활동(financial activity)을 제약하고, 금융시장 접근성의 차이는 소득불평등을 심화시킨다. 본 절에서는 소득불평등이 금융시장의 불완전한 상태에서 어떻게 투자를 제약하며, 부유한 사람들의 금융활동이 가난한 사람들에게 도움이 될 수 있음에도 불구하고 소득불평등이 지속되는 이론적 근거를 살펴본다.

2.1 금융시장의 불완전성

소득불평등과 거시적 경제성과 간을 연결하는 전달경로로 가장 폭넓게 연구된 내용은 금융시장의 불완전성(혹은 자본시장의 불완전성, credit market imperfection)과 관련된다. 이때 금융시장의 불완전성은 신용거래에서 나타나는 모든 불완전성을 포괄한다. 즉 금융시장의 불완전성은 정보의 비대칭성과 법률기관(legal institutions)의 한계성도 반영하지만, 본서에서는 이상의 영역과 관련된 내용은 생략한다. 다만 본서에서는 주어진 소득불평등으로 인해 모든 경제인들이 동일한 조건으로 금융기관에 접근할 수 없는 형태의 불완전한 금융시장만을 고려한다.

소득이나 자산이 없거나 적은 사람들은 소득이나 자산이 많은 사람들에 비해 은행 대출과정에서 훨씬 많은 제약조건에 직면한다. 즉 가난한 사람들은 은행 대출을 이용한 투자의 기회를 얻기가 상대적으로 어려울 수 있다. 설령 가난한 사람들이 금융기관으로부터 대출을 받을 수 있다고 할지라도 높은 이자율의 부담을 감수해야 한다. 따라서 금융시장이 불완전한 상태에서는 경제인들이 그들의 소득이나 부의 차이로 인해 상이한 투자 기회를 가질 수 있으며, 이러한 투자 기회의 차이로 인해 소득불평등이 유지되거나 심화되기도 한다.

Galor and Zeira(1993)는 개발초기 부의 불평등이 인적자본 투자를 통해 경제성과에 미치는 영향을 분석하였다. 만약 금융시장의 불완전성과 인적자본 투자에 불가분성(indivisibility)이 존재한다고 가정하면, 가난한 사람들은 인적자본 형성을 위한 투자의 기회를 얻기 어려워진다. 따라서 그들은 장·단기의 구분 없이 개발초기 부의 불평등은 총생산량과 투자를 결정하는 중요한 요인이 된다고 주장하였다. 이러한 결과는 국가 간 부의 불평등이 1인당 생산량수준의 지속적 차이를 설명하는 가능한 이유가 될 수 있음을 시사한다. 그러므로 한 국가의 소득불평등은 금융시장의 불완전성과 결합해 거시적 경제성과를 결정하는 중요한 요인으로 작용한다.

비록 소득이나 부와 관계없이 모든 사람들이 교육투자에 필요한 비용만큼 대출을 받을 수 있다고 가정할지라도, 가난한 사람들은 교육투자에 따른 성공여부의 불확실성으로 인해 상대적으로 큰 위험을 감수해야 한다. 따라서 투자에 따른 위험을 보상하는 보험시장이 없는(혹은 발달하지 않은) 국가의 가난한 사람들은 교육에 대한 투자지출을 기피하기 마련이다. 이는 가난한 사람들을 빈곤함정(poverty trap)에 빠뜨리게 하고, 빈곤은 불완전한 금융시장이 존재하는 한 세대 간 지속할 가능성이 커진다.

교육투자에 따른 불확실성은 상급교육기관에서 크게 나타난다. 왜냐하면 상급교육기관일수록 교육투자 비용이 더 많이 요구될 뿐 아니라 교육투자의 목표를 달성하지 못할 위험이 커지기 때문이다. 따라서 금융시장이 발전하지 못한 개발도상국 혹은 저개발국들은 인적자본을 축적하는 데 한계가 있으며, 이는 향후 경제성장에 큰 걸림돌이 된다.[11] Lee and Roemer(1998)는 이상의 논리를 농업부문에 적용하였다. 즉 그들은 많은 개발도상국들이 경험하는 불완전한 금융시장(예를 들어 자본시장·보험시장 등)의 존재로 인해 농업생산의 위험(불확실성)이 소득불평등을 심화시킬 가능성이 있다고 역설하였다.

한편 Banerjee and Newman(1993)은 경제개발 초기의 국가에서는 금융시장의 불완전성으로 인해 경제인의 직업선택이 소득불평등에 의해 영향을 받게 되며, 이는 경제발전을 결정하는 중요한 요인으로 작용한다고 주장하였다. 그들은 기업가와 노동자 간의 고용계약은 충분한 소득불평등이 존재하는 국가에서만 가능하다고 상정하였다. 왜냐하면 개발초기에는 금융시장의 불완전성으로 인해 아주 부유한 사람들만이 노동자를 고용하는 기업가가 될 수 있기 때문이다. 그렇지 않은 국가에서는 모든 사람들이 최저 생계수준이나 원시적인 자영(self-employment) 상태에 머물러 있게 된다. 소득불평등이 심한 국가에서는 소수의 부유한 사람들만이 기업가가 될 수 있으며, 이는 노동공급에 비해 노동수요가 부족한 노동의 초과공급 상태를 초래한다. 따라서 노동자의 임금수준은 감소하게 되며, 소득분배의 불평등이 심화되는 악순환이 생겨난다.

---

11 Tsiddon(1992)은 아프리카의 많은 국가들이 빈곤함정에 빠진 이유를 이상의 금융시장의 불완전성과 인적자본 축적의 한계를 이용해 설명하였다.

이상의 연구결과를 종합하면, 금융시장의 불완전성과 투자의 불가분성이 존재하는 경제(이는 현실적으로 정도의 차이만 있을 뿐 모든 국가들이 직면하는 문제임)에서는 소득불평등이 투자를 결정하는 중요한 요인이 된다. 이는 현재의 소득불평등이 미래의 소득불평등으로 지속되거나 심화될 수 있음을 의미한다.

그러나 금융시장의 불완전성이 다소 해소되고, 금융시장이 상대적으로 발전한 국가에서는 금융시스템의 혜택을 가난한 사람들도 받을 수 있으므로 소득불평등이 완화되어진다. 이는 금융발전과 소득불평등 간에는 상호 영향을 주고받는 내생성(endogeneity)이 성립하며, 두 변수 간에는 역U자 형태의 관련성이 있음을 의미한다.[12] Nikoloski(2013)는 1962~2006년의 소득수준이 다양한 국가 간 자료를 이용하고, 금융발전과 소득불평등 간의 내생성을 고려한 동적 패널분석 방법론을 적용해 금융발전과 소득불평등 간의 관계가 역U자 형태로 나타난다는 실증분석 결과를 제시하였다. 지금까지의 논의와 같이 금융발전, 경제성장 및 소득불평등은 상호 영향을 주고받으며 개선되지만, 이러한 관계를 공고히 반영하는 이론적 모형에 관한 연구가 완전하게 이루어지지 않았으며 현재에도 여전히 진행 중이다.

2.2 트리클 - 다운 효과와 소득불평등

금융이란 문자 그대로 '자금의 융통'을 의미하며, 금융을 통한 경제활동(즉 금융활동)은 다양한 경로를 통해 경제주체들의 효용을 증진시킨다. 예를 들어 우리는 현재와 미래의 소득과 소비의 불일치를 금융활동을 통해 해결할 수 있으며, 자금조달의 비용을 크게 낮추기도 한다. 특히 금융활동을 통해 가난한 사람들은 부유한 사람들의 저축을 이용해 투자행위를 할 수 있기 때문에 활발한 금융활동은 소득불평등을 완화하는 데 도움이 될 것으로 기대된다.

그러나 Aghion and Bolton(1997)은 부유한 사람들의 금융활동이 가난한 사람들에게 도움이 될 수 있다는, 이른바 '트리클-다운 효과'(trickle-down effect)에서

12 금융발전과 소득불평등 간에 역U자 형태의 관련성이 존재할 수 있음은 Greenwood and Jovanovic (1990)이 언급하였으며, 일부 연구들에서는 이를 '금융 쿠즈네츠 곡선'으로 명명한다.

도[13] 소득불평등이 지속해서 발생하는 모형을 제시하였다. 이하에서는 그들이 제시한 주요 내용, 즉 트리클-다운 효과가 존재하는 금융활동에서도 소득불평등이 지속할 수 있다는 부분만을 단순화해서 살펴본다.

보충 내용

금융시장의 불완전성 → 교육투자 → 경제성과

교육투자는 등록금과 같은 회계비용은 물론 기회비용이 요구될 뿐만 아니라 투자에 따른 위험부담을 안고 있다. 만약 어떤 국가의 개발초기에 다수의 가난한 사람들이 교육투자를 위해 반드시 대출을 받아야 한다면, 금융시장의 불완전성은 교육투자의 결정에 큰 영향을 미치게 된다. 가난한 사람들은 교육을 수요하는 데 따른 비용이 크게 요구되거나 금융시장의 불완전성의 정도가 심할수록 교육투자의 기회에서 소외당할 가능성이 증가한다.

경제성장 이론에 의하면, 교육투자를 통한 인적자본의 축적은 장기적 경제성장을 결정하는 가장 중요한 요인 중 하나이다. 따라서 소득불평등과 금융시장의 불완전성은 개별적으로 뿐 아니라 서로 결합해 교육투자와 인적자본 축적을 결정하는 데 영향을 미치며, 이는 향후 경제성과를 결정하는 중요한 요인으로 작용한다.

또한 금융시장이 불완전한 가운데 소득불평등이 심화할수록 부유한 사람들은 사회적 지위(social status)에 대한 욕구가 늘어나게 되며, 이러한 현상은 경제성과에 부정적 영향을 미치게 된다. 만약 사회적 지위가 교육투자의 정도와 비례한다고 가정하면, 부유한 사람들은 교육투자를 자연히 증가시킨다. 특히 능력은 부족하지만 부유한 사람들이 능력은 있지만 가난한 사람들보다 교육에 더 많이 투자한다면, 경제 전체의 효율성은 떨어지게 된다. 경제학에서는 이 현상을 능력은 부족하지만 부유한 사람들이 능력은 있지만 가난한 사람들을 구축하는, 이른바 '구축효과'(crowding-out effect)라고 부른다.

다시 말해 소득이나 부의 수준과는 관계없이 능력이 큰 사람이 교육에 더욱 많이 투자할 때 경제 전체의 효율성이 증가하게 된다. 오늘날 우리나라 정부에서 시행하고 있는 학자금 대출은 금융시장의 불완전한 가운데 능력은 있지만 가난한 사람들에게 교육투자의 기회를 제공(혹은 확대)하기 위해 만들어진 제도이다.

먼저 높은 수익창출이 가능한 투자계획의 불확실한 수익(r)은 다음과 같은 생산함수로 주어진다고 가정한다. 즉 수익을 창출하기 위한 생산함수는 반드시 1단위 이상의 자본(k)과 노동(l)을 요구한다.

---

13 트리클-다운 효과는 "경제의 선도 부문이 발전할수록 낙후된 부문도 혜택을 받는다는 효과"로 적하(넘쳐 흐르는 물이 바닥을 적신다)효과라고 번역할 수 있다.

$$F(k,l)=\begin{cases} r & prob \quad p \\ o & prob \quad 1-p \end{cases}$$

여기서 $prob$는 확률을 나타내며, 확률 p는 경제인 개개인의 노력수준에 의존한다. 확률 p를 증가시키기 위해서는 비용, 즉 금전상의 비용과 함께 노력에 따른 비효용(disutility)이 요구된다. 노력수준에 따른 비용함수($c(p)$)는 다음과 같이 정의한다. 즉 비용함수는 투자계획의 수익과 비례관계이다.

$$c(p) = \frac{rp^2}{2a}, \qquad a \in (0,1]$$ [14]

경제의 구성원들은 초기 부(w)의 소유의 정도를 제외하고는 동질적인 세 종류의 경제인만이 존재한다고 가정한다. 즉 모든 경제인들에게는 1단위의 노동이 주어지며, 자본형성을 위해 필요한 부를 얼마만큼 소유하느냐에 따라 ① 부유한 계층의 사람, ② 중간 계층의 사람 및 ③ 가난한 계층의 사람으로 구분한다. 부유한 계층의 사람의 부는 1보다 커서 대부자가 된다. 중간 계층의 사람은 1보다 적은 양의 부가 주어져 투자를 위해서는 $(1-w)$만큼 빌려야 한다. 가난한 계층의 사람은 부가 전혀 없기 때문에 주어진 1단위의 노동을 이용해 원시적인 자영(self-employment) 상태에 머문다고 가정한다. 이때 중간 계층의 사람이 투자할 때 최적 투자계약 $R(w)$은 다음과 같이 설정한다.

만약 투자계획이 성공하면: $R(w) = (1-w)\rho(w)$
만약 투자계획이 실패하면: $R(w) = 0$

여기서 $(1-w)$는 투자를 위해 빌린 금액이며 $\rho(w)$는 상환율(repayment rate)을[15] 의미한다. 이상의 계약조건에서 합리적인 경제인은 투자계획의 수익에서 차용자

14 Aghion and Bolton(1997)은 a의 의미를 언급하지 않았지만, 저자는 규모의 효과를 반영하기 위해 상정한 것으로 생각한다. 즉 비용함수는 규모가 증가할수록 단위당 비용이 감소할 수 있는데, 이를 반영하기 위해 a를 사용한 것으로 판단된다. 또한 비용함수가 p의 2차 다항모형(second order polynomial model)으로 설정된 이유는 계산과정의 편의를 도모하기 위해서이다.

15 상환율은 "상환금액을 액면금액으로 나누어 백분율로 표시한 비율"이다.

로서 갚아야 하는 금액과 노력에 따른 비용을 차감해 얻을 수 있는 기대수익을 극대화하는 p(경제인의 노력 수준)를 선택한다.

$$\max_{p} pr - p(1-w)\rho(w) - c(p)$$

우리는 비용함수를 위의 식에 대입해 1차 도함수의 값이 영(0)이 되게 설정함으로써 기대수익을 극대화하는 $p(w) = a\left(1-(1-w)\frac{\rho(w)}{r}\right)$를 구할 수 있다. 한편 초기의 부가 1보다 큰 대부자(즉 부유한 계층의 사람)의 최적 노력을 구하기 위해 다음과 같은 목적함수를 설정할 수 있으며, 위와 같은 방식으로 최적(first-best, fb)의 노력수준을 쉽게 구할 수 있다.

$$p(w) = \max_{p} pr - c(p)$$

$$p(w)^{fb} = a$$

따라서 부유한 계층의 사람이 최적의 효율성 $\left(a > a\left(1-(1-w)\frac{\rho(w)}{r}\right)\right)$을 달성하기 위해서는 차입하지 않아야 한다. 균형에서는 모든 대출이 동일한 기대수익을 창출해야 하므로 다음의 조건이 반드시 성립한다.

$$p(w)\rho(w) = A$$

여기서 A는 상호기금(mutual fund)의 단위당 균형수익률을 나타내는데, 논리의 단순화를 위해 일정금액으로 가정한다. 위의 식과 $p(w) = a\left(1-(1-w)\frac{\rho(w)}{r}\right)$을 결합하면, $\rho(w)$는 다음의 등식을 만족해야 한다.

$$a\rho(w)\left(1-(1-w)\frac{\rho(w)}{r}\right) = A$$

위의 식에 의하면, 차입자가 가난하면 가난할수록 돈을 갚을 확률 $p(w)$가 줄어든다. 즉 $(1-w)$가 증가할수록 $p(w) = a\left(1-(1-w)\frac{\rho(w)}{r}\right)$가 감소하게 되며, 이를 보상하기 위해 갚아야 하는 금액의 비율 $\rho(w)$는 증가한다. 왜냐하면 우리는 A를 일정금액으로 가정하였기 때문에 $p(w)\rho(w) = A$의 등식이 성립하기 위해서는 $p(w)$와 $\rho(w)$의 변화가 반대 방향으로 움직여야 하기 때문이다.

이러한 투자행위의 과정에서 도덕적 해이(moral hazard)가 발생한다. 왜냐하면 차입자는 그들의 노력과 투자에 대한 모든 한계수익을 가질 수 없기 때문에 노력에 과소투자하려는 경향이 생겨난다. 즉 차입자는 투자를 위해 대출받을 필요가 없는 부유한 계층의 사람들에 비해 낮은 수준의 기대수익을 가지게 된다. 그러므로 우리는 부의 트리클-다운 효과가 존재함에도 불구하고, 소득이나 부의 불평등을 장기적으로 제거할 수 없다는 사실을 알 수 있다.

이상의 경제환경에서는 정부의 시장개입이 생산의 효율성을 증진시킬 수 있다. 특히 정부가 부유한 대출자의 부를 가난한 혹은 중간 계층의 차입자에게 재분배할 수 있을 때 경제의 효율성은 증가하게 된다. 왜냐하면 이러한 재분배는 투자기회의 형평성을 증진할 뿐만 아니라 트리클-다운 효과를 가속화시킬 수 있기 때문이다. 그러나 이상의 재분배는 사후적(ex-post)으로 파레토(Pareto) 개선을 위해 바람직한 것이 아니라 생산의 효율성을 증진하기 위한 것임을 밝혀두고자 한다.

3. 금융발전과 민간저축률

제3장에서 소득불평등과 경제성장 간을 연결하는 전달경로로 저축률이 중요한 역할을 한다는 사실을 살펴보았다. 즉 경제발전 초기에는 소득불평등의 심화가 저축률을 증가시켜 투자와 경제성장을 촉진할 수 있다. 총저축은 국민경제를 이루는 가계, 기업 및 정부 부문의 저축을 합한 것으로 국민저축(national saving)으로 불리기도 한다. 이때 가계와 기업 부문의 저축을 합해 민간저축(private saving)이라 하고, 정부저축(government saving)은 정부의 세입에서 세출을 뺀 나머지이다.

소득불평등이 저축률에 양(+)의 영향은 미칠 수 있다는 주장은 민간저축에 국한해 설명할 필요가 있다. 왜냐하면 민간저축은 금융시장의 발전이나 신용의 가용성(credit availability) 등과 밀접하게 관련되기 때문이다. 이미 언급하였지만, 금융억압이 존재하는, 즉 금융발전이 더딘 국가에서는 민간의 예비적 동기를 자극해 오히려 민간저축률이 높게 형성되는 경우도 생겨난다. 또한 정보의 비대칭성

문제로 말미암아 금융기관으로부터 차용할 수 있는(금융기관의 입장에서는 대출할 수 있는) 총액의 한계가 존재하는 차용제약(borrowing constraint) 혹은 유동성 제약(liquidity constraint)이 존재할 때는 신용의 가용성이 줄어들기 마련이다. 이러한 제약조건에서는 현재소비가 현재소득을 초과할 수 없기 때문에 음(-)의 저축이 형성되지 않는다. 따라서 금융시장이 덜 발전하고 차용제약이 큰 국가의 가계에서는 그런 제약이 없는(혹은 약한) 국가의 가계에 비해 더 적게 소비한다.

이상의 관계는 차용제약이 두 기간별 소비(즉 현재소비와 미래소비)에 미치는 영향을 나타낸 [그림 9-1]을 통해 쉽게 파악할 수 있다. 만약 어떤 가계가 *BC* 상의 점에서 현재소비와 미래소비를 결정한다면, 차용제약은 기간별 소비를 변동시키지 않는다. 만약 차용제약이 없으며 *BD* 상의 점에서 두 기간의 소비를 결정한다고 가정하면, 가계는 *A*점을 선택함으로써 *B*점에서 보다 높은 수준의 효용을 달성한다. 그러나 차용제약이 있는 가계는 *B*점을 선택할 수밖에 없다. 왜냐하면 가계의 소비는 차용제약으로 인해 현재소득에 국한되기 때문이다. 따라서 우리는 차용제약이 약한 국가일수록 소비가 늘어나고 저축이 감소할 수 있다는 사실을 알 수 있다.

그림 9-1 차용제약 하의 소비행위

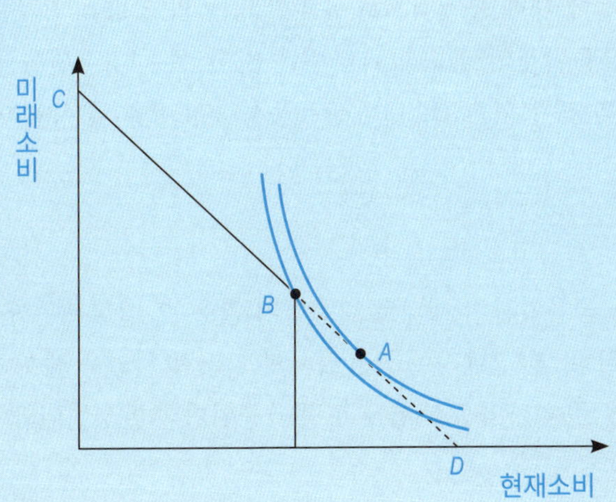

국가 간 자료에서도 금융시장이 발전하거나 차용이 용이한 국가에서 상대적으로 낮은 수준의 저축률을 기록한다. 예를 들어 일본인들의 저축률이 미국인들의 경우에 비해 높은 이유 중 하나로 일본 가계의 신용 가용성(즉 차용의 정도)이 상대적으로 어렵다는 사실이 제시된다. 또한 가계가 차용을 희망하는 가장 큰 이유는 아마도 주택구입을 위해서이다. 미국은 금융시장이 발전해 10% 정도의 계약금만으로 주택을 구입할 수 있지만, 일본은 총금액의 상당 부분을 계약금으로 지불해야 한다. 더욱이 일본의 주택가격은 상당히 높은 수준이기 때문에 일본인들의 민간저축률이 상대적으로 높게 나타난다.

그러므로 소득불평등이 민간저축률에 미치는 직접적 영향의 크기는 금융시장의 발전이나 신용의 가용성 등과 같은 금융발전의 정도에 의해 결정된다. 이미 제3장에서 살펴본 많은 실증연구에서 알 수 있듯이, 소득불평등이 저축률에 미치는 실증적 영향은 논쟁의 여지가 있다. 그러나 많은 실증적 연구결과들은 금융시장의 발전이나 신용의 가용성을 명시적으로 고려하지 않았다는 점에서 한계를 지닌다.

이상의 두 변수 간의 관계를 파악하는 과정에서 금융발전의 정도를 고려한 대표적 연구로는 Smith(2001)를 들 수 있다. 구체적으로 Smith(2001)는 66개 국가(20개 산업화된 국가와 46개 개발도상국)의 통계자료를 이용해 소득불평등이 1970~93년의 민간저축률에 대해 통계적으로 유의한 양(+)의 영향을 미치는 것으로 추정하였다. 이때 금융발전의 정도를 나타내는 변수로는 "경제활동에 대한 정규(formal) 금융부문의 크기"와 "GDP 대비 총유동성(M3) 비율"을 사용하였다.

4. 금융위기

금융시장이나 금융기관이 제대로 작동하지 않을 때 실물부문까지 붕괴되는 금융위기가 발생한다. 본 절에서는 금융위기의 일반적 원인을 제시하고, 1997~98년 우리나라의 금융위기와 2008년 글로벌 금융위기의 발생원인과 대처방안 등을 간단히 서술한다.

4.1 금융위기의 원인

일반적으로 금융위기(financial crisis)는 금융에서 비롯된 경제위기를 일컫는다. 지금까지 밝혀진 금융위기의 대표적 원인은 다음의 세 가지 범주로 크게 분류된다.[16] 첫째, 금융위기는 비유동성 자산(illiquidity assets, 즉 "상당한 가격변동 없이 단기간에 구입 혹은 처분이 어려운 자산")과 뱅크런(bank runs, 즉 "은행에 돈을 맡긴 사람들이 대규모로 예금을 인출하는 현상")으로 인해 발생한다(Chang and Velasco, 2001; Diamond and Dybvig, 1983)[17]. 금융기관이 종종 비유동성 자산을 집중적으로 매입하는 성장 전략을 추진한다. 이는 경제환경이 좋을 때는 수익성을 크게 확보하는 역할을 하지만, 경제환경이 좋지 않을 때는 적극적 자산매각 및 자본확충 등의 위험관리에 실패하게 된다. 이러한 위험관리의 실패는 뱅크런으로 연결되어 금융기관은 물론 실물경제의 위기를 초래한다.

둘째, Obstfeld(1994)가 주장한 금융위기의 원인은 통화팽창과 고정환율제도(fixed exchange rate regime)의 붕괴이다. 경제환경의 악화에 대응하기 위한 정책수단으로 많은 국가들에서는 즉각적인 거시경제 팽창정책을 채택해 총수요를 진작함과 동시에 대미환율의 상승, 즉 자국통화의 평가절하를 통해 경상수지의 흑자를 달성하려 노력한다. 그러나 고정환율제도를 채택한 국가에서는 이상과 같은 정책들을 신축적으로 사용하지 못함으로써 독립적인 외환 및 통화정책을 시행할 수 없는 상황에서 경제위기를 경험하게 된다. 또한 Burnside et al.(2001)과 Flood and Garber(1984)는 막대한 정부부채를 해결하기 위한 방안으로 무분별하게 화폐를 주조(monetization)할 때 생겨나는 고정환율제도의 붕괴를 금융위기의 원인으로 제시하였다.

셋째, 금융위기는 대출과 상환 과정에서 도덕적 해이가 존재하고, 금융기관이 능력이 부족한(상환하지 못할 가능성이 큰) 기업에 '부실대출'(bad loan) 혹은 일정 능력 이상의 '과잉대출'(over loan)이 이루어질 때 발생한다(Corsetti et al., 1998;

16 금융위기의 원인은 Hwang et al.(2007)을 참고하였다.

17 다이아몬드(Douglas W. Diamond, 1953~)와 디빅(Philip H. Dybvig, 1955~)은 은행과 금융위기 연구를 인정받아 2022년 노벨경제학상을 받았다.

Hwang et al., 2007).[18] 예를 들어 금융기관들이 정부의 과도한 보호 아래에서 대출을 행하는 이른바 관치금융이 존재할 때는 금융기관들이 자신들의 수익을 극대화하기 위해 능력이 없거나 생산성이 낮은 기업에게도 대출하게 된다. 이러한 부실대출 혹은 과잉대출은 투자와 생산의 비효율성을 증가시키고, 기업의 금융상태를 악화시켜 도덕적 해이를 증폭시킬 때 금융위기로 이어지게 된다.

이상과 같이 지금까지 밝혀진 금융위기의 원인은 비교적 단순하지만, 1929년 10월 24일 기록적인 주가 대폭락으로 시작된 세계 경제대공황(the great depression) 이후 지구상에는 여러 번의 금융위기가 발생하였다. 예를 들어 1987년 주식시장의 붕괴(black monday), 1992년 유럽 통화체제(exchange rate mechanism) 위기, 1994년 멕시코 페소 위기, 1997년 동아시아 국가들의 금융위기, 2008년 미국의 서브프라임 모기지 사태(subprime mortgage crisis) 등 일련의 금융위기와 경제위기는 특정 국가나 지역에 머무르지 않고 다른 국가와 지역으로 확산되었다. 이하에서는 우리나라 경제에 큰 영향을 미쳤던 두 번의 금융위기를 살펴본다.

4.2 1997~98년 우리나라의 금융위기

1997년 여름부터 동아시아 국가들은 금융·외환위기를 경험하였다. 1997년 7월 태국을 시작으로 8월 인도네시아, 9월 말레이시아, 11월 대한민국의 통화가치가 급격히 하락해 환율이 급등함으로써 외환시장이 마비되고 대규모 자본유출이 발생하였다. 이 당시 대부분 동아시아 신흥국가들은[19] 급격한 경기하락을 경험하였지만, 경제적·사회적 여건에 따라 그 원인은 국가별로 다소 상이하였다. 이하에서는 우리나라가 경험한 금융위기의 원인과 전개과정 등을 살펴본다.

1997~98년 우리나라의 금융위기(혹은 외환위기나 경제위기)의[20] 원인은 시대적

---

18 특히 Krugman(1999)은 1997~98년 동아시아 국가들의 금융위기를 제3세대 금융위기라고 명명하며, 이는 금융시스템의 문제가 핵심이라고 지적하였다. 참고로, 크루그먼(Paul Krugman, 1953~)은 다양한 경제학 분야의 발전에 공헌하였으며, 특히 신무역이론과 경제지리학에 대한 공헌으로 2008년 노벨 경제학상을 수상하였다.

19 당시 대만, 싱가포르, 중국 및 홍콩의 경제는 상대적으로 안정적이었다.

20 우리나라의 위기는 외환의 부족에서 시작해 금융시장의 마비로 진행되었으며, 종국에는 경제시스템 전체가 큰 혼란을 경험하였다. 따라서 우리나라의 위기는 엄밀한 의미에서 "외환위기 → 금융위기 → 경제위기"의 형태로 진행되었다.

상황, 금융기관의 무책임, 정부의 정책실패 등에서 찾을 수 있다. 즉 1990년대 이후 정보통신기술의 발달과 세계적인 금융자유화로 인해 국가 간 자본이동의 규모와 변동성이 크게 증대하였다. 이로 인한 투기자본의 급격한 유입이 외환위기의 단초가 되었으며, 이후 자본시장의 붕괴와 금융위기로 이어져 종국에는 경제위기가 발발하였다.

또한 실물경제의 거품이 사라지면서 금융기관의 부실대출이 증가하였는데, 이는 상당히 많은 부문에 부정적 영향을 미치게 되었다. 즉 부실대출의 증가는 투자자들의 자본시장 이탈, 토지·건물 등 실물자산 가치의 하락 및 주가 하락으로 인한 자본시장의 붕괴를 유발하였다. 또한 부실대출의 증가는 외국인 투자자들의 자본철수로 이어져 외환의 초과수요로 인한 외환시세를 폭등시켰다. 이상의 상황으로 인해 당시 우리나라는 외환시장이 마비되고 금융시스템이 붕괴되었으며, 실물경제가 대혼란에 빠지게 되었다.

이상의 여러 원인들 중에서 대외 환경의 변화는 우리 스스로 통제하기 어렵다. 따라서 우리나라의 경제위기는 금융기관의 도덕적 해이에 따른 무책임과 정부의 정책실패로 위기를 증폭시켰다. 금융위기 이전까지 우리나라 경제는 정부가 주도하는 성장우선 정책으로 발전하였다. 즉 당시까지 우리 경제에는 심각한 수준의 정경유착과 관치금융이 팽배하였으며, 정부는 대기업(재벌)과 금융기관을 자의적으로 보호·통제함으로써 부실대출이 누적되고 대기업의 방만한 문어발식 경영에 의한 과도한 차입과 자원배분의 왜곡으로 '과잉투자'(over-investment)가 만연하였다.

재벌들의 과잉투자는 지속적인 경상수지 적자를 유발해 원화가치 하락의 압력요인이 되었다. 또한 시설투자 자금은 회수가 늦어져 자금비용이 급증하게 되어 재무구조가 극도로 악화됨으로써 차입경영에 의존한 재벌기업들이 연쇄적으로 도산하기 시작하였다. 비록 과잉투자가 자원배분의 왜곡을 초래할지라도, 대외경제 환경이 좋아(혹은 유리하게 작용해) 자본의 한계생산성이 충분히 크게 나타날 때는 큰 문제를 야기하지 않을 수 있다.[21] 그러나 금융위기 발생 때와 같이 대외

21 1970~80년대에는 우리나라 기업들의 자본의 한계생산성이 높았기 때문에 그 당시에는 부실대출이 큰 문제를 야기하지 않았다.

표 9-2 1996년 말 우리나라 30대 재벌의 금융상태

순위	재벌	총자산 (천억)	부채 (천억)	총판매액 (천억)	순이익 (천억)	부채/자산 비율(%)
1	현 대	531.8	433.2	680.1	1.8	439.1
2	삼 성	508.6	370.4	601.1	1.8	268.2
3	L G	370.7	287.7	466.7	3.6	346.5
4	대 우	342.1	263.8	382.5	3.6	337.3
5	선 경	227.3	180.4	266.1	2.9	385.0
6	쌍 용	158.1	127.0	194.5	-1.0	409.0
7	기 아	141.6	118.9	121.0	-1.3	523.6
8	한 진	139.0	117.9	87.0	-1.9	556.9
9	한 화	109.7	97.2	96.9	-1.8	778.2
10	롯 데	77.5	51.0	71.9	0.5	191.2
11	금 호	74.0	61.2	44.4	-0.2	477.9
12	한 라	66.3	63.2	52.9	0.2	2,067.6
13	두 산	64.0	55.9	40.5	-1.1	692.3
14	동 아	63.9	49.1	38.9	0.4	355.0
15	대 림	57.9	45.9	48.3	0.1	380.1
16	한 솔	47.9	37.1	25.5	-0.1	343.2
17	효 성	41.2	32.5	54.8	0.4	373.2
18	진 로	39.4	39.0	14.8	-1.6	8,598.7
19	코오롱	38.0	28.9	41.3	0.2	316.5
20	동국제강	37.0	25.4	30.7	0.9	210.4
21	고 합	36.5	31.2	25.2	0.3	589.5
22	하이타이	34.0	29.5	27.2	0.4	658.3
23	뉴코아	28.0	25.9	18.3	0.2	1,224.0
24	아 남	26.4	21.8	19.8	0.1	478.1
25	한 일	26.3	22.3	13.0	-1.2	563.2
26	삼 미	25.2	25.9	14.9	-2.5	3,245.0
27	신호제지	21.3	17.1	12.2	-0.1	489.5
29	봉 일	20.3	18.3	8.7	-0.9	920.5
29	동국무역	16.2	13.6	10.7	-0.2	587.9
30	한신공영	13.3	11.5	10.6	0.0	648.8

주: 순위는 총자산액에 기초함.
자료: Hwang et al.(2007).

경제 환경이 악화될 때는(즉 자본의 한계생산성이 충분히 낮게 나타날 때는) 부실대출을 받아 과잉투자한 기업은 원금도 상환하지 못하는 부도가 발생한다.

금융위기 직전 우리나라에서 관치금융이 심각하였다는 사실은 [표 9-2]를 통해 쉽게 확인된다. [표 9-2]는 1996년 말 우리나라의 30대 재벌의 금융상태(financial condition)인데, 우리는 14개 재벌의 "(부채/자산) 비율"이 500%를 초과하였다는 사실을 쉽게 파악할 수 있다. 심지어 4개 재벌은 "(부채/자산) 비율"이 1,000%를 훨씬 넘는 수준이었다. 더욱 놀라운 사실은 많은 부채를 안고 있는 재벌의 순이익이 영(0)에 가깝고, 30대 재벌 중 13개 재벌은 음(-)의 순이익을 기록하였다는 점이다. 1999년 말 기준으로 12개 재벌이 이미 파산하였거나 지불불능 상태에 놓여 있었다(Hwang et al., 2007).

우리나라 정부는 금융위기를 극복하기 위해 외환유동성을 확보하려는 정책, 즉 IMF의 자금지원, 단기외채의 만기연장 및 외국환평형기금채권(foreign exchange equalization bond) 발행,[22] 외국투자유입에 대한 주식 및 채권시장 개방 등을 시행하였으며, 소비 억제운동과 함께 수입억제 및 수출촉진 정책을 통해 경상수지 흑자를 유도하였다. 이상의 노력들을 통해 1998년 중반 이후 다소 외환유동성을 확보하게 되어 환율이 안정적인 하락 추세를 보였으며, 금리도 크게 하락하고 신용경색(credit crunch)이[23] 점차 완화되었다. 또한 실물경제는 기업의 구조조정으로 인해 고용 사정이 악화되었으나, 1999년 이후 소비·투자 등 내수가 회복되고 고용이 늘어나면서 점차 금융위기에서 벗어날 수 있었다.

4.3 2008년 글로벌 금융위기

2008년 세계적 규모인 금융위기는 미국의 금융센터인 월스트리트(Wall Street)에서 시작해 전 세계를 강타하였다. 미국발 금융위기는 미국의 주택시장에서 거품(버블, bubble)이 사라지고 주택가격이 급격히 하락하면서 시작되었다. 주택거품이 사라진 가장 큰 이유는 미국 연방정부의 주택정책 변경에 기인한다. 당시 미국

22 외국환평형기금채권은 "환율 안정을 목적으로 조성되는 '외국환평형기금' 조달을 위해 정부가 발행하는 채권"을 일컫는데, 통상 약칭으로 '외평채'로 불린다.

23 신용경색은 "금융시장에 공급된 자금의 절대량이 부족해 기업들이 어려움을 겪는 형상"을 말한다.

정부는 중국을 비롯한 신흥국들로부터 엄청난 규모의 달러가 유입되고 주택가격의 급격한 상승을 우려한 나머지 소득수준이 낮은 사람들에게도 주택을 매입하도록 권장하는 정책을 사용하였다.

또한 미국 정부는 저소득층의 신용등급이 낮은 사람들이 이용하는 서브프라임 모기지(subprime mortgage)의 이자율을 낮추면서 주택매입을 용이하게 만들었다. 서브프라임 모기지는 신용도 하위 27%에 해당하는 저소득층의 주택매입자가 대상이며, 프라임 모기지(prime mortgage, 신용도가 높은 주택매입자에 대한 대출)에 비해 2~4%의 이자율이 추가되는 주택담보대출이다. 따라서 서브프라임 모기지는 위험 발생에 따른 충격이 대출의 특성상 연쇄부실의 문제를 발생시키므로 프라임 모기지의 경우에 비해 훨씬 크게 나타날 수밖에 없었다(황준성·강달원, 2011).

그런데 미국 정부는 캘리포니아·하와이 등의 지역에서 집값이 급등하자 전국적으로 퍼질 것을 두려워한 나머지 이자율을 상승시켰는데, 이 정책이 화근이 되었다. 이자율이 갑자기 상승함에 따라 서브프라임 모기지 은행에 큰 금액을 투자하였던 리먼 브라더스(Lehman Brothers)와 같은 대형 투자은행이 무너지게 되었다. 서브프라임 모기지의 부실사태 이후 발생한 글로벌 금융위기의 전이과정은 주택가격 하락으로 인한 모기지 시장의 부실화 → 모기지 관련 업체 및 보증기관의 부실자산 증가 → 대형은행 파생상품 가격 하락 → 대형은행 및 금융기관 부실 및 파산의 형태로 진행되었다. 또한 대형은행 및 금융기관의 부실화와 파산은 신용경색과 이자율 상승을 초래해 주택가격의 추가적인 하락을 유발하였으며, 이는 다시 더 많은 금융기관의 부실을 유발해 '부동산 가치하락 ↔ 금융자산 가치하락'과 '가계부실 ↔ 금융기관부실'을 반복적으로 초래하는 악순환이 생겨났다.

따라서 미국의 금융위기는 모기지 관련 업체뿐만 아니라, 보증기관, 지방중소은행과 대형은행 및 투자은행의 부실을 유발하였다. 이러한 미국발 금융위기는 전 세계에 급속도로 확산되었다. 미국이 파산위기를 맞으면서 유럽의 은행들이 도산되고 주식시장이 폭락하였다. 또한 유럽과 미국의 경제상황 악화로 인해 아시아 국가들의 수출이 감소하였다. 이는 아시아 국가들에게 수출 원자재를 공급하던 러시아나 중동 등의 국가들도 타격을 입었으며, 아프리카와 중앙 및 남아메리카 국가들이 받던 자국민의 송금이나 외국으로부터의 지원도 감소하게 만들었다. 그러므로 미국발 금융위기는 전 세계로 확산해 세계적인 금융공황의 우려를 초래하였다. 미국은 이후 엄청난 양의 돈을 풀어서(이른바 '양적완화') 어려운 기업들을 도울 뿐만 아니라 파산 위기의 은행들은 국가가 직접 관리하는 등 다양한 노력을 통해 조금씩 금융위기를 극복하였다.

생각해 볼 문제

1. 고전적 이분성(classical dichotomy)에 의하면, 명목변수의 변화는 실질변수에 전혀 영향을 미치지 않으며 생산·고용·투자 등의 경제행위는 화폐금융부문과 무관하게 실물부문 내에서 결정된다. 그런데 1997년 7월 이후 우리나라를 비롯한 몇몇 동아시아 국가들이 경험한 금융위기(financial crisis)는 금융부문에서 시작한 위기가 실물부문으로 이어졌으며, 종국에는 국가경제 전체가 붕괴되는 대혼란을 야기하였다. 그렇다면 고전학파 경제학자들이 제시한 고전적 이분성은 전혀 현실적이지 못한 것인가? 만약 그렇지 않다면, 그 이유는 무엇인가? 여러분은 화폐금융부문과 실물부문이 어느 정도 영향을 주고받는다고 생각하는가?

2. 최근 들어 가계대출 연체율이 상승하고 있는데, 이는 우리 경제의 심각한 고민거리로 대두되고 있다. 이러한 현상이 발생하게 된 (가능한) 원인은 무엇인가? 만약 연체율이 장기화 한다면, 투자나 경제성장과 같은 실물경제에는 어떤 영향을 미칠 수 있는가? 또한 이상의 높은 연체율이 가계의 소득불평등 혹은 소득양극화 수준에는 어떤 영향을 미칠 수 있는지 제시하라.

3. 부유한 사람들에 의한 부의 축적이 금융활동을 통해 가난한 사람들에게 도움이 된다고 알려져 있다. 왜냐하면 증진된 부의 일부가 가난한 사람들에게 흘러갈 수 있기 때문이다(이른바 트리클-다운 효과). 이 점에 대해 구체적인 예를 들어 설명하라. 또한 트리클-다운 효과를 고려한 상황에서는 자본축적이 어떻게 이루어지며 소득불평등이 개선되는지 논의하라.

4. 금융발전과 소득불평등 간의 관계에 관한 다음의 물음에 답하라.
   (1) 금융발전과 소득불평등은 상호 영향을 주고받는 내생성이 성립하는데, 그 논리적 근거를 제시하라.
   (2) 금융발전과 경제성장은 상호 영향을 주고받는 내생성이 성립하는데, 그 논리적 근거를 제시하라.
   (3) 일부 경제학자들은 금융발전과 소득불평등 간에는 역U자 형태의 관련성('금융 쿠즈네츠 곡선')이 성립한다고 주장하는데, 이러한 역U자 형태의 관련성을 설명하라.
   (4) 금융 쿠즈네츠 곡선은 전통적 쿠즈네츠 곡선과 어떻게 관련될 수 있는지 설명하라.

5. 금융위기가 어떻게 외환위기 혹은 경제위기와 관련되는지 설명하라. 일반적으로 논의되는 금융위기의 원인을 제시하고, 이러한 원인들을 역사적 사실과 연관 지어 검토하라. 또한 특정 사례를 들어 금융위기를 극복하기 위해 사용하였던 대응방안이 얼마나 효과적이었는지 논의하라.

chapter

10

1. 세계화의 정의, 특징 및 측정

2. 세계화와 경제발전

3. 세계화와 소득분배

4. 국가의 수와 국가 간 경제통합

10 세계화 진전

1. 세계화의 정의, 특징 및 측정

많은 국가들은 냉전의 종식과 더불어 세계화라는 새로운 국제질서가 등장하면서 큰 변화를 경험하게 되었다. 본 절에서는 세계화의 정의와 경제적 특징을 살펴보고, 최근 발표되고 있는 국가별 세계화지수에 관해 논의한다.

1.1 세계화의 정의

일반적으로 국제화(internationalization)는 "국민국가 간의 교류가 양적으로 증대되는 현상"을 뜻하며, 세계화(globalization)는 "경제·정치·문화 등 사회의 여러 분야에서 국가 간 교류가 증대해 개인과 사회집단이 하나의 세계 안에서 삶을 영위해 가는 과정"을 의미한다. 즉 국제화는 국가 간 국경의 개념을 인정하고 불완전한 형태의 노동과 자본의 국가 간 이동을 전제로 국제무역·국제관계·국제조약 등의 중요성을 강조한다. 그렇지만 세계화는 국가 간 국경의 한계를 넘어 전 세계를 하나의 단위로 삶의 영역을 형성한다. 따라서 세계화는 각국이 시장개방을 가속화하면서 상품뿐 아니라 자본·노동·기술·지식 등이 하나로 통합해 가는 과정이다.

이러한 세계화란 용어는 1897년 기업가에게 기독교 복음을 전파하였던 찰스 테이즈 러셀(Charles Taze Russell, 1852~1916) 목사가 처음으로 기술하였다.[1] 이후 세계화란 용어는 많이 사용되지 않다가 1980년대 중반 이후 광범위하게 사용되기 시작하였다. 2000년대 이후의 세계화는 크게 3개의 영역, 즉 경제적 세계화, 정치적 세계화 및 사회적 세계화로 구성된다. 경제적 세계화는 자본·노동·상품 등의 국가 간 이동에 대한 규제가 완화되어 시장이 개방되는 현상을 의미한다. 또한 각 국가는 초국가적 엘리트(elite) 정치인에 의해 영향을 받는데, 이는 정치적 세계화를 통해 생겨난다. 사회적 세계화는 세계 전체가 사회제도·문화·사회적 관념 등에서 동질성이 강화되고, 국가 간 사회제도의 조정(coordination)이 나타나는 현상을 일컫는다.

1 이 사실은 황준성·강달원(2011)에 기초한다. 찰스 테이즈 러셀은 미국의 종교인이자 재야 성서학자로서 여호와의 증인의 설립자이다(위키백과, http://ko.wikipedia.org/).

여기서 한 가지 유의할 사항은 세계화가 지역화(localization)와 동떨어진 혹은 반대의 개념이 아니라는 사실이다. 지역화는 "지역사회가 지역 문제의 해결에서 중심적 역할을 담당하는 것을 의미"하며, 특정한 국가 내에서만 일어나는 현상이 아니라 국제적 차원에서도 발생한다. 많은 국가들의 정부나 기업은 세계화를 통해 전 세계를 대상으로 경쟁하는 상황에 놓이게 되었다. 따라서 세계 각국은 지역경제를 활성화하고 기업경쟁력을 강화하기 위한 다양한 정책을 펴고 있다. 예를 들어 많은 국가들과 지역들에서는 첨단산업을 유치하기 위해 각종 세제 혜택이나 금융지원을 사용한다. 이처럼 세계화의 흐름 속에서 각 지역은 경제적·정치적·사회적으로 다른 지역과의 차별화를 강조하는 지역화 과정을 경험하고 있다. 우리는 세계화의 추구와 동시에 현지 국가의 기업 풍토를 존중하는 경영방식을 '글로컬라이제이션'(glocalization)이라 부른다. 글로컬라이제이션은 세계화와 지역화를 합친 합성어이다.

1.2 세계화의 경제적 특징

세계화의 특징은 국가 간 자유로운 이동과 무한경쟁·지식기반사회·경제적 자유주의·문화의 보편화 등 다양하게 나타나고 있다. 즉 세계화의 특징은 경제·정치·사회 등 다양한 분야에서 찾을 수 있지만, 이하에서는 세계화 진전으로 인해 생겨난 몇 가지 경제적 특징들만을 살펴보고자 한다.

첫째, 세계화 진전으로 인해 각 국가들은 범지구적인 무역 시스템과 금융 시스템의 통제를 받게 되었다. 세계 각국은 세계무역기구(WTO), 국제통화기금(IMF) 등과 같은 범지구적 경제시스템을 통해 경제활동의 연계성을 높이고 있는 실정이다. 이로 인해 상품시장의 자유화가 가속화되었으며, 전 세계의 교역 규모는 1980년대 이후 급격히 증가하였다. 즉 범지구적인 경제시스템의 통제를 받는 국가들은 자유로운 경쟁과 함께 세계의 경제문제에 대해 공조할 수 있게 되었다. 또한 선진 산업화된 국가들은 저개발국이나 개발도상국들에 원조나 기술이전 등을 통해 지구촌의 일원으로서 역할을 담당하고 있다.

둘째, 세계화 진전으로 인해 기업들은 자국내의 생산방식을 넘어 전 세계로 생산기지를 이동하였으며, 이로 인해 초국적기업(transnational corporation)이 탄생하였다. 초국적기업은 "세계 각지에 자회사·지사·합병회사·공장·광산·판매처 등을 확보하고, 국제적 규모로 생산과 판매활동을 수행하는 기업"을 의미한다.[2] 이러한 초국적기업들은 세계 각국 간의 자유무역을 위해 과감한 규제 철폐를 주장하고 있다. 국제연합(UN) 직속기구인 유엔무역개발회의(UNCTAD)가 발행하는 세계투자보고서(World Investment Report, 2009)에 의하면, 2009년 전 세계적으로 활동하는 초국적기업은 총 8만 2,000여 개이며, 초국적기업의 외국 자회사는 81만개에 이른다. 또한 초국적기업이 세계경제에서 차지하는 비중이 갈수록 커지고 있으며, 전 세계 상품수출의 약 1/3을 담당하고 있다. 따라서 세계화의 두드러진 경제적 특징 중 하나는 초국적기업들에 의한 네트워크의 형성이다.

셋째, 1990년대 발생한 달러부족 현상은 전 세계경제에 충격을 주었는데, 그 대표적 예로는 1992년 영국의 파운드화 위기, 1994년 페소화의 폭락사태, 1997년 동아시아 금융위기 등을 들 수 있다. 이상의 위기를 해결하기 위해 많은 개발도상국들에서는 내부적으로 경제개혁을 단행하고, 외부적으로 자본시장의 부분적인 자유화를 시도하였다. 즉 많은 국가들에서는 외국자본의 직접투자를 받아들이는 정책을 추진하였으며, 1990년대 들어 산업화된 국가와 개발도상국의 외국인 직접투자(Foreign Direct Investment, FDI) 금액이 급격히 상승하였다. 세계투자보고서(2020)는 2018년의 세계 FDI 규모가 1조 4,100억 달러에 달한다고 밝히고 있다.[3] 따라서 세계화 진전 속에 많은 국가들에서는 자본자유화를 통해 경제위기를 타개하려 노력하였으며, 이는 직접투자 규모를 급격히 증가시키는 계기가 되었다.

그러나 세계화 진전은 한 국가 혹은 한 지역의 문제가 전 세계 모든 국가로 전염될 수 있다는 문제점을 유발하였다. 예를 들어 1997년 동아시아 금융위기, 2008년 미국발 글로벌 금융위기, 2010년 남유럽 국가의 재정위기 등은 전 세계 모든 국가의 경제를 침체시켰다. 또한 세계화 진전으로 인해 국가 간 경제활동의 연계

2 한편 다국적기업(multinational corporation)은 "다수의 국가들이 기업의 소유권과 통제력을 비교적 평등하게 보유하고 있는 기업"을 의미한다.

3 2018년의 FDI 규모는 2016년 2조 652억 달러에 비해 상당히 감소하였다. 또한 2020년의 FDI 규모는 859억 달러로 급감하였는데, 이는 COVID-19 대유행으로 기존 투자 프로젝트가 지연되었으며 경기침체에 대한 전망으로 다국적기업들이 새로운 프로젝트를 재평가한 사실에 기인한다(세계투자보고서, 2021).

성이 강화됨으로써 국가별 경제발전 정도나 사회적 환경을 무시한 채 획일적으로 시장개방과 정부규제 철폐 등이 강제되고 있는 실정이다. 이로 인해 오늘날 국가 간 갈등은 물론 사회계층 간 대립이 증대되고 있어 다양한 경제 가치관에 대한 인식이 더욱 중요해지고 있다.

그러므로 국가 간 연계성의 강화는 개별국가나 국제기구가 결정하는 경제정책이나 활동이 다른 국가뿐만 아니라 세계경제에 영향을 미칠 수 있음을 의미한다. 이러한 새로운 세계경제의 변화 속에서 각 국가가 직면한 가장 중요한 현안은 세계경제의 안정적 성장을 지속시키는 일이다. 따라서 지구상의 모든 국가들은 인플레이션·공공부채·국제수지·환율 등에 관해 긴밀한 협조체제를 구축해야만 한다. 왜냐하면 세계화 진전으로 인해 국가 간 경제활동의 연계성이 급격히 확산하면서 개별국가의 정책만으로는 그 정책의 목표달성이 더욱 어렵게 되었기 때문이다.

1.3 세계화의 측정

전통적 연구에서는 세계화 정도를 반영하는 대리변수로 세계화의 경제적 특징을 나타내는 무역개방도·자본통제의 정도·해외직접투자의 양 등을 사용하였다. 그러나 이상의 대리변수들은 경제적 통합(economic integration)은 반영할 수 있지만, 정치적 통합(political integration)과 사회적 통합(social integration)에 따른 가능한 영향을 무시한다는 문제점이 있다. 예를 들어 초국적기업은 정치적 통합이 강화될수록 특정 국가의 규제를 이행하기 더욱 어려워진다.

Dreher(2006)는 24개 항목에 기초해 0(최저 수준의 세계화)에서 100(최고 수준의 세계화) 사이의 국가별 경제적·정치적·사회적 세계화지수를 도출하였다. 이 세계화지수는 경제적·정치적·사회적 세계화를 구성하는 변수들을 주성분분석(principal component analysis)을[4] 통해 자료들을 축약한 이후 가중치를 적용해 도출하였다. 구체적으로 경제적 세계화지수는 경제와 관련된 실질 유량 자료(GDP 대비 무역량

4 주성분분석은 여러 변수들 간에 공통으로 갖는 변동의 공통 원인(common source of variation)을 찾고자 할 때 사용하는 통계 방법론이다. 즉 우리는 주성분분석을 통해 다차원의 통계자료를 각각의 자료에 포함된 정보의 손실을 가능한 작게 하는 1차원 혹은 2차원의 통계자료로 축약할 수 있다.

비율·해외직접투자·포트폴리오 투자·GDP 대비 해외노동자에 대한 소득지급 비율 등)와 규제 자료(수입 장벽·관세·자본계정 규제 등)를 사용해 산정되었다. 정치적 세계화지수는 국내 대사관 수·국제기구 가입여부·국제과세협약 등의 변수들을 사용해 작성되었다. 마지막으로 사회적 세계화지수의 작성과정에서는 개인 접근성(국제관광·전체 인구 대비 외국인 비율·전화통화량 등)과 정보흐름(인터넷 사용자수·TV 보급률 등) 및 문화적 인접성(맥도널드 수·Ikea 수 등) 변수들이 이용되었다.[5]

표 10-1 몇몇 국가들의 세계화지수(2010년; 2019년)

국 가	경제적 세계화지수		정치적 세계화지수		사회적 세계화지수		세계화지수	
	2010	2019	2010	2019	2010	2019	2010	2019
대한민국	57.6	63.6	88.7	90.4	77.9	82.3	74.7	78.8
덴마크	82.3	84.5	93.0	92.1	87.8	86.8	87.7	87.8
말레이시아	73.0	76.1	83.6	84.5	80.1	83.2	78.9	81.3
멕시코	54.0	59.5	76.3	87.6	64.4	67.1	64.9	71.4
미 국	64.8	67.4	92.0	92.5	83.5	86.9	80.1	82.3
방글라데시	33.5	29.1	72.3	73.9	43.2	45.0	49.7	49.3
벨기에	87.3	88.7	96.9	96.6	83.9	85.6	89.4	90.3
브라질	47.1	41.7	88.5	90.1	57.6	62.5	64.4	64.8
이집트	56.3	49.4	91.0	91.5	56.0	63.2	67.8	68.0
인도네시아	52.8	48.9	83.9	87.5	50.4	52.7	62.3	63.0
일 본	57.4	67.6	85.4	87.2	77.0	80.5	73.3	78.5
중 국	46.7	45.6	88.8	90.2	51.2	58.0	62.2	64.6
캐나다	66.9	71.4	91.3	92.1	89.2	89.4	82.4	84.3
호 주	67.6	67.8	87.9	88.6	86.9	88.0	80.7	81.4

주: 세계화지수는 경제적 세계화, 정치적 세계화 및 사회적 세계화의 가중 평균값임.
자료: KOF 스위스 경제연구소(http://globalization.kof.ethz.ch/).

5 다시 말해 경제적, 정치적 및 사회적 세계화지수는 각각 8개, 4개, 11개의 항목에 적절한 가중치(예를 들어 경제적, 정치적 및 사회적 세계화의 가중치는 각각 36%, 26% 및 37%이고, 항목별로도 가중치가 있음)를 부여해 산정되었다. 구체적인 항목 및 가중치에 관한 자세한 내용은 Dreher(2006)를 참고할 수 있다.

Dreher(2006)가 제시한 세계화지수의 측정 방법론에 기초해 KOF 스위스 경제연구소(KOF Swiss Economic Institute, 이후 KOF)는[6] 세계화를 구성하는 변수들을 조금씩 조정하면서 세계화지수의 시계열(연도별) 자료를 제공하고 있다.[7] [표 10-1]은 몇몇 국가들을 대상으로 2010년과 2019년의 세계화지수를 보여준다. 세계화는 저개발 혹은 개발도상국에 비해 산업화된 국가에서 크게 진전되었으며, 대부분 국가들에서 2019년의 세계화가 2010년의 세계화보다 진전된 것으로 나타난다.[8]

또한 우리는 정치적 세계화가 경제적·사회적 세계화보다 대체로 진전되었다는 사실을 알 수 있다. 이는 국제사회를 하나의 연결하는 협약이나 국제기구의 가입이 다른 실질적 경제협력이나 국제교류보다 쉽게 발생하였다는 사실을 의미한다. 우리나라의 세계화지수(즉 경제적·정치적·사회적 세계화지수의 가중 평균값)는 2019년 기준 78.8로써 미국(82.3)·캐나다(84.3)·호주(81.4) 등의 산업화된 국가들의 경우보다는 다소 낮은 수준이며, 일본의 경우(78.5)와 유사하다. 우리나라의 세계화는 정치적 세계화지수 90.4, 사회적 세계화지수 82.3, 경제적 세계화지수 63.6의 순으로 나타난다.

한편 KOF가 제공한 연도별 전 세계국가의 평균 세계화지수를 통해 세계화 진전 추이를 살펴보면 [그림 10-1]과 같다. 즉 [그림 10-1]은 전 세계국가를 대상으로 1970년 이후 세계화 진전의 방향과 형태를 보여준다. 1970~90년은 세계화 진전이 완만히 이루어지다가 1990년대 이후 세계화가 급격히 진행되고 있다. 특히 경제적 세계화와 정치적 세계화가 먼저 진행되었고, 사회적 세계화는 2007~08년 이후 급격히 진전된 것으로 나타난다. 현시점 기준으로 사회적 세계화, 정치적 세계화, 경제적 세계화 순서대로 그 진전의 정도가 형성된다. 또한 2008년 글로벌 금융위기 이후 경제적 세계화 진전은 다소 주춤하고 있다.

---

6 KOF는 독일어 'Konjunkturforschungsstelle'의 두문자어이며, 그 의미는 경기변동연구소(business cycle research institute)이다.

7 즉 세계화지수는 경제적·정치적·사회적 세계화를 구성하는 변수들을 어떻게 구성하느냐에 따라 달라질 수 있다.

8 황진영(2007c)은 세계화지수의 시계열 변동을 살펴보기 위해 OECD 28개 국가를 대상으로 1975~2000년의 5년 단위 세계화지수의 주요 통계치를 검토하였다. 그 결과 1985년 이후 세계화지수의 평균, 중위수 및 극소값이 지속해서 증가하였는데, 이는 동 기간 거의 모든 OECD 국가들에서 세계화가 진전되었음을 의미한다.

그림 10 - 1 전 세계국가의 평균 세계화 추이

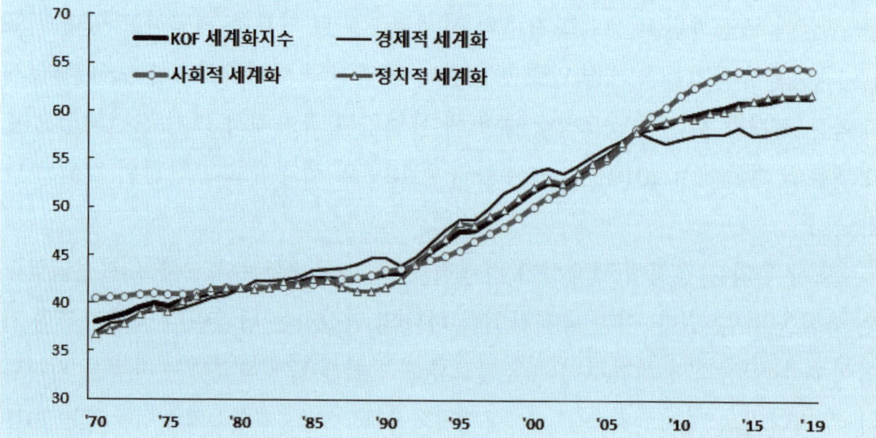

자료: KOF 스위스 경제연구소(http://globalization.kof.ethz.ch/).

2. 세계화와 경제발전

세계화 진전은 경제적 효율성을 증진시켜 경제성장에 기여할 수 있다. 또한 세계 각국은 세계화 진전에 따라 자국의 생존과 번영을 위해 국가경쟁력을 확보하려는 노력을 기울이고 있다. 본 절에서는 세계화와 경제성장 간의 관련성을 검토하고, OECD 국가들을 중심으로 국가경쟁력의 현황을 살펴본다.

2.1 세계화와 경제성장

경제적 세계화는 시장의 범위를 국내에서 세계로 확장하는 데 기여함으로써 기업이 전 세계를 대상으로 활동을 영위할 기회를 제공한다. 이러한 시장규모의 확대는 규모의 경제를 더 높은 수준에서 가능하게 만들며, 대외의존도가 높은 국가들에게는 새로운 시장으로 접근성을 강화시킨다. 특히 국내시장이 협소한 국가에서는 세계화의 긍정적 영향이 더욱 커지며, 실제로 대한민국·싱가포르·인도·중국 등과 같은 대외의존도가 심한 국가들은 세계화가 제공하는 긍정적 효과를 통해 급격한 경제성장을 이룩하였다.

구체적으로 경제적 세계화는 시장경제 내에서 효율적 자원배분을 통해 경제성장에 기여한다. 세계화 진전은 국내경제에서 발생할 수 있는 수요의 부족을 해결함으로써 초과설비 혹은 유휴자원을 효율적으로 사용할 수 있으며, 이는 자원배분의 효율성을 제고시킨다. 또한 시장 내 경제주체들의 자유로운 경쟁은 정부의 인위적 통제로 생겨나는 자원배분의 왜곡 현상을 완화한다. 즉 국내기업들이 세계화 진전으로 인해 세계시장에서 외국기업들과 경쟁하게 되고, 이는 국내기업들의 효율성 제고와 혁신에 기여한다. 국내기업들은 경쟁에서 살아남기 위해 세계적인 연구 기반을 구축하려 노력할 뿐만 아니라 기술개발에 투자를 증가시키려는 노력 등의 기술혁신을 추구한다. 이러한 기술혁신은 해당 국가의 경제성장에 국한되는 것이 아니라 전 세계로 파급되는 확산효과(spillover effect)를 갖기 때문에 전 세계의 경제성장에 긍정적 영향을 미친다.

정치적 세계화 진전은 국가가 주도적으로 정책을 결정하는 종래의 방식에서 벗어나 정책결정이 시장논리에 의해 이루어지는 민주주의 발전에 기여하였다. 즉 세계화 진전은 기업들의 생산과정에서 발생하는 지역 문제를 지역 내 주민들이 스스로 해결하는 의사결정권을 행사함으로써 분권적 민주주의 토대를 마련하였다. 또한 세계화로 인해 정보의 흐름이 빨라지고 국가나 기업이 정보를 독점하는 현상이 줄어들면서 대중의 정보 접근성이 크게 향상되었다. 따라서 세계화는 완전 민주주의(full democracy)라는 관점에서 민주주의 발전에 긍정적 영향을 미쳤으며, 자율적이고 민주적 의사결정 과정을 유도하고 전파하는 역할을 담당하였다. 민주주의 발전은 삶의 질을 향상시키고 경제발전을 위해 반드시 요구되므로 정치적 세계화는 경제발전의 전제조건이 될 수 있다.

한편 사회적 세계화의 흐름에 따라 국가 간 사회적·문화적 교류가 증진되고, 지방 도시들 간의 국제적 교류도 활발히 진행되었다. 즉 사회적 세계화 진전은 다양한 정보의 확산과 함께 지식의 보편성을 유도하였으며, 과학·통신·교통 등의 발전을 가속화시키고 있다. 따라서 사회적 세계화는 경제적·정치적 세계화와 밀접하게 관련되면서 상호 보완적으로 경제발전에 기여한다.

마지막으로 세계화 진전은 소비자의 후생을 증대시킨다. 세계화로 인해 국가 간 교역 물품이나 교역량의 증가는 각국의 상품가격 안정화에 도움을 준다. 또한 정치적·사회적 세계화를 통해 소비자들은 다양한 사회문화적 전통을 흡수할 수 있게 됨에 따라 삶의 질이 크게 개선되었다. 따라서 세계화 진전은 재화와 서비스는 물론 다양한 유형·무형의 유산을 선택할 기회를 제공하기 때문에 사회적 후생수준을 증대시켜 경제발전에 긍정적 영향을 미친다.

이미 언급한 Dreher(2006)는 [표 10-1]에 제시된 KOF 세계화지수를 이용해 세계화가 경제성장에 미치는 영향을 실증적으로 분석하였다. 구체적으로 Dreher(2006)는 1970~2000년의 123개 국가 간 자료를 이용해 전체 세계화지수는 물론이거니와 개별적 경제적·정치적·사회적 세계화지수가 경제성장을 촉진한 것으로 추정하였다. [표 10-2]는 가용한 185개 국가 간 자료를 이용해 2019년의 세계화지수와 소득수준(세계은행이 제공한 실질 1인당 GDP) 간의 상관관계를 나타낸다.

표 10-2 세계화지수와 소득수준 간의 상관계수

	세계화지수	경제적 세계화지수	정치적 세계화지수	사회적 세계화지수
실질 1인당 GDP (US$, 2015년)	0.54	0.61	0.13	0.68
구매력으로 추정한 실질 1인당 GDP (US$, 2017년)	0.63	0.70	0.18	0.75

주: 세계화지수는 경제적 세계화지수, 정치적 세계화지수 및 사회적 세계화지수의 가중 평균값임.
자료: 일련의 세계화지수는 KOF 스위스 경제연구소(http://globalization.kof.ethz.ch/); 1인당 GDP는 세계은행(http://www.worldbank.org/).

세계화지수는 소득수준과 밀접하게 관련되며, 특히 경제적·사회적 세계화와 소득수준 간의 양(+)의 밀접도가 크게 관측된다(상관계수=0.61~0.75). 그러나 정치적 세계화와 소득수준 간의 상관관계는 상대적으로 낮게 나타나는데(상관계수=0.13 혹은 0.18), 이는 정치적 세계화가 소득수준과 함께 지리적 위치, 문화적 전통, 국가의 크기 등과 밀접하게 관련될 수 있음을 시사한다.[9] 따라서 지금까지의 이론적·실증적 연구들에서는 세계화 진전이 경제발전에 기여한다고 밝히고 있다.

9 이러한 결과는 [표 10-1]에서와 같이 많은 국가들이 정치적 세계화를 이미 달성하였기 때문에 정치적 세계화지수의 국가 간 분포가 크지 않을 수 있다는 사실에도 기인한다.

2.2 OECD 국가의 국가경쟁력 현황

국가경쟁력의 개념은 측정하는 기관이나 연구자들에 의해 다양한 형태로 정의되고 있다. 예를 들어 Poter(1990)는 국가경쟁력을 "국가산업의 혁신과 질적 향상을 위한 능력"으로 정의하였다. Tyson(1992)은 국가경쟁력의 정의를 "국제 경쟁기준에 부합하는 재화와 서비스를 생산하면서 동시에 국민들의 삶의 질을 향상시키고 이를 유지할 수 있도록 하는 국가의 능력"이라고 밝혔다. 또한 OECD(1992)는 국가경쟁력을 "개방시장 경제에서 국내 실질소득을 유지·증가시키면서 동시에 국제 경쟁의 도전요구에 부합하는 재화와 서비스를 생산할 수 있는 국가의 능력"으로 명시하였다.[10] 이처럼 국가경쟁력은 다양한 형태로 정의되지만, 그 중심 내용은 국민의 삶을 개선하는 국가의 능력과 관련된다고 요약할 수 있다.

따라서 국가경쟁력은 경제발전의 결과일 뿐만 아니라 다양한 경로를 통해 경제성장을 유도하는 원인의 역할도 한다. 예를 들어 Thurow(1994)는 특정 국가가 생산성과 소득수준을 향상하기 위해서는 국제무대에서 국가 간 경쟁이 불가피하므로 국가경쟁력을 반드시 높여야 한다고 주장하였다.

국가경쟁력을 측정하는 국제기구로는 세계경제포럼(World Economic Forum, WEF)과 국제경영개발원(International Institute for Management Development, IMD)을 들 수 있다. WEF는 국가경쟁력을 "지속적 경제성장과 장기적 번영을 가능하게 하는 정책, 제도 및 제반 요소"라고 정의한다. 또한 IMD는 국가경쟁력의 정의를 "기업의 경쟁력을 지속시킬 수 있는 제반 여건들을 창출하고 유지할 수 있는 국가의 능력"으로 밝히고 있다.

스위스 제네바에 소재한 WEF는 클라우스 슈바브(Klaus Schwab. 1938~)의 주창으로 1979년에 국가경쟁력 보고서(Competitiveness Report) 발행을 시작하였으며, IMD와 공동으로 세계경쟁력 보고서(World Competitiveness Report)를 1989년부터 1995년까지 발간하였다. 그러나 1996년 이후에는 국가경쟁력에 대한 개념과 방법론에 대한 이견으로 WEF는 글로벌경쟁력 보고서(Global Competitiveness

10 국가경쟁력의 다양한 정의는 임응순·강동관·황진영(2014)에 기초한다.

Report)를 발간하고, IMD에서는 세계경쟁력 연감(World Competitiveness Yearbook)을 발표하고 있다(정진호, 2000).

WEF가 초기에는 국가경쟁력 지수를 경쟁력 지수(Competitiveness Index)라는 이름으로 단일 종합순위를 발표하다가, 1998년 이후부터는 미시경쟁력 지수(Micro Industrial Competitiveness Index)와 경쟁력 지수로 구분해 발표하였다. 2000년 이후에는 성장경쟁력 지수(Growth Competitiveness Index)와 경상경쟁력 지수(Current Competitiveness Index)로 구분해 제공하였다.[11] 이후 2003년에는 경상경쟁력 지수를 기업경쟁력 지수(Business Competitiveness Index)로 바꾸어 측정하였다. 2006년부터는 기존의 성장경쟁력 지수를 세계경쟁력 지수(Global Competitiveness Index)로 개편해 국가경쟁력을 평가하고 있다.[12]

표 10-3 WEF 국가경쟁력 지수의 구성요소와 지표

구 분	구성요소	지 표
국가경쟁력 지수	기본환경	제 도
		인프라
		ICT 보급
		거시경제 안정성
	인적자본	보 건
		기 술
	시 장	생산물시장
		노동시장
		금융시스템
		시장규모
	혁신 생태계	기업 역동성
		혁신역량

출처: WEF, *Global Competitiveness Report*(2019).

11 다시 말해 기존의 경쟁력 지수와 미시경쟁력 지수는 각각 성장경쟁력 지수와 경상경쟁력 지수로 개편되었다.

12 이는 세계경제포럼(WEF)의 웹사이트(hhtp://www.weforum.org)에 기초한다.

WEF는 2018년부터 설문항목은 축소하고 통계항목을 확대하는 등 대폭 개편함에 따라 2017년까지 소급해 새로운 지수로 순위를 산정하였기 때문에 2017년 이후부터 시계열 비교가 가능하다. 2019년의 평가항목은 4대 분야(구성요소), 12개 부문(지표), 103개 항목(통계 56개, 설문 47개)으로 구성된다. 국가경쟁력 지수의 구성요소(지표)는 ① 기본환경(제도·인프라·ICT 보급·거시경제 안정성), ② 인적자본(보건·기술), ③ 시장(생산물시장·노동시장·금융시스템·시장규모) 및 ④ 혁신 생태계(기업 역동성·혁신역량)이며, 이는 [표 10-3]과 같다.

표 10-4 IMD 국가경쟁력 지수의 구성

구 분	하위지수	세부평가 항목
국가경쟁력 지수	경제성과	국내경제
		국제무역
		국제투자
		고 용
		물 가
	정부효율성	재 정
		조세정책
		제도여건
		기업여건
		사회여건
	기업효율성	생산성
		노동시장
		금융시장
		경영활동
		행태가치
	인프라	기본인프라
		기술인프라
		과학인프라
		보건환경
		교 육

출처: IMD, *World Competitiveness Yearbook*(2021).

IMD에서는 매년 6월 전 세계 64개 국가의 경쟁력을 평가해 발표하고 있다. IMD에서 발표하는 경쟁력 지수는 국가경쟁력을 경제성과·정부효율성·기업효율성·인프라의 4개 하위지수로 구분되고, 각 하위지수는 5개의 세부평가 항목으로 구성된다. 세부평가 항목은 5개 부문으로 분류해 총 20개 부문에 대한 335개 항목을 이용해 평가되고 있다.[13] IMD 국가경쟁력의 하위지수와 세부평가 항목은 [표 10-4]에 요약되어 있다.

IMD에서 발표한 2000~21년의 5단위 OECD 국가별 국가경쟁력 순위는 [표 10-5]에 나타나 있다. 2021년 기준 OECD 국가들 중에서 국가경쟁력이 가장 높은 국가는 스위스이며(64개 조사대상국 중 1위), 가장 낮은 국가는 콜롬비아(64개 조사대상국 중 56위)이다. 스위스·스웨덴·덴마크 등의 국가에서는 시계열적으로 국가경쟁력 순위가 대체로 상승하지만, 미국·캐나다 등의 국가에서는 그 순위가 대체로 하락하였다. 이처럼 국가경쟁력 순위가 상승 혹은 하락하는 이유는 세부평가 항목들의 자료를 통해 쉽게 확인할 수 있다.[14] 우리나라의 국가경쟁력 순위는 2021년 기준 23위이며, 2000년(29위) 이후 아주 점진적으로 상승하고 있다.

표 10-5 OECD 국가들의 IMD 국가경쟁력 순위

국가명	2000	2005	2010	2015	2020	2021
스위스	7	8	4	4	3	1
스웨덴	14	14	6	9	6	2
덴마크	12	7	13	8	2	3
네덜란드	4	13	12	15	4	4
노르웨이	16	15	9	7	7	6
미 국	1	1	3	1	10	10
핀란드	6	6	19	20	13	11
룩셈부르크	3	10	11	6	15	12

13 IMD 국가경쟁력 지수의 평가항목 수는 연도별로 다소 상이하다. 2021년에는 335개 항목을 이용해 평가하였는데, 이는 통계자료 163개(2020년 기준), 설문조사 92개(2021년 2월~4월 조사) 및 보조지표 80개로 구성된다(IMD, *World Competitiveness Yearbook*(2021)을 참고함).

14 여기서는 세부평가 항목들에 관한 논의를 생략한다. 왜냐하면 그 내용이 상당히 많을 뿐만 아니라 본 절에서는 국가별 국가경쟁력의 순위를 살펴보는 것을 목적으로 하기 때문이다.

아일랜드	5	12	21	16	12	13
캐나다	8	5	7	5	8	14
독 일	13	21	16	10	17	15
영 국	15	20	22	19	19	18
오스트리아	18	17	14	26	16	19
뉴질랜드	20	16	20	17	22	20
아이슬란드	10	4	30	24	21	21
오스트레일리아	11	9	5	18	18	22
대한민국	29	27	23	25	23	23
벨기에	19	22	25	23	25	24
에스토니아	–	24	34	31	28	26
이스라엘	23	23	17	21	26	27
프랑스	22	28	24	32	32	29
리투아니아	–	–	43	28	31	30
일 본	21	19	27	27	34	31
체 코	37	30	29	29	33	34
포르투갈	28	36	37	36	37	36
라트비아	–	–	–	43	41	38
스페인	25	32	36	37	36	39
슬로베니아	36	43	52	49	35	40
이탈리아	32	44	40	38	44	41
헝가리	27	31	42	48	47	42
칠 레	30	18	28	35	38	44
그리스	34	41	46	50	49	46
폴란드	40	48	32	33	39	47
슬로바키아	–	34	49	46	57	50
튀르키예	44	39	48	40	46	51
멕시코	33	47	47	39	53	55
콜롬비아	45	38	45	51	54	56

주: ① OECD 회원국들 중 코스타리카는 조사대상에서 제외됨. ② 국가의 순서는 2021년 기준 국가경쟁력 순위에 따라 나타냄.

자료: IMD, *World Competitiveness Yearbook*(각 연도).

보충 내용

세계화 진전과 고급인력 국제이동

세계경제가 글로벌화 되면서 국가 간 노동자의 이주는 보편적인 현상이 되고 있다. 즉 세계화의 특징 중 하나는 개발도상국의 노동자가 산업화된 국가로 이주하는 현상이다. 특히 고급인력의 국제이동은 특정 지역이나 소득수준과 관계없이 대부분 국가들이 경험하고 있다. 이처럼 고급인력의 국제이동은 인력이 떠난 국가(이후 서술의 편의를 위해 '본국'으로 표기함)는 물론이거니와 이주하는 국가의 경제성과에도 큰 영향을 미치게 된다. 고급인력의 이주가 본국과 이주 국가의 경제성과에 미치는 영향은 이른바 '두뇌유출'(brain drain)과 '두뇌유입'(brain gain)으로 크게 나뉜다.

우선 1960~70년대 전통적 이론은 고급인력의 이주가 본국의 경제에 음(-)의 영향을 미친다는 두뇌유출(brain drain)로 요약된다(Bhagwati and Hamada, 1974; Grubel and Scott, 1966). 즉 전통적 이론은 두뇌유출이 가능한 이유로 ① 경제에 대한 이주자의 공헌이 그들의 한계생산성보다 클 수 있으며, ② 고급인력에 대한 교육이 부분적으로 세금에 의해 지원되었다는 사실 등을 제시하였다.

그러나 Beine et al.(2001), Stark et al.(1997) 등은 고급인력의 이주가 내생적 성장의 구조에서는 본국의 경제성과에 양(+)의 영향을 미칠 수 있다고 주장하였다(이른바 두뇌유입). 내생적 성장이론은 고급인력의 이주가 인적자본의 축적을 증가시키고, 여러 형태의 피드백 효과(feedback effect)를 유발한다고 제시한다. 피드백 효과의 예로는 외국으로 나간 고급인력의 송금(Cinar and Docquier, 2004), 이주한 고급인력이 다시 본국으로 돌아올 때 외국에서 획득한 기술이나 지식의 전파(Stark et al., 1997), 새로운 투자나 무역의 관계(network) 창출(Rauch and Trinidade, 2002) 등을 들 수 있다. 교육투자에 대한 수익이 외국에서 크게 생겨날 때는 이주의 가능성이 본국 인적자본의 기대수익을 증가시킨다. 이러한 상황에서는 더욱 많은 사람들이 교육을 수요하려 하므로 취학률이 상승하게 된다. 따라서 교육투자의 증가는 성장과 같은 경제성과에 양(+)의 영향을 미친다.

Docquier and Rapoport(2008)는 1990~2000년 동안 비숙련 노동자에 비해 숙련 노동자(고급인력)의 이주가 큰 폭으로 증가하였다는 자료를 제시하였다. 즉 동기간 동안 비숙련 노동자의 이주는 약 1,880만 명에서 2,150만 명으로 증가한 반면, 숙련 노동자(고급인력)의 이주는 약 1,240만 명에서 2,040만 명으로 증가하였다. 이때 한 국가의 고급인력의 자료는 OECD가 제공하는 OECD 국가들의 이주 데이터베이스(Database on Immigrants in OECD Countries)의 고급인력 이주비율, 즉 "고등교육 이상을 이수한 전체 근로 노동인구(working-aged residents) 대비 OECD 국가로 이주한 사람(이주자) 비율(%)"이 사용되었다.

한편 황진영·정군오·허식(2007)은 11개 동아시아 국가들의 고학력 노동자가 외국으로 이주할 때 생겨나는 후생손실을 GDP에서 차지하는 비율(즉 이주손실, emigration loss)로 추정하였다. 1990년 혹은 2000년을 기준으로 대체로 이주손실이 큰 국가는 베트남·싱가포르·홍콩으로 GDP의 2~4% 정도로 추정되었으며, 인도네시아·일본·중국·태국의 이주손실은 GDP의 0.1~0.4% 정도로 비교적 낮은 수준이었다. 그들은 우리나라의 이주손실이 가정조건에 따라 다소 차이는 있지만, 2000년 기준 GDP의 0.456~0.773%로 추정하였다.

3. 세계화와 소득분배

세계화 진전은 특정 국가의 소득분배와 국가 간 소득분배에 영향을 미치는 것으로 알려져 있다. 먼저 세계화가 국내의 구성원 간 소득분배를 악화시킬 수 있다는 이론적 근거는 무역의 증대가 소득분배를 악화시킬 수 있다는 사실로부터 확인할 수 있다.[15] 또한 세계화 진전은 국내기업들 간의 경쟁을 국내기업은 물론 전 세계 다른 국가 기업들과의 경쟁으로 확대시킨다. 이러한 경쟁의 심화는 실업의 증가와 구성원 간의 빈부격차를 확대시키며, 대기업과 중소기업 및 정규직과 비정규직 간의 양극화를 심화시킨다.

또한 일련의 연구들에서는 각국의 현재 소득수준에 따라 세계화가 소득분배에 미치는 효과가 다르게 나타날 수 있다고 판단하였다(Lundberg and Squire, 2003; Milanovic, 2002). 예를 들어 Milanovic(2002)은 전 세계의 가구를 대상으로 작성한 가구소득조사 자료를 이용한 분석결과를 제시하였다. 즉 Milanovic(2002)은 "GDP 대비 무역량 비율" 혹은 "GDP 대비 해외직접투자 비율"이 높아질수록(즉 세계화가 진전될수록) 가난한 국가에서는 빈곤층의 소득이 상대적으로 낮아졌지만, 중진국 이상의 국가들에서는 빈곤층과 중산층의 소득이 상대적으로 상승한 사실을 발견하였다.

따라서 세계화 진전과 소득분배 간의 관련성은 각 국가의 경제적 여건에 따라 다르게 생겨날 수 있으며, 모든 국가들에 일률적으로 적용할 수 있는 이론적 근거를 찾기란 불가능한 일이다. 예를 들어 우리는 세계화 진전과 복지지출 간의 관

15 이러한 내용은 제5장에서 상세히 검토하였다.

련성을 살펴봄으로써 세계화가 복지지출을 통해 소득분배에 미치는 영향이 국가에 따라 다를 수 있음을 파악할 수 있다. 즉 소득을 기준으로 측정한 소득분배의 불평등이 악화할 때 복지지출의 변동은 국가마다 다르게 나타나므로 소득불평등의 개선이 달라질 수 있다.

세계화 진전과 복지지출 간의 논쟁에는 상반된 이론이 존재한다. 먼저 세계화 진전이 복지지출을 증가시킬 수 있다는 이론적 근거는 다음과 같다. 이미 언급한 바와 같이, 세계화 진전은 국가 간 경제적 통합은 물론 경제사회정책에 새로운 변화를 초래하였다. 즉 많은 선진 복지국가들은 세계화에 따른 실업의 증가나 빈부격차의 심화를 완화하기 위한 다양한 복지제도를 확립하였을 뿐만 아니라 고용을 증가시키기 위해 노동시장에 적극적으로 개입하고 있다. 따라서 세계화 진전은 사회보장에 대한 정부의 적극적 역할을 증대시켜 더 많은 재정확충을 요구하고 있다(Rieger and Leibfried, 2003; Rodrik, 1998).

이상의 논리와는 반대로, 세계화 진전이 복지지출을 감소시킬 수 있다는 주장이 존재한다. 국제교역의 증가는 기업들이 경쟁력을 확보하기 위해 임금비용과 수출가격을 낮추어야 하며, 이는 조세삭감과 함께 복지지출의 감소를 요구하는 압력의 증대를 유발한다(Schulze and Ursprung, 1999). 또한 국가 간 급격한 자본의 이동은 '사회적 덤핑'(social dumping)에 대한 필요성을 강화시킨다. 따라서 세계화 진전은 기존의 복지국가들이 '최소복지국가'(minimalist welfare state)로 전환하는 '바닥으로의 질주'(race to the bottom)가 생겨나게 하므로 복지지출이 줄어들게 만든다(Castles, 2004).

이상과 같이 세계화 진전이 복지지출에 미치는 영향에 관한 이론적 연구결과는 다소 논쟁의 여지가 있다. 실증 연구결과들을 살펴보면, Hicks and Swank(1992)은 세계화가 사회보장지출에 통계적으로 유의한 양(+)의 영향을 미치는 것으로 추정한 반면, Garrett and Mitchell(2001)은 국제적 무역 및 금융개방이 정부지출 감소와 관련될 수 있다고 주장하였다. 또한 황진영(2007c)은 OECD 국가로 구성된 표본을 사용해 세계화지수와[16] 사회보장지출 간에는 통계적으로 유의한 양(+)의

16 이는 앞 절에서 설명한 Dreher(2006)가 제공한 연도별 세계화지수이다.

관계가 존재하는 것으로 추정하였다. 따라서 세계화와 복지지출 간의 관계는 이론적·실증적 관점에서 불명확하며, 이는 세계화와 소득불평등 간의 관련성도 불명확할 수 있음을 의미한다.[17]

그렇다면 세계화가 국가 간 소득분배에는 어떤 영향을 미쳤을까? 국가 간 소득격차 차이의 변동을 측정하는 전통적 방법론은 β-수렴(β-convergence)과 σ-수렴(σ-convergence)이다. 구체적으로 β-수렴은 "가난한 국가가 부유한 국가보다 빨리 성장해 가난한 국가의 1인당 소득수준이 부유한 국가의 1인당 소득수준에 수렴하는지 여부"로 판단한다(이른바 따라잡기, catch-up). σ-수렴은 "국가 간 혹은 지역 간 1인당 소득 혹은 생산량의 분산(혹은 표준편차)을 이용해 흩어짐의 정도를 측정해 수렴여부"를 파악한다.[18] 많은 연구결과들은 통계적으로 유의한 β-수렴현상이 항상 성립하는 것은 아니라고 제시하였다(Barro and Sala-i-Martin, 2003). 또한 일부 연구에서는 σ-수렴이 아닌 이산(divergence)현상이 나타난다고 관측하였다(Pritchett, 1997).

따라서 국가 간 소득격차의 수렴 혹은 이산은 어떤 국가들로 구성된 표본을 사용하느냐에 따라 상이한 연구결과가 나타났다. 최근의 연구로는 Chowdhary et al. (2011)이 세계화가 본격적으로 진행된 1990~2008년의 아세안(ASEAN) 국가 간 자료를 이용해 분석하였다. 그들은 소득수준이 아주 낮은 국가들, 즉 라오스, 베트남, 캄보디아 등은 상대적으로 소득수준이 높은 국가들과 격차가 줄어들어 지역 내에서 소득수준의 수렴현상을 발견하였다. 그러나 Tejero and Hwang(2019)은 분석기간과 대상 국가를 각각 1975~2015년과 ASEAN+3로[19] 확장한 결과, 수렴현상은 대체로 성립하지 않는다고 추정하였다. 그들은 세계화 진전이 아세안 저개발 국가들의 소득상승에는 크게 기여하지 못하였으며, 그 가능한 이유로는 아세안 국가들의 낮은 무역개방도, 만연한 비공식 경제(informal economy), 빈약한

17 바꾸어 말하면, 이상의 결과는 세계화와 소득불평등 간의 관계가 각 국가의 경제적 여건에 따라 다를 수 있음을 시사한다.

18 일반적으로 β-수렴이 σ-수렴을 창출하는 경향이 있지만, 종종 새로운 교란(disturbance)에 의해 이상의 과정이 상쇄되고 오히려 흩어짐이 증가하는 경우가 나타나기도 한다. 따라서 국가 간 경제수준의 수렴 여부를 파악하는 연구에서는 이상의 두 개념을 분리해 사용한다(Barro and Sala-i-Martin, 2003).

19 ASEAN+3은 아세안(ASEAN) 국가에 대한민국, 일본 및 중국을 포함한다.

거버넌스(poor governance) 등을 지적하였다.

국가 간 소득분배의 불평등을 파악한 대표적 연구결과인 Sala-i-Martin(2006)은 세계화가 본격화된 1990년 이후 세계의 소득분배가 크게 변동하지 않았다고 역설하였다.[20] 그러나 일부 경제학자들은 Sala-i-Martin(2006)이 선정한 표본은 상당히 자의적이며, 소득과 지출 자료를 혼재해 사용하였다는 문제점을 지적하였다. 더욱 심각한 문제점은 각국의 매우 적은 수의 자료를 가지고 전 세계의 소득분배 상황을 판단한 데 있으며, 이는 결코 올바른 접근방법이 아니라는 비판을 받고 있다. 제2장에서 살펴본, Chancel et al.(2021)은 2000년 이후 세계의 소득지니계수는 큰 변동이 없었지만 소폭 하락하는 것으로 제시하였다. 이상의 연구결과들을 종합하면, 세계화 진전이 국가 간 소득분배의 불평등에는 유의한(뚜렷한) 영향을 미치지 않은 것으로 관측된다.

한편 Bourguignon and Morrison(2002)은 1820~1990년의 '세계 시민 간의 소득분배'를 추정하기 위해 노력하였는데, 각국의 경제성장의 격차 확대로 인해 19세기 초반 이후 세계의 소득불평등은 심화되었다고 주장하였다. 구체적으로 전 세계국가를 대상으로 1820년의 소득지니계수는 약 0.50이었으며, 상위 10%의 소득합계는 하위 20%의 소득합계의 약 9.1배이었다. 이후 소득격차는 계속 심화해 1950년의 소득지니계수는 지구상 어떤 개별국가의 경우보다 높은 0.64에 이르렀다. 그래도 1950년대 이후 소득분배가 악화되는 경향이 이전에 비해 나아져 1992년의 소득지니계수가 0.657이라고 밝혔는데. 이는 Sala-i-Martin(2006)의 국가 간 소득지니계수와 대단히 유사하다.

4. 국가의 수와 국가 간 경제통합

세계화가 급격히 진행되기 시작한 1990년대 이후 지구상에는 새로운 국제질서가 형성되었다. 즉 많은 국가들이 정치적 독립 혹은 경제적 통합을 적극적으로 진행하였다. 본 절에서는 세계화 진전에 따른 정치적 독립, 경제적 통합, 정치적 분권화 등과 경제발전 간의 관련성을 살펴본다.

---

20 Sala-i-Martin(2006)의 연구결과는 이미 제2장에서 검토하였다.

4.1 정치적 독립과 경제적 통합

사람들은 적절한 국가의 크기에 대해 다른 견해를 가질 수 있다. 왜냐하면 국가의 크기가 클수록 경제적 장점과 정치적 단점이 동시에 생겨나기 때문이다. 즉 인구가 많고 영토가 큰 국가에서는 작은 여러 국가들에서 발생하는 외부성(externality)을 내부화(internalize)할 수 있기 때문에 경제적으로 규모의 경제를 시현할 수 있다는 장점이 생겨난다. 그러나 큰 국가는 정부정책을 실행하는 과정에서 국민 개개인의 다양한 선호를 반영하기 어렵다는 단점이 있다. 따라서 큰 국가는 작은 국가에 비해 상대적으로 경제적 효율성을 제고하는 데 유리한 반면, 작은 국가는 큰 국가에 비해 상대적으로 더 많은 구성원의 정치적 참여를 보장한다는 장점을 갖는다.

1990년대에 접어들면서 세계는 경제적·정치적 관점에서 상당히 빠른 속도로 변화를 거듭하고 있다. 예를 들어 구소련의 붕괴 이후 민주주의의 정치적 사조가 다른 국가로 확대되었으며, 이로 인해 다수의 국가들이 정치적으로 독립하였다. Akdede and Hwang(2008)은 1990~93년 동안 지구상에 무려 27개 국가가 새롭게 탄생하였다고 관측하였다. 여기서 한 가지 흥미로운 사실은 정치적 독립이 민주주의에 대한 갈망의 결과였음에도 불구하고, Akdede and Hwang(2008)이 밝힌 27개 신생국들의 정치적 자유는 2000년대 초반까지 크게 신장되지 않았다는 실증분석 결과가 나타난 점이다. 이러한 결과는 신생국들이 민주주의를 학습하는 데는 상당한 시간이 요구될 수 있음을 암시한다.

Alesina and Spolaore(1997)와 Bolton and Roland(1997)는 민주주의의 정치적 사조가 확산될 때는 많은 수의 국가들이 형성(국가의 분리 혹은 독립)될 수 있다는 사실(명제)을 명시적으로 도출하였다. 그들 연구에서는 지구상의 모든 국가가 오로지 민주적 과정을 통한 구성원 간의 정치적 합의에 의해 형성되는, 즉 국가의 분리나 독립이 자유롭게 형성될 수 있다는 가정조건에서는 국가의 수가 많아질 수 있다고 주장하였다. 구체적으로 그들은 현실에서 생겨나는 국가의 수는 '사회 계획자'(social planner)가 지구상의 모든 구성원에 대한 평균효용을 극대화하게 만드는 국가의 수보다 많아질 수 있다는 명제를 증명하였다.

만약 민주적 방법인 다수결의 원칙에 의해 소득재분배 정책이 결정된다고 가정하면, 세계는 효율적인 국가의 수를 유지할 수 없게 된다. 논의의 단순화를 위해, 어떤 국가가 A와 B의 두 지역만으로 구성된 경우를 고려한다. 또한 A 지역의 인구수에 비해 B 지역의 인구수가 많으며, A 지역 주민들이 B 지역 주민들보다 평균적으로 부유하다고 가정한다. 만약 이상의 조건에서 소득재분배 정책과 같은 재정정책이 다수결의 원칙에 의해 결정된다면, A 지역 주민들이 납부하는 세금의 일부가 B 지역 주민들을 위해 사용될 것으로 예상된다. 이러한 현상이 지속될 때는 A 지역 주민들이 자연스럽게 정치적 독립을 고려하게 된다. 왜냐하면 A 지역 주민들은 그들이 납부하는 세금의 일부가 B 지역 주민들을 위해 지속해서 사용되는 것을 반대할 것이기 때문이다.[21]

이 과정이 계속해서 되풀이 될 경우에는 상당히 많은 국가가 생겨난다. 즉 독립한 A 지역 내에서 또는 B 지역 내에서 소득수준의 격차 혹은 정치적 비효율성 등의 이유로 말미암아 지역 분화가 발생하게 되고, 이는 또 다른 정치적 독립을 잉태하게 된다. 이처럼 큰 국가에서 상대적으로 작은 국가로의 정치적 분리는 경제적 관점에서 효율적이지 못한 많은 수의 국가를 형성한다. 이미 언급한 Akdede and Hwang(2008)은 1990~93년 동안 지구상에 생겨난 27개 신생국가들이 다른 국가들에 비해 상대적으로 공공자원을 비효율적으로 사용하였다는 실증분석 결과를 제시하였다.

또한 큰 국가에서 몇 개의 작은 국가로의 분리는 규모의 경제를 더 이상 향유할 수 없게 된다는 문제점이 생겨난다. 왜냐하면 국가의 규모가 줄어들수록 외부성을 내부화하기 어려울 뿐만 아니라 시장의 규모가 줄어들기 때문이다. 따라서 우리는 많은 인구수의 큰 국가가 경제적 관점에서 효율적인 반면, 적은 인구수의 작은 국가가 정치적 관점에서 민주주의 발전이 용이하다는 사실을 알 수 있다.

그러므로 정치적 독립으로 새로운 국가들이 출현할수록 각국의 경제적 효율성은 저하되며, 이를 보완하기 위해 각국은 경제적 통합에 대한 유인을 갖게 된다.

21 이상의 분석은 A 지역 주민들이 이기심(self-interest)에 기초해 행동한다고 전제한다. 만약 A 지역 주민들이 B 지역 주민들에 대해 이타심(altruism)을 갖는다면, 논의는 훨씬 복잡해진다. 실증자료를 살펴보면, 소득수준 및 교육수준이 낮으며 통치체계의 효율성(거버넌스)이 부족한 국가일수록 지역 간 주민들의 이타심이 낮은 것으로 나타난다. 따라서 정치적 분리는 지역 간 소득수준의 격차와 함께 통치체계의 효율성 등의 사항들과도 관련된다.

즉 정치적으로 독립한 작은 국가들은 활발한 지역경제통합을 통해 그들의 외부성을 내부화할 뿐만 아니라 규모의 경제를 계속 추구함으로써 시장에 대한 영향력을 잃지 않으려 노력한다. [표 10-6]은 지역경제권에 관한 몇 가지 사례를 제시한다. 지역경제권의 설립배경은 [표 10-6]에서 알 수 있듯이 회원국들 간의 무역장벽을 해소함으로써 무역창출의 효과를 극대화하기 위해서이다. 즉 지역경제권은 그 경제권에 속한 국가들이 지속적이고 안정적인 경제발전을 추구하기 위해 설립되었다.

표 10-6 지역경제권의 사례

명 칭	설립배경	연 도	회원국
유럽연합(EU)	2차 대전 후 독일을 포함해 안정적 유럽을 건설할 목적	1957년 (로마협정)	벨기에, 룩셈부르크, 네덜란드, 프랑스, 독일, 영국, 아일랜드, 덴마크, 그리스, 스페인, 포르트갈, 핀란드, 스웨덴
북미자유무역협정 (NAFTA)	멕시코, 미국, 캐나다 간 자유무역 협정	1994년	멕시코, 미국, 캐나다
아시아태평양 경제협력기구 (APEC)	아시아-태평양 경제의 상호의존성 증가에 대응하기 위해 발족	1989년	대한민국을 비롯한 21개국
남미: Mercosur	관세동맹을 위해 창설	1991년	아르헨티나, 브라질, 우루과이, 파라과이
아세안자유무역협정 (AFTA)	자원의 효율적 배분 및 규모의 경제 시현	1993년	인도네시아, 태국, 말레이시아, 필리핀, 싱가포르, 브루나이, 베트남, 미얀마, 라오스, 캄보디아

출처: 강인수 외 7인(2004)과 백훈(2000)을 참고해 구성함.

일반적으로 국가 간 경제통합 과정에서는 정치적 단위가 경제거래를 방해하는 인위적 장벽을 쌓지 못하도록 하는 조치들이 수반된다. 즉 세계가 하나의 경제로 통합하는 과정에서 국가의 기능이 약화되고 국경의 의미가 퇴색될 것이라는 전망도 동일한 추세선 상에 있다. 그러나 우리는 이상의 과정에서 한 가지 유의해야 할 사항이 있다. 지역경제통합은 세계경제가 글로벌 경제로 통합된다는 의미와는 상당히 다르다는 사실이다. 오히려 지역경제통합은 글로벌 시장에 대해 영향력을 행사하고자 하는 의도에서 이해관계에 따라 집단적 지역경제권이 구성된다.[22] 그러므로 지역경제통합은 전 세계를 하나로 묶는 경제통합으로 발전할 가능성을 내포하고 있지만, 반대로 지역경제 간의 첨예한 대립으로 인해 전 세계가 하나의 경제권으로 통합하는 것과는 반대 방향으로 작용할 가능성도 존재한다.

읽을거리

유럽 재정위기의 원인

유럽의 재정위기를 초래한 원인으로는 크게 다음의 세 가지, 즉 ① 2008년 말 글로벌 금융위기 극복을 위한 지원 확대, ② 정부의 부실한 재정 운용 및 ③ 대외 충격에 취약한 경제구조가 지적된다. 이상의 내용을 구체적으로 살펴보면, 다음과 같다.

첫째, 미국발 금융위기로 인해 전 세계경제가 침체되면서 국가 간 정책 공조가 이루어졌다. 즉 각국은 대규모 경기 부양책과 금융시장 안정책을 집행하게 되었으며, 이는 각국 정부의 재정 부담을 급속히 가중시켰다. 다시 말해 세계적인 경기 침체를 벗어나기 위해 각국은 파격적 정책 대응에 나섰다. 특히 각국 정부는 대규모의 경기부양책을 집행하는 데 필요한 재원 마련을 위해 재정지출을 불가피하게 늘릴 수밖에 없었다. 또한 금융위기로 인한 신용경색 및 유동성 악화를 최소화하기 위해 각국 정부는 자본 투입과 자산 매입·보증·유동성 공급 등 다양한 방식을 이용해 금융기관들을 지원하는 과정에서 재정 부담이 크게 증대되었다.

둘째, 많은 유럽국가들, 특히 PIIGS(포르투갈·이탈리아·아일랜드·그리스·스페인) 국가들의 재정상황이 미국발 금융위기 이전부터 좋지 않았던 사실을 감안할 때 유럽국가들의 부실한 재정운영은 재정위기의 구조적 문제점으로 지적된다. 그리스, 이탈리아 및 포르투갈의 재정적자 비중은 이미 유럽연합(EU)의 요구기준(GDP 대비 3%)을 충족시키지 못하는 실정이었다. 정부부채 비중은 유로존(Eurozone, 유럽연합의 단일화폐인 유로를 국가통화로 도입해 사용하는 국가나 지역을 통칭하는 말) 16개 국가들의 전체 평균이 EU의 요구 기준(GDP 대비 60%)을 상회하는 것으로 나타났으며, 그 가운데서도 그리스와 이탈리아의 정부부채 비중은 상당히 높은 수준을 유지하였다. 이러한 상황에서 앞서 언급한 금융위기에 대응한 각종 부양책과 지원책에 따라 재정적자가 심화되고, 정부부채가 더욱 확대되어 재정위기로까지 나아갔다.

셋째, 유럽 각국은 대외경쟁력이 취약한 상황에서 유로존에 가입함으로써 독립적 통화정책을 수행할 수 없게 되었다는 사실도 유럽의 재정위기 사태의 경제적 파장을 확대시킨 요인으로 작용하였다. 환율의 자유로운 움직임이 허용되는 변동환율제도에서 대외불균형

22 미국 오바마 전 대통령이 주도하였던 환태평양경제동반자협정(Trans-Pacific Strategic Economic Partnership, TPP)이나 중국 주도의 역내포괄적경제동반자협정(Regional Comprehensive Economic Partnership, RCEP) 등의 경제적 통합도 글로벌 시장에 대한 영향력을 확대하려는 이해관계에서 출발하였다.

은 통화가치의 변동을 통해 일정 부분 시정이 가능하다. 즉 자국통화가 통용되는 변동환율 제도에서는 자국의 경기 여건을 반영해 움직이는 자국통화의 영향을 받는다. 그러나 유로화라는 단일 통화가 사용되는 시스템에서 개별 회원국들은 환율 변동을 통해 대외불균형의 시정하려는 기능이 제약을 받을 수밖에 없다.

다시 말해 유로화라는 단일 통화가 통용되는 유로존 내에서는 회원국 전체의 평균적인 경기 여건에 따라 움직이는 유로화의 영향만을 받기 때문에 개별 회원국의 경기 여건과는 괴리가 생겨날 수 있다. 따라서 PIGGS 국가들은 대체로 대외경쟁력이 취약하면서도 환율 변동에 의한 불균형의 시정 기능을 제대로 활용할 수 없었기 때문에 외부 충격에 의한 경제적 타격도 상대적으로 크게 받는 경제구조로 되어 있었다.

출처: 민성환(2010)을 참고함.

4.2 정치적 독립의 지속성

이미 살펴본 바와 같이, 민주주의의 정치적 사조가 확산됨에 따라 작은 국가로의 정치적 분리가 계속 발생할지라도 지역경제통합과 국가 간 무역장벽 완화 등을 통해 큰 국가의 경제적 장점을 계속해서 향유할 수 있다. 따라서 높은 수준의 경제통합이 가속화될수록 크기가 작은 국가로의 분리는 계속될 수 있으며, 반대로 작은 국가로의 정치적 분리는 더 많은 경제통합을 필요로 하게 된다.

또한 정치적 분리를 위한 강한 동기는 지역 간 소득불평등의 완화 등의 목적으로 이루어지는 이전지출(transfer payment)의 규모가 커질수록 증가한다. 이때 각 국가 혹은 지역의 대다수 구성원들은 그들의 소득수준과 관계없이 정치적 분리를 위한 강한 동기를 가진다. 따라서 민주주의 사회에서는 정치적 분리가 거의 항상 발생하기 마련이다. 이러한 현상은 Bolton and Roland(1997)가 제시한 명제를 통해 쉽게 확인할 수 있다. 즉 "소득이 불평등한 사회에서는 대다수의 가난한 사람들이 더 많은 소득재분배를 획득하기 위해 분리를 희망하며, 소득이 평등한 사회에서는 대다수의 부유한 사람들이 조세를 적게 내기 위해 분리를 갈망한다."

4.3 정치적 분권화와 소득불평등

작은 국가로의 정치적 독립은 경제적 효율성을 떨어뜨리므로 새로운 국가의 출현은 지역경제통합을 수반한다. 정치적으로 독립한 작은 국가들은 활발한 지역경제통합을 통해 그들의 외부성을 내부화시킬 뿐만 아니라 규모의 경제를 계속 시현함으로써 시장에 대한 지배력을 잃지 않으려 노력한다. 이상의 국제질서에서는 지역 단위의 경제활동이 증가하는 정치적 분권화(political decentralization)가 강화된다.

정치적 분권화가 강화된다는 사실은 지방자치가 보편화 되는 계기가 된다. 또한 많은 국가들이 지방자치를 강화한다는 사실은 정책결정 과정에서 개개인의 선호를 더욱 다양하게 반영하는 형태로 나아가고 있음을 의미한다. 오늘날 많은 국가들에서는 지역경제의 특성이 부각되고 자치권이 강화되면서 중앙정부의 상대적 기능이 약화되고 있다. 따라서 기초 경제 단위의 지역들이 다른 국가 혹은 지역들과 자유로운 교류가 이루어지고 있다. 이러한 지방자치의 강화는 지역 간 소득불평등에 영향을 미칠 수 있는데, 그 가능성을 살펴보면 다음과 같다.[23]

만약 지방자치가 강화된다면, 각 지역은 자신들이 보유한 생산요소의 특성을 고려해 자연스럽게 형성되는 분권화된 지역경제 단위들이 더욱 탄력적으로 경쟁하는 모습이 나타나게 된다. 또한 이상의 지역경제 단위들 간에는 생산요소의 자유로운 이동이 가능해진다. 우리는 자유로운 생산요소의 이동으로 인해 각 지역 간의 경제적 격차가 현저히 줄어들 것으로 예상할 수 있다. 다시 말해 지방자치제 시행이 생산요소의 지역 간 이동성에 직접적 영향을 미치지는 않겠지만, 개방화와 자원유치의 경쟁 증대로 인해 지역 간 이동에 긍정적 영향을 미치게 된다. 그러나 지방자치의 초기에는 각 지역 간의 과도한 경쟁과 함께 미숙한 경제정책의 운용 등으로 인해 부작용이 생겨날 가능성도 상존한다.

이처럼 지역 간 생산요소 가격의 격차가 완화될수록 지역 간 소득불평등의 차이는 줄어들게 된다. 물론 초기에는 지역 간 자원유치 경쟁이 생겨나고 입지조

23 지방자치의 강화는 이미 언급한 바와 같이 국민 개개인의 다양한 선호를 반영하고 정치적 참여를 보장하므로 민주주의 발전과 부합한다.

건이 좋거나 사회간접자본과 같은 기반시설이 잘 갖춘 지역으로 더 많은 자본이 이동하게 된다. 이 경우에는 지역 간 소득불평등의 격차가 더욱 심화할 가능성이 있다. 그러나 지역 간 자원의 자유로운 이동이 보장된다면, 장기적으로 자원가격의 상당한 평준화가 이루어진다. 그렇지만 지역 간 소득격차는 장기적 균형에서도 완전히 해소되지 않는다. 왜냐하면 각 지역에 부존된 생산요소의 차이에 따라 지역의 발전 정도가 상이할 수 있기 때문이다.

생각해 볼 문제

1. 세계화 진전의 특징을 경제적·정치적·사회적 관점에서 제시하고, 이상의 세 가지 관점의 특징이 어떻게 영향을 주고받을 수 있는지 제시하라. 또한 세계화와 지역화는 어떻게 관련되는지 설명하라.

2. 전통적 두 가지 수렴가설인 β-수렴과 σ-수렴의 차이를 설명하라. 또한 β-수렴은 반드시 σ-수렴을 창출할 수 있을까? 만약 그렇지 않다면, β-수렴과 σ-수렴이 동시에 생겨나지 않는 구체적인 경우를 상정하라.

3. 국가경쟁력은 어떤 요인들에 의해 결정되며, 특히 경제발전과 어떻게 관련된다고 생각하는가? 국가경제력이 경제발전의 원인인지 혹은 결과인지에 관한 경제적 논리를 설정하라. 또한 고급인력 국제이주(두뇌유출)와 국가경쟁력 간에는 어떤 관계가 형성되는가? 일반적으로 두뇌유출은 다양한 전달경로를 통해 경제발전이나 국가경쟁력에 영향을 미친다고 알려져 있는데, 어떤 전달경로가 가능한지 논의하라.

4. 세계화, 복지지출 및 세계의 소득분배와 관련된 다음의 물음에 답하라.
   (1) 세계화가 경제발전에 어떤 영향을 미치는지 경제적·정치적·사회적 관점에서 설명하라.
   (2) 세계화 진전이 복지지출에 미치는 영향은 연구자들에 따라 양(+)의 영향 혹은 음(-)의 영향을 주장하는데, 이러한 상반된 견해를 제시하라.
   (3) '최소복지국가'와 '바닥으로의 질주'의 의미를 설명하라.
   (4) 세계화가 세계의 소득분배(국가 간 소득분배) 불평등에는 어떤 영향을 미칠 수 있는지 논의하라.

5. 지구상의 '국가의 수'를 결정하는 데 어떤 요소들이 영향을 미칠 수 있는가? 만약 모든 사람들이 민주주의에 대한 갈망이 매우 크다면 '국가의 수'는 어떻게 변화할 수 있으며, 이렇게 변화된 국가의 수는 경제적 효율성 측면에서 바람직하다고 볼 수 있는가? 또한 특정 국가의 구성원 간 소득불평등이 민주주의의 갈망과 함께 국가의 분리에 어떤 영향을 미칠 수 있는가? 마지막으로 국가의 분리와 정치적 분권화는 어떻게 관련될 수 있는지 제시하고, 이러한 과정이 지역 간 소득격차에 어떤 영향을 미칠 것으로 예상하는가?

1. 사회복지의 필요성

2. 복지국가와 재정정책

3. 소득재분배 정책

4. 세계 주요국의 복지지출

11

경제발전과 사회복지

1. 사회복지의 필요성

사회복지는 소득분배의 불평등을 완화하는 역할을 담당하므로 경제발전 과정에서 요구되는 전제조건 중 하나이다. 본 절에서는 사회복지의 정의와 필요성을 살펴보고, 사회복지가 경제성장에 미치는 영향에 대한 이론적 논의와 함께 사회복지의 구성과 경제성장 간의 관계를 검토한다.

1.1 사회복지의 정의와 필요성

오늘날 사회복지란 용어는 일상생활에서 흔히 사용되는 친숙한 용어이다. 복지의 사전적 의미는 '행복한 상태', ' 안정된 삶', '생활 욕구가 충족된 삶' 등을 뜻한다. 다시 말해 사회복지란 "인간의 삶의 질을 개선할 목적으로 이루어지는 사회적이고 조직적인 활동"을 의미한다(전재일·배일섭·정영숙, 2000). 또한 Friedlander and Apte(1980)는 사회복지를 "법률과 정책의 편익 및 하나의 서비스 체제로서, 이것들은 인간들의 복지와 사회질서의 기능을 위해 기본적으로 사회적 니즈에 확실히 대처해 주거나 강화해 주는 것"으로 정의하였다. 국제연합(UN, 1959)의 정의에 따르면, 우리는 사회복지를 "개인 또는 지역사회가 그들의 기본적 니즈에 대처하는 것을 돕기 위해 조직적으로 활동하는 것"으로 이해할 수 있다.

현대사회에서는 사회복지가 정치 체제 혹은 경제·사회적 제도의 차이와는 관계없이 모든 국가들에서 필요하다는 사실은 이론의 여지가 없다. 왜냐하면 현대사회에서는 체제나 제도 등과 관계없이 생활의 위기에 직면한 사람들이 그 위기를 자력으로 해결하기 어렵기 때문이다. 다시 말해 산업자본주의 체제에서 살아가는 노동자들은 생활의 위기에 취약하게 노출된 계층이다. 일반적으로 빈곤의 원인은 노동자들이 자신의 노동력을 적절히 공급하지 못함으로써 소득이 생겨나지 않는다는 사실에 근거한다. 특히 노동시장의 약자인 비정규직 노동자나 비숙련 노동자들은 소득창출의 기회가 적기 때문에 기본적인 경제활동조차 영위하지 못할 상황에 처하는 경우가 종종 발생할 수 있다.

따라서 사회보험[1]·공공부조[2] 등과 같은 제도적 장치인 사회복지는 현대사회에서 개인의 생활은 물론 국가의 안정적 유지를 위해 중요한 역할을 담당한다. 더욱이 노동시장에서 소득을 얻기 어려운 아동, 장애인 및 노인이 생활을 유지하기 위해 사회복지는 반드시 존재해야 하는 제도이다(김응렬, 2005). 오늘날 많은 국가들에서는 인구의 고령화와 저출산과 같은 인구구조의 변동으로 인해 생산가능인구가 정체 혹은 감소하고 있다. 또한 오늘날에는 가족해체에 따른 편부모 가구의 증가나 고용없는 성장(jobless growth) 등으로 인해 많은 인구가 상대적 빈곤에 빠질 가능성이 커졌다. 따라서 다양한 이유들로 인해 생겨난 계층 간 소득불평등의 심화와 빈곤문제는 사회적으로 중요한 이슈로 등장하였을 뿐만 아니라 더 많은 사회복지 수요를 요구하고 있다.

1.2 사회복지와 경제성장

우리는 제3장에서 경제가 성숙단계에 접어든 국가에서는 지속적 경제성장을 위해 사회의 안정과 인적자본의 축적이 요구되며, 이를 달성하기 위해 소득재분배의 요구가 증가한다는 사실을 살펴보았다. 따라서 성숙단계의 국가에서는 사회복지가 경제발전에 긍정적 영향을 미칠 수 있으며 사회복지의 필요성이 더욱 강조된다. 사회복지가 경제성장에 양(+)의 영향을 미친다는 몇 가지 가능한 이론적 근거들을 살펴보면 다음과 같다.

첫째, 소득분배 구조의 악화나 노동자의 해고 등은 노동조합의 결속력을 강화시키고 노사갈등을 초래함으로써 사회적 갈등을 유발할 수 있다. 따라서 사회복지는 사회적 갈등과 정치적 불안정성을 줄이거나 해소하기 위해 요구되며, 이는 경제 내의 불확실성을 줄여 투자를 촉진하는 역할을 한다. 예를 들어 Alesina and Perotti(1996)와 Perotti(1996)는 사회의 불안정성이나 미래에 대한 불확실성이 경제성장에 부정적 영향을 미치기 때문에 정치적·사회적 안정을 도모할 때 경제

1 사회보험(social insurance)은 "사회보장을 목적으로 건강·노령·실업·상해(산업재해의 사고)를 대비한 강제보험"을 의미한다. 따라서 우리나라의 4대 사회보험은 질병건강보험·노령국민연금·실업고용보험·상해산재보험이다.

2 공공부조(public assistance)는 "국가 및 지방자치단체가 생활유지 능력이 없거나 생활이 어려운 국민들에게 최저 생활을 보장하고 자립을 지원하는 제도"를 일컫는다.

활동이 원만하게 이루어질 수 있다고 역설하였다.

둘째, 총수요가 부족한 국가에서는 사회복지가 유효수요를 창출해 경제성장을 촉진하는 데 기여할 수 있다. 예를 들어 사회복지는 실업급여의 지급대상인 실업자나 공공부조의 지급대상인 빈민 등에게 기본적인 경제활동을 가능하게 유도함으로써 이들의 구매력을 향상시킨다. 즉 사회복지는 저소득층이나 중산층의 구매력을 높여 전체 시장수요를 증대시킴으로써 경제성장에 기여한다.

셋째, 사회복지는 건강하고 우수한 노동력의 재생산을 통해 인적자본 형성에 이바지함으로써 경제성장에 긍정적 영향을 미친다. 예를 들어 건강보험은 질병에 걸린 노동력을 치유시켜 노동현장에 복귀시키고, 교육정책은 청소년들의 지적수준을 향상시켜 생산성이 높은 노동력을 양성한다. 즉 사회복지는 국민들의 건강과 교육수준을 증진시켜 양질의 노동력을 확보할 수 있도록 돕는 역할을 담당한다.

넷째, 사회복지는 주거·환경·보건·교육 등에 대한 개인의 부담을 완화해 준다. 예를 들어 공공주택이나 공교육의 활성화는 일반 노동자들이 부담해야 하는 주거나 자녀교육의 비용을 감소시킨다. 이는 임금인상에 대한 노동자들의 압력을 감소시킬 수 있으므로 기업으로서는 생산비용이 절감되는 효과를 누린다. 또한 생산비용의 절감은 상품가격의 인하를 거쳐 국제경쟁력 강화로 이어질 수 있다. 따라서 사회복지는 간접적으로 기업의 경쟁력을 강화하는 데 기여하고, 기업의 경쟁력은 경제성장을 위한 가장 큰 동력의 역할을 한다.

마지막으로 사회복지는 여성에게 직장과 육아를 동시에 가능하도록 도운다. 즉 사회복지는 출산율 증가와 여성의 경제활동참가를 촉진하는 기능을 담당한다. 우수한 여성 인력의 확보는 생산의 효율성을 증대시켜 경제성장에 긍정적 영향을 미친다.[3] 예를 들어 보육서비스는 부모(특히 여성)에게 자녀 양육의 책임을 경감시켜 주고, 부모(특히 여성)는 더 많은 시간과 노력을 경제활동에 사용할 수 있게 된다(김상균 외 7인, 2009).

3 여성의 출산율, 경제활동참가율 및 경제성장(소득수준) 간의 내생적 관련성은 다양한 연구들에서 검토되었다(이종하·황진영, 2011; 황진영·이종하, 2012; Galor and Weil, 1996; Lee et al., 2012; Wang et al., 1994).

비록 이상의 이론적 근거들은 매우 설득력이 있는 것처럼 보이지만, 대부분 주장들이 부분균형분석(partial equilibrium analysis)에 기초하므로 직관적으로 쉽게 반박될 여지가 있다. 예를 들어 사회복지를 위해서는 조세의 증가와 같은 세원의 확보가 요구되며, 조세의 증가는 소비나 투자로 사용될 자금을 감소시킬 뿐만 아니라 노동자의 근로의욕을 감퇴시켜 경제성장에 부정적 영향을 미친다. 그러므로 사회복지가 경제성장에 긍정적 영향을 미치기 위해서는 이상의 이론적 근거로 제시한 긍정적 요인들이 조세의 증가에 따른 왜곡을 충분히 상쇄할 만큼 클 때 가능해진다. 우리는 사회복지가 경제성장에 미치는 긍정적 영향은 사회복지의 필요성이 강조되는 성숙단계의 국가에서 상대적으로 크게 나타날 것으로 예상할 수 있다.

1.3 복지지출의 구성과 경제성장

복지지출은 그 구성 항목에 따라 경제성장에 상이한 영향을 미친다. 보건(영유아 보육 포함)·적극적 노동시장 정책·실업 등과 관련된 복지지출은 투자의 성격이 강한 지출이므로 인적자본의 축적과 경제성장에 긍정적 영향을 미칠 수 있다. 그러나 노령· 유족·무능력·가족·주거 등과 관련된 복지지출은 노동자의 근로의욕 저하, 투자유인 감소 등을 통해 경제성장에 부정적 영향을 미친다고 알려져 있다.[4]

구체적으로 저소득층이 인적자본에 투자하도록 유도하는 보육(아동복지 포함)이나 적극적 노동시장 정책 등은 정부가 교육투자를 통해 시장실패를 교정하는 역할을 한다(Benabou, 2002). 또한 보육서비스는 여성이 직장과 육아를 동시에 가능하게 도움으로써 출산율을 제고시킬 뿐만 아니라 여성의 노동시장 참여를 증대시켜 장기적으로 경제성장에 기여한다.[5] 마찬가지로 아동복지는 아동의 건강과 교육여건을 개선하고(즉 인적자본의 확충에 기여하고) 사회적 자본(social capital)

---

4 OECD 국가별 공공사회복지지출의 기능별 구성에 관해서는 본장 제4절에서 논의한다.

5 이는 소득수준과 여성의 경제활동참가율 간에는 U자 형태의 관계가 성립할 수 있음을 의미한다(Mammen and Paxson, 2000). 실증연구로서 황진영(2013)은 국가 간 자료를 이용해 여성의 경제활동참가율과 출산율 간에도 U자 형태의 관계를 형성하는 것으로 추정하였다.

을[6] 확충해 사회 안정에 기여함으로써 미래의 성장 잠재력을 확충하는 역할을 한다. 적극적 노동시장 정책으로는 직업훈련·구직지원·재활서비스·임금보조 등을 들 수 있으며, 이는 노동시장의 불안정성을 해소하고 노동자들에게 노동시장의 참여를 촉진시킴으로써 경제성장에 긍정적 영향을 미친다.

또한 보건이나 의료 지출은 개인의 관점에서 경제적 행복(well-being)을 증진하는 데 도움을 주고, 국가 전체의 측면에서 인적자본의 축적을 통한 생산성 제고에 기여한다. 고용보험은 실직 시 기본적인 소비를 유지하게 도와주며, 직업훈련제도나 직업알선 제도를 통해 실업률을 감소시켜 생산량 증가에 기여한다. 산재보험은 산업재해 예방 및 근로자 생활안정을 통해 생산성 향상과 사회통합을 제고시키는 역할을 담당한다. 경로연금과 같은 노인에 대한 현금지원은 노인이 기초소비를 유지하도록 도우며, 사회활동이 가능하도록 유도해 사회참여의 기회를 증진시키고 사회통합에 기여한다. 그러나 이상의 보험적(소비적) 성격의 복지지출은 사람들에게 복지 의존성(welfare dependency)을 유발함으로써 장기적 경제성장에 도움이 되지 않을 가능성도 함께 존재한다.

연금제도와 같은 노후소득 보장제도는 부담의 형평성과 지급액의 적정성이 확보되지 않는다면, 후세대에 세부담을 가중시켜 장기적 재정적자의 불안을 초래하기 때문에 지속적 경제성장에 부정적 영향을 미칠 가능성이 있다. 그러나 연금제도의 합리적 개선은 경제성장에 긍정적 영향을 미칠 수 있다. 예를 들어 연금기금 적립에 의한 장기저축이 금융시장 및 실물경제에 효과적으로 연결될 때는 다양한 투자 재원으로 활용이 쉬워져 경제성장에 기여하게 된다.

그러므로 투자적 성격이 강한 복지지출은 인적자본의 축적이나 생산성의 향상을 통해 경제성장에 긍정적 영향을 미치지만, 보험적(소비적) 성격이 강한 복지지출은 조세의 왜곡, 근로의욕 저하 등의 이유로 인해 경제성장에 부정적 영향을 미치는 것으로 분석된다. 그렇지만 복지지출의 양면적 성격으로 말미암아 보험적 성격의 복지지출도 사회통합에 기여함으로써 경제 내의 불확실성 감소와 사회적 자본의 축적을 통해 장기적으로 경제성장에 기여할 가능성이 존재한다.

---

6 비록 사회적 자본은 다양한 개념을 포함하지만, 일반적으로 "사회 구성원 간 협력과 사회적 거래를 촉진하는 일련의 신뢰·규범·네트워크 등 모든 사회적 자산"으로 정의된다. 사회적 자본과 관련된 보다 상세한 내용은 황진영(2016)을 참고할 수 있다.

보충 내용

인구의 고령화 진전과 금융시장의 발전

고령화 진전은 금융시장 발전의 필요성을 증대시킨다. 왜냐하면 고령화 진전은 금융자산의 선택, 즉 주식과 채권의 보유량을 결정하는 포트폴리오 구성에 영향을 미치기 때문이다. 일반적으로 나이가 많아질수록 안전자산에 대한 선호도가 증가하기 때문에 고령화 진전에 따라 주식에서 채권으로 대대적인 포트폴리오의 재배분가 발생한다. 따라서 고령화가 진전됨에 따라 총자산 대비 비금융자산 비율이 감소하고 금융자산 비율은 증가하며, 총 금융자산 중에서 주식 등의 위험자산에 투자하는 비율이 축소된다. 또한 만기가 길수록 위험이 크기 때문에 고령인구는 위험이 적은 단기 국공채에 대한 선호를 증가시킨다.

고령화가 진전될수록 금융시장 발전의 필요성이 증대하는 또 다른 이유로는 고령인구는 근로소득에 대한 의존도가 떨어지고 금융자산에 대한 수요가 증가하기 때문이다. 즉 최공필·남재현(2005)은 금융시장의 발전이 지연된다면, 자산운영 관련 만기 불일치는 분산되기 어려운 체계적 위험을 발생시킬 소지가 있다고 지적하였다. 고령화 진전에 따라 차별화된 금융 관련 서비스에 대한 수요가 증가하고, 여러 종류의 공적·사적 저축제도의 중요성이 증대할 수밖에 없다. 따라서 금융기관은 효율적 자산배분을 위해 수요자의 선호를 감안한 연금형 상품(annuity) 등 새로운 금융상품의 개발을 통해 가계의 미래소득에 대한 불확실성을 해소할 수 있는 장치를 마련해야 한다.

그러므로 금융시장 발전을 전제로 투자 관련 체제를 구축할 때는 고령화 진전이 경제성장에 미치는 부정적 요인을 어느 정도 제거할 수 있게 된다. 그러나 자산 운영능력이나 여러 수단에 대한 충분한 준비 없이 고령화가 진전된다면, 고령화 진전은 경제성장에 치명적인 영향을 미칠 뿐만 아니라 우리는 세대 간 갈등에 따른 여러 문제들의 후유증을 피하기 어렵게 된다.

출처: 황진영(2016)을 참고함.

2. 복지국가와 재정정책[7]

본 절에서는 정부의 적극적 시장개입의 하나로 사회복지가 이루어지기 때문에 재정정책의 본질적 문제, 즉 재정정책의 목표와 그에 따른 이론을 살펴본다. 또한 본 절에서는 우리나라의 사회변화에 따른 재정지출의 변동에 관해 설명한다.

7 본 절은 황진영(2007b)의 일부 내용을 재구성하였다.

2.1 재정정책의 목표 및 이론

현대국가는 고용·복지·교육 등과 관련된 다양한 경제·사회정책을 통해 사회 전체의 후생극대화를 추구한다. 또한 현대국가는 소득이나 부의 불평등을 개선하고 지나친 경기변동을 완화해 안정적 경제성장을 도모하는 등 폭넓은 기능을 수행한다. 이처럼 "재정지출과 조세정책의 변동을 통해 지속적이고도 안정적 경제성장을 도모하는 일련의 정책들"을 재정정책(fiscal policy)이라 한다.

재정정책에 대한 철학적 배경은 크게 고전적 자유주의, 신자유주의 및 시민사회주의로 나누어 살펴볼 수 있다.[8] 먼저 고전적 자유주의(libertarianism)에서는 개인의 책임감을 강조하고 '최소한의 권리'(negative right) 보장과 함께 최소국가를 지향한다. 따라서 국가는 법과 질서 유지와 관련된 경찰·법원·감옥 등 최소수준의 공공재정을 담당하고, 대부분 공공서비스는 민간이 공급하는 형태의 민간재정(private finance)이 우월한 위치를 차지한다.

고전적 자유주의자들은 아무리 잘 의도된 정부의 간섭일지라도 정부의 활동은 '생산적인 것과는 반대 방향'(counter-productive)으로 작용한다고 주장한다. 개인이 국가에서 제공하는 복지수준에 대한 의존이 증가할수록 민간보험에 대한 개인의 책임감은 저하되며, 위험에 대해 소홀히 반응하는 도덕적 해이(moral hazard)가 증가하게 된다. 마찬가지로 정부는 부패하기 쉬우므로 공공부문에 대한 책임을 충실히 수행할 수 없을 가능성이 생겨난다. 따라서 고전적 자유주의자들이 추구하는 최선의 국가는 시장의 효율성을 강조한 자유방임적(laissez-faire) 국가이다.

고전적 자유주의와 마찬가지로 신자유주의(neo-liberalism)에서도 개인의 책임감을 강조한다. 그러나 신자유주의자들은 시장경쟁이 모든 개개인에게 동일한 기회를 제공하지 못하기 때문에 시장의 결과는 불공정하다고 믿고 있으며, 국가는 모든 사람들에게 충분한 생활수준을 보장하기 위해 동일한 기회를 제공해야 한다고 생각한다. 이러한 제한된 국가의 역할은 모든 개개인이 자신들을 부양하기 위한 충분한 교육(인적자본 축적)의 제공과 함께 장애인이나 노약자와 같이 자신

8 재정정책의 목표와 이론에 관한 철학적 배경은 Bailey(2004)에 근거하였음을 밝혀둔다.

을 부양할 수 없는 사람들을 위한 사회보장의 필요성으로 집약된다. 이때 공공부문에 대한 제한된 국가의 역할(조건부 복지국가)을 담당하기 위해서는 상당한 양의 공공재정이 요구된다.

그런데도 신자유주의자들은 경제나 사회에 대한 정부의 간섭이 제한되어야 한다고 주장한다. 즉 정부는 개인이 스스로 자신을 부양할 수 있도록 도와주는 역할만을 수행해야 한다. 따라서 신자유주의에서의 재정지출은 공공부문과 민간부문이 혼합된 형태이지만, 여전히 개인의 책임감이 중요한 역할을 담당한다. 공공재정은 민간재정의 보완적 역할을 담당할 뿐 대체하는 것은 아니다. 또한 고전적 자유주의는 최소의 조세부담을 강조하지만, 신자유주의는 조세의 비효율성을 강조한다.

마지막으로 시민사회주의(collectivism)는 개인을 공동체(community)의 일원으로 파악하기 때문에 개인 스스로에 대한 책임감의 중요성을 받아들이지 않는다. 오히려 시민사회주의는 사회적 목적달성을 위한 상호 의존과 사회적 요구를 달성하기 위한 개인의 역할이 요구된다. 따라서 국가는 '포괄적 권리'(full positive right: '사회권'(social right)과 '경제권'(economic right)을 의미함)에 기초해 적극적 시장개입과 통제를 수행한다. 시민사회주의자들의 목적은 통제되거나 제한된 시장을 통해 개개인의 평등을 증진하는 데 있다. 시민사회주의에서는 사적 재산권이 사회소유로 대체되고, 이를 바탕으로 사회적 자본을 구축한다.

시민사회주의 철학에 기초하면, 모든 개인이 필요로 하는 공공서비스는 정부가 공급해야 한다. 또한 시민사회주의자들은 적극적 공공재정을 통한 사회적 이익이 고전적 자유주의와 신자유주의에서 주장하는 복지수준에 대한 의존(복지 의존성), 도덕적 해이, 부패 혹은 무능한 정부에 의한 손실을 보상하고도 남음이 있다고 주장한다. 따라서 시민사회주의자들은 사회복지의 실현을 위해 방대한 조세수입을 통한 소득재분배적 기능을 강조하면서 공공재정이 민간재정을 완전히 대체해야 한다고 생각한다.

이상과 같이 재정지출 및 조세에 대한 철학적 배경에 따라 재정정책의 목표는 상이하게 나타난다. 구체적으로 고전적 자유주의는 시장의 효율성을 강조함으로써 자유 시장경제에 기초한 최소한의 정부개입을 주장한다. 신자유주의는 기회의 공평을 달성하기 위해 고전적 자유주의의 바탕 위에 공공의 이해를 다소 첨가한 수정된 효율성을 강조한다. 즉 신자유주의는 노동에 근거한 복지의 관념을 도입하였지만, 여전히 개인의 권한과 책임의 중요성을 인정하고 있다. 그러나 시민사회주의는 사회적 효율성에 기초해 정부가 시장을 통제하는 적극적 국가의 기능을 상정한다. 즉 시민사회주의는 국가가 포괄적 권리에 기초해 적극적 사회보험의 실현과 사회복지를 달성한다.

2.2 우리나라의 사회정책 변화와 재정확충

일반적으로 사회정책은 경제·사회적 환경이나 가치체계의 변화에 영향을 받기 마련이다. 또한 사회정책의 변동에 조응해 재정지출 및 조세의 구조와 내용이 변화하게 된다. 최근 들어 우리나라 사회가 경험하고 있는 다양한 환경변화는 사회정책과 함께 재정정책의 변화를 요구하고 있다. 다양한 환경변화는 다음의 세 가지 사항으로 압축해 제시할 수 있다.

첫째, 앞 장에서 살펴보았듯이 오늘날은 세계화 진전으로 인해 국가 간 경쟁이 심화하고 있다. 즉 20세기 말부터 급격히 진행된 세계화는 기술발전과 함께 우리의 삶에 지대한 영향을 미치고 있다. 이러한 세계화 진전은 복지부문에 대한 정부의 적극적인 역할의 필요성을 증대시킨다(Rieger and Leibfried, 2003; Rodrik, 1998). 구체적으로 정부는 세계화로 인한 경쟁의 심화로 생겨나는 실업, 빈부격차의 심화, 양극화(예를 들어 대기업과 중소기업, 정규직과 비정규직 등) 등을 완화하기 위해 다양한 복지제도를 확립해야 할 뿐만 아니라 고용을 증가시키기 위해 노동시장에 적극적으로 개입해야 한다.

따라서 세계화 진전은 정부의 역할을 증대시키기 때문에 더 많은 재정확충을 요구한다. 또한 세계적 규모의 경쟁심화는 국가별 재정지출 및 조세정책의 자율성을 제약할 수 있다. 예를 들어 Castles(2004)는 지역경제통합으로 인해 그 회원국 간 경제사회정책의 수렴 현상이 생겨날 수 있다고 제시하였다.[9] 그러므로 우리나라와 같이 선진 복지국가에 비해 복지재정이 부족한 국가에서는 세계화

9 Hwang et al.(2009)은 1970~98년의 OECD 국가 간 자료를 이용해 사회보장지출이 수렴한다는 사실을 관측하였다.

진전으로 인해 선진 복지국가에 근접할 수 있는 복지재정 확충의 필요성이 점증하고 있다.

둘째, 우리나라에서는 저출산, 고령화 및 가족구조의 변화가 급속도로 진행되고 있다. 출산율 저하는 장기적으로 생산가능인구를 감소시켜 지속적인 경제성장을 방해하는 요인으로 작용한다. 예를 들어 국제통화기금(IMF)이 발행하는 *World Economic Outlook*(2005)에서는 고령자 인구가 1% 증가할 때 1인당 실질 GDP가 약 0.041% 포인트 감소한다고 분석하였다. 또한 인구의 고령화 진전은 의료 및 연금에 대한 지출을 증가시켜 다른 부문의 재정지출을 제약할 수 있다. 따라서 여성과 노인을 포함한 다양한 인구가 생산에 많이 참여할 때 지속적인 경제성장과 함께 노인세대를 부양해야 하는 부담을 줄일 수 있을 것으로 기대된다. 많은 여성들이 생산에 참여하기 위해서는 가족에게 맡겨졌던 양육과 가사를 사회화하는 재정정책의 변화가 요구된다.

저출산·고령화 현상과 함께 가족구조의 형태도 변화하고 있다. 특히 가족구조의 핵가족화(특히 1인 가구의 증가)는 가족 내 보험 관계를 약화시켜 사회보험의 중요성을 증가시킨다. 아울러 이혼율 상승은 편부모 가정이 늘어나게 하고 여성의 경제활동참여를 증가시켜 보육에 대한 수요를 점증시킬 것으로 예상된다. 또한 미혼모 가족·노인부부 가족 등의 증가는 가구주의 고용과 소득의 불안정을 커지게하며, 이는 여러 가지 사회문제(혹은 사회적 위협)들을 유발하는 이유가 되고 있다. 이러한 가족구조 변동에 따른 위협을 줄이기 위한 사회보장제도의 확대는 재정확충의 필요성을 증가시킨다.

셋째, 산업구조가 점진적으로 지식기반 경제(knowledge-based economy)가 요구하는 형태로 이행되면서 노동시장의 양극화와 소득불평등이 심화하고 있다(Autor et al., 1998). 지식기반 경제에서는 생산기술의 발전과 함께 전통적 산업이 퇴색하고 서비스 산업이 성장한다. 그러나 서비스 산업의 많은 분야는 비교적 생산성이 낮을 뿐만 아니라 고용이 불안정하므로 노동시장의 불안정성을 가속화시킨다. 이와 같은 경제환경의 변화는 소득불평등을 심화시키는 요인으로 작용하며, 이를 완화하기 위한 증대된 정부의 역할이 필요하다.

또한 노동시장에서는 대기업과 중소기업, 정규직과 비정규직, 고용 안정성 및 근로조건과 복리후생 등의 차이로 말미암아 소득불평등이 심화하고, 이는 재정지출을 증가시켜 재정적자를 악화시키는 요인이 되고 있다. 소득불평등의 심화나 노동시장의 양극화는 단지 경제적 문제일 뿐만 아니라 사회적 불안과 긴장 혹은 갈등 등을 야기해 사회통합을 저해하는 요인으로도 작용한다. 따라서 노동시장의 불안정성을 해결하기 위한 재정확충의 필요성은 증가하고 있다.

이상과 같이 최근 들어 우리나라에서는 급격한 사회구조의 변화가 발생하면서 정부의 역할 증대가 요구되고 있다. 따라서 중장기적 관점에서 종합적인 사회정책을 재정립하고 재정지출과 조세 구조의 변화를 모색해 안정적 재정관리의 필요성이 점증하고 있다.

3. 소득재분배 정책[10]

소득이 극히 소수의 사람들에게 집중되고 대부분 사회 구성원들이 최저 생활수준에서 허덕인다면, 계층 간 위화감이 심화할 뿐만 아니라 소득을 계속해서 증가시키기 어려워진다. 본 절에서는 분배의 형평성을 제고시키기 위한 정부의 소득재분배 정책을 살펴본다.

3.1 조세의 소득재분배

정부가 조달하는 여러 가지 재원 중에서 조세는 법적 강제성을 지니고 있으며 반대급부 없이 징수된다. 조세는 납세자가 정부로부터 받는 수혜와는 직접적 관련성이 없으며, 발생하는 소득 혹은 지출을 대상으로 하므로 담세능력의 원칙에 따라 징수된다. 따라서 조세의 부과원칙은 시장의 교환과정에서 수익자에게 비용을 부과하는 수익자 부담원칙과는 상이하다.

소득재분배 관점(즉 소득재분배에 미치는 영향을 기준으로)의 조세체계는 직접세와 간접세로 구분된다. 직접세는 "납세의무자와 조세부담자가 일치하며, 소득이 있는 사람이 직접 납부하는 조세"이다. 간접세는 "납세의무자와 조세부담자가 일

10 본 절의 일부 내용은 김의섭 외 5인(2016)의 참고해 재구성하였다.

치하지 않으며, 상품을 구매할 때 납부하게 되므로 소득이 없더라도 지출능력이 있을 때 부과되는 조세"이다. 즉 간접세는 소비자가 부담하지만 판매자가 징수해 소비자를 대신해서 납부한다. 직접세의 대표적 예로는 소득세와 법인세를 들 수 있으며, 간접세로는 부가가치세·특별소비세 등이 있다. 조세부과의 원칙은 일반적으로 효율성(efficiency)과 형평성(equity)에 기초하며, 직접세와 간접세는 각각 형평성과 효율성을 강조한다. 이는 직접세와 간접세가 상호 보완적인 역할을 담당한다는 사실을 의미한다.

따라서 정부의 소득재분배에 대한 의지는 직접세(즉 형평성이 조세부과의 주요한 원칙인 조세) 체계를 통해 실현된다. 조세체계가 소득재분배를 지향할수록 소득세는 높은 누진세율을 채택하며, 저소득층에 대한 면세 혜택을 확대한다. 간접세도 상품에 따라 세율을 차등 부과함으로써 소득재분배 효과가 있을 수 있다.[11] 예를 들어 생활필수품과 사치품을 차별해 세율을 부과할 수 있으며, 일반소비세와 특별소비세로 나누어지기도 한다.

그러나 소득재분배의 수단으로 조세를 활용하는 데에는 현실적으로 몇 가지 문제점들이 존재한다. 조세부과 과정에서 실제 부딪치는 문제는 과세포착에 대한 정확성과 고율의 과세에 대한 고소득자의 반발이다. 우리가 누진적(progressive) 소득세를 적용해 소득재분배 효과를 실현하기 위해서는 먼저 모든 소득을 정확히 파악해야 하지만, 현실적으로 모든 소득을 정확히 파악하기에는 한계가 따른다. 특히 급여생활자에 비해 자본소득이나 자영업자의 소득을 정확히 파악하기 어려운데, 납세자가 수입과 비용을 성실하게 신고할 때만 소득파악은 정확성을 갖게 된다. 이 문제점은 사회 전체의 신뢰가 확보되고 신용제도가 정착될 때 완화될 수 있다.

또한 누진세를 적용받는 고소득자는 다음의 방식들을 이용해 조세에 저항하려 한다. 첫째, 고소득자는 조세 일부를 타인에게 전가하는 방식을 사용한다. 특히 자본소득을 대상으로 조세를 부과하는 경우에는 조세전가가 상대적으로 쉽게 이루어진다. 즉 기업에 대한 법인세·전문직에 대한 조세 등은 급여소득자를 대상으

11 이미 언급하였듯이, 간접세는 조세부과 원칙 중 효율성을 강조하며, 상품에 동일 세율을 부과하므로 역진적(regressive) 조세이다.

로 한 조세에 비해 소비자에게 쉽게 전가되는 경향이 있다.

둘째, 고소득자 혹은 자본소득자는 누진세로 인해 투자를 기피하는 방식으로 조세에 저항한다. 투자는 국민소득을 증가시키는 중요한 수단이며, 기술발전과 국민경제의 성장을 촉진한다. 즉 누진세는 개인의 투자의욕을 떨어뜨리고 자본투입을 회피하도록 만들기 때문에 경제성장을 상대적으로 정체시키는 요인이 되기도 한다. 경기 침체기에는 투자가 경기회복이나 경제성장을 위한 적극적 요소로 활용되는데, 이 기간에는 누진세가 갖는 소득재분배의 성격이 희생될 수 있다.

정부는 투자를 활성화하기 위해 법인세를 감면하거나 혹은 투자한 만큼의 소득에 대한 조세부과를 연기하는 방안을 경기부양 정책으로 종종 활용한다. 이때 감면된 법인세만큼 다른 조세항목에서 조세가 징수되어야 한다. 그런데 부족한 세수가 간접세에 의해 충당되는 경우가 많이 발생하는데, 이는 조세의 소득재분배 효과를 약화시킨다. 일시적 조세감면 정책은 경기가 회복되어 활성화되면, 조세수입의 증가로 이어지므로 정당화될 수 있다. 그러나 이 과정에서 누진세가 갖는 소득재분배의 기능은 사실상 약화 혹은 희생되기 마련이다.

3.2 재정지출의 역할

재정지출은 정부가 공공재를 공급하고 개인적으로 투자가 어려운 사회기반시설을 건설하기 위해 이루어진다. 국가의 재정은 다양한 목적과 용도에 따라 투입되는데, 이 중에서 소득재분배와 직·간접적으로 관련되는 지출은 교육·보건·복지·주택건설 등을 들 수 있다.

교육은 모든 국민들에게 평등한 자기개발 기회를 제공하고 문화적 수준을 높일 뿐만 아니라 사회적으로 필요한 인력을 육성한다는 목적을 갖는다. 만약 사람들이 교육받을 기회에서 차별을 받는다면, 차별받은 사람들은 사회에서 직업을 선택하거나 혹은 이상의 직업에 맞는 자질을 갖추지 못하는 불이익을 감내해야 한다. 따라서 평등한 교육기회는 국민 각자가 직업선택에 필요한 소양을 갖기 위해 요구되므로 교육에 대한 재정지출은 적극적 소득재분배의 역할을 담당한다. 정부는 일정 수준까지 의무교육을 시행하고, 수익자 부담의 원칙보다는 교육 균등화의 원칙을 준수한다. 따라서 일정 수준까지의 의무교육은 개인의 지출과는 관계없이 시행되므로 소득재분배를 위한 중요 수단이다. 그러나 현실적으로 교육이 국방·치안 등의 공공재와 같이 조세부담의 능력과 관계없이 기회평등과 동등 수혜의 원칙만으로 제공되지는 않는다.

보건·복지·주택건설 등과 관련된 정책들은 교육과 같은 적극적 소득재분배의 역할을 담당하지는 않는다. 이상의 정책들은 수익자 부담 원칙이 기본적으로

읽을거리

최저임금제와 소득불평등

최저임금제는 저임금 노동자(즉 비숙련 노동자)들에게 최소한의 임금을 보장함으로써 그들이 기본적인 경제행위를 영위할 수 있도록 도움을 주는 효과적인 방법으로 인식된다. 그러나 최저임금제는 노동시장에서 노동의 초과공급을 발생시켜 실업(특히 비자발적 실업)을 유발하는데, 이는 주로 비숙련 노동자와 젊은이들에게 부담을 준다. 기업들은 최저임금제로 인해 임금이 상승하면, 높은 임금수준에 적합한 생산성을 갖춘 숙련 노동자만을 고용하려 한다.

따라서 생산성이 낮은 비숙련 노동자와 노동시장에 신규로 진입하려는 젊은이들은 고용과정에서 어려움을 경험하게 된다. 비숙련 노동자나 기술이 없고 나이가 어린 사람들이 경쟁력 강화를 통해 경제적 상황을 개선하는 최선의 방법은 직업을 통한 경험이나 현장학습이다. 그러나 최저임금제는 비숙련 노동자와 젊은이들의 고용을 실질적으로 방해하고, 그들이 현장에서 일하면서 기술을 습득할 기회마저 박탈한다.

또한 노동의 초과공급 상태에서는 노동수요자(기업)보다 노동공급자(노동자)가 많기 때문에 인종·성·학연·지연·혈연 등에 따른 차별적 고용이 생겨난다. 따라서 최저임금제의 요구는 저임금 노동자(즉 비숙련 노동자)에 의해 생겨난 것이 아니다. 오늘날 최저임금 상승에 가장 적극적인 지지자는 노동조합이다. 비숙련·비노조 노동자와 신규 진입 노동자가 숙련된 노동조합 노동자와 경쟁할 수 있는 유일한 방법은 그들의 서비스를 낮은 임금으로 제공할 수밖에 없다. 따라서 지나친 최저임금 상승으로 가장 큰 피해를 보는 사람은 고용기회가 상실되는 비숙련·비노조 노동자와 신규 진입 노동자들이다(안재욱, 2006).

결과적으로 저임금 노동자(즉 비숙련 노동자)들의 기본적인 경제행위를 보장하기 위해서 존재하는 최저임금제는 비숙련 노동자를 포함한 노동시장의 약자를 보호하기보다는 오히려 그들을 구축(crowding-out)하는 역할을 하고 있다. 이로 인해 오늘날 숙련 노동자와 비숙련 노동자 간의 소득불평등은 더욱 악화하고 있는 실정이다.

적용되기 때문에 소득재분배 효과는 상대적으로 미약하다. 그러나 이상의 정책들은 목적에 따라 선별적인 효과를 발생시키므로 소득재분배의 수단으로 활용된다. 예를 들어 보건은 국민의 건강과 삶의 질을 높이기 위해 반드시 요구되므로 건강보험은 소득재분배의 수단으로 적극적으로 활용된다. 복지는 주로 저소득층이 대상인 정부정책이며,[12] 소득계층 간 혹은 세대 간의 소득격차를 축소하는 역할을 담당한다. 주택건설은 시장경제(민간부문)에 의해 주도되지만, 정부는 저소득층을 위해 주택을 분양 혹은 장기임대로 공급하는 소득재분배 정책을 종종 시행한다.

3.3 사회보장제도

사회보장에 대한 국민들의 관심은 경제가 발전함에 따라 높아지기 때문에 정부에서는 사회보장과 관련된 제도적 장치를 마련한다. 협의의 사회보장은 국민의 기본생활을 보장하고 식생활·건강·주택 등과 같은 부문에서 최소한의 삶의 질을 유지하도록 돕는 것을 의미한다. 그러나 정부는 경제가 발전함에 따라 협의의 사회보장에서 한 단계 나아가 국민의 삶의 질을 개선하기 위해 요구되는 제반 사항에 적극적으로 관여하게 되었다. 즉 광의의 사회보장은 국가가 복지를 증진할 제반 사항을 제도화하고, 민주주의와 복지사회를 지향함으로써 실현된다.

우리나라의 사회보장제도는 사회보험·공공부조·사회복지서비스로 나누어지며, 사회보험은 크게 연금제도·의료보험·실업보험의 세 가지 제도가 주축을 이룬다.[13] 정부가 사회보장제도를 시행하면, 소득 또는 자산이 있는 모든 국민이 구성원이 되어 일정 금액을 분담금으로 납부하고 제도의 목적과 특성에 따라 혜택을 받게 된다. 분담금은 개인소득을 기준으로 부과되며, 정기적인 소득이 없을 때는 개인이 보유한 자산을 기준으로 부과되기도 한다. 비록 납부하는 분담금 산출에는 통상적으로 소득이나 자산이 지표로 활용되지만, 이러한 산출은 제도가 갖는 특성에 따라 다양하게 적용되며 정책적인 배려가 고려되기도 한다. 정책적인

---

12 복지지출은 대표적 소득재분배 정책이지만, 본서의 여러 부분에서 다루어지므로 여기서는 자세한 언급을 생략한다.

13 공공부조는 기초생활보장과 의료급여로 구성되며, 사회복지서비스는 노동복지·아동복지·장애인복지·가정복지로 구체화한다.

기준은 사회보장의 각 제도에 자산적립 기능, 보험기능 및 소득재분배 기능을 어떻게 적용할지에 따라 달라진다.

우리나라 연금의 유형에는 국민연금·공무원연금·사학연금·군인연금 등이 있으며, 이 중에서 가장 잘 알려진 대표적 연금제도는 국민연금이다. 국민연금은 가입자가 일정 기간 적립한 이후 혜택을 받는 제도이며, 일하는 동안 적립하고 은퇴 후 연금을 받기 때문에 세대 간 소득재분배와도 관련된다. 다시 말해 저소득층(고소득층)은 자신의 소득에 비례해 적립한 금액 이상(이하)을 연금으로 혜택을 받기 때문에 국민연금은 소득재분배의 기능을 갖는다.

건강보험은 가입자가 소득에 비례하거나 혹은 자산과 연계해 분담금을 납부하고 의료혜택을 받는 제도이다. 가입자가 의료혜택을 받을 수 있는 정도는 실제 의료 진료가 발생할 때 진료의 유형, 수혜기간 등에 따라 분담하는 납부금에 의존하게 된다. 우리나라의 의료보험은 보험기능과 소득재분배 기능을 모두 갖고 있다. 즉 진료가 반드시 소득수준과 직접 관계되지는 않지만, 저소득층은 낮은 분담금에 비해 상대적으로 많은 의료서비스를 받는 경우가 종종 발생한다.

실업보험은 가입자가 직업에 종사하는 동안 소득에 비례해 납부하고, 실직되었을 때 소득에 비례해 혹은 일정 한도 내에서 되돌려 받는 제도이다. 실업보험은 다른 연금이나 건강보험 제도에 비해 보험기능이 강하며, 은퇴 시까지 직장을 계속 유지할 경우에는 혜택을 받지 못하게 된다. 그러나 실직이 되더라도 실업보험을 받을 수 있는 기간은 제한될 뿐만 아니라 그 기간이 연장될지라도 재취업에 대한 의지를 충분히 보일 때만 실업보험을 받게 된다는 조건이 따른다.

[표 11-1]은 우리나라의 사회보험 체계와 현황을 보여준다. 즉 우리나라의 사회보험은 연금제도(국민연금, 공무원연금, 군인연금 및 사립학교 교원연금), 의료보험(국민건강보험) 및 실업보험(고용보험과 산재보험)으로 구성되어 있다. 또한 사회보험 정책은 보건복지부와 고용노동부에서 관장하고 있으며, 사회보험 급여 등의 관리는 국민건강보험공단, 국민연금공단, 근로복지공단, 고용지원센터에서 관장하고 있다.

표 11-1 우리나라 사회보험 체계 및 현황

구분	제도명	도입 시기	대상/위험	보장형태	가입대상
연금 제도	국민연금	1988년 도입, 1999년 전국민 대상	노령, 장애, 사망에 대한 소득손실	소득보장	5인 이상 사업장, 농어민, 농어촌 자영자
	공무원연금	1960년	노령, 장애, 사망에 대한 소득손실(산재 포함)	소득보장	공무원
	군인연금	1963년	노령, 장애, 사망에 대한 소득손실	소득보장	장기 부사관 이상
	사립학교 교원연금	1975년	노령, 장애, 사망에 대한 소득손실	소득보장	사립학교 교원
의료 보험	국민건강보험	1977년	질병에 의한 비용손실	의료보장/건강증진	전 국민
실업 보험	고용보험	1995년	실업에 의한 소득손실, 실업 예방	실업급여/고용안정	모든 근로자
	산재보험	1964년	업무상 재해로 인한 소득 혹은 비용손실	산업재해 보상/재활	모든 근로자

출처: 보건복지부(http://www.mw.go.kr/).

4. 세계 주요국의 복지지출

본 절에서는 OECD 국가들을 대상으로 복지지출 현황, 1990년 이후 현재까지 변화 추이 및 주요국 복지지출의 특징을 살펴본다. 또한 본 절에서는 주요국의 기능별 공공사회복지지출과 복지재원 마련을 위한 국민부담률 등의 통계자료를 검토한다.

4.1 복지지출 현황

우리는 OECD 사회지출데이터베이스(social expenditure database, SOCX)에서 발표하고 있는 "GDP 대비 공공사회복지지출 비율(%)"(이후 공공사회복지지출로 나타냄)을 통해 주요국 복지지출의 정도를 구체적으로 파악할 수 있다. [그림 11-1]은 국가예산정책처(2021)가 작성한 것으로 OECD 국가들을 대상으로 1990년, 1999년, 2009년 및 2019년의 공공사회복지지출을 보여준다.

그림 11 - 1 OECD 국가별 GDP 대비 공공사회복지지출 비율(단위: %)

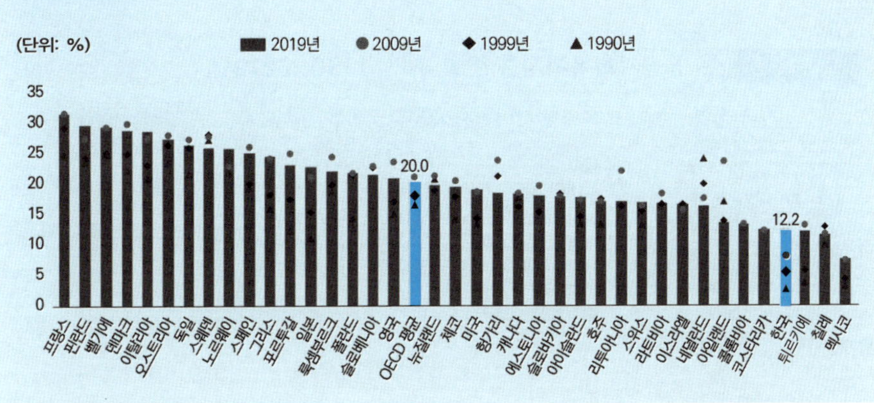

주: ① 2019년 대신 일본과 호주는 2017년; 뉴질랜드, 스위스, 캐나다, 코스타리카, 콜롬비아는 2018년 자료임. ② 코스타리카와 콜롬비아는 2009년 대신 각각 2010년과 2011년 자료임. ③ 2017년까지의 자료는 확정치이며, 2018년과 2019년의 자료는 잠정치임.

자료: 국회예산정책처(2021).

OECD 38개 회원국 중에서 공공사회복지지출 비율이 높은 국가는 GDP 대비 30% 전후를 기록한 프랑스·핀란드·벨기에 등의 복지국가들이며, 튀르키예·칠레·멕시코 등은 GDP 대비 10% 전후로 상대적으로 낮은 수준이다. 2019년 OECD 평균 공공사회복지지출은 20.0%이고, 우리나라는 38개국 중 35위로 OECD 평균보다 낮은 12.2%이다. 그러나 우리나라는 1990년 2.6%에서 2019년 12.2%로 4.7배 상승해 OECD 회원국 중 가장 빠른 속도로 공공사회복지지출이 증가하고 있다. 특히 우리나라의 GDP가 1990년 2,834억 달러(1인당 6,610달러)에서 2019년 1조 6,514억 달러(1인당 31,937달러)로 크게 증가한 사실을 고려하면, 우리나라의 공공사회복지지출은 다른 국가들과 비교해 상당히 큰 폭으로 증가해왔다.[14]

[표 11-2]는 [그림 11-1]을 이용해 1990~2019년의 공공사회복지지출 변화 추

14 공공사회복지지출은 GDP 대비 비율로 나타낸 값이다.

이, 즉 지속 증가, 증가 후 감소 및 지속 감소로 구분해 나타낸다. 공공사회복지지출이 지속 증가 국가들은 대체로 1990년 이전 복지지출수준이 상대적으로 낮았던 국가들이거나 정부가 복지정책에 우선순위를 높게 둔 국가들이다. 즉 복지지출수준이 상대적으로 낮았던 국가들은 남유럽 국가와 비유럽 국가들이며, 복지정책에 우선순위를 높게 둔 국가들로는 프랑스, 핀란드, 스위스 등을 들 수 있다.

표 11-2 공공사회복지지출 변화 추이: 1990~2019년

지속 증가 (13개국)	증가하다가 2009년 이후 감소 (18개국)	지속 감소 (1개국)
프랑스, 핀란드, 벨기에, 이탈리아, 노르웨이, 그리스, 미국, 아이슬란드, 스위스, 콜롬비아, 코스타리카, 대한민국, 멕시코	덴마크, 오스트리아, 독일, 스웨덴, 스페인, 포르투갈, 룩셈부르크, 슬로베니아, 영국, 뉴질랜드, 체코, 헝가리, 에스토니아, 리투아니아, 라트비아, 아일랜드, 튀르키예, 칠레	네덜란드

출처: 국회예산정책처(2021).

대부분 유럽국가들에서는 공공사회복지지출이 증가하다가 2009년 이후 감소하였는데, 이는 2008년 글로벌 금융위기와 2010년 유럽재정위기를 겪은 후 긴축재정으로 전환하면서 생겨났다. 또한 이상의 현상은 앞 장에서 살펴본 바와 같이, 세계화 진전에 따른 '최소복지국가'나 '바닥으로의 질주'와 무관하지 않으리라고 여겨진다.[15] 그런데도 이들 국가의 2019년 기준 공공사회복지지출이 여전히 OECD 평균을 상회하며 상대적으로 높은 수준이다. 네덜란드는 유일하게 공공사회복지지출이 지속 감소하는 형태의 국가이다. 네덜란드는 1980년대 중반 이후 장기적 경기침체와 고실업 등으로 사회보장지출이 급증함에 따라 지출 규모가 큰 장해급여와 상병급여 사용을 제한하는 개혁조치를 단행하면서 공공사회복지지출이 지속해서 감소하는 추세를 나타낸다.

[그림 11-2]는 2018년 자료를 바탕으로 OECD 국가들의 공공사회복지지출과 국민부담률[16] 간의 관계를 나타낸다. 이때 국민부담률은 "GDP 대비 국세, 지방세

15 즉 이러한 현상은 유럽공동체(EU)로 인한 사회정책의 조화, 즉 지역경제통합으로 인해 회원국 간 경제사회정책의 수렴현상과도 관련된다.

16 한편 조세부담률은 "국민부담률에서 사회보장기여금을 제외한 값"이다.

및 사회보장기여금(social security contributions, 공적연금과 사회보험 납부액)의 합한 값의 비율(%)"로 정의된다. OECD 국가들에서는 공공사회복지지출과 국민부담률 간에 양(+)의 관련성이 존재하는 것으로 관측되는데, 이를 바탕으로 OECD 국가들의 복지체계는 크게 세 가지 유형으로 분류할 수 있다. 첫째, 저부담-저복지 국가로는 대한민국·미국·스위스·아일랜드·호주·튀르키예·멕시코 등이 포함한다. 둘째, 중부담-중복지 국가로는 뉴질랜드·스페인·영국·일본·체코·캐나다·폴란드 등이다. 셋째, 고부담-고복지 국가로는 덴마크·독일·스웨덴·이탈리아·핀란드·프랑스 등 선진 복지국가들이다

그림 11 - 2 **공공사회복지지출과 국민부담률(단위: %)**

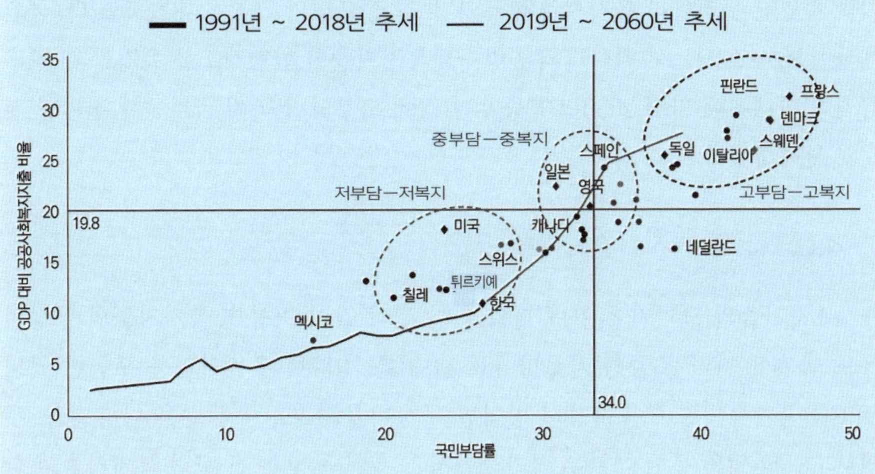

주: ① 일본과 호주는 2017년 자료임. ② 가운데 수직선과 수평선은 OECD 전체 38개국의 평균 국민부담률과 공공사회복지지출을 나타냄. ③ 실선은 1991~2018년의 우리나라 변화 추이이며, '◆ 한국' 이후의 실선은 국회예산정책처의 '사회보험 수지균형 국민부담률'과 사회보장위원회의 'GDP 대비 공공사회복지지출 비율'의 전망 결과를 2020년부터 10년 단위로 2060년까지 연결한 추세를 나타냄.

자료: 국회예산정책처(2021).

프랑스는 국민부담률과 공공사회복지지출이 각각 46.1%와 31.1%로 OECD 38개국 중에서 가장 높은 국가이다. 멕시코는 국민부담률과 공공사회복지지출이 상대적으로 가장 낮은 국가이다. 유럽국가들이 대부분 고부담-고복지 유형을 취하고 있으며, 시장경제 중심의 경제체계 국가들이 저부담-저복지 혹은 중부담-중

복지 유형을 나타낸다. 유럽의 선진 복지국가들은 사회 중심적 공공복지가 발달함으로써 조정된 시장경제의 기능을 수행한다. 즉 이들 국가들은 가족의 역할을 크게 사회화하는 사회 통합적 복지정책과 보편적 사회서비스를 추구하므로 복지지출과 국민부담 수준이 높게 나타난다. 그러나 시장중심 국가들은 국가의 개입을 최소화하기 때문에 상대적으로 복지지출과 국민부담 수준이 낮을 수 있다.

우리나라는 2018년 기준 국민부담률이 26.7%이고, 공공사회복지지출은 10.8%로 OECD 전체 국가의 평균 이하인 저부담-저복지 유형에 해당한다. 또한 우리나라는 국민부담률 대비 공공사회복지지출 비율은 더욱 낮은 수준인데, 이는 우리나라의 복지지출이 성숙단계로 나아가야 한다는 사실과 그동안 복지지출이 정책의 우선순위에서 다른 국가에 비해 떨어졌다는 사실을 제시한다. 그러나 지난 수년간 우리나라 복지지출의 크기 및 그 중요성이 크게 증대하고 있다. 국회예산정책처(2021)는 우리나라의 공공사회복지지출이 현행제도를 유지할 때 향후 급격히 확대됨에 따라 2050년대 중후반 경에 고부담-고복지 국가군에 진입할 것으로 분석하였다.

4.2 기능별 복지지출 현황

복지지출의 크기가 국가에 따라 다른 것과 같이 기능별 복지지출의 구성비율도 국가에 따라 조금씩 다르다. [표 11-3]은 2017년 우리나라를 포함한 몇몇 OECD 국가들의 9대 복지정책 영역별 구성비율(총지출 대비 %)을 나타낸다. 우리는 [표 11-3]을 통해 대부분 국가들에서 노령인구 및 보건 관련 복지지출의 합이 전체의 약 70%를 차지하고 있음을 알 수 있다. 특히 미국과 일본은 각각 보건(45.7%)과 노령(45.1%)이 가장 큰 비중을 차지한다. 우리나라에서도 보건이 40.7%로 가장 큰 비중을 차지하며, 노령은 26.4%로 다른 선진 복지국가에 비해 다소 낮은 수준이다. 우리나라의 노령 관련 복지지출 비중이 상대적으로 낮은 이유는 인구의 고령화 정도가 다른 선진 복지국가들보다 낮다는 사실을 반영한다.

또한 덴마크·스웨덴 등의 북유럽 국가에서는 근로 무능력·가족·적극적 노동시장 등 사회정책 영역의 지출 비중이 상대적으로 크게 나타난다. 이상의 세 가지 기능별 비율을 합하면, 덴마크와 스웨덴은 각각 35.2%와 32.5%이다. 바꾸어 말하면, 덴마크와 스웨덴의 보건 관련 지출은 다른 복지국가들에 비해 낮은 수준이다. 이는 북유럽 국가들이 근로 무능력이나 적극적 노동시장 관련 복지정책을 다른 복지국가들에 비해 상대적으로 더 중요시하고 있음을 반영한다. 우리나라의 기능별 복지지출은 대체로 OECD 평균과 큰 차이가 나타나지 않지만, 노령(26.4%)과 주거(0.6%) 관련 복지지출이 상대적으로 낮게 관측된다.

표 11-3 공공사회복지지출 기능별 비율(2017년, 단위: %)

국가명	노령	유족	근로 무능력	보건	가족	적극적 노동시장	실업 급여	주거	기타
대한민국	26.4	3.2	5.9	40.7	10.9	2.9	2.8	0.6	6.4
덴마크	33.0	0.0	16.8	24.2	11.7	6.7	0.0	2.3	5.2
독 일	33.2	7.1	8.9	32.3	9.2	2.6	3.4	2.2	1.1
미 국	35.1	3.4	5.7	45.7	3.4	0.6	0.9	1.4	3.9
스웨덴	34.9	1.0	14.7	24.8	13.0	4.8	1.2	1.5	4.1
영 국	28.9	0.2	9.1	37.4	15.8	0.8	0.7	6.6	0.5
일 본	45.1	5.4	4.8	34.1	7.1	0.7	0.7	0.5	1.6
프랑스	39.6	5.0	5.4	27.8	9.1	2.8	4.9	2.6	2.7
OECD 평균	36.1	3.0	4.4	37.1	10.5	2.3	1.4	1.4	3.8

자료: OECD 사회지출데이터베이스(http://www.oecd.org/social/expenditure.htm).

이처럼 국가별 복지지출의 크기 및 가능별 구성비율에 차이가 생겨나는 이유는 국가별 복지정책의 중요성이나 필요성이 상이하기 때문이다. 또한 국가별 경제사회적 여건은 복지지출의 크기와 기능별 구성비율에 영향을 미치는 중요한 요인으로 작용한다. 국가마다 상이한 소득수준·산업구조·인구구조·개방화 등과 같은 경제사회적 여건의 차이로 인해 국가마다 복지지출에 대한 선호가 상이하게 나타날 수 있다. 그러나 이상의 경제사회적 여건을 통제할지라도 국가마다 복지지출의 크기 및 기능별 구성비율에 차이가 생겨날 수 있는데, 이는 복지정책에 대한 정부정책의 우선순위가 다르기 때문에 생겨난다. 따라서 국가별 복지지출의 크기 및 기능별 구성비율은 크게 두 가지 요인, 즉 경제사회적 여건과 정부정책의 우선순위에 의해 주로 결정된다.

그러나 우리는 기초 자료만을 가지고 국가별 상이한 복지지출 크기나 구성비율이 경제사회적 여건의 차이로 나타난 결과인지 아니면 정부정책의 우선순위의 차이로 생겨났는지를 파악할 수 없다. 이상의 한계점을 극복하기 위해 Heller and Diamond(1990)는 복지지출의 국제비교를 가능하게 하는 IEC 지수(International Expenditure Comparison Index)를 제안하였다. IEC 지수는 분야별 재정지출의 실제값(real value)을 회귀분석을 통해 구해진 분야별 재정지출의 예측된 값(fitted value)으로 나눈 비율이다. 이러한 IEC 지수는 각국의 분야별 재정지출의 실제 규모가 경제사회적 여건을 반영하는 형태의 회귀분석을 통해 구해진 추정치와 어느 정도 차이를 나타나는지 보여준다.[17]

4.3 국민부담률

이제 복지재원이 OECD 국가들 간에 어떻게 다른지 살펴본다. 안정적 복지지출은 안정적으로 재원조달이 가능할 때 달성된다. 따라서 주요 복지재원으로는 법적 강제성을 지닌 조세(국세 및 지방세)와 사회보장기여금이 사용된다. 이러한 조세(국세 및 지방세)와 사회보장기여금의 크기는 '국민부담률'([(국세 + 지방세 + 사회보장기여금) / GDP] × 100)과 '조세부담률'([조세(국세 + 지방세) / GDP] × 100)을 결정한다.[18]

조세부담률은 국민의 조세부담을 나타내는 대표적 지표이지만, 국민들이 강제적으로 납부해야 하는 성격의 연금이나 사회보험에 대한 부담은 반영하지 못한다는 한계를 갖고 있다. 국민부담률은 사회보장기여금(social security

17 여기서는 IEC 지수의 방법론에 대한 자세한 설명을 생략한다. 전승훈(2006), 최준욱·류덕현·박형수(2005), 황진영(2007b)은 등은 IEC 지수를 사용해 복지지출의 국제비교를 수행하였다. 예를 들어 전승훈(2006)은 경제사회적 여건을 반영하기 위해 1인당 GDP, 농업(혹은 서비스)생산 비율, 수출입 비율, 도시인구 비율, 총인구, 인구구조, 조세부담률 등의 변수들을 통제하였다.

18 특정 국가의 국민부담률이나 조세부담률은 복지지출과 경제사회적 여건을 고려할 때 해당 국가의 복지지출이 다른 국가의 복지지출과 어떤 차이가 있는지 비교하기 위해 주로 사용된다. 나성린·이영(2003)은 IEC 지수를 원용한 ITC 지수(International Tax Comparison Index)를 계산하였다. 즉 ITC 지수는 "조세부담의 실제 값을 경제사회적 여건을 고려한 회귀분석을 통해 구해진 조세부담의 예측된 값으로 나눈 비율"이다. 우리는 ITC 지수를 이용해 실제 조세부담이 경제사회적 여건을 반영한 회귀분석을 통해 구해진 추정치와 어느 정도 차이가 생겨나는지 비교할 수 있다.

contributions)을 일종의 준조세로 분류해 산출에 포함한다. 따라서 국민부담률은 실제 국민들이 체감하는 부담의 수준을 포괄적으로 측정하는 지표이다. [표 11-4]는 2020년 기준 OECD 주요 국가들의 국민부담률을 나타내며, 몇 가지 특징적인 사실을 살펴보면 다음과 같다.

표 11-4 주요 OECD 국가의 국민부담률(단위: %)

국 가	국민부담률	조세부담률	사회보장부담률
네덜란드	39.7	26.1	13.6
대한민국	28.0	20.1	7.8
덴마크	46.5	46.5	0.1
독 일	38.3	23.1	15.2
멕시코	17.9	15.4	2.5
미 국	25.5	19.2	6.3
스웨덴	42.6	33.5	9.1
스위스	27.6	20.7	6.9
프랑스	45.4	30.6	14.9
영 국	32.8	25.9	6.9
일 본	31.4	18.5	12.9
캐나다	34.4	29.5	4.9
호 주	27.7	27.7	0.0
OECD 평균	33.5	24.3	9.25

주: 국민부담률 = [(국세 + 지방세 + 사회보장기여금) / GDP] × 100; 조세부담률 = [(국세 + 지방세) / GDP] × 100.

자료: OECD 글로벌수입데이터베이스 (https://www.oecd.org/tax/tax-policy/global-revenue-statistics-database.htm).

첫째, OECD 국가들의 평균 국민부담률은 GDP 대비 33.5%이며, 선진 복지국가들의 국민부담률은 대체로 40% 전후의 높은 수준이다. OECD 38개국 가운데 덴마크(46.5%), 프랑스(45.4%), 스웨덴(42.6%)의 순으로 국민부담률이 가장 높게 나타나며, 네덜란드(39.7%)·독일(38.3%) 등의 복지국가도 30% 후반의 높은 수준이다. [그림 11-2]와 같이 시장의 역동성을 강조하는 미국(25.5%)·호주(27.7%) 등의 국민부담률은 상대적으로 낮은 수준이다. 우리나라의 국민부담률은 미국과 호주 등의 국가와 유사한 28.0%이다.

둘째, 국민부담률은 조세부담률과 사회보장부담률의 합인데, 국가별 조세부담률과 사회보장부담률은 매우 큰 차이를 나타낸다. 예를 들어 덴마크와 프랑스의 국민부담률은 각각 46.5%와 45.4%로 비슷한 수준이지만, 덴마크(프랑스)의 조세부담률과 사회보장부담률은 46.5%(30.6%)와 0.1%(14.9%)이다. 즉 덴마크는 대부분 국민부담률이 조세에 이루어지지만, 프랑스는 상대적으로 사회보장기여금이 큰 국가이다. 이러한 국민부담률 구성의 차이는 다른 국가들에서도 쉽게 발견된다. 영국·캐나다 등은 국민부담률 구성에서 조세부담률이 다른 국가들에 비해 큰 반면, 대한민국·독일·일본 등은 사회보장부담률이 상대적으로 크게 관측된다. 이러한 현상은 각 국가의 상이한 복지정책과 경제사회적 여건의 차이에 기인한다.

셋째, 우리나라의 국민부담률은 GDP 대비 28.0%로 OECD 전체 국가의 평균인 33.5%보다 낮은 수준이다. 또한 조세부담률과 사회보장부담률도 OECD 전체 국가의 평균인 24.3%와 9.25%보다 낮은 20.1%와 7.8%이다. 따라서 우리나라는 단순 수치상 조세부담과 사회보장부담이 OECD 국가들 중에서 상대적으로 낮은 수준이라고 평가할 수 있다. 그러나 우리나라의 경제사회적 여건을 고려한다면, 이상의 수치만으로 적정수준을 논의하는 것은 한계가 있다. 그런데도 우리는 향후 고령화의 심화와 복지에 대한 국민적 수요가 증가할 것을 고려하면, 우리나라 복지지출은 지속해서 증가할 것이며 국민부담률 증가는 불가피할 것으로 예상할 수 있다.

구체적으로 [표 11-5]는 2000~20년의 우리나라 국민부담률의 변동 추이를 나타낸다. [표 11-5]는 우리나라 국민부담률이 2000년 이후 지속해서 증가해왔다는 사실을 제시한다. 즉 국민부담률이 2000년 20.9%에서 2020년 28.0%로 증가하였다. 또한 국민부담률 증가에는 조세부담률보다 준조세 성격의 사회보장부담률이 상대적으로 크게 기여하였다. 조세부담률은 동기간 동안 17.4%에서 20.1%로 증가하였지만, 사회보장부담률은 3.5%에서 7.8%로 증가하였다. 이러한 변동은 사회보장제도의 성숙화에 따른 복지지출의 자동적 증가(automatic increase)를 반영한다.

그러나 2015~20년 기간에는 사회보장부담률과 함께 조세부담률이 크게 증가하였다. 이 기간의 조세부담률 증가는 조세징수의 투명성 강화와 조세행정의 효율성 증진에 기인한다.[19] 따라서 우리나라의 지난 20년간 복지수준을 개선하기 위한 추가적인 재원확보는 조세, 즉 세원의 확대나 세율의 인상보다는 사회보장기여금 증가에 크게 의존한 것으로 판단된다.

표 11-5 우리나라의 국민부담률 추이(단위: %)

연 도	국민부담률	조세부담률	사회보장부담률
2000	20.9	17.4	3.5
2005	21.7	17.1	4.6
2010	22.4	17.2	5.2
2015	23.7	17.4	6.3
2020	28.0	20.1	7.8

주: 국민부담률 = [(국세 + 지방세 + 사회보장기여금) / GDP] × 100; 조세부담률 = [(국세 + 지방세) / GDP] × 100.

자료: OECD 글로벌수입데이터베이스 (https://www.oecd.org/tax/tax-policy/global-revenue-statistics-database.htm).

19 우리는 정보통신기술의 발전이 조세징수의 투명성 강화에 큰 역할을 한 것으로 추측할 수 있다.

생각해 볼 문제

1. 모든 분야(혹은 유형)의 복지지출은 경제성장에 대해 양면적 성격의 영향(즉 양(+)의 효과와 음(-)의 효과)을 지니고 있다. 또한 특정 유형의 복지지출이 경제성장에 미치는 영향은 단기와 장기에 따라 다를 수 있다. 경제성장에 미치는 복지지출의 양면적 성격을 특정 사례를 이용해 구체적으로 제시하라.

2. 오늘날 세계화 진전·인구구조의 변동 등과 같은 경제사회 환경의 변화는 더 많은 재정확충을 요구하고 있다. 여러분은 이러한 재정지출의 확대와 조세수입의 증대가 고용, 소득불평등 및 경제성장에 어떤 영향을 미칠 것으로 예상하는가? 어떤 분야(유형)의 재정지출 혹은 어떤 유형의 조세가 고용 증대에 유리하게 작용할지 토의하라.

3. 국가별 복지지출의 규모가 상이한 근본적인 이유는 국가마다 재정정책의 목표나 철학적 배경이 다르기 때문이다. 예전에는 복지국가를 세 가지 유형, 즉 영미형 국가(앵글로색슨형 혹은 자유주의 복지국가), 대륙형 국가(대륙유럽형 혹은 조합주의 복지국가) 및 북구형 국가(스칸디나비아형 혹은 사회민주주의 복지국가)로 분리해 분석하였는데, 오늘날 이상의 유형별 분석은 그 의미가 퇴색되고 있다, 여러분은 유형별 분석이 퇴색한 이유가 무엇이라고 생각하는가?

4. 우리나라의 복지지출과 국민부담률에 관한 다음의 물음에 답하라.
   (1) 현재 우리나라 복지지출의 크기는 적정하다고 생각하는가? 만약 그렇다면(혹은 그렇지 않다면), 그 구체적인 이유를 설명하라.
   (2) 만약 사회보장제도의 성숙화에 따른 복지지출의 자동적 증가(automatic increase)를 고려한다면, (1)의 생각이나 답은 수정되어야 하는가?
   (3) 우리나라 복지지출의 기능별 구성비율을 살펴보고, 어떤 특징적 사실을 발견할 수 있는지 제시하라.
   (4) 국민부담률과 조세부담률의 의미를 설명하라. 일부 문헌에서는 우리나라의 국민부담률이나 조세부담률이 OECD 국가 전체의 평균보다 낮은 수준이므로 안정적 복지지출을 위해 세원의 확대나 세율의 인상이 필요하다고 주장하는데, 여러분은 어떻게 생각하는가?

5. 우리나라의 조세 체계상 보통세는 직접세와 간접세로 나뉜다. 소득재분배에 대한 의지는 직접세 체계를 통해 실현되는데, 그 이유를 설명하라. 간접세는 소득재분배 효과가 크지 않으며 과세 형평과도 부합하지 않을 수 있지만, 정부에서 부과하는 이유는 무엇인가?

참 고 문 헌

【국내문헌】

강인수·김태준·박태호·유재원·유진수·이호생·채욱·한홍렬, 『국제경제학원론』, 박영사, 2004.

국회예산정책처, 『NABO 포커스』, 제30호, 2021.

김경환·서승환, 『도시경제론』, 홍문사, 1994.

김기수, "경제 다자주의의 효용과 한계: 국제무역체계를 중심으로," 『세종정책연구』, 제2권 제2호, 2006, pp. 139-171.

김낙년, "한국의 소득분배," Working Paper 2013-06, 낙성대경제연구소, 2013.

김상균·최일섭·최성재·조흥식·김혜란·이봉주·구인회·강상경·안상훈, 『사회복지개론』, 나남출판, 2009.

김상헌·임주영, "정부규제와 부패," 『공공경제』(한국재정·공공경제학회), 제7권 제2호, 2002, pp. 31-53.

김성아, "불평등, 지표로 보는 10년," 『보건복지 Issue & Focus』 409호, 한국보건사회연구원, 2021, pp. 1-15.

김원규, 『시장개방과 소득양극화』, e-KiET 산업경제정보, 제307호, 2006.

김응렬, 『사회복지학에의 초대』, 고려대학교 출판부, 2005.

김의섭·민완기·박상진·송태복·정명기·황진영, 『경제학등대지기』(제3판), 학림, 2016.

김의섭·황진영, "인구구조와 재분배적 재정지출," 『경제학연구』(한국경제학회), 제54집 제1호, 2006, pp. 33-61.

김정홍, 『기술혁신의 경제학』(제4판), 시그마프레스, 2011.

김홍균·문용호, "부모 및 부인의 교육수준과 교육투자수익률," 『재정논집』(한국재정학회), 제21집 제1호, 2006, pp. 1-22.

나성린·이영, "한국의 적정 조세부담률," 『공공경제』(한국재정·공공경제학회), 제8권 제1호, 2003, pp. 95-116.

노용환, "SOCX의 기능별 복지지출 정책시나리오 작성을 통한 복지정책의 소득흐름

분석,” 『보건사회연구』(한국보건사회연구원), 제40권 제1호, 2020, pp. 428-460.
대한민국 정책브리핑, 2021. 11. 08.
미래기획위원회, 『녹색성장의 길』, 중앙북스, 2009.
민성환, 『최근 유럽 재정위기의 경제적 영향과 시사점』, KIET 산업경제, 산업연구원, 2010.
박기백·김진·전병목, 『재정지출의 소득재분배 효과』, 한국조세연구원, 2004.
박찬일·이우헌, “금융제도의 발전과 경제성장의 관계: 동북아 국가들의 경험을 중심으로,” 『계량경제학보』(한국계량경제학회), 제16권 제3호, 2005, pp. 1-19.
방인성·이종하·황진영, “국가별 교육효율성 지수의 측정 및 활용,” 『비교경제연구』(한국비교경제학회), 제17권 제2호, 2010, pp. 39-66.
백웅기·김민성 옮김, 『경제성장』(제3판), D. N. Weil 저, 시그마프레스, 2013.
백훈, 『글로벌경제』, 연암프레스, 2000.
송하율, 『부패의 경제학』, 산업연구원, 1999.
안재욱, 『얽힌 실타래는 당기지 않는다』, 삼성경제연구소, 2006.
유경준·김대일, 『소득분배 국제비교와 빈곤연구』, 한국개발연구원, 2003.
유엔해비타트(UN-Habitat; 유엔인간정주계획)-유네스코한국위원회, 『2020 세계 도시 보고서』, 2021.
이광훈, “국내 지역별 이산화탄소 배출에 대한 환경 쿠즈네츠곡선 추정 및 비교,” 『환경정책연구』(한국환경연구원), 제9권 제4호, 2010, pp. 53-76.
이명훈·송원호·최창규·정지만·박종규·박원암·오완근, “초외생성 검정을 이용한 금융발전과 경제성장 간 제어인과관계 분석: 아시아 5개국을 중심으로,” 『한국경제의 분석』(한국금융연구원), 제13권 제1호, 2007, pp. 195-237.
이선호·방인성·황진영, “동아시아 8개 국가의 주가 변동성과 수익률,” 『산업혁신연구』(경성대학교 산업개발연구소), 제31권 제2호, 2015, pp. 77-101.
이순배, “시군 재정지출규모의 분석,” 『재정논집』(한국재정·공공경제학회), 제16권 제2호, 2002, pp. 203-221.
이종하·황진영, “광역자치단체별 노동소득분배율의 측정과 경제성과에 대한 영향, 『국가정책연구』(중앙대학교 국가정책연구소), 제33권 제3호, 2019, pp. 125-146.
이종하·황진영, “동아시아 국가에서 여성의 고용, 출산 및 성장 간의 상호관련성: 패널 SVAR 모형을 이용한 실증분석,” 『보건사회연구』(한국보건사회연구원), 제31

권 제1호, 2011, pp. 3-26.

이준구·조명환,『재정학』(제6판), 문우사, 2021.

이충열·이종하·이선호·강성범,『신남방지역 주요국의 핀테크 발전과 협력방안: 인도, 태국, 말레이시아, 베트남, 인도네시아를 중심으로』, 대외경제정책연구원 세계지역전략연구 20-05, 2020.

이태열, "수입경쟁과 우리나라 숙련노동자의 상대소득 변화,"『국제경제연구』(한국국제경제학회), 제5권 제1호, 1999, pp. 43-64.

임응순·강동관·황진영, "두뇌유출과 국가경쟁력 간의 관계에 대한 탐색적 연구,"『국가정책연구』(중앙대학교 국가정책연구소), 제28권 제1호, 2014, pp. 25-46.

전승훈,『분야별 재원배분에 대한 국제비교 연구』, 경제현안분석, 제7호, 국회예산정책처, 2006.

전재일·배일섭·정영숙,『사회복지정책론』, 형설출판사, 2000.

정군오·변병훈·황진영, "천연자원, 부패 및 경제성장,"『산업경제연구』(한국산업경제학회), 제17권 제6호, 2004, pp. 2113-2130.

정진호,『국가경쟁력: 어떻게 평가하고 무엇으로 키우나』, 지정출판사, 2000.

정희선, "OECD 국가의 소득불평등 변화와 원인,"『보건복지포럼』(한국보건사회연구원), 2011.

조성원, "외환위기 이후 소득 5분위배율의 구조적 변화,"『재정논집』(한국재정·공공경제학회), 제20집 제1호, 2005, pp. 93-109.

최강식, "숙련 편향적 기술진보와 임금,"『계량경제학보』(한국계량경제학회), 제15권 제1호, 2004, pp. 25-50.

최공필·남재현,『인구고령화의 경제적 영향과 시사점』, 한국금융연구원, 2005.

최병호·권오혁·김명수 옮김,『도시 및 지역경제학』, Philip McCann 저, 시그마프레스, 2006.

최재선,『지역경제론』, 법문사, 1990.

최종수·조성일, "바그너 법칙의 실증적 검증–한국의 경우–,"『재정정책논집』(한국재정정책학회), 제18권 제3호, 2016, pp. 21-44.

최준욱·류덕현·박형수,『재정지출의 분야별 재원배분에 관한 연구』, 한국조세연구원, 2005.

최필선·민인식, "부모의 교육과 소득수준이 세대 간 이동성과 기회불균등에 미치는 영향,” 『사회과학연구』(동국대학교 사회과학연구원), 제22권 제3호, 2015, pp. 31-56.

황상인, “한국의 금융발전과 경제성장과의 관계,” 『사회과학연구』(한국사회과학회), 제8권 제2호, 2009, pp. 117-128.

황준성·강달원, 『세계화와 변화하는 자본주의』, 시그마프레스, 2011.

황진영, “개도국에서의 자산분포와 교육비 지출,” 『재정논집』(한국재정·공공경제학회), 제17집 제2호, 2003, pp. 93-110.

황진영, “민족적·종교적 이질성과 소득불평등,” 『재정논집』(한국재정학회), 제22집 제1호, 2007a, pp. 89-108.

황진영, “복지재정정책의 국제 비교,” 『미래 한국의 조세재정정책』, 경제·인문사회연구회 협동연구총서 06-06-04, 한국노동연구소, 2007b, pp. 55-101.

황진영, “사회보장지출의 변화 및 수렴에 대한 세계화의 영향: OECD 국가 간 실증분석,” 『대외경제연구』(대외경제정책연구원), 제11권 제2호, 2007c, pp. 285-308.

황진영, “소득분포와 고등교육기관에 대한 투자지출: OECD 국가를 중심으로,” 『재정논집』(한국재정·공공경제학회), 제20집 제2호, 2006a, pp. 105-125.

황진영, “여성의 경제활동참가가 출산의 시기 및 수준에 영향을 미쳤는가?: 국가 간 실증분석,” 『보건사회연구』(한국보건사회연구원), 제33권 제3호, 2013, pp. 361-384.

황진영, “왜 부패한 국가는 작은 정부를 지향하는가?” 『재정정책논집』(한국재정정책학회), 제8집 제1호, 2006b, pp. 129-148.

황진영, “인적자본분포의 불평등과 정부지출의 효율성,” 『재정정책논집』(한국재정정책학회), 제14권 제1호, 2012, pp. 139-167.

황진영, “재정지출이 소득불평등 완화에 기여하였는가?” 『경제발전연구』(한국경제발전학회), 제12권 제1호, 2006c, pp. 79-99.

황진영, “표본선택에 따른 재정지출 구성의 세대 간 경쟁,” 『경제연구』(한국경제통상학회), 제25권 제1호, 2007d, pp. 55-75.

황진영, 『경제성장의 정치경제학』(제3판), 도서출판 학림, 2016.

황진영, 『불평등과 경제활동』, 산문출판, 2008.

황진영·강동관, “국가 간 천연자원 부존량, 거버넌스 및 부패의 상호연관성,” 『재정정책논집』(한국재정정책학회), 제10권 제2호, 2008, pp. 99-120.

황진영·이선호, “경제의 성장과 변동성에 대한 정부지출의 유용성 분석,” 『경제연구』(한국경제통상학회), 제33권 제2호, 2015, pp. 85-105.

황진영·이종하, “한국에서 여성의 고용, 출산 및 성장 간의 상호관련성: 16개 시도의 패널자료를 이용한 실증분석,” 『경제연구』(한국경제통상학회), 제30권 제3호, 2012, pp. 19-43.

황진영·임응순, “소득불평등과 환경의 질 간의 국가 간 관련성 분석,” 『환경정책』(한국환경정책학회), 제21권 제4호, 2013, pp. 1-20.

황진영·임응순·정군오, “출산율과 교육투자에 기초한 소득불평등의 지속성,” 『경제발전연구』(한국경제발전학회), 제15권 제2호, 2009, pp. 1-33.

황진영·임진우, “부패, 소득분포 및 정부의 교육비 지출,” 『재정논집』(한국재정·공공경제학회), 제19집 제1호, 2004, pp. 165-192.

황진영·정군오·허식, “동아시아 국가들의 고학력 노동자 이주에 따른 후생손실,” 『국제지역연구』(한국국제지역학회), 제11권 제3호, 2007, pp. 595-614.

황진영·정상은, “고등교육에서 지대추구는 존재했는가?” 『POSRI 경영경제연구』(포스코경영연구소), 제11권 제1호, 2011, pp. 342-365.

황진영·정상은, “사회문화적 요인이 출산율 감소와 고령화 진전 속도에 미치는 영향: 국가 간 실증분석,” 『국제지역연구』(한국외국어대학교 국제지역연구센터), 제13권 제3호, 2009, pp. 469-490.

황진영·허식·이성원, “부패의 통제와 재정지출의 효율성에 관한 국가 간 실증분석,” 『규제연구』(한국규제학회·한국경제연구원), 제17권 제2호, 2008, pp. 171-194.

【외국문헌】

Acemoglu, D. and F. Zilibotti, "Was Prometheus Unbound by Chance? Risk, Diversification, and Growth," *Journal of Political Economy*, Vol. 105, 1997, pp. 709-751.

Ades, A. F. and E. L. Glaeser, "Trade and Circuses: Explaining Urban Giants," *Quarterly Journal of Economics*, Vol. 110, 1995, pp. 195-227.

Ades, A. F. and R. Di Tella, "Rents, Competition, and Corruption," *American Economic Review*, Vol. 89, 1999, pp. 982-993.

Aghion, P. and P. Bolton, "A Theory of Trickle-Down Growth and Development," *Review of Economic Studies*, Vol. 64, 1997, pp. 151-172.

Aghion, P. and P. Howitt, *The Economics of Growth*, MIT Press, 2009.

Aghion, P., A. Banerjee and T. Piketty, "Dualism and Macroeconomic Volatility," *Quarterly Journal of Economics*, Vol. 114, 1999, pp. 1359-1397.

Ahluwalia, M., "Inequality, Poverty and Development," *Journal of Development Economics*, Vol. 3, 1976, pp. 307-342.

Akdede, S. H. and J. Hwang, "Empirical Investigation of Disintegrations and Nationalism," *Applied Economics Letters*, Vol. 15, 2008, pp. 1065-1071.

Alesina, A. and D. Rodrik, "Distributive Politics and Economic Growth," *Quarterly Journal of Economics*, Vol. 109, 1994, pp. 465-490.

Alesina, A. and E. L. Glaeser, *Fighting Poverty in US and Europe*, Oxford University Press, 2004.

Alesina, A. and E. Spolaore, "On the Numbers and Size of Nations," *Quarterly Journal of Economics*, Vol. 112, 1997, pp. 1027-1056.

Alesina, A. and G.-M. Angeletos, "Corruption, Inequality, and Fairness," *Journal of Monetary Economics*, Vol. 52, 2005, pp. 1227-1244.

Alesina, A. and R. Perotti, "Income distribution, Political Instability, and Investment," *European Economic Review*, Vol. 40, 1996, pp. 1203-1228.

Alesina, A., A. Devleeschauwer, W. Easterly and S. Wacziarg, "Fractionalization," *Journal of Economic Growth*, Vol. 8, 2003, pp. 155-194.

Altinok, N. and H. Murseli, "International Database on Human Capital Quality," *Economics Letters*, Vol. 96, 2007, pp. 237-244.

Anderson, E., "Openness and Inequality in Developing Countries: A Review of Theory and Recent Evidence," *World Development*, Vol. 33, 2005, pp. 1045-1063.

Atkinson, A. B., "Income Inequality in OECD Countries: Data and Explanations," CESIFO Working Paper No. 881, 2003.

Atkinson, A. B., "On the Measurement of Inequality," *Journal of Economic Theory*, Vol. 2, 1970, pp. 244-263.

Austen-Smith, D., "Redistributing Income under Proportional Representation," *Journal of Political Economy*, Vol. 108, 2002, pp. 1235-1269.

Autor, D., L. Katz and A. Krueger, "Computing Inequality: Have Computers Changed the Labor Market," *Quarterly Journal of Economics*, Vol. 113, 1998, pp. 1169-1213.

Baily, S. J., *Strategic Public Finance*, Palgrave, 2004.

Balassa, B., "An Empirical Demonstration of Classical Comparative Cost Theory," *Review of Economics and Statistics*, Vol. 45, 1963, pp. 231-238.

Banerjee, A. V. and A. F. Newman, "Occupational Choice and the Process of Development," *Journal of Political Economy*, Vol. 101, 1993, pp. 274-298.

Banerjee, A. V. and E. Duflo, "Inequality and Growth: What Can the Data Say?" *Journal of Economic Growth*, Vol. 8, 2003, pp. 267-299.

Barro, R. and J.-W. Lee, "International Data on Educational Attainment: Updates and Implications," *Oxford Economic Papers*, Vol. 53, 2001, pp. 541-563.

Barro, R. and X. Sala-i-Martin, *Economic Growth*, 2nd edition, MIT Press, 2003.

Barro, R., "Government Spending in a Simple Model of Endogenous Growth," *Journal of Political Economy*, Vol. 98, 1990, pp. S103-S125.

Barro, R., "Inequality and Growth in a Panel of Countries," *Journal of Economic Growth*, Vol. 5, 2000, pp. 5-32.

Barro, R., *Determinants of Economic Growth*, MIT Press, 1997.

Baumol, W. and W. Oates, *The Theory of Environmental Policy*, Cambridge University Press, 1998.

Baumol, W., "Macroeconomics of Unbalanced Growth: The Anatomy of Urban Crisis," *American Economic Review*, Vol. 57, 1967, pp. 415-426.

Beck, P. J. and M. W. Maher, "A Comparison of Bribery and Bidding in Thin Markets," *Economics Letters*, Vol. 20, 1986, pp. 1-5.

Beck, T., R. Levine and N. Loayza, "Finance and the Sources of Growth," *Journal of Financial Economics*, Vol. 58, 2000, pp. 261-300.

Becker, G. S. and H. Lewis, "On the Interaction between Quantity and Quality of Children," *Journal of Political Economy*, Vol. 81, 1973, pp. S279-S288.

Beine, M., F. Docquier and H. Rapoport, "Brain Drain and Economic Growth: Theory and Evidence," *Journal of Development Economics*, Vol. 64, 2001, pp. 275–289.

Benabou, R. "Tax and Education Policy in a Heterogeneous-Agent Economy: What Levels of Redistribution Maximize Growth and Efficiency?" *Econometrica*, Vol. 70, 2002, pp. 481-517.

Benabou, R., "Unequal Societies: Income Distribution and the Social Contract," *American Economic Review*, Vol. 90, 2000, pp. 96-129.

Bencivenga, V. R. and B. D. Smith, "Financial Intermediation and Endogenous Growth," *Review of Economic Studies*, Vol. 58, 1991, pp. 195-209.

Bertinelli, L. and D. Black, "Urbanization and Growth," *Journal of Urban Economics*, Vol. 56, 2004, pp. 80-96.

Bhagwati, J. and K. Hamada, "The Brain Drain, International Integration of Markets for Professionals and Unemployment - A Theoretical Analysis -," *Journal of Development Economics*, Vol. 1, 1974, pp. 19-42.

Birdsall, N., "Public Spending on Higher Education in Developing Countries: Too Much or Too Little," *Economics of Education Review*, Vol. 14, 1997, pp. 407-419.

Bok, D. C., *The Politics of Happiness: What Government Can Learn from the New Research on Well-Being*, Princeton University Press, 2010.

Bolton, P. and G. Roland, "The Breakup of Nations: A Political Economy Analysis," *Quarterly Journal of Economics*, Vol. 112, 1997, pp. 1057-1090.

Borghesi, S., "Income Inequality and the Environmental Kuznets Curve," NOTA DI LAVORO 83, Fondazione Eni Enrico Mattei, 2000.

Borjas, G. J. and V. A. Ramey, "Time-Series Evidence on the Sources of Trends in Wage Inequality," *American Economic Review*, Vol. 84, 1994, pp. 10-16.

Börsch-Supan, A. "Labor Market Effects of Population Aging," NBER Working Paper No. 8553, Cambridge MA, 2001.

Bourguignon, F. and C. Morrisson, "Inequality among World Citizens, 1820-1990," *American Economic Review*, Vol. 92, 2002, pp. 727-744.

Boyce, J. K., "Inequality and Environmental Protection," Political Economy Research Institute Working Paper, University of Massachusetts, Amherst, MA, 2003.

Boyce, J. K., "Inequality As a Cause of Environmental Degradation," *Ecological*

Economics, Vol. 11, 1994, pp. 169-178.

Bresnahan, T., E. Brynjolfsson and L. M. Hitt, “Information Technology, Workplace Organization and the Demand for Skilled Labor: Firm-Level Evidence,” *Quarterly Journal of Economics*, Vol. 117, 2002, pp. 339-376.

Brown, C. and P. Jackson, *Public Sector Economics*, 4th edition, Blackwell, 1990.

Brülhart, M. and F. Sbergami, “Agglomeration and Growth: Cross-Country Evidence,” *Journal of Urban Economics*, Vol. 65, 2009, pp. 48-63.

Burnside, C., M. Eichenbaum, and S. Rebelo, “Prospective Deficits and the Asian Currency Crisis,” *Journal of Political Economy*, Vol. 109, 2001, pp. 1155-1197.

Castelló, A. and R. Doménech, “Human Capital and Income Inequality Revisited,” *Education Economics*, Vol. 29, 2021, pp. 194-212.

Castelló, A. and R. Doménech, “Human Capital Inequality and Economic Growth: Some New Evidence,” *Economic Journal*, Vol. 112, 2002, pp. 187-200.

Castles, F. G., *The Future of the Welfare State*, Oxford University Press, 2004.

Cevik, S. and C. Correa-Caro, “Growing (Un)equal: Fiscal Policy and Income Inequality in China and BRIC+”, IMF Working Paper, WP/15/68, 2015.

Chancel, L., T. Piketty, E. Saez and G. Zucman, *World Inequality Report 2022*, World Inequality Lab, 2021.

Chang, R. and A. Velasco. “Financial Crises in Emerging Market: A Canonical Model,” *Quarterly Journal of Economics*, Vol. 116, 2001, pp. 489-518.

Checchi, D., “Education and Intergenerational Mobility in Occupations: A Comparative Study,” *American Journal of Economics and Sociology*, Vol. 56, 1997, pp. 331-352.

Chowdhary, R., S. Jore, R. Thakur, K. Agrawal and V. Geete, “Convergence of GDP per capita in ASEAN Countries,” *Prestige International Journal of Management and Research*, Vol. 4, 2011, pp. 1-9.

Cinar, D. and F. Docquier, “Brain Drain and Remittances: Consequences for the Source Countries,” *Brussels Economic Review*, Vol. 47, 2004, pp. 103-118.

Clément, M. and A. Meunie, “Is Inequality Harmful for the Environment? An Empirical Analysis Applied to Developing and Transition Countries,” *Review of Social Economy*, Vol. 68, 2010, pp. 413-445.

Burniaux, J.-M., T.-T. Dang, D. Fore, M. Forster, M. d'Ercole and H. Oxley, “Income Distribution and Poverty in Selected OECD Countries,” OECD Economics Department, Working Paper No. 189, 1998.

Cook, C., "Saving Rates and Income Distribution: Further Evidence from LDCs," *Applied Economics*, Vol. 27, 1995, pp. 71-82.

Cornes, R. and T. Sandler, *The Theory of Externalities, Public Goods and Club Goods*, 2nd edition, Cambridge University Press, 1996.

Corsetti, G., P. Pesenti, and N. Roubini, "The Asian Crisis: An Overview of the Empirical Evidence and Policy Debate," in *The Asian Financial Crisis: Causes, Contagion and Consequences*, Agenor, P. ed., Cambridge University Press, 1998, pp. 127-163.

Dabla-Norris, E. and M. Gradstein, "The Distributional Bias of Public Education: Causes and Consequences," IMF Working Paper, WP/04/214, 2004.

Davis, K., "The Origin and Growth of Urbanization in the World," *American Journal of Sociology*, Vol. 60, 1955, pp. 429-437.

de Gregorio, J. and J.-W. Lee, "Education and Income Inequality: New Evidence from Cross-Country Data," *Review of Income and Wealth*, Vol. 48, 2002, pp. 395-416.

de Mello, L. R. and E. R. Tiongson, "Income Inequality and Redistributive Government Spending," *Public Finance Review*, Vol. 34, 2006, pp. 282-305.

Deininger, K. and L. Squire, "New Data Set Measuring Income Inequality," *World Bank Economic Review*, Vol. 10, 1996, pp. 565-591.

Deininger, K. and L. Squire, "New Ways of Looking at Old Issues: Inequality and Growth," *Journal of Development Economics*, Vol. 57, 1998, pp. 259-287.

Desbordes, R. and V. Verardi, "Refitting the Kuznets Curve," *Economics Letters*, Vol. 116, 2012, pp. 258-261.

Diamond, D. W. and P. H. Dybvig. "Bank Runs, Deposit Insurance, and Liquidity," *Journal of Political Economy*, Vol. 91, 1983, pp. 401-419.

Dincer, O. C. and P. J. Lambert, "Taking Care of Your Own: Ethnic and Religious Heterogeneity and Income Inequality," *Journal of Economic Studies*, Vol. 39, 2012, pp. 290-313.

Docquier, F. and H. Rapoport, "Skilled Migration: The Perspective of Developing Countries," Baghwati, J. and G. Hanson ed., *Skilled Migration: Prospects, Problems and Policies*, Russell Sage Foundation, 2008.

Dollar, D., "Outward-Oriented Developing Economies Really Do Grow More Rapidly: Evidence form 95 LDCs, 1976–1985," *Economic Development and Cultural Change*, Vol. 40, 1992, pp. 523–545.

Drabo, A., "Impact of Income Inequality on Health: Does Environment Quality Matter?" CERDI, Etudes et Documents, 2010.

Dreher, A., "Does Globalization Affect Growth? Evidence from a New Index of Globalization," *Applied Economics*, Vol. 38, 2006, pp. 1091-1110.

Easterly, W. and S. Rebelo, "Fiscal Policy and Economic Growth: An Empirical Investigation," *Journal of Monetary Economics*, Vol. 32, 1993, pp. 417-455.

Easterly, W., R. Islam and J. Stiglitz, "Shaken and Stirred: Explaining Growth Volatility," Annual World Bank Conference on Development Economics 2000, World Bank, 2001, pp. 191-211.

Edwards, S., "Trade Policy, Growth, and Income Inequality," *American Economic Review*, Papers and Proceeding, Vol. 87, 1997, pp. 205-210.

Edwards, S., "Why Are Latin America's Saving Rates So Low? An International Comparative Analysis," *Journal of Development Economics*, Vol. 51, 1996, pp. 5-44.

Epple, D. and T. Romer, "Mobility and Redistribution," *Journal of Political Economy*, Vol. 99, 1991, pp. 828-858.

Erickson, L. and D. Vollrath, "Dimensions of Land Inequality and Economic Development," IMF Working Paper, WP/04/158, 2004.

Flood, R. and P. Garber, "Collapsing Exchange Rate Regimes: Some Linear Example," *Journal of International Economics*, Vol. 17, 1984, pp. 1-13.

Florian, D., F. Clemens and P. Niklas, "Trade Openness and Income Inequality: New Empirical Evidence," CESifo Working Paper, No. 9203, 2021.

Forbes, K. J., "A Reassessment of the Relationship between Inequality and Growth," *American Economic Review*, Vol. 90, 2000, pp. 869-887.

Forster, M. and M. d'Ercole, "Income Distribution and Poverty in OECD Countries in the Second Half of the 1990s," OECD Social, Employment and Migration Working Paper, 2005.

Friedlander, W. A. and R. Z. Apte, *Introduction to Social Welfare*, 5th edition, Prentice-Hall, 1980.

Furceri, D., "Is Government Expenditure Volatility Harmful for Growth?" A Cross-Country Analysis," *Fiscal Studies*, Vol. 28, 2007, pp. 103-120.

Galor, O. and D. N. Weil, "The Gender Gap, Fertility, and Growth," *American Economic Review*, Vol. 86, 1996, pp. 374-387.

Galor, O. and J. Zeira, "Income Distribution and Macroeconomics," *Review of Eco-*

nomic Studies, Vol. 60, 1993, pp. 35-52.

Galor, O., "Income Distribution and the Process of Development," *European Economic Review*, Vol. 44, 2000, pp. 706-712.

Garrett, G. and D. Mitchell, "Globalization, Government Spending and Taxation in the OECD," *European Journal of Political Research*, Vol. 39, 2001, pp. 145-177.

Gereffi, G. and D. L. Wyman, *Manufacturing Miracles: Paths of Industralization in Latin American and East Asia*, Princeton University Press, 1990.

Ghosh, K., P. J. Saunders and B. Biswas, "Trade and Wage Inequality: Are They Related," *Atlantic Economic Journal*, Vol. 28, 2000, pp. 364-376.

Glaeser, E. L., "Learning in Cities," *Journal of Urban Economics*, Vol. 46, 1999, pp. 254-277.

Glomm, G. and B. Ravikumar, "Public versus Private Investment in Human Capital: Endogenous Growth and Income Inequality," *Journal of Political Economy*, Vol. 100, 1992, pp. 818-834.

Gokcekus, O. and J. Knoerich, "Does Quality of Openness Affect Corruption?" *Economics Letters*, Vol. 91, 2006, pp. 190-196.

Goldsmith, R. W., *Financial Structure and Development*, Yale University Press, 1969.

Gollin, D., "Getting Income Shares Right," *Journal of Political Economy*, Vol. 110, 2002, pp. 458-474.

Gradstein, M., "The Political Economy of Public Spending on Education, Inequality, and Growth," Policy Research Working Paper 3162, World Bank, 2003.

Gradstein, M., M. Justman and V. Meier, *The Political Economy of Education*, MIT Press, 2005.

Greenwald, B. and J. E. Stiglitz, "Financial Market Imperfections and Business Cycles," *Quarterly Journal of Economics*, Vol. 108, 1993, pp. 77-114.

Greenwood, J. and B. Jovanovic, "Financial Development, Growth, and the Distribution of Income," *Journal of Political Economy*, Vol. 98, 1990, pp. 1076-1107.

Grossman, G. and A. B. Krueger, "Economic Growth and the Environment," *Quarterly Journal of Economics*, Vol. 110, 1995, pp. 353-377.

Grossman, G. M. and E. Helpman, "Protection for Sale," *American Economic Review*, Vol. 84, 1994, pp. 832-850.

Grubel, H. and A. D. Scott, "The International Flow of Human Capital," *American*

Economic Review, Vol. 56, 1966, pp. 268-274.

Gupta, S., H. Davoodi and R. Alonso-Terme, "Does Corruption Affect Income Inequality and Poverty?" IMF WP/98/76, Washington DC, 1998.

Hamilton, A., "Report on Manufactures," *The Report of Alexander Hamilton*, Cook, J. E. ed., Harper & Row, 1964.

Harris, J. R. and M. P. Todaro, "Migration, Unemployment and Development: A Two-Sector Analysis," *American Economic Review*, Vol. 60, 1970, pp. 126-142.

Heller, P. S. and J. Diamond, "International Comparison of Government Expenditure Revisited: The Developing Countries, 1975-1986," IMF Occasional Paper No. 69, 1990.

Henderson, J. V., "The Urbanization and Growth: The So-What Question," *Journal of Economic Growth*, Vol. 8, 2003, pp. 47-71.

Hess, P. N., *Economic Growth and Sustainable Development*, Routledge, 2013.

Hicks, A. M. and D. H. Swank, "Politics, Institutions, and Welfare Spending in Industrialization Democracies, 1960-82," *American Political Science Review*, Vol. 86, 1992, pp. 658-674.

Hidalgo-Hidalgo, M. and I. Iturbe-Ormaetxe, "Should We Transfer Resources from College to Basic Education?" *Journal of Economics*, Vol. 105, 2012, pp. 1-27.

Hindriks, J., M. Keen and A. Muthoo, "Corruption, Extortion and Evasion," *Journal of Public Economics*, Vol. 74, 1999, pp. 395-430.

Huntington, S., *Political Order in Changing Societies*, Yale University Press, 1968.

Hwang, J. and J. H. Lee, "Financial Deepening and Business Cycle Volatility in Korea," *Applied Financial Economics*, Vol. 23, 2013, pp. 1693-1700.

Hwang, J. and K.-O. Jung, "Initial Asset Inequality and Tariff Formation: A Cross-Country Analysis," *Economics Letters*, Vol. 76, 2002, pp. 405-410.

Hwang, J., "A Cross-National Evidence on Initial Inequality and Openness," *Journal of International and Area Studies*, Vol. 9, 2002a, pp. 1-16.

Hwang, J., "A Note on the Relationship between Corruption and Government Revenue," *Journal of Economic Development*, Vol. 27, 2002b, pp. 161-177.

Hwang, J., "Asset Distribution and Tertiary Education Expenditure in Developing Countries," *Economics of Education Review*, Vol. 24, 2005, pp. 171-178.

Hwang, J., "Empirical Investigation of an Inverted U-Shaped Relationship between Urban Agglomeration and Economic Growth," *Wulfenia Journal*, Vol. 19, 2012, pp. 118-139.

Hwang, J., K.-O. Jung and D. K. Kang, "A Simple Test on the Convergence of Social Security Transfer in OECD Countries," *Social Science Journal*, Vol. 46, 2009, pp. 800-805.

Hwang, J., K.-O. Jung and E.-S. Lim, "Corruption and Growth in Ethnically Fragmented World," *Journal of Developing Areas*, Vol. 44, 2011, pp. 265-278.

Hwang, J., N. Jiang and P. Wang, "Collusion and Overlending," *Economic Inquiry,* Vol. 45, 2007, pp. 691-707.

International Institute for Management Development (IMD), *World Competitiveness Yearbook*, various issues.

International Monetary Fund, *World Economic Outlook*, Washington DC, 2001; 2005.

Iradian, G., "Inequality, Poverty, and Growth: Cross-Country Evidence," IMF Working Paper, WP/05/28, 2005.

Jappelli, T. and M. Pagano, "Saving, Growth, and Liquidity Constraints," *Quarterly Journal of Economics*, Vol. 109, 1994, pp. 83-109.

Jin, C., S. H. Lee and J. Hwang, "The Impact of Import and Export on Unemployment: A Cross-National Analysis," *International Journal of Sustainable Economy*, Vol. 11, 2019, pp. 347-363.

Joumard, I., M. Pisu and D. Bloch, "Tackling Income Inequality: The Role of Taxes and Transfers", *OECD Journal: Economic Studies*, Vol. 2012/1, 2012.

Judge, K., J.-A. Mulligan and M. Benzeval, "Income Inequality and Population Health," *Social Science and Medicine*, Vol. 46, 1998, pp. 567-579.

Jung, K.-O. and J. Hwang, "The Determinants of Corruption: A Macroeconomic Aspect," *Journal of Economic Studies*, Vol. 21, 2003, pp. 1-29.

Kaldor, N., "A Model of Economic Growth," *Economic Journal*, Vol. 67, 1957, pp. 591-624.

King, R. G. and R. Levine, "Finance and Growth: Schumpeter Might Be Right," *Quarterly Journal of Economics*, Vol. 108, 1993, pp. 717-737.

Knack, S. and P. Keefer, "Institutions and Economic Performance: Cross-Country Tests Using Alternative Institutional Measures," *Economics and Politics*, Vol. 7, 1995, pp. 207-227.

Kotlikoff, L. and L. Summers, "The Role of Intergenerational Transfers in Aggregate Capital Accumulation," *Journal of Political Economy*, Vol. 90, 1981, pp. 706-732.

Kremer, M., "How Much Does Sorting Increase Inequality?" *Quarterly Journal of Economics*, Vol. 112, 1997, pp. 115-140.

Krugman, P. "Currency Crises," *International Capital Flows*, Feldstein, M. ed., National Bureau of Economic Research Conference Report Series, Chicago: University of Chicago Press, 1999, pp. 421–440.

Kuznets, S. S., "Economic Growth and Income Inequality," *American Economic Review*, Vol. 45, 1955, pp. 1-28.

Lee, J. H., E.-S. Lim and J. Hwang, "Panel SVAR Model of Woman's Employment, Fertility, and Economic Growth: A Comparative Study of East Asian and EU Countries," *Social Science Journal*, Vol. 49, 2012, pp. 386-389.

Lee, W. and J. E. Roemer, "Income Distribution, Redistributive Politics and Economic Growth," *Journal of Economic Growth*, Vol. 3, 1998, pp. 217-240.

Leite, C. and J. Weidmann, "Does Mother Nature Corrupt? Natural Resources, Corruption, and Economic Growth," *Governance, Corruption, and Economic Performance*, Abel, G. T. and S. Gupta ed., IMF, 2002, pp. 159-196.

Levine, R., "Financial Development and Economic Growth: Views and Agenda," *Journal of Economic Literature*, Vol. 35, 1997, pp. 699-726.

Lewis, W. A., "Economic Development with Unlimited Supplies of Labor," *The Manchester School*, Vol. 22, 1954, pp. 139-191.

Lewis, W. A., *The International Economic Order*, Princeton University Press, 1980.

Li, H., L. C. Xu and H.-F. Zou, "Corruption, Income Distribution, and Growth," *Economics and Politics*, Vol. 12, 2000, pp. 155-182.

Lien, D.-H. D., "A Note on Competitive Bribery Games," *Economics Letters*, Vol. 22, 1986, pp. 337-341.

Lindert, P., "What Limits Social Spending?" *Explorations in Economic History*, Vol. 33, 1996, pp. 1-34.

Lipset, S. M., "Some Social Requisites of Democracy: Economic Development and Political Legitimacy," *American Political Science Review*, Vol. 59, 1959, pp. 69-105.

List, F., *The Natural System of Political Economy*, Henderson, W. O. ed., Frank Cass and Company Ltd, 1983.

Liu, L.-Y. and W. T. Woo, "Saving Behavior under Imperfect Financial Markets and Current Account Consequences," *Economic Journal*, Vol. 104, 1994, pp. 512-527.

Lucas, R. E. Jr., "On the Mechanics of Economic Development," *Journal of Monetary Economics*, Vol. 22, 1988, pp. 3-42.

Lui, F. T., "An Equilibrium Queuing Model of Bribery," *Journal of Political Economy*, Vol. 93, 1985, pp. 760-781.

Lundberg, M. and L. Squire, "The Simultaneous Evolution of Growth and Inequality," *Economic Journal*, Vol. 113, 2003, pp. 326–344.

Mammen, K. and C. Paxson, "Women's Work and Economic Development," *Journal of Economic Perspectives*, Vol. 14, 2000, pp. 141-164.

Mani, A. and J. Hwang, "Income Distribution, Learning-by-Doing, and Comparative Advantage," *Review of Development Economics*, Vol. 8, 2004, pp. 452-473.

Mani, A., "Income Distribution and the Demand Constraint," *Journal of Economic Growth*, Vol. 6, 2001, pp. 107-133.

Mankiw, N. G., *Principles of Economics*, 6th edition, South-Western Cengage Learning, 2012.

Martin, P. and G. Ottaviano, "Growing Locations: Industry Location in a Model of Endogenous Growth." *European Economic Review*, Vol. 43, 1999, pp. 281-302.

Martin, P., "Public Policies, Regional Inequality and Growth," *Journal of Public Economics*, Vol. 73, 1999, pp. 85-105.

Mauro, P., "Corruption and Growth," *Quarterly Journal of Economics*, Vol. 110, 1995, pp. 681-712.

Mauro, P., "Corruption and the Composition of Government Expenditure," *Journal of Public Economics*, Vol. 69, 1998, pp. 263-279.

Mayda, A. M. and D. Rodrik, "Why Are Some People (and Countries) More Protectionist Than Others?" *European Economic Review*, Vol. 49, 2005, pp. 1393-1430.

Meier, G. M., *Leading Issues in Economic Development*, 4th edition, Oxford University Press, 1984.

Mellor, J. M. and J. Milyo, "Reexamining the Evidence of Ecological Association between Income Inequality and Health," *Journal of Health Politics, Policy and Law*, Vol. 26, 2001, pp. 487-522.

Meltzer, A. H. and S. F. Richard, "A Rational Theory of the Size of Government," *Journal of Political Economy*, Vol. 89, 1981, pp. 914-927.

Milanovic, B., "Do More Unequal Countries Redistribute More? Does the Median Voter Hypothesis Hold?" *European Journal of Political Economy*, Vol. 16, 2000, pp. 367-410.

Milanovic, B., "True World Income Distribution, 1988 and 1993: First Calculation Based on Household Surveys Alone," *Economic Journal*, Vol. 112, 2002, pp. 51-92.

Milesi-Ferretti, G. M., R. Perotti and M. Rostagno, "Electoral Systems and Public Spending," *Quarterly Journal of Economics*, Vol. 117, 2002, pp. 609-657.

Mitra, D., "Endogenous Lobby Formation and Endogenous Protection: A Long-Run Model of Trade Policy Determination," *American Economic Review,* Vol. 89, 1999, pp. 1116-1132.

Montalvo, J. G. and M. Reynal-Querol, "Ethnic Diversity and Economic Development," *Journal of Development Economics*, Vol. 75, 2005, pp. 293-323.

Murphy, K. M., A. Shleifer and R. W. Vishny, "Why Is Rent-Seeking So Costly to Growth?" *American Economic Review*, Papers and Proceedings, Vol. 83, 1993, pp. 409-414.

Naceur, S. B. and R. Zhang, "Financial Development, Inequality and Poverty: Some International Evidence," IMF Working Paper WP/16/32, 2016.

Nikoloski, Z., "Financial Sector Development and Inequality: Is There a Financial Kuznets Curve?" *Journal of International Development*. Vol. 25, 2013, pp. 897–911.

Oates, W. E., "An Economists Perspective on Fiscal Federalism," *Political Economy of Fiscal Federalism*, Lexington, Mass; Heath, 1977.

Obstfeld, M., "The Logic of Currency Crises," *Cahiers Economiques et Monetaires*, Vol. 43, 1994, pp, 189-213.

OECD, *Growing Unequal?: Income Distribution and Poverty in OECD Countries*, 2008.

OECD, *National Accounts of OECD Countries: General Government Accounts*, various years.

OECD, *Technology and the Economy: The Key Relationships*, 1992.

Peacock, A. T. and J. Wiseman, *The Growth of Public Expenditure in the United Kingdom*, 2nd edition, Allen and Unwin, 1967.

Perotti, R., "Growth, Income Distribution, and Democracy: What the Data Say?" *Journal of Economic Growth*, Vol. 1, 1996, pp. 149-187.

Persson, T. and G. Tabellini, "Is Inequality Harmful for Growth?" *American Economic Review*, Vol. 84, 1994, pp. 600-621.

Persson, T. and G. Tabellini, "Political Economics and Public Finance," *Handbook of Public Economics*, Vol. 3, 2002, pp. 1549–1659.

Porter, M. E., *The Competitive Advantage of Nations*, MacMillan, 1990.

Poterba, J. M., "Demographic Structure and the Political Economy of Public Education," *Journal of Policy Analysis and Management*, Vol. 16, 1997, pp. 48-66.

Pritchett, L., "Divergence, Big Time," *Journal of Economic Perspectives*, Vol. 11, 1997, pp. 3-17.

Psacharopoulos, G., "The Contribution of Education to Economic Growth: International Comparison" in Kendrick's (335-355), *International Comparisons of Productivity and Causes of the Slowdown*, Ballinger, 1984.

Quah, D., "Empirical Cross-Section Dynamics in Economic Growth," *European Economic Review*, Vol. 37, 1993, pp. 426-434.

Rauch J. and V. Trinidade, "Ethnic Chinese Networks in International Trade," *Review of Economics and Statistics*, Vol. 84, 2002, pp. 116-130.

Ravallion, M., M. Heil and J. Jalan, "Carbon Emissions and Income Inequality," *Oxford Economic Papers,* Vol. 52, 2000, pp. 651-669.

Ricardo, D., *The Principle of Political Economy and Taxation*, introduced by Fogarty, M. P., J. M. Dent & Sons Ltd, 1911.

Richman, H. A. and M. W. Stagner, "Children: Treasured Resource or Forgotten Minority?" Pifer, A. and L. Bronte ed., *Our Aging Society: Paradox and Promise*, W. W. Norton, 1986.

Rieger, E. and S. Leibfried, *Limits to Globalization: Welfare States and the World Economy*, Blackwell Publisher, 2003.

Rodriguez, F. C., "Inequality, Redistribution and Rent-Seeking," *Economics and Politics*, Vol. 16, 2004, pp. 287-320.

Rodrik, D., "Why Do More Open Economies Have Bigger Governments?" *Journal of Political Economy*, Vol. 106, 1998, pp. 997-1032.

Romer, P. M., "Endogenous Technological Change," *Journal of Political Economy*, Vol. 98, 1990, pp. S71-S102

Rostow, W. W., *The Stages of Economic Growth: A Non-Communist Manifesto*, Cambridge: Cambridge University Press, 1960.

Roubini, N. and X. Sala-i-Martin, "Financial Repression and Economic Growth," *Journal of Development Economics*, Vol. 39, 1992, pp. 5-30.

Sachs, J. D. and A. M. Warner, "Natural Resource Abundance and Economic

Growth," NBER Working Paper No. 5398, Cambridge MA, 1995.

Saint-Paul, G. and T. Verdier, "Education, Democracy, and Growth," Center for Economic Policy Research, Discussion Paper No. 613, 1992.

Sala-i-Martin, X., "The World Distribution of Income: Falling Poverty and ... Convergence, Period," *Quarterly Journal of Economics*, Vol. 121, 2006, pp. 351-397.

Schmidt-Hebbel, K. and L. Servén, "Does Income Inequality Raise Aggregate Saving?" *Journal of Development Economics*, Vol. 61, 2000, pp. 417-446.

Schultz, T. P., "Inequality and the Distribution of Personal Income in the World: How It Is Changing and Why," *Journal of Population Economics*, Vol. 11, 1998, pp. 307-344.

Schulze, G. and H. W. Ursprung, "Globalisation of the Economy and the National State," *World Economy*, Vol. 22, 1999, pp. 295-352.

Scruggs, L. A., "Political and Economic Inequality and the Environment," *Ecological Economics*, Vol. 26, 1998, pp. 259-275.

Shleifer, A. and R. W. Vishny, "Corruption," *Quarterly Journal of Economics*, Vol. 108, 1993, pp. 599-617.

Smith, A., *An Inquiry into the Nature and Causes of the Wealth of the Nations*, Cannan, E. ed. with an introduction by Lerner, M., The Modern Library, 1937.

Smith, D. "International Evidence on How Income Inequality and Credit Market Imperfections Affect Private Saving Rates," *Journal of Development Economics*, Vol. 64, 2001, pp. 103-127.

Spilimbergo, A., J. L. Londoño and M. Székely, "Income Distribution, Factor Endowments, and Trade Openness," *Journal of Development Economics,* Vol. 59, 1999, pp. 77-101.

Stark, O., C. Helmenstein and A. Prskawetz, "A Brain Gain with a Brain Drain," *Economics Letters*, Vol. 55, 1997, pp. 227–234.

Stern, D. I., "The Rise and Fall of the Environmental Kuznets Curve," *World Development*, Vol. 32, 2004, pp. 1419–1439.

Stolper, W. and P. A. Samuelson, "Protection and Real Wages," *Review of Economic Studies*, Vol. 9, 1941, pp. 58-73.

Summers, L., "Let Them Eat Pollution," *The Economist*, February 8, 1992, p. 66.

Svirydzenka, K., "Introducing a New Broad-based Index of Financial Development," IMF WP/16/5, IMF, 2016.

Sylwester, K., "Can Education Expenditures Reduce Income Inequality?" *Economics of Education Review*, Vol. 21, 2002, pp. 43-52.

Sylwester, K., "Income Inequality, Education Expenditure, and Growth," *Journal of Development Economics*, Vol. 63, 2000, pp. 379-398.

Tacke, T. and R. J. Waldmann, "Income Distribution, Infant Mortality, and Health Care Expenditure," CEIS Working Paper No. 146, 2009.

Tanzi, V. and H. Davoodi, "Corruption, Public Investment, and Growth," *Governance, Corruption, and Economic Performance*, Abel, G. T. and S. Gupta ed., IMF, 2002, pp. 280-299.

Tanzi, V., "Corruption Around the World," *IMF Staff Paper*, Vol. 45, 1998, pp. 559-594.

Tavares, J. and R. Wacziarg, "How Democracy Affects Growth?" *European Economic Review*, Vol. 45, 2001, pp. 1341-1378.

Taylor, C. L. and M. C. Hudson, *World Handbook of Political and Social Indicators*, 2nd edition, Yale University Press, 1972.

Tejero, W. M. and J. Hwang, "Quantitative Tests for Income Level Convergence in Asian Countries," *Asia-Pacific Journal of Business*, Vol. 10, 2019, pp. 1-11.

Teulings, C. N. and T. van Rens, "Education, Growth and Income Inequality," CEPR Discussion Paper No. 3863, 2003.

Thurow, L. C., "Microchipx, Not Potato Chips," *Foreign Affairs*, Vol. 73, 1994, pp. 189-192.

Todaro, M. P. and S. C. Smith, *Economic Development*, 11th edition, Pearson, 2011.

Todaro, M. P., "A Model of Labor Migration and Urban Unemployment in Less Developed Countries," *American Economic Review*, Vol. 59, 1969, pp. 138-148.

Torras, M. and J. K. Boyce, "Income, Inequality, and Environmental Quality: An International Cross-Sectional Analysis," *Ecological Economics*, Vol. 25, 1998, pp. 147–160.

Tsiddon, D., "A Moral Hazard Trap to Growth," *International Economic Review*, Vol. 33, 1992, pp. 299-321.

Tyson, L. D. A., "Who's Bashing Whom? Trade Conflict in High-Technology Industries," Institute for International Economics, Washington DC, 1992.

UN, *The Development of National Social Welfare Programmes*, New York, 1959.

UNCTAD, *World Investment Report*, New York and Geneva, various issues.

Vachadze, G., "Credit Market Imperfection, Minimum Investment Requirement, and

Endogenous Income Inequality," *Journal of Mathematical Economics*, Vol. 76, 2018, pp. 62-79.

Verardi, V., "Electoral Systems and Income Inequality," *Economics Letters*, Vol. 86, 2005, pp. 7-12.

Wagner, A., "Finanzwissenschaft," Leipzig, Part 1, 3rd edition, Musgrave, R. A. and A. T. Peacock (1958), *Classics in the Theory of Public Finance,* St. Martins Press, 1883.

Waldmann, R. J., "Income Distribution and Infant Mortality," *Quarterly Journal of Economics*, Vol. 107, 1992, pp. 1283-1302.

Wang, P., C. K. Yip and C. A. Scotese, "Fertility Choice and Economic Growth: Theory and Evidence," *Review of Economics and Statistics*, Vol. 46, 1994, pp. 255-266.

Warwick, N., "Restructuring Tertiary Education in Malaysia: the Nature and Implications of Policy Change," *Higher Education Policy*, Vol. 11, 1998, pp. 257-279.

Wei, S.-J., "Why Is Corruption So Much More Taxing Than Tax? Arbitrariness Kills," NBER Working Paper No. 6255, Cambridge MA, 1997.

Wildasin, D. E., "The Institutions of Federalism: Toward Analytical Framework," *National Tax Journal*, Vol. 57, 2004, pp. 247-272.

Williamson, J. G., "Regional Inequality and the Process of National Development," *Economic Development and Cultural Change*, Vol. 13, 1965, pp. 3-45.

World Economic Forum (WEF), *Global Competitiveness Report*, various issues.

Zhang J., J. Zhang and R. Lee, "Rising Longevity, Education, Saving, and Growth," *Journal of Development Economics,* Vol. 70, 2003, pp. 83-101.

Zhang, J., "Optimal Public Investments in Education and Endogenous Growth," *Scandinavian Journal of Economics*, Vol. 98, 1996, pp. 387-404.

Zuazu, I., "Electoral Systems and Income Inequality: A Tale of Political Equality," *Empirical Economics*, Vol. 63, 2022, pp. 793-819.

【웹사이트】

경제협력개발기구(OECD, http://www.stats.oecd.org/)

국제통화기금(IMF, https://www.imf.org/data).

국제투명성기구(TI, http://www.transparency.org/cpi/)

룩셈부르크 소득연구(Luxembourg Income Study, http://www.lisdatacenter.org/)

보건복지부(http://www.mw.go.kr/)

세계경제포럼(World Economic Forum, hhtp://www.weforum.org)

세계은행(World Bank, http://www.worldbank.org/)

예일대학교 환경성과지수(http://epi.yale.edu/)

위키백과(http://ko.wikipedia.org/)

유네스코(UNESCO, http://www.unesco.org/)

유엔개발계획(UNDP, http://www.undp.org/)

유엔대학교 세계개발경제연구원(UNU-WIDER, https://www.wider.unu.edu/)

통계청 국가통계포털(http://www.kosis.nso.go.kr/)

통계청 국가지표체계(https://www.index.go.kr/unify/main.do)

프리덤 하우스(Freedom House, http://www.freedomhouse.org/)

한국민족문화대백과(http://encykorea.aks.ac.kr/)

한국자동차산업협회(http://www.kama.or.kr/)

환경부 환경통계포탈(http://stat.me.go.kr)

Barro-Lee 교육성취 자료(educational attainment dataset, http://www.barrolee.com/)

KOF 스위스 경제연구소(http://globalization.kof.ethz.ch/)

OECD 사회지출데이터베이스(social expenditure database, http://www.oecd.org/social/expenditure.htm)

OECD 소득분배데이터베이스(income distribution database, https://www.oecd.org/social/income-distribution-database.htm)

OECD 글로벌수입데이터베이스(global revenue statistics database, https://www.oecd.org/tax/tax-policy/global-revenue-statistics-database.htm)

찾아보기

ㅈ

ㅊ

【저자 소개】

황진영은 미국 밴드빌터 대학교(Vanderbilt University)에서 경제학 박사학위를 취득하였으며, 현재 한남대학교 경제학과 교수로 재직 중이다. 주요 연구 분야는 경제-사회적 정책, 경제발전, 경제성장, 재정정책 등이다. 저서로는『경제성장의 정치경제학』(3판), 『경제학 등대지기』(3판),『불평등과 경제활동』등이 있으며, Applied Economics Letters, Applied Financial Economics, Defense and Peace Economics, Economic Inquiry, Economics Letters, Economics of Education Review, Empirical Economics, International Journal of Social Economics, International Journal of Sustainable Economy, Journal of Developing Areas, Journal of Economic Development, Review of Development Economics, Social Science Journal,『경제발전연구』,『경제연구』,『경제학연구』,『규제연구』,『대외경제연구』,『보건사회연구』,『비교경제연구』,『재정논집』,『재정정책논집』,『한국경제연구』등 국내외 학술지에 다수의 논문을 발표하였다.

이종하는 고려대학교에서 경제학 박사학위를 취득하였으며, IBK경제연구소를 거쳐 현재 조선대학교 무역학과 교수로 재직 중이다. 주요 연구 분야는 경제발전, 동아시아경제, 거시경제정책, 인구경제, 지방재정 등이다. 저서로는『조세제도의 고용효과연구』,『동아시아 공동체: 동향과 전망』,『The Promise of ICTS in ASIA』등이 있으며, Applied Financial Economics, International Journal of European Economics, International Journal of Social Economics, Journal of East Asian Economic Integration, Journal of International Trade & Commerce, Social Science Journal, Sustainability,『경제연구』,『공공정책연구』,『국제경제연구』,『동남아시아연구』,『동북아경제연구』,『무역연구』,『보건사회연구』,『비교경제연구』,『산업경제연구』,『질서경제저널』,『재정정책논집』,『한국경제연구』,『한국지방재정논집』등 국내외 학술지에 다수의 논문을 발표하였다.

제2판
경제발전과 소득분배

2014년 8월 20일 초판 발행
2023년 2월 10일 제2판 인쇄
2023년 2월 20일 제2판 발행

저　자 황진영·이종하
발행인 이원일
발행처 學林
01318 서울시 도봉구 마들로 859-19, 105-705
등　록 2009년 8월 17일 / 제25100-2009-000026호
전　화 02)941-7898 FAX 02)931-7868

ISBN 979-11-86422-40-3
정가 25,000원